Stephan Kiepe-Fahrenholz

Alle gehören dazu

Entwürfe zur christlichen Gesellschaftswissenschaft

herausgegeben von

Prof. Dr. Günter Brakelmann,
Prof. Dr. Traugott Jähnichen

(Lehrstuhl Christliche Gesellschaftslehre
der Ruhr-Universität Bochum)

und

Prof. Dr. Karl-Wilhelm Dahm,
Prof. Dr. Hans-Richard Reuter
und Prof. Dr. Arnulf von Scheliha

(Institut für Ethik und angrenzende Sozialwissenschaften
der Westfälischen Wilhelms-Universität Münster)

Band 45

LIT

Stephan Kiepe-Fahrenholz

Alle gehören dazu

Grundlegung und Zielsetzung
diakonischen Handelns

LIT

Gedruckt auf alterungsbeständigem Werkdruckpapier entsprechend
ANSI Z3948   DIN ISO 9706

Bibliografische Information der Deutschen Nationalbibliothek
Die Deutsche Nationalbibliothek verzeichnet diese Publikation in der
Deutschen Nationalbibliografie; detaillierte bibliografische Daten sind
im Internet über http://dnb.dnb.de abrufbar.

ISBN 978-3-643-15374-6 (br.)
ISBN 978-3-643-35374-0 (PDF)
Zugl.: Bochum, Univ., Diss., 2023

© LIT VERLAG Dr. W. Hopf Berlin 2023
Verlagskontakt:
Fresnostr. 2   D-48159 Münster
Tel. +49 (0) 2 51-62 03 20
E-Mail: lit@lit-verlag.de   https://www.lit-verlag.de

Auslieferung:
Deutschland: LIT Verlag, Fresnostr. 2, D-48159 Münster
Tel. +49 (0) 2 51-620 32 22, E-Mail: vertrieb@lit-verlag.de

Inhaltsverzeichnis

VIII

Sprachliche und technische Hinweise

Die vorliegende Arbeit verzichtet auf Gendersternchen, -striche und Binnenversalien, es sei denn, dass solche Behelfe aus zitierten Passagen stammen. Wo es möglich ist und nicht zu Verdrehungen des Sinns einer Wortform führt, sind männliche und weibliche Bezeichnungen durch geschlechterneutrale ersetzt. Im Regelfall werden männliche und weibliche Bezeichnungen nebeneinander verwendet, falls dies den Lesefluss nicht allzu sehr stört. In Aufzählungen kommen männliche und weibliche Formen gelegentlich auch alternierend zur Anwendung. Dann sind mit beiden Formen jeweils sämtliche sexuellen Identitäten unterschiedslos gemeint.

Das Gesetz der hebräischen Bibel wird durchgehend als „Torah" bezeichnet. Die Schreibweise „Tora" findet sich ausschließlich in zitierten Passagen. Auch die Schreibweise „Prophet" findet sich nur in Zitaten, ansonsten durchgehend „Profet".

Zitate aus und Titel von Büchern, welche vor 1996 erschienen sind, sind den Regeln der seitdem geltenden Rechtschreibung angepasst.

Hervorhebungen in zitierten Passagen stammen aus dem Original; wo dies nicht der Fall ist, sind sie durch das Kürzel SKF kenntlich gemacht.

Auf Literatur wird stets unter Angabe des Verfasser- oder Verfasserinnennamens und der Jahreszahl des Erscheinens der Publikation verwiesen, letzteres auch, wenn ein Autor oder eine Autorin nur einmal vertreten ist. Das soll helfen, auf den ersten Blick zwischen der Bezugnahme auf ältere und neuere Literatur zu unterscheiden. Mehrere Titel einer Autorin oder eines Autors aus demselben Jahr werden durch eine fortlaufende Nummerierung unterschieden, die an die Jahreszahl mit einem Schrägstrich angehängt ist (xxxx/1 usw.).

ABKÜRZUNGSVERZEICHNIS

a.a.O.	am angegebenen Ort
Abs.	Absatz
Am	Buch Amos
Apg	Apostelgeschichte
Art.	Artikel
Aufl.	Auflage
Bd.	Band
bspw.	beispielsweise
BAG	Bundesarbeitsgericht
BSHG	Bundessozialhilfegesetz
BTHG	Bundesteilhabegesetz
bzw.	beziehungsweise
d.h.	das heißt
Dtn	Buch Deuteronomium (5. Mose)
ebd.	ebenda
EKD	Evangelische Kirche in Deutschland
EKiR	Evangelische Kirche im Rheinland
Eph	Epheserbrief
Esr	Buch Esra
EuGH	Europäischer Gerichtshof
Ex	Buch Exodus (2. Mose)
Ez	Buch Ezechiel
(f)f	(fort) folgende(r)
Gal	Galaterbrief
Gen	Buch Genesis (1. Mose)
GG	Grundgesetz
Hag	Buch Haggai
Hos	Buch Hosea
Hrsg.	Herausgeber/Herausgeberin(nen)
Jak	Jakobusbrief
Jes	Buch Jesaja
Jer	Buch Jeremia
Jos	Buch Josua
JHWH	Tetragramm für den hebräischen Gottesnamen
Joh	Johannesevangelium
Jos	Buch Josua
Jhdt.	Jahrhundert
Kap.	Kapitel
Klgl	Buch Klagelieder
Kön	Buch/Bücher Könige
Kor	Korintherbrief(e)

Lev	Buch Leviticus (3. Mose)
Lk	Lukasevangelium
Mal	Buch Maleachi
Mi	Buch Micha
Mk	Markusevangelium
Mt	Matthäusevangelium
n.Chr.	nach christlicher Zeitrechnung
Neh	Buch Nehemia
Num	Buch Numeri (4. Mose)
o.A.	ohne Angabe
o.a.	oben angeführt
P	Priesterschrift
Phil	Philipperbrief
Ri	Buch Richter
Röm	Römerbrief
RWL	Rheinland-Westfalen-Lippe
S.	Seite
Sach	Buch Sacharja
Sam	Buch/Bücher Samuel
SGB	Sozialgesetzbuch/-bücher
Thess	Thessalonicherbrief(e)
s.o.	siehe oben
s.u.	siehe unten
u.a.	unter anderem / anderen
u.ö.	und öfter
V.	Vers(e)
v.a.	vor allem
v.Chr.	vor christlicher Zeitrechnung
vgl.	vergleiche
z.B.	zum Beispiel
Zef	Buch Zefanja
zit.	zitiert

VORWORT VON PROF. DR. TRAUGOTT JÄHNICHEN

Das Wirken der Diakonie gestaltet sich unter zunehmend komplizierten Bedingungen, die sich im Grundsatz an Hand eines Spannungsfeldes von vier Dimensionen beschreiben lassen: Dies sind die christliche bzw. evangelische Tradition und Identität, sozialarbeitsbezogene Fachlichkeit und Professionalität, ökonomische Effizienz und Effektivität sowie eine wachsende religiöse und weltanschauliche Pluralität. Diese Dimensionen sind nicht ohne weiteres zu einem harmonischen Viereck zu ordnen, sondern eher im Sinn eines sich ständig verschiebenden Kräfte-Parallelogramms zu verstehen, auf dessen Seiten einerseits mit unterschiedlicher Massivität Kräfte von außen einwirken (politische und ökonomische Rahmenbedingungen, gesellschaftliche Entwicklungen u.a.) und das andererseits von innen bewusst gestaltet und geformt werden kann.

Stephan Kiepe-Fahrenholz hat nach einer langjährigen beruflichen Tätigkeit in verantwortlicher Position der Diakonie angesichts dieser Herausforderungen eine eigenständige Positionierung entwickelt, welche angesichts der strukturellen Entkoppelung der Diakonie von der Volkskirche diakonische Einrichtungen als christliche Unternehmen im Kontext der Sozialwirtschaft versteht. Die Diakonie ist wesentlich auf den demokratischen Wohlfahrtsstaat bezogen und muss dessen politischen Vorgaben, nicht zuletzt die zunehmende Ökonomisierung des Sozialen, nachvollziehen. Zugleich stellt sich die Frage nach dem spezifischen Auftrag und der Identität der Diakonie.

In kritischer Abgrenzung zu traditionellen Selbstbeschreibungen der Diakonie durch Begriffe wie „Nächstenliebe", „Dienst" oder „Option für die Armen" sowie kritisch gegenüber neueren diakoniewissenschaftlichen Ansätzen stellt Kiepe-Fahrenholz den innovativen Vorschlag vor, im Dialog mit der Systemtheorie sowie mit biblischen Traditionen das Leitbild der „Teilhabe" als zentrales Kriterium diakonischen Handelns herauszustellen. Wesentliche Aufgabe christlicher Sozialunternehmen ist es, zur Bekämpfung sozialer Ausgrenzungen verschiedene Formen von „Teilhabe" zu ermöglichen. Dementsprechend ist Partizipation im Sinn einer Teilnahme an den kulturellen, sozialen und politischen Prozessen sowie Institutionen des Gemeinwesens als zentrale Bezugsgröße diakonischen Handelns zu verstehen. Kiepe-Fahrenholz konzipiert einen umfassenden Teilhabebegriff, der in theologischer Perspektive begründbar ist und zudem mit den Leit- und Zielsetzungen des Sozialstaats konvergiert.

In dem umfangreichsten Abschnitt dieses Buches wird dementsprechend „Teilhabe" als zentrales Motiv der biblischen Botschaft herausgearbeitet, indem die Inklusion von Benachteiligten und deren Teilhabechancen als grundlegender Impuls der prophetischen Sozialkritik, der rechtssetzenden Traditionen der alttestamentlichen Schriften sowie der Impulse des Neuen Testaments aufgezeigt wird, wobei die Jesusbewegung als Aufnahme und Zuspitzung der Rechtsentwicklung wie der Prophetie Israels zu verstehen ist. „Teilhabe" ist in diesem Sinn die zentrale biblische Orientierungskategorie, welche als Leitperspektive eine möglichst umfassende Integration aller Gesellschaftsglieder anstrebt.

In einer diakonietheoretischen Zuspitzung fragt Kiepe-Fahrenholz, wie sich „Teilhabe" sozialethisch konkretisieren lässt. Dabei stellt er die Begriffe der Assistenz, der Anwaltschaft und der Gerechtigkeit in das Zentrum seiner Überlegungen. Assistenz sieht er in einem engen Zusammenhang zum Hilfehandeln und stellt dieses sowohl im Blick auf biblische wie systemtheoretische Bezüge als eine in der modernen Gesellschaft hochprofessionalisierte und durch soziale Regelungen gesteuerte Handlungspraxis dar. Allerdings lässt sich das Format der „Hilfe" auch in der Moderne nicht auf erwartbare Dienstleistungen reduzieren, sondern ist nach wie vor auch vom Gabe-Charakter und damit der Spontaneität und einer ungeschuldeten Zuwendung zum Nächsten bestimmt, ohne die Normierungen und teilweise notwendigen Objektivierungen von Assistenzleistungen in Frage zu stellen.

Die Eröffnung von „Teilhabe" ist in modernen Gesellschaften ferner durch stellvertretende Anwaltschaft zu realisieren, wie sie in der christlichen Tradition und nicht zuletzt in Motiven diakonischen Hilfehandelns verankert ist. Ungeachtet der Problematik eines Handelns „für andere" ist die grundsätzliche Berechtigung dieser Perspektive zu benennen, da benachteiligte Menschen nicht in klassischer Weise als Klient*innen oder Kund*innen zu verstehen sind, sondern auf stellvertretendes Handeln angewiesen sind. Schließlich zeigt Kiepe-Fahrenholz den Bezug von Assistenz und Anwaltschaft zum Rechtssystem und dessen leitendem Regulativ der Gerechtigkeit auf. Dabei ist insbesondere die Konzeption der Befähigungsteilhabe im Sinne eines Empowerments von Benachteiligten grundlegend.

Abschließend entwickelt Kiepe-Fahrenholz innovative Anstöße für das strategische und operationale Handeln diakonischer Einrichtungen. Ausgangspunkt ist eine Darstellung zentraler gesellschaftlicher Herausforderungen, speziell der zunehmenden gesellschaftlichen Spaltungstendenzen mit weitreichenden Exklusionsfolgen. Demgegenüber hat die Diakonie ihre dezidiert politische Aufgabe im Sinn der Einforderung von „Teilhabe" der von Ausgrenzung betroffenen Gesellschaftsglieder wahrzunehmen und sich für die Lebensdienlichkeit und die Nachhaltigkeit gesellschaftlicher Entwicklungen zu engagieren.

Kiepe-Fahrenholz gelingt es in äußerst überzeugender Weise, gesellschaftliche Entwicklungen, biblische Bezüge und ein entsprechendes diakonisches Handeln produktiv aufeinander zu beziehen. Zur Konkretion dienen viele Praxiserfahrungen, welche die Impulse dieses Buches anschaulich werden lassen. Dem Buch ist eine große Leserschaft und insbesondere nachhaltige Wirkung bei Leitenden in diakonischen Einrichtungen zu wünschen.

Bochum, im Mai 2023
Traugott Jähnichen

DANK

Wer vor noch nicht allzu langer Zeit eine fast 25-jährige Berufspraxis in der Diakonie, davon 20 Jahre geschäftsführend, beendet hat, soll als Rentner denen, die noch aktiv sind, und denen, die nachwachsen, um das Steuer zu übernehmen, keine guten Ratschläge erteilen und seine Präsenz an alter Wirkungsstätte auf den Besuch von Weihnachtsfeiern und Dienstjubiläen beschränken. Mit alten Männern, die nicht abtreten können, habe ich in Diakonie und Kirche viele nervenverschleißende Erfahrungen gesammelt, so dass ich lange vor meinem Ausscheiden fest entschlossen war, so nicht zu werden.

Auf der anderen Seite fiel mein letztes Arbeitsjahr mitten in die Corona-Pandemie, die mich neben allerlei vieldiskutierten Sachverhalten noch einmal auf zwei Fragen hat stoßen lassen: Welche Rolle spielt eigentlich die Diakonie in einer zunehmend zerklüfteten, von wachsenden Interessenkonflikten und beunruhigenden Unsicherheiten bestimmten Gesellschaft? Und: Wozu braucht sie zur Beantwortung dieser Frage die Kirche? Zu beidem sind verschiedene Antworten im Angebot. Beides ist offen. Wenn einer daher im Einzelnen zwar mit Freude ein Fazit seines Berufslebens zieht, aber nicht frei von Zweifeln über dessen Sinnhaftigkeit von dannen geht, kann das, wie man sieht, dazu führen, dass außer Weihnachtsfeiern und Dienstjubiläen auch noch ein Buch dabei herauskommt.

Dieses erhebt aus den zu Beginn genannten Gründen nicht den Anspruch, aus der Perspektive rückblickender Weisheit den ehemaligen Kolleginnen und Kollegen erklären zu wollen, wie sie über sich, über ihre Unternehmen und über die Branche denken sollen. Es verfolgt allerdings wohl den Zweck, grundsätzliche Probleme anzusprechen, mit denen sich außer mir auch andere Frauen und Männer in der Diakonie befassen, soweit sie sich nicht ausschließlich vom operativen Alltagsgeschäft in Beschlag nehmen lassen. Das meine ich allein schon deshalb zu wissen, weil ich gemeinsam mit Menschen, die in verantwortlichen Positionen auch über den Tellerrand schauen, ein Vierteljahrhundert lang mitten im alltagspraktischen Handeln immer wieder auf die zur Rede stehenden Fragen gestoßen bin, sie diskutiert, Antworten gefunden und letztere wieder verworfen habe. Insofern ist dieses Buch im übertragenen Sinne dann doch eine Rückkehr an alte Wirkungsstätte, weil es neben der wissenschaftlichen Reflexion in beträchtlichem Maße den Dialog mit Personen aus der Diakonie zur Voraussetzung hat.

Zu Dank verpflichtet bin ich der Evangelisch-Theologischen Fakultät der Ruhr-Universität Bochum. Sie hat die vorliegende Untersuchung im Frühjahr 2023 als Dissertation angenommen. Das Rigorosum fand am 20. Juni 2023 statt. Der Inhaber des Lehrstuhls für Christliche Gesellschaftslehre, Herr Prof. Dr. Traugott Jähnichen, hat das Vorhaben gefördert, hat mich umsichtig beraten und das Erstgutachten geschrieben. Er hat mir außerdem lehrreiche Anmerkungen seines Kollegen Herrn Prof. Dr. Joachim J. Krause, Inhaber der Heisenberg-Professur für Literaturgeschichte des Alten Testaments, übermittelt.

Nicht minder dankbar bin ich Herrn Prof. Dr. Uwe Becker, ehemals Sprecher des Vorstands der Diakonie Rheinland-Westfalen-Lippe in Düsseldorf, jetzt Präsident der Evangelischen Fachhochschule Darmstadt. Ihm verdanke ich wertvolle Hinweise zum Ganzen und zu mannigfachen Einzelfragen. Er hat das Zweitgutachten geschrieben.

Für die Publikation habe ich in einigen Teilkapiteln der Arbeit den Text gekürzt, vor allem die strategischen Überlegungen, die ohnehin dem Problem sich mitunter rasch wandelnder aktueller Anforderungen unterliegen. Präzisiert und erweitert habe ich insbesondere die Ausführungen zum Gerechtigkeitsbegriff. Nicht substanziell verändert, aber neu angeordnet wurden die exegetischen Überlegungen. Im Zuge der Bearbeitung konnte außerdem hier und da noch weitere Literatur zusätzlich berücksichtigt werden.

Herr Dr. Michael J. Rainer vom LIT-Verlages hat den Weg vom Manuskript zum Buch mit Ermutigung und Sachkunde begleitet und gestaltet. Auch dafür bin ich dankbar.

Niemand außer mir hat zu diesem Buch so viel beigetragen wie meine Frau Christa, mit der ich von den ersten Ideen bis in die einzelnen Abschnitte hinein all und jedes besprechen konnte, die jede Seite mehrfach kritisch gelesen und nicht nur zahllose Tippfehler, sondern auch allerlei unklare Formulierungen ausgemerzt hat, obwohl sie mit ihren eigenen erziehungswissenschaftlichen Forschungsprojekten reichlich ausgelastet ist.

Duisburg, im Juni 2023
Stephan Kiepe-Fahrenholz

1. EINFÜHRUNG

Noch in guter Erinnerung ist mir ein Grundsatzreferat, das zur Zeit meiner beruflichen Anfänge in der Diakonie der seinerzeitige Chef der Diakonie Duisburg, Pfarrer Wolfgang Eigemann, vor seinen leitenden Mitarbeitenden gehalten hat. Themen waren das seit dem 1. Januar 1993 geltende Gesundheitsstrukturgesetz und die mit Wirkung vom 1. Januar 1995 als XI. Sozialgesetzbuch eingeführte Pflegeversicherung. Diese Gesetze, so der Vortragende, seien weit mehr als die sozialpolitisch überfällige Effizienzsteigerung im Gesundheitswesen und die Befreiung zahlloser Pflegebedürftiger vom Gang zum Sozialamt. Mit ihnen sei vielmehr ein fundamentaler Paradigmenwechsel in der Ausgestaltung und Finanzierung sozialstaatlicher Leistungen verbunden, da sie mit einer politisch gewollten Abkehr vom Selbstkostendeckungsprinzip und mittels der damit einhergehenden Eröffnung marktüblicher Konkurrenz zwischen diversen Leistungsanbietern den traditionellen Vorrang der Freien Wohlfahrtspflege prinzipiell in Frage stellten. Dringlich sei daher die Aufgabe, die üblichen, allzu selbstverständlichen theologischen Standards zur Begründung diakonischen Handelns einer kritischen Revision zu unterziehen und die eigenen Zielsetzungen in ein vernünftig begründetes Verhältnis zu den veränderten rechtlichen Rahmenbedingungen samt den daraus resultierenden Konsequenzen für die Organisation zu setzen. Konkret dachte er dabei an das von Alfred Jäger entfaltete Programm der Diakonie als christlichem Unternehmen[1] und der darauf gegründeten, seinerzeit aktuell publizierten Definition der Diakonie als eigenständiger Gestalt von Kirche[2]. Vehementen Widerspruch erntete das bei einem der damals in Duisburg amtierenden Superintendenten, der in seiner Replik nicht so sehr im Blick auf die bestehenden Rechts- und Eigentumsverhältnisse, sondern vor allem aus theologischen Gründen darauf bestand, Diakonie sei eine Wesens- und Lebensäußerung der verfassten Kirche, werde von dieser verantwortet und sei als helfende Tat dem verkündigten Wort zuzuordnen – er meinte: nachzuordnen.

Für mich setzte damals meine Beschäftigung mit der seither breit geführten Debatte um die Ökonomisierung des Sozialen ein. Sie hat inzwischen längst eine zentrale Bedeutung in der Literatur rund um die Ausgestaltung des Sozialstaats und um die Rolle und die Zukunft der Wohlfahrtspflege erlangt. Speziell für das soziale Handeln unter evangelischen Vorzeichen war sie während meiner gesamten diakonischen Berufstätigkeit bis 2021 von einer ziemlich bunten, letztendlich aber doch immer gleichen Diskussion über das Verhältnis von Kirche und Diakonie flankiert. Diese wird, wenn ich recht sehe, mittlerweile nicht mehr gar so intensiv in der Wissenschaft, sehr wohl aber nach wie vor eifrig in den Gremien der verfassten Kirche und der diakonischen Verbände geführt.

---

[1] Vgl. Jäger 1993. 1. Aufl. bereits 1986.
[2] Vgl. Jäger 1997.

Zeitsprung und Szenenwechsel: Anfang 2020 versammelte sich die Synode der zweitgrößten deutschen evangelischen Landeskirche zu ihrer jährlichen Tagung. Die Agenda wies als Hauptthema „Diakonie" aus. Als einführenden Impuls hatte der Ständige Theologische Ausschuss die folgenden fünf Thesen erarbeitet: „1. Die Gegenüberstellung von ‚der Kirche' und ‚der Diakonie' ist eine nur in Deutschland historisch gewachsene Konstellation. (…) 2. Biblisch gibt es keinen Gegensatz zwischen diakonischem und kirchlichem Handeln, wie es auch keine Hierarchie zwischen Gottes- und Nächstenliebe gibt. (…) 3. Die Unterscheidung zwischen verkündigendem Wort und helfender Tat ist aber nicht mit der Unterscheidung von Kirche und Diakonie gleichzusetzen. (…) 4. Darum stehen ‚die Kirche' und ‚die Diakonie' vor der Aufgabe, in ihrem Umgang miteinander historisch gewachsene Gegensätze zu überwinden. (…) 5. Dann können ‚die Kirche' und ‚die Diakonie' den Herausforderungen durch Globalisierung, Säkularisierung und religiöser Pluralisierung gemeinsam begegnen"[1]. Angesichts dieses dem obersten Leitungsgremium einer großen Kirche vorgelegten Textes fällt es schwer, sich des Eindrucks einer gewissen Dürftigkeit zu erwehren, wenn man zugleich an so dramatische Sachverhalte wie die aktuelle EKD-Mitgliedschaftsprojektion auf der einen oder an so umstrittene Theorien wie die Diskussion um multirationale Führungskonzepte in diakonischen Unternehmen auf der anderen Seite denkt. Es passt ins Bild, dass der Verantwortliche für die einleitende Andacht dieser als biblischen Text origineller Weise das Gleichnis vom barmherzigen Samariter zu Grunde legte und es ohne exegetische Skrupel in unbeirrter Traditionsverhaftung als *den* Grund- und Haupttext der Diakonie etikettierte.

1.1. Zugänge zum Thema

In dem zwischen den beiden Reminiszenzen liegenden Vierteljahrhundert ist viel passiert. Der ursprünglich bestehende Anspruch der Kirche, ‚ihre' Diakonie auch in deren Form als Sozialunternehmen ideologisch für sich zu vereinnahmen, ist weitgehend auf die rechtliche Zuordnung zusammengeschrumpft. Dazu tritt in der Regel die eine oder andere „Andacht des ortsansässigen Superintendenten vor der Mitgliederversammlung des Krankenhausverbandes, die alle mehr oder weniger geduldig über sich ergehen lassen"[2]. Ziemlich sicher besteht aber wohl die Erwartungshaltung, dass einer schwächelnden Volkskirche hinsichtlich ihrer gesellschaftlichen Akzeptanz von Seiten der Diakonie unter die Arme gegriffen werden möge. Zugleich haben sich im selben Zeitraum die diakonischen Unternehmen einem enormen Professionalisierungsschub unterzogen, insbesondere was das strategische und operative Management, eine auf stetige Qualifizierung

---

[1] Evangelische Kirche im Rheinland (2019).
[2] Diese Formulierung verdanke ich dem ehemaligen Vorstandssprecher der Diakonie Rheinland-Westfalen-Lippe und jetzigen Präsidenten der Evangelischen Hochschule Darmstadt Prof. Dr. Uwe Becker.

fokussierte Personalentwicklung und den Einzug kaufmännischer Fachkompetenz betrifft. Die Führungsakademie für Kirche und Diakonie ist daran ebenso verdienstvoll beteiligt wie die immer umfänglicher gewordene diakoniewissenschaftliche Diskussion.

Ob damit nun alles so weit, so gut ist, kann man allerdings durchaus fragen. Noch bis Ende 2021 fand sich bspw. im Internet der folgende, wahllos herausgegriffene Programmtext eines mittelgroßen regionalen Diakonischen Werkes zum Topos „Selbstverständnis" mit steilen Aussagen wie diesen: „Das Kernstück des christlichen Glaubens, das Doppelgebot der Liebe, ist die Essenz der Lehre Jesu. Die Zusammengehörigkeit von Gottes- und Nächstenliebe ist damit auch grundlegend für diakonische Arbeit (…). Wie diakonische Arbeit als gelebte Nächstenliebe ganz praktisch aussehen kann, beschreibt Jesus bildlich in der Erzählung vom barmherzigen Samariter (…), dem klassischen Begründungstext für moderne Diakonie (…). Der Begriff ‚Diakonie' (vom griechischen diakonein) bezeichnet die urchristliche Grundhaltung, denen zu helfen, die der Hilfe bedürfen. Die eigenen Gaben werden zum Nachteilsausgleich für andere eingesetzt. Diakonie richtet ihr Tun also nicht an Machtstrukturen und Hierarchien aus. (…) Das Gleichnis von den Arbeitern im Weinberg (Matthäusevangelium 20,1-16) beschreibt den christlichen Grundgedanken zum Mitwirken an einer gerechten Gesellschaft, die am Bedarf, nicht an der Leistungsfähigkeit orientiert ist. (…) Die erste diakonische Tätigkeit, die sogenannte Geburtsstunde der Diakonie, von der die Bibel erzählt, beschreibt Apostelgeschichte 6,1-4 als Verteilungsgerechtigkeit von Nahrungsmitteln bei Tisch"[1]. Der hier zu Wort kommende Träger wird natürlich schon lange strikt unternehmerisch geführt. Er hat mit Refinanzierungsproblemen, Auseinandersetzungen mit Kostenträgern, kommunalpolitischen Machtstrukturen und arbeitsrechtlichen Konflikten zu tun. Und er würde auf die Frage, wie sich das alles denn zu der Annahme verhalte, die zitierten biblischen Texte würden „zum Thema Diakonie erzählen", möglicherweise erstaunt antworten, dass sich das doch von selbst verstehe.

Das oben angeführte synodale Impulspapier wie das zitierte Internetfundstück sind zufällige Splitter. Gleichwohl nähren sie den doppelten Verdacht, dass die Debatte um das Verhältnis von Kirche und Diakonie ebenso wenig beendet wie die Frage nach Grundlegung und Zielsetzung diakonischen Handelns beantwortet ist, jedenfalls nicht in den Köpfen und Herzen der im kirchlichen und diakonischen Lebensalltag leitend und mitarbeitend Handelnden. Es mag sein, dass sich beides auf der Ebene der Landeskirchen und der diakonischen Spitzenverbände wie vielleicht auch bei den diakonischen Konzernen des Gesundheitswesens oder der Alten- und der Eingliederungshilfe entspannt gestaltet. Die große Masse der über 30.000 an die Diakonie Deutschland angeschlossenen Einrichtungen und

---

[1] Diakonisches Werk Bonn und Region: Was erzählen die biblischen Texte zum Thema Diakonie? https://www.diakonischeswerk-bonn.de/fileadmin/Dateien/PDF/UEber_Uns/ UEber_uns_Selbstverstaendnis_Auftrag_und_Glaube_Texte_Bibel_Diakonie.pdf (Zugriff: 10.07.2021, 12:25 Uhr MESZ). Die Seite wurde zwischenzeitlich gelöscht; 02.09.2022 SKF).

Dienste ist jedoch lokal und regional verortet, und es ist wohl kein Wagnis zu behaupten: Die Herausforderung, sich mit allen Konsequenzen als soziales Unternehmen zu verstehen, ist dort noch immer mit Bauchschmerzen verbunden. Und: In die damit verbundene Frage nach den leitenden Werten und Normen reden oder regieren ortskirchliche Gremien und regionale Synoden nach wie vor heftig hinein. Wie viel von den wertvollen Arbeiten zu den massiven Veränderungsprozessen der Diakonie aus den 2000er und 2010er Jahren, die etwa mit den Namen Johannes Eurich, Hanns-Stephan Haas, Dierk Starnitzke und vielen anderen verbunden sind, tatsächlich ‚angekommen' ist, scheint der Rückfrage wert zu sein.

Dazu kommt, dass sich speziell in letzter Zeit gerade auf lokaler und regionaler Ebene ein starkes Interesse darauf richtet, statt wie früher ein dezidiert kirchliches Profil der Diakonie zu fordern, nun ein diakonisches Profil der Kirche ausfindig machen zu wollen, um Kirche und Diakonie irgendwie auch weiterhin zusammenzudenken. Das wäre aber angesichts der fortschreitenden Erosion der Volkskirche ein außerordentlich problematischer Weg. Da ist der unaufhaltsame Mitglieder- und Ressourcenschwund. Da herrscht öffentliche Sprachlosigkeit zum Kern der eigenen Botschaft[1]. Und da bestehen handfeste Legitimationskrisen, gespeist bspw. durch die Missbrauchsskandale, gegenüber denen das anwachsende kirchenferne Publikum schon längst nicht mehr zwischen katholisch und evangelisch unterscheidet. Ähnlich delegitimierend dürfte der von prominenter Seite erhobene Vorwurf wirken, die Kirche habe während der Corona-Pandemie versagt[2], und zwar offenbar unabhängig davon, wie viel Wahres oder Falsches ihm anhaftet. Das alles kann schnell gefährlich für die Akzeptanz und damit für die Handlungsfähigkeit der Diakonie werden, solange sie sich selbst als Kirche oder als Teil derselben begreift und soweit sie ihre theologische Begründung lediglich in fragwürdigen biblischen ‚Belegstellen' sucht oder aus ziemlich in der Luft hängenden ethischen Versatzstücken bezieht.

In diesem Sinne stellt die vorliegende Untersuchung einen Versuch dar, noch einmal neu über Grundlegung und Zielsetzung diakonischen Handelns zu diskutieren. Will man bei einem solchen Vorhaben nicht uferlos werden, müssen Beschränkungen in Kauf genommen werden. Aus diesem Grund bleibt im Folgenden die wichtige ökumenische Perspektive ebenso außer Betracht wie die immer wichtiger werdende europäische[3]. Im Übrigen greife ich dankbar vieles auf, was

---

[1]   Vgl. Bundschuh-Schramm 2020.

[2]   Z.B. durch die ehemalige thüringische Ministerpräsidentin Christine Lieberknecht im Mai 2020 in der WELT (https://www.welt.de/politik/deutschland/plus208059945/Corona-Krise-Die-Kirche-hat-Hunderttausende-alleingelassen.html). Zugriff: 10.07.2021, 20:10 Uhr MESZ. Ferner von Heribert Prantl im August 2020 in der Süddeutschen Zeitung (https://www.sueddeutsche.de/politik/kirche-corona-kolumne-prantl-1.4992658?reduced=true). Zugriff: 10.07.2021, 20:45 Uhr MESZ.

[3]   Summarisch sei auf das unlängst erschienene Kompendium Lob-Hüdepohl/Schäfer 2022 verwiesen, speziell auf das Vorwort der beiden Herausgeber (S. 6-10) sowie auf die Beiträge von Starnitzke zu religiösen Bindungen und konfessionellen Prägungen (S. 236-

in zum Teil sehr detaillierter Arbeit bereits problematisiert und geklärt worden ist. Der Versuch zielt darauf, aus einer Art Vogelperspektive im Zusammendenken von diakoniewissenschaftlichen, exegetischen und soziologischen Überlegungen eine ganzheitliche Position zu beziehen. Im Hintergrund steht eine 25-jährige eigene diakonische Praxis, die in einer wissenschaftlichen Arbeit natürlich nichts zu suchen hat, da sie keine empirischen Studien ersetzen kann. Dass sie trotzdem mitschwingt, werden Leserinnen und Leser hier und da merken.

1.2. Aufbau der Untersuchung

(Kap. 2) Am Beginn stehen einige ausgewählte Überblicksdarstellungen und Lehrbücher, welche die im Zeitraum etwa einer Generation erfolgten *Wandlungen des Begriffs 'Diakonie'* illustrieren. Das ist deshalb nicht unwichtig, weil die Frage, was unter dieser Marke verstanden werden soll und was nicht, bis heute durchaus schwebend beantwortet wird. Das ist kein Zufall, sondern hat ursächlich mit den Veränderungsprozessen zu tun, denen die Kirche und die Diakonie in Deutschland während der vergangenen Jahrzehnte ausgesetzt waren. Bezeichnet der Begriff einen Verband der Wohlfahrtspflege, eine Aufgabe der Gemeinde, einen Teil der Sozialwirtschaft, eine christliche Haltung, eine biblisch gebotene Praxis, ein kirchliches Arbeitsfeld oder alles zugleich? Ohne die Entscheidung für eine klare Definition werden die Grenzen zu anderen kirchlich geprägten Handlungssegmenten so durchlässig, dass schließlich all und jedes irgendwie als Diakonie ausweisbar ist. Das kann man hinnehmen, sollte es aber nicht, wenn der Begriff nicht theoretisch wie praktisch unbrauchbar werden soll.

(Kap. 3) Zur Klärung der Terminologie und der damit verbundenen Inhalte ist sodann noch einmal daran zu erinnern, warum es sinnvoll ist, im gesellschaftlichen Bezugsrahmen der Bundesrepublik Deutschland des 21. Jahrhunderts *Diakonie als Unternehmen* zu apostrophieren. Dazu wird unter Berücksichtigung der akuten und sich künftig weiter verschärfenden Krise der Volkskirche zunächst der Vorschlag begründet, ausschließlich christliche Unternehmen der Sozialwirtschaft als Diakonie zu bezeichnen. Für das, was Diakonie ist und tut, ist unbeschadet der bestehenden rechtlicher Stakeholder-Verhältnisse nicht die Kirche der Referenzrahmen. Das gilt insbesondere auch hinsichtlich der Beschäftigungsverhältnisse. Das soziale Engagement in der kirchlichen Parochie ist im Unterschied zur Diakonie als eine Form der Gemeindearbeit zu verstehen. *Kirche ist nicht Diakonie* (3.1). Der Referenzrahmen der Diakonie ergibt sich vielmehr aus ihrer Determinierung durch das staatliche Wohlfahrtswesen und aus dessen seit der Jahrhundertwende vollzogenen Transformationsprozessen, im Zuge derer die Diakonie zum Wirtschaftsunternehmen geworden ist. *Diakonie ist nicht Kirche* (3.2). Eng damit verbunden ist der unumkehrbare Prozess der *Ökonomisierung*

---

245), von Wagenführ-Leroyer/Wegner zur europäischen (S. 667-677) und von Casel zur weltweiten Perspektive (S. 678-689).

des Sozialen. Er bringt neben problematischen Folgen auch echte Fortschritte im Blick auf Transparenz und Effizienz hervor und ist für das strategische und operative Management der Diakonie maßgeblich, wenn diese ihre Aufgaben sachgemäß bewältigen soll (3.3). Das alles ist nicht neu, lohnt aber noch einmal summarisch vergegenwärtigt zu werden, weil sich unbeschadet der vorhergehenden Abgrenzungen und Differenzierungen die Frage, was denn das christliche Unternehmen zu einem solchen macht und worauf sein normatives Management fußt, durchaus weiter stellt.

(Kap. 4) Zu deren Beantwortung werden im nächsten Schritt zunächst einige gängige, für die Diakonie als normativ reklamierte *Leitvorstellungen* auf ihre Tauglichkeit überprüft. Es findet eine Auseinandersetzung mit einschlägigen biblischen Texten statt, die aus der Überlegung resultiert, dass sich die Umsetzung des Anspruchs, christlich zu sein, für diakonische Unternehmen weder aus ihrer rechtlichen Zuordnung zur Kirche noch aus ihren historischen Traditionen gewissermaßen von selbst ergibt. Auf diesem Weg tritt zutage, warum sowohl der auf einer fehlerhaften oder zumindest oberflächlichen Übersetzung beruhende Begriff des ‚Dienens‘ (4.1) als auch eine irreführende Rezeption der biblischen Vorstellung von ‚Nächstenliebe‘ (4.2) und schließlich eine unscharfe ‚Option für die Armen‘ (4.3) allesamt nicht geeignet sind, die Frage, was Diakonie ist, sinnvoll zu beantworten.

(Kap. 5) Positiv wird diesem Resultat im zentralen Teil der Arbeit das Plädoyer entgegengesetzt, sich auf die *Ermöglichung von Teilhabe* als der zentralen Kategorie diakonischen Handelns zu fokussieren, weil sich diese Leitvorstellung von den traditionell üblichen grundlegend dadurch unterscheidet, dass sie mit der politischen Ausgestaltung des abstrakten verfassungsrechtlichen Sozialstaatsgebots konvergiert. Die Tauglichkeit dieser Vorstellung wird unter soziologischen, biblisch-theologischen, hermeneutischen und sozialethischen Gesichtspunkten überprüft: Unter Anknüpfung an Niklas Luhmann lässt sich entfalten, dass es die *systemtheoretische Funktion der Diakonie* ist, sich an der gebotenen Ermöglichung von Teilhabe an den gesellschaftlichen Prozessen praktisch zu beteiligen und aus ihrem immanenten Anspruch heraus bestehende Ausgrenzung zu bekämpfen (5.1). Dieses Kriterium leitet sich nicht aus partikularen biblischen Begriffen und Texten ab, sondern daraus, dass die Bewältigung von Ausschluss und Teilhabe in der Gesamtheit der biblischen Überlieferung die praktische Gestalt des Glaubens an Gott ist. Dem Erweis dessen dient eine vergleichsweise umfangreiche *sozial- und literaturgeschichtlich orientierte Bibellektüre*. Sie identifiziert Teilhabe als eine normative Kategorie und eben nicht bloß als eine kontingente Wertvorstellung (5.2). Die *hermeneutische Transformation* dieses Befundes läuft darauf hinaus, dass es für die Diakonie nicht darum geht, dieses oder jenes biblische ‚Modell‘ von Teilhabe ‚anzuwenden‘. Vielmehr hat sie die Chance, sich das Identifikationsmerkmal einer ‚Heiligen Schrift‘ im Sinne einer kanonisch gewordenen Vielfalt von Erfahrung und Erzählung unter der übergeordneten und gemeinsamen Leitfrage, was Teilhabe ermöglicht, anzueignen und in die eigene Praxis hinein kritisch und selbstkritisch auszulegen (5.3). In der Frage nach der Ermöglichung von Teilhabe bzw. der Durchbrechung von Exklusion konvergiert die Funktion der Diakonie als soziales System bzw. Teil eines gesellschaftlichen Hilfesystems mit ihrer biblisch begründeten Leitvorstellung. Diese normative Zuschreibung impliziert zusammen mit dem operativen und strategischen Handeln an der Schnittstelle zu anderen sozialen Systemen ein jeweils spezifisches Verständnis zur *Praxis des Helfens*, zur Wahrnehmung einer öffentlichen *Anwaltschaft* und – in Anknüpfung an Amartya Sen und Peter Dabrock – zu einem Begriff von *Gerechtigkeit*, der die Befähigung zur Teilhabe an gesellschaftlichen Kommunikationen zum Ziel hat (5.4).

(Kap. 6) Ein kurzes zusammenfassendes *Zwischenfazit* bündelt Resultate, Abgrenzungen und Konsequenzen zu den bis dahin angestellten Überlegungen.

(Kap. 7) Die anschließenden, nur sehr summarisch gehaltenen Hinweise betreffen *exemplarische Konkretionen* zu den gewonnen theoretischen Ergebnissen:

Zunächst wird aus einer knappen *Analyse aktueller gesellschaftlicher Herausforderungen* ein begrifflicher Referenzrahmen abgeleitet (7.1), innerhalb dessen die Ermöglichung von Teilhabe für ein paar *exemplarisch ausgewählte Handlungsfelder* durchzubuchstabieren versucht wird (7.2). Diese praktischen Erwägungen erfordern ein strikt auf die Unternehmensinteressen fokussiertes Verständnis von *Verbandsarbeit* (7.3) und laufen auf eine notwendige Intensivierung *sozialräumlicher bzw. quartiersbezogener Arbeit* gerade auch für große überregionale diakonische Unternehmen hinaus (7.4). In Aufnahme von Überlegungen von Jürgen Habermas lässt sich abschließend zeigen, welche Art von *interner und externer Kommunikation* die Diakonie benötigt, um ihre Ziele und deren operative Umsetzung in ihren Geschäftsfeldern effizient in den gesamtgesellschaftlichen Diskurs einbringen zu können, und was dies für das Leitungsverständnis der Führungskräfte bedeutet (7.5).

Insgesamt ist der Versuch darauf aus, Diakonie als selbstreferentielles System zu verstehen und dementsprechend ihre biblische Grundlegung weder aus der Kirche heraus an sie heranzutragen noch in die Gesellschaft hinein zu postulieren. Es geht um den Erweis eines der tatsächlichen gesellschaftlichen Funktion korrelierenden christlichen Selbstverständnisses, das an die kommunikativen Codes anderer sozialer Systeme anschlussfähig ist.

2. VARIANTEN DES REDENS ÜBER DIAKONIE SEIT 1990

Wer von Diakonie spricht, setzt sich angesichts der mit dem Wort ausgelösten Flut von Konnotationen und Interpretationen sogleich der Frage aus, wovon denn eigentlich die Rede sein soll. Das war nicht immer so strittig wie heute. Vor rund vierzig Jahren konnte in einem lexikalischen Standardwerk wie der Theologischen Realenzyklopädie die „Diakonie" noch kurz und bündig als „die durch den Christusglauben bestimmte, aus der Gemeinde erwachsende Hilfe für Hilfsbedürftige"[1] definiert werden. Es wird hervorgehoben, Subjekt der Diakonie sei die Gemeinde. Die erste Aufgabe der mit Diakonie befassten Gremien und derer, die in ihr beruflich tätig sind, sei es, der Gemeinde zu helfen, dieser ihrer Berufung als Ganze nachzukommen. In zweiter Linie gehe es darum, namens der Gemeinde als Einzelperson praktisch-diakonisch tätig zu sein. Und nur ergänzend dazu und eher wie ein Appendix richtet sich der Blick auf den übergemeindlichen Bereich[2]. Für ihn wird die Frage nach dem Platz der Diakonie im Versorgungsstaat mit Hinweisen auf internationale Katastrophenhilfe, auf Leistungen für Bedürftige über die an den Staat bestehenden Rechtsansprüche hinaus, auf ergänzende freiwillige Mitarbeitende und auf unverzichtbare Privatinitiativen beantwortet – nicht ohne festzuhalten, die Diakonie könne durchaus auch ganze Arbeitsfelder aufgeben, wenn diese stattdessen der Staat übernehmen wolle. Diakonie wird nicht als sozialstaatliches Phänomen, erst recht nicht unter betriebs- und volkswirtschaftlichen Aspekten[3], sondern als dezidiert (volks-)kirchlich verantwortet verstanden.

Dass das in den 1980er Jahren der Bewusstseinslage evangelischer Christinnen und Christen entspricht, lässt sich exemplarisch an den Resultaten der zweiten Kirchenmitgliedschaftsuntersuchung der EKD von 1984 ablesen[4]. Ein solcher Begriff von Diakonie als Veranstaltung der verfassten Kirche, genauer: primär der Ortsgemeinde, atmet die Selbstverständlichkeit, mit der eine finanziell noch gut ausgestattete Volkskirche in der alten Bundesrepublik selbstbewusst ihre Relevanz für das Individuum und für das Gemeinwesen reklamierte. Ihre Zuständigkeit für ‚das Eigentliche' der Formen christlichen Handelns in der Gesellschaft stand für sie außer Frage[5].

---

[1] Zum Folgenden vgl. Abbing 1981 (Zitat S. 644).

[2] Und das sechs Jahre nach Gründung des Diakonischen Werkes der EKD und fast ein Vierteljahrhundert nach den Zusammenschlüssen von Innerer Mission und Hilfswerk!

[3] Vgl. aber bereits damals die Diagnose einer widersprüchlichen Struktur der Diakonie bei Degen 1985.

[4] Hanselmann/Hild/Lohse 1984.

[5] Daran ändern auch die seinerzeitigen innerkirchlichen Konflikte wie bspw. der zwischen Kirchenleitungen und innerkirchlichen Ablegern der Friedensbewegung nichts. Die einen wie die anderen hatten jedenfalls keinerlei Zweifel an ihrer hohen gesellschaftlichen Relevanz. Vgl. zum Ganzen Greschat 2010, S. 170-179.

Reinhard Turre. Ein Jahrzehnt später stand mit dem Beitritt der DDR zum Bundesgebiet die EKD vor der Herausforderung, mit einer sehr anders geprägten und weitgehend marginalisierten kirchlichen Kultur in den neuen Bundesländern nicht nur freundliche informelle Beziehungen zu pflegen, sondern die neue Einheit zu vollziehen. Einen wichtigen Anknüpfungspunkt bildete die Tatsache, dass die ostdeutschen Landeskirchen entgegen der staatsoffiziellen Lesart mit ihrer Diakonie einen wesentlichen Beitrag zur sozialen Versorgung in der DDR geleistet hatten[1]. Angesichts der veränderten politischen und gesellschaftlichen Gesamtlage verlangte dies eine neue Besinnung über Wesen und Auftrag der Diakonie. In diesen Bezugsrahmen ist Reinhard Turres über viele Jahre hinweg maßgebendes Lehrbuch von 1991 einzuordnen. Es begründet die Diakonie unmittelbar im Auftrag Jesu, verortet ihre leitenden Prinzipien im Neuen Testament und in der daran anschließenden Kirchengeschichte und gewinnt daraus ein spezifisches christliches Proprium, mit dem sich das diakonische von jedem anderen helfenden Handeln abheben soll[2].

Dass dies zumindest in offiziellen Formulierungen zum Selbstverständnis noch höchst aktuell ist, zeigt ein Blick in die Web-Auftritte einzelner diakonischer Landesverbände. „Die evangelischen Kirchen nennen ihre soziale Arbeit Diakonie. Mehr als eine Million Menschen arbeiten in der Diakonie", heißt es kurz und bündig in Niedersachsen[3]. „Diakonie ist Kirche und Kirche ist Diakonie: Glaube und Liebe gehören untrennbar zusammen. Darum leben wir als diakonisch Handelnde in einer langen Tradition christlich motivierten sozialen Engagements. Diakonie ist Kirche für andere und mit anderen", lautet das Selbstverständnis in Hessen[4]. Und in Bayern wird statuiert: „Grundlage diakonischer Arbeit ist der Glaube an Jesus Christus, wie er in der Bibel beschrieben ist. In Jesus Christus ist Gott Mensch geworden und hat sich den Menschen zugewandt. Unsere Arbeit verkörpert diesen in die Tat umgesetzten Glauben und dient damit dem Menschen. Dadurch unterscheiden wir uns von anderen Anbietern im sozialen Sektor"[5].

Kirchliche Impulspapiere. Solche Selbstverständlichkeit überrascht, wenn man sich vergegenwärtigt, dass speziell in den 2000er und den frühen 2010er Jahren die verfasste Kirche massiven Veränderungsprozessen ausgesetzt war. Ihren vielschichtigen Folgen und durchaus multikausalen Ursachen gehen wir hier noch nicht im Einzelnen nach (Näheres s.u. 3.1.). Zur Illustration lässt sich aber zunächst schon einmal ein quantitativer Faktor hervorheben, nämlich das über

---

[1]   Vgl. insgesamt Mau 2005.

[2]   Vgl. insgesamt Turre 1991; zur Frage des spezifisch Christlichen S. 68-72.

[3]   https://www.diakonie-in-niedersachsen.de/pages/ueber_uns/ueber_diakonie/_diakonie-in-leichter-sprache/index.html (Zugriff: 10.07.2021, 11:10 Uhr MESZ).

[4]   https://www.diakonie-hessen.de/verband/selbstverstaendnis/ (Zugriff: 10.07.2021, 11:25 Uhr MESZ).

[5]   https://www.diakonie-bayern.de/ueber-die-diakonie.html (Zugriff: 10.07.2021, 11:55 Uhr MESZ).

lange Zeit vernachlässigte oder schön geredete Phänomen der Kirchenaustritte[1].
Sie stiegen kurz nach dem Beitritt der neuen Bundesländer in den Evangelischen
Landeskirchen in Deutschland von 144.000 (1990) über 238.000 (1991) auf
361.000 (1992) dramatisch an, pendelten sich 1993 bis 1995 auf durchschnittlich
290.000 und nach einem Rückgang über 226.000 (1996) zwischen 1997 und 2000
auf durchschnittlich 190.000 sowie zwischen 2001 und 2003 auf durchschnittlich
174.000 ein, bis zwischen 2004 und 2012 mit durchschnittlich 140.000 (einschließlich eines Tiefstwerts von 120.000 in 2005 und eines Höchstwerts von
169.000 in 2008) wieder die jährlichen Austrittszahlen von 1990 erreicht wurden.
    Dieser vordergründig beruhigende statistische Befund löste in der zweiten
Hälfte der 2000er Jahre in kirchenleitenden Gremien nach den eher trüben Aus-
blicken aus den 1990er Jahren eine neue Sicherheit aus. Sie schlug sich in bemer-
kenswert optimistischen Perspektiven nieder, deren Zuversicht sich jedoch sehr
bald als trügerisch erwies[2]. Exemplarisch sei hier genannt das Impulspapier „Kirche der Freiheit"[3] des Rates der EKD von 2006. Zwar kommt die Sorge um die
Folgen demographischer Umbrüche, finanzieller Einbußen, zurückliegender (!)
Austrittswellen, hoher Arbeitslosigkeit und des globalisierten Wettbewerbs für
die Zukunft der Kirche zum Ausdruck. Dessen ungeachtet sichtet man jedoch
allüberall „Leuchtfeuer" der Zukunft und diagnostiziert bzw. fordert den Willen
zum Aufbruch: in den kirchlichen Kernangeboten, bei allen kirchlichen Mitarbeitenden, beim kirchlichen Handeln in der Welt und bei der kirchlichen Selbstor-
ganisation. Die Diakonie wird in diesem Zusammenhang als zentrales Hand-
lungsfeld einer auf ihre Stärken fokussierten evangelischen Kirche reklamiert.
Die Zielvorgabe für spätestes 2020 lautet, jede diakonische Aktivität müsse über
ein deutlich wahrnehmbares evangelisches Profil verfügen und sich in ein Verhältnis zu einem Handlungsfeld der evangelischen Kirche setzen.
    Von einer ähnlichen Mischung aus Zuversicht und optimistischer Potenzialana-
lyse getragen ist die Landessynode der EKiR 2010 mit ihrem Grundsatzbeschluss
„Missionarisch Volkskirche sein"[4]. Er gibt in zehn Handlungsfeldern Ziele für
ein „Wachsen gegen den Trend" vor. Deren eines ist die Diakonie (gemeinsam
mit der Seelsorge). Ihr wird ein facettenreiches Profil bescheinigt, das sich im
Einzelnen in Stichworten wie Fachlichkeit, Spezialisierung, Niederschwelligkeit,
Netzwerkarbeit, Nachbarschaftshilfe und Fürbitte für Hilfebedürftige ausweise.
Der Auftrag zur strukturellen Gestaltung dieser Konnotationen in Gesellschaft
und Kirche wird ausdrücklich der Kirche als Ganzer zuerkannt.
    Nur wenige Jahre später führt man eine völlig andere Sprache. Sie ist offenkun-
dig der Auswertung der Resultate der fünften EKD-Mitgliedschaftserhebung von

---

[1]   Zum Folgenden vgl. www.kirchenaustritt.de.
[2]   Näheres dazu und zum folgenden „Katzenjammer" (S. 219) bei Greschat 2010, S. 215-
      221.
[3]   Zum Folgenden vgl. Evangelische Kirche in Deutschland 2006/1, insbesondere S. 48-100.
[4]   Zum Folgenden vgl. Evangelische Kirche im Rheinland 2010.

2012[1] geschuldet. Die zentrale Erkenntnis der Befragung besteht darin, dass im Blick auf die Kirchenverbundenheit der Menschen die Gruppe der „religiös Indifferenten" (deutlich) wie auch die Gruppe der „engagierten Hochverbundenen" (in bescheidenem Maße) wächst, während die aus früheren Studien bekannte Gruppe der sogenannten „distanziert Kirchlichen" an Bedeutung verliert. Ein Hauptgrund dafür ist der inzwischen generationsübergreifende Traditionsabbruch, der mit einem massiven Verlust religiöser Sozialisation einhergeht. Hinsichtlich der Diakonie kommt es vor diesem Hintergrund zu einem paradoxen Resultat: Sie erfährt hohe Zustimmung, und zwar weit über die Kirchenmitgliedschaft hinaus: 86% der evangelischen und 62% der konfessionslosen Befragten schätzen den Betrieb diakonischer Einrichtungen ausdrücklich hoch. Zugleich trauen jedoch nur 55% der Evangelischen und lediglich 15% der Konfessionslosen *der Kirche* zu, wesentliche Beiträge zur Lösung der Probleme der Gesellschaft leisten zu können. Das korreliert dem Befund, dass unter den Konfessionslosen 36% „der Diakonie" und nur 15% „der Kirche" vertrauen, während dieses Vertrauen unter den Kirchenmitgliedern mit 84% bzw. 85% gleich stark ausgeprägt ist.

Herbert Haslinger. Ziemlich genau im selben wie dem hier in den Blick genommenen Jahrzehnt kommt die bereits Ende des vorigen Jahrhunderts begonnene diakonie- und sozialwissenschaftliche Debatte um die Ökonomisierung des Sozialstaats und um die Rolle der Diakonie als Sozialunternehmen so richtig in Fahrt, ohne freilich in den Gremien der verfassten Kirche eine nennenswerte Rolle zu spielen. Die Frage, was denn nun eigentlich Diakonie sei, wird reichlich unübersichtlich. In diese Phase gehört das 2009 erschienene umfangreiche Lehrbuch zur Diakonie des katholischen Theologen Herbert Haslinger[2]. Es beginnt, man möchte sagen: logischerweise, mit der Frage[3], wie man überhaupt über Diakonie reden könne und solle. Die damit verbundene Teilfrage, was mit dem Begriff gemeint sei, wird dahingehend beantwortet, Diakonie zeige sich grundsätzlich in organisierter (z.B. als Wohlfahrtsverband) und in spontaner (z.B. Hilfe in akuten Notsituationen) Form, werde dementsprechend in dauerhaften Institutionen und in situativ wechselnden Einzelmaßnahmen praktiziert und professionell wie ehrenamtlich ausgeübt, sei offiziell wie privat verantwortet und auf gesellschaftliche Makro- ebenso wie auf Mikrostrukturen fokussiert, trete demzufolge als politische wie als individuelle Diakonie auf, komme nicht nur kirchlich, sondern auch außerkirchlich vor, ja könne sogar bewusst oder unbewusst geschehen und daher nicht nur eine dezidiert christliche, sondern ebenso gut eine anonymchristliche Gestalt annehmen. Dieser endlose Satz soll illustrieren, dass Haslinger

---

[1] Zum Folgenden vgl. Evangelische Kirche in Deutschland 2014. Dass zeitgleich und in der Folge ein explosionsartiger Wiederanstieg der Austrittszahlen von 138.000 (2012) über 177.000 (2013) auf 270.000 (2014) zu verzeichnen ist (www.kirchenaustritt.de), dürfte kein Zufall sein.

[2] Der Begriff wird in seinem Buch weitgehend synonym zu „Caritas" verwendet.

[3] Zum Folgenden vgl. Haslinger 2009, S. 11-24.

über der Bestandsaufnahme der Begriff entgleitet. Das spürt der Autor offenbar
selbst. Deshalb zitiert er aus einem früheren Werk vorab als seine zusammenfassende Definition[1], Diakonie sei „die indispensable und durchgängige Dimension
des christlichen Glaubens", die als solche „die gesamte christliche Praxis des
Menschen dahingehend" strukturiere, „durch solidarisch-helfende Heilung (…)
individuelle(r) Lebenseinschränkungen und durch gesellschaftliche Veränderung
von Notstrukturen" dafür zu sorgen, „dass Menschen in dieser Praxis die Lebens-
möglichkeiten erhalten, die ihrer Würde vor Gott entsprechen". Und weil auch
diese nicht gerade leicht nachvollziehbare Definition mehr Fragen aufwirft als
Antworten gibt, fasst Haslinger im Rückgriff auf die neutestamentlichen Wort-
felder Dienst – Diakonie – *diakonia* bzw. Liebe – Caritas – *agape* schließlich
kurz und bündig zusammen, mit Diakonie werde das Wesen des christlichen
Glaubens insgesamt ausgedrückt, so dass der Begriff auch für den Vollzug christlicher Existenz als solcher stehen könne.

Abgesehen von der Frage, warum auf solchen Prämissen aufbauende Überlegungen den Buchtitel „Diakonie" statt „Christliches Leben im Alltag der Welt"
tragen, stellt sich die weitere, wem mit einem solch enzyklopädisch orientierten
Begriffssortiment eigentlich gedient ist – es sei denn eben dem Interesse an Vollständigkeit. Es wird denn auch mit großer Umsicht und in durchaus differenzierten Argumentationsgängen „Diakonie" unter historischem[2], soziologischem[3], ek-
klesiologischem[4] und biblisch-theologischem Aspekt[5] diskutiert und vorgeführt.
Unter dem Strich kann sich aber fatalerweise jede und jeder seinen oder ihren
Begriff von Diakonie aussuchen, weil jedwedes auf ,den' oder ,die' anderen
Menschen gerichtete Handeln oder Interesse einschließlich bestimmter Formen
von Verkündigung, Seelsorge, Bildungs- und allgemeiner Gemeindearbeit irgendwie ,Diakonie' ist.

Heinz Rüegger und Christoph Sigrist. Einen weniger monumentalen Weg
gehen Heinz Rüegger und Christoph Sigrist, die mit ihrer 2011 erschienenen
„Einführung" grundsätzlich ebenfalls das Ziel verfolgen, Diakonie biblisch, historisch und theologisch einzuordnen. Anders als bei Turre und ähnlich wie bei
Haslinger hat sich für die Autoren die Frage nach einem spezifischen Proprium
bereits erledigt. Stattdessen nehmen sie beim „allgemein-menschlichen Helfen"
ihren Ausgangspunkt[6] und ordnen dieses „im Zeichen der Menschenliebe Gottes"
theologisch ein[7]. Das führt zu einer klaren Unterscheidung: Hier die strukturellen
und fachlichen Bedingungen helfenden Handelns in den diakonischen Organisa-

---

[1] zit. a.a.O., S. 20 (Zitat von 1996).
[2] a.a.O., S. 25-71.
[3] a.a.O., S. 73-161.
[4] a.a.O., S. 163-203.
[5] a.a.O., S. 205-302.
[6] Vgl. Rüegger/Sigrist 2011, S. 29f und S. 34-36.
[7] Vgl. a.a.O., S. 115-177.

tionen, die nicht mit theologischem Überbau zu befrachten seien – dort eine gemeindlich verantwortete *diakonia* als eine „Grundfunktion der Kirche" (abgegrenzt gegenüber *martyria*, *leiturgia* und *koinonia*)[1]. Gewissermaßen eine Brücke zwischen beidem bilden bestimmte Schlüsselbegriffe einer diakonischen Sozialethik[2], die als Orientierungspunkte des helfenden Handelns unter christlichen Vorzeichen dienen. Worin genau deren Relevanz für den frei-gemeinnützigen Sektor besteht, bleibt allerdings letztlich offen. Und es ist wohl kein Zufall, dass das Kardinalproblem der Ökonomisierung weitgehend beziehungslos zu allem Vorhergehenden am Schluss gestreift wird[3], ohne dass die zuvor entwickelten Orientierungspunkte dabei noch eine wirkliche Rolle spielen.

Wolfgang Steck. Vor dem Hintergrund der skizzierten Entwicklungen ist es nur folgerichtig, dass Wolfgang Steck 2011 im selben Jahr wie Rüegger/Sigrist die Darstellung der Diakonie als Teilbereich seiner umfangreichen „Praktischen Theologie"[4] erst recht nicht mehr mit einer Bestandsaufnahme über alles, was Diakonie ist, sein sollte oder werden müsste, beginnt, sondern sie als „die säkulare Ratifizierung eines christlichen Leitmotivs" überschreibt und als „markantes Exempel für die Problemkonstellationen, die sich aus der gesellschaftlichen Organisation von Religion ergeben", identifiziert. Von Diakonie zu reden bedeutet bei Steck, von ihren Widersprüchen zu reden. Er findet sie zwischen der systemstabilisierenden Kompensation bestehender gesellschaftlicher Defizite und der generellen Kritik an den systemimmanenten Antagonismen sowie zwischen der grundlegenden Idee der Nächstenliebe und der fortschreitenden Ökonomisierung konzernähnlicher diakonischer Werke. Hier wird Ernst damit gemacht, dass die traditionelle Rede von der Diakonie als Wesens- und Lebensäußerung der Kirche mit der Realität nicht mehr viel zu tun hat und dass religiös motivierte Hilfeleistungen nicht mehr zum selbstverständlichen Portfolio aller Christinnen und Christen gehören. Infolgedessen beginnt die substanzielle Darstellung mit der Diakonie als Funktion des gesellschaftlichen Wohlfahrtssystems, die ihre Kontur nicht in ihrer Ableitung aus der Kirche, sondern gerade im Gegenüber zu dieser gewinnt[5]. Auch der anschließende historische Rückblick mündet nicht etwa in die Forderung nach einer Neubegründung des Verhältnisses von Diakonie und Kirche ein, sondern in eine Darstellung der frei-gemeinnützigen Diakonie unter den Bedingungen der fortschreitenden Ökonomisierung[6].

Tobias Braune-Krickau. In Konsequenz dieses Ansatzes beginnt sechs Jahre später Tobias Braune-Krickau in seinem in derselben Buchreihe wie Steck erschienenen knappen Lehrbuch der Praktischen Theologie die Darstellung der

---

[1] Vgl. a.a.O., S. 177-188; ähnlich Haslinger 2009, S. 166-175.
[2] Vgl. a.a.O., S. 189-240.
[3] Vgl. a.a.O., S. 241-256.
[4] Zum Folgenden vgl. Steck, W. 2011, S. 27-31.
[5] a.a.O., S. 36-48.
[6] a.a.O., S. 48-55.

„Diakonik"[1] mit einer einfachen Unterscheidung: Da ist zum einen empirisch die Diakonie als Summe der unter dem Dach des Wohlfahrtsverbandes Diakonie Deutschland zusammengeschlossenen Einrichtungen. Und da ist zum andern historisch und systematisch die Diakonie als ein „Begriff der christlichen Tradition". Anschließend wird als erste Orientierung über das, wovon die Rede sein soll, zunächst das deutsche Wohlfahrtsstaatsmodell referiert, als dessen Teil die Diakonie fungiert. Es folgt, ähnlich wie bei Haslinger, eine gegliederte Typisierung diakonischer Organisationsformen (z.B. Einzelprojekte, Vereine, Gesellschaften und Stiftungen sowie Landes- und Fachverbände). Von der Kirche ist bei diesem Einstieg ins Thema nur noch insofern die Rede, als die Landesverbände zu ihr eine Brückenfunktion[2] unterhalten, die sich prinzipiell nicht von der zur Landes- oder Kommunalpolitik unterscheidet.

Isolde Karle. Differenzierter und, wenn man so will, die Diskussion einer ganzen Generation zusammenfassend geht Isolde Karle im Diakoniekapitel ihres 2020 erschienenen Lehrbuchs der Praktischen Theologie zu Werke. Ausgehend von der Einsicht, dass „es gegenwärtig nicht mehr eindeutig (ist), worin das spezifisch Christliche der diakonischen Praxis besteht"[3], identifiziert sie vor dem Hintergrund einer knappen historischen Bestandaufnahme[4] vier Schlüsselfragen zum strukturellen und inhaltlichen Beziehungsfeld diakonischer Unternehmen. Offen ist einerseits, ob (1) gegenüber dem Anspruch der Einheit von Wort und Tat des Evangeliums „sich die ‚Tat' in der institutionellen Diakonie nicht längst verselbständigt hat"[5], andererseits aber, ob (2) die „prinzipiell unabhängige Organisation der Diakonie" doch eine so starke Verflechtung mit der verfassten Kirche aufweist, „dass von einer Unabhängigkeit nur bedingt gesprochen werden kann"[6]. Offen ist somit (3) „die Frage nach der Identität der Diakonie"[7], bspw. im Blick auf die Beschäftigungsverhältnisse oder das Leitungshandeln, und schließlich (4) die den diakonischen Unternehmen selbst innewohnende „*Exklusionsdynamik*"[8], bspw. im Blick auf den Umgang mit gehandicapten, alten und jugendlichen Menschen oder auch bezüglich der Rolle von Frauen. Im Anschluss an ihre frühe Luhmann-Rezeption[9] richtet Isolde Karle den Fokus abschließend auf eine gemeinsame zivilgesellschaftliche Aufgabe, die je auf ihre Weise den

---

[1] Zum Folgenden vgl. Braune-Krickau 2017, S. 222-226.
[2] Der Begriff der „Brückenfunktion" findet sich bspw. auch schon in den Ergebnissen der fünften Kirchenmitgliedschaftsuntersuchung, vgl. Evangelische Kirche in Deutschland 2014, S. 13 und S. 94.
[3] Karle 2020, S. 584.
[4] Vgl. a.a.O., S. 584-595.
[5] a.a.O., S: 596.
[6] ebd.
[7] a.a.O., S. 597; vgl. weiter bis S. 600.
[8] a.a.O. S. 600; vgl. weiter bis S. 602.
[9] Karle 2004; Genaueres s.u. 5.1.3.

diakonischen Unternehmen und der Gemeindediakonie zukommt, nämlich theologisch, politisch und praktisch sich damit auseinanderzusetzen und darauf zu regieren, dass „(d)ie moderne Gesellschaft (…) aufgrund ihrer funktionalen Differenzierung häufig blind für die Exklusionseffekte (ist), die sie selbst hervorbringt"[1]. Damit schlägt dieses neueste diakonische Lehrbuch ein Thema an, das in der vorliegenden Arbeit eine zentrale Rolle spielt.

Der vorstehende Durchgang ist natürlich unvollständig. Er unterstreicht aber: Unbeschadet der angeschnittenen und im Folgenden näher zu beleuchtenden Veränderungsprozesse in Kirche und Diakonie hängt der Zugang zum Reden über Diakonie und zur Beantwortung der Frage, was mit ihr eigentlich gemeint ist, nach wie vor nicht unwesentlich von der anderen Frage ab, welche Rolle man in diesem Zusammenhang der Kirche zuschreiben will, kann und muss.

---

[1]   Karle 2020, S. 603; vgl. weiter bis S. 607.

3. DIAKONIE ALS CHRISTLICHES UNTERNEHMEN

3.1. Zur Determinierung der Diakonie durch die verfasste Kirche

Wer nach dem Verhältnis zwischen Kirche und Diakonie fragt, bekommt es mit der in Kap. 2 bereits zitierten Formel von der Diakonie als Wesens- und Lebensäußerung der Kirche zu tun. Sie ist nicht nur rechtlich nach wie vor in Kraft, sondern ungeachtet einer in der Wissenschaft inzwischen verbreiteten Skepsis in den Leitbildern zahlloser diakonischer Träger verbreitet. Eine zufällige Auswahl quer durch Branchen und Regionen:

„Diakonie erfahren heißt erkennen: Die Kirche lebt! Diakonie ist Christsein in der Öffentlichkeit. Sie ist Wesens- und Lebensäußerung der evangelischen Kirchen. Diakonie geht aus vom Gottesdienst der Gemeinde. Sie ist gelebter Glaube, präsente Liebe, wirksame Hoffnung. Diakonie macht sich stark für andere" (Diakoniewerk Westsachsen gGmbH[1], so auch übernommen von der Evangelischen Altenhilfe Much/Seelscheid gGmbH[2]).

„Die(se) Liebe verpflichtet alle Glieder der Kirche zum Dienst und gewinnt in besonderer Weise Gestalt im Diakonat der Kirche; demgemäß ist Diakonie Wesens- und Lebensäußerung der Kirche" (Diakonie im Kirchenkreis Kleve e.V.)[3].

„Die Diakoniestationen Hannover gGmbH ist eine übergemeindliche diakonische Einrichtung als Wesens- und Lebensäußerung der evangelisch-lutherischen Kirche in Hannover."[4]

„Die Gesellschaft wirkt im Sinne der Diakonie als Wesens- und Lebensäußerung der Evangelischen Kirche gemäß dem Gebot Jesu Christi in praktischer Betätigung christlicher Nächstenliebe. Sie ist wesentlicher Teil verantwortlichen Handelns Evangelischer Kirche in der Öffentlichkeit" (Neue Arbeit Saar gGmbH)[5].

---

[1]   https://www.diakonie-westsachsen.de/gemeinsam_unterwegs_wir_fuer_menschen_link_
      zum_leitbild_der_diakonie_deutschland_de.html
      (Zugriff: 12.07.2021, 18:05 Uhr MESZ).

[2]   https://altenheim-seelscheid.ekir.de/unser-leitbild/
      (Zugriff: 12.07.2021, 18:30 Uhr MESZ).

[3]   https://www.diakonie-kkkleve.de/diakonie-kirche.html
      (Zugriff: 12.07.2021, 18:50 Uhr MESZ).

[4]   https://www.dst-hannover-neustadt.de/DesktopDefault.aspx?TabID=895
      (Zugriff: 12.07.2021, 19:20 Uhr MESZ).

[5]   https://www.neue-arbeit-saar.de/unternehmen/leitbild.html
      (Zugriff: 12.07.2021, 20:00 Uhr MESZ).

3.1.1. Diakonie als Wesens- und Lebensäußerung der Kirche – Anspruch und Wirklichkeit

Zur Einordnung ist es nicht überflüssig, die bekannte Gründungsgeschichte der heutigen Diakonie Deutschland kurz in Erinnerung zu rufen[1]. Die Rede von der Wesens- und Lebensäußerung wird in der von der Kirchenversammlung in Eisenach 1948 beschlossenen Grundordnung der EKD[2] in Art. 15 Abs. 1 zur Charakterisierung der Diakonie eingeführt. Gemeint ist damit seinerzeit zum einen die Innere Mission, also der auf Initiative Johann Hinrich Wicherns 1848 auf dem Wittenberger Kirchentag gegründete Verband zur Bündelung der sozialen Hilfsangebote lokaler und regionaler diakonischer Initiativen und Gemeinschaften des 19. Jahrhunderts, und zum andern das 1945 von der Kirchenkonferenz in Treysa für die Bekämpfung der Folgen von kriegsbedingter Flucht und Vertreibung ins Leben gerufene Hilfswerk der Evangelischen Kirche in Deutschland. Zur Fusion der beiden Werke mit der sich anschließenden Gründung von Diakonischen Werken auf Ebene der einzelnen Landeskirchen vereinbaren 1957 die EKD als Trägerin des Hilfswerks und der Central-Ausschuss der Inneren Mission eine Ordnung. Deren Approbation qua Kirchengesetz gemäß Art. 15 der EKD-Grundordnung ermöglicht die Anerkennung des fusionierten Verbandes als „Werk der Kirche". Die abschließende Verschmelzung zum Diakonischen Werk der EKD[3] in Form eines eingetragenen Vereins erfolgt durch ein Kirchengesetz[4] vom 6. November 1975, gemäß dem die Kirche ihre diakonischen Aufgaben unter Mitverantwortung ihrer Organe durch den Verein wahrnimmt (§ 1 Abs. 1). Konkret vollzieht sich diese Mitverantwortung in der Entsendung kirchlicher Amtsträger in die Vereinsorgane sowie mittels eines Vorbehaltsrechts, dem zufolge wesentliche Entscheidungen der Vereinsorgane (Wahl des Präsidenten oder der Präsidentin, Veröffentlichung von Grundsatzerklärungen, Wirtschaftsplan, strategische Planung, Satzungsänderungen) der Zustimmung des Rates der EKD bedürfen (§ 1 Abs. 2). Unter diesen Voraussetzungen wird mit kirchenamtlicher Anerkennung (§ 2 Abs. 1) die Satzung des Diakonischen Werkes in Kraft gesetzt[5], die gleich in der Präambel bis heute die Diakonie als „Wesens- und Lebensäußerung der Kirche" apostrophiert.

Die Diakonie ist somit seit Kriegsende ein Zwitter aus unmittelbar verfasstkirchlich verantworteter Diakonie und christlich motivierter, in freien zivilrechtlichen Zusammenschlüssen organisierter Diakonie. Die Spannung zwischen zwei einander eigentlich ausschließenden Organisationsprinzipien spiegelt sich denn

---

[1]   Vgl. dazu ausführlicher Starnitzke 1996, S. 21-33.
[2]   www.kirchenrecht-ekd.de (1).
[3]   Seit 2012 als Diakonie Deutschland gemeinsam mit Brot für die Welt und dem Evangelischen Entwicklungsdienst Teil des Evangelischen Werks für Diakonie und Entwicklung e.V. (EWDE).
[4]   www.kirchenrecht-ekd.de (2).
[5]   www.kirchenrecht-ekd.de (4).

auch in den bereits während der Gründungsepoche 1957-1975 ausgetragenen theologischen Kontroversen[1]. Mit der Vereinsform wird versucht, vier verschiedene Interessenlagen[2] zusammenzuführen: (1) die sozialrechtliche Stellung des Diakonischen Werkes als Spitzenverband der Freien Wohlfahrtspflege, (2) die Mitarbeit der Freikirchen, (3) den aus der Inneren Mission stammenden Gestaltungsfreiraum eines freien Rechtsträgers und (4) dessen Zuordnung zur verfassten Kirche. Das letztgenannte Interesse wird vereinsrechtlich durch den Beitritt der EKD als eines besonders privilegierten Vereinsmitglieds durchgesetzt. Die seither beharrlich prolongierte Rede von der „Wesens- und Lebensäußerung" hat von Anfang an mindestens auch die Funktion, dieses fragile Konstrukt plausibel erscheinen zu lassen.

Das gelingt aber desto weniger, je konsequenter sich die Diakonie spätestens seit den 1990er Jahren der gesellschaftlich diskutierten und politisch forcierten Frage nach der Effizienz und der Finanzierbarkeit sozialstaatlicher Leistungen stellen und demensprechend unter marktwirtschaftlichen Gesichtspunkten planen und handeln muss. Um unter den Vorzeichen der Ökonomisierung des Sozialen (s.u. 3.3.) die Verbindung der Diakonie mit der Kirche formal noch absichern zu können, bedarf es einer vom Rat der EKD 2007 erlassenen Richtlinie[3], mit der die Zuordnung rechtlich selbstständiger diakonischer Einrichtungen zur Evangelischen Kirche in Deutschland und zu ihren Gliedkirchen geregelt wird (§ 1 Abs. 1). Sämtliche diakonischen Werke und Einrichtungen, unabhängig von ihrer Rechtsform, werden erneut entsprechend der EKD-Grundordnung und der Satzung der Diakonie Deutschland als „Wesens- und Lebensäußerung der Kirche" apostrophiert (§ 2). Als die im Sinne der Richtlinie notwendige Zuordnung des einzelnen Trägers zur Kirche gilt dann praktisch in der Regel die Aufnahme als Mitglied in einen diakonischen Landesverband (§ 3 Abs. 2). Voraussetzungen dafür sind seitens des zugeordneten Trägers unter anderem die Mitwirkung kirchlich beauftragter Personen in seinen Organen, die Anhörung des zuständigen Landesverbandes bzw. der Kirche bei Satzungsänderungen, die Anwendung kirchlichen Rechts (§ 4 Abs. 2) sowie ein sichtbarer „Einklang mit dem Selbstverständnis der Kirche". Der letztgenannte, höchst unbestimmte Rechtsbegriff wird am Leitbild des Trägers, an der Mitwirkung von Ehrenamtlichen, an der geistlichen Qualifizierung des Personals und an der Gewährleistung von innerbetrieblichen gottesdienstlichen Handlungen (§ 4 Abs. 4) festgemacht.

Diese Richtlinie sichert zunächst einmal das Interesse der verfassten Kirche an einem, allerdings sehr globalen und eher theoretischen, Einfluss auf die Belange aller der Träger, die nicht dem Kirchen-, sondern dem Vereins-, dem Stiftungs- oder dem GmbH-Recht unterliegen. Sie sichert aber auch den verfassungsrechtlichen Sonderstatus der Diakonie: Bestimmte wirtschaftliche Rahmenbedingungen eines diakonischen Unternehmens wie insbesondere die steuerlichen Vorteile

---

[1]   Vgl. grundlegend Reitz-Dinse 1998.
[2]   Vgl. Starnitzke 1996, S. 30-32.
[3]   www.kirchenrecht-ekd.de (3).

und das eigenständige Arbeits- und Tarifrecht ohne Streik und Aussperrung leiten sich daraus ab, dass die Diakonie über ihre Zuordnung zur Kirche an deren Verfassungsprivilegien gemäß Art. 140 GG partizipiert (dazu auch s.u. 3.2.). In der Praxis läuft die Richtlinie darauf hinaus, dass die Entscheidung darüber, wer Diakonie ist und wer nicht, bei den Landesverbänden liegt. Diese machen die Zugehörigkeit ihrerseits im Wesentlichen von der Einhaltung des kirchlichen Arbeitsrechts seitens der einzelnen Unternehmen abhängig (dazu s.u. 3.1.6.). Ob eine entsprechende Durchsetzungsfähigkeit in der Praxis überhaupt verfügbar ist, kann man mit guten Gründen bezweifeln[1].

3.1.2. Diakonie und Kirche – zwei Welten

Vor diesem Hintergrund stellt sich nun die Grundsatzfrage, was mit der Zuordnung der Diakonie zur Kirche eigentlich gewonnen ist[2]. Es liegt ja auf der Hand, dass die Zuordnungsvoraussetzungen die Diakonie keineswegs ,kirchlich' machen. Sie stellen lediglich einen eher dürftigen Versuch dar, eine formale Anbindung zu gewährleisten. Inhaltlich hingegen sind sowohl das „Wesen" wie auch das „Leben" hohle Begriffshülsen geworden. Das hängt unmittelbar damit zusammen, dass es *der Kirche selbst* nicht mehr gelingt, über ihre funktionale Rolle als Stakeholder hinaus überzeugend zu begründen und zu leben, dass und inwieweit sie Diakonie ist. Dergleichen entscheidet sich nämlich nicht auf Ebene der EKD oder der Landeskirchen. Diese sind ohnehin nur mittels ihrer Werke, also der Diakonie Deutschland und der diakonischen Landesverbände, ,diakonisch'. Es entscheidet sich aber auch nicht in den Spitzenverbänden. Sie weisen ihrem Wesen nach keine oder kaum eine eigene diakonische Praxis aus, weil sie primär Verbands- und Lobbyarbeit für ihre Mitglieder, d.h. für die diakonischen Träger zu leisten haben. Wie diakonisch die Kirche ist, entscheidet sich auf der Ebene der Ortsgemeinde bzw. auf der mittleren Ebene (Kirchenkreise, Kirchenbezirke, Dekanate, Propsteien).

Der Befund dort, auf einen knappen Satz gebracht, lautet, dass Diakonie keine Rolle mehr spielt. Spätestens zur Jahrhundertwende musste der klassische Beruf der Gemeindeschwester zwangsläufig aussterben, weil der ehemalige Anstellungsträger weder strukturell noch finanziell noch personell in der Lage war, unter veränderten sozialrechtlichen Bedingungen[3] die Arbeit fortzuführen. Sie wurde daher in gemeindeübergreifende Diakonie- oder Sozialstationen ausgegliedert, welche ihrerseits unter dem Druck der fortschreitenden Ökonomisierung rasch in marktgerechte Organisationsformen überführt werden mussten. Vergleichbares vollzieht sich aktuell mit den Kindertageseinrichtungen als einem

---

[1] Karle 2020 weist darauf hin, dass, wie die Praxis der Loyalitätsrichtlinie „genau aussehen könnte, (…) eine zentrale Frage der Zukunft" sei (S. 598). Das legt den Umkehrschluss nahe, dass sie gegenwärtig nicht allzu viel taugt bzw. vorerst vor allem Wunschdenken ist.
[2] Zum Folgenden vgl. Hofmann 2017.
[3] Einführung der Pflegeversicherung (SGB XI) zum 1. Januar 1995.

weiteren großen klassischen Arbeitsfeld von Kirchengemeinden. Auch hier bringen die berechtigten Anforderungen der Landesgesetzgebungen an die Qualität
und die Wirtschaftlichkeit der Einrichtungen die kirchengemeindlichen Trägerin-
nen an die Grenze ihrer Leistungsfähigkeit. So entstehen überörtliche oder gar
überregionale Verbünde, die, soweit noch nicht geschehen, ebenfalls die verfasst-
kirchliche Rechtsform werden verlassen müssen, um künftig entscheidungs- und
handlungsfähig zu sein. Neben dieser vieldiskutierten Auswanderung von Ange-
boten für Kinder und alte Menschen aus ‚der Kirche‘ in ‚die Diakonie‘ spielt eine
mindestens ebenso gravierende Rolle, dass die anderen typischen großen Zielgruppen diakonischen Handelns, also Wohnungslose, Suchtkranke, Erwerbslose,
Menschen mit Behinderungen sowie Pflegebedürftige und Kranke im Alltag einer Kirchengemeinde und erst recht im Gottesdienst so gut wie gar nicht vorkommen, es sei denn als Gegenstand der Predigt oder Nutznießende von Kollekten.
Was bleibt, sind schrumpfende Angebote der Jugendarbeit[1] und die Besuchs-
dienste, die für die Generation der Hochbetagten in der Regel von betagten Gemeindegliedern erbracht werden.

Man mag entschärfend bspw. mit Wolfgang Steck den „Einrichtungen der öffentlichen Fürsorge, die sich im Nahbereich der Wohnwelt etablierten“, den Rang
einer „eigenständige(n) Organisationsform von Diakonie“ einräumen, in der sich
„alltägliche Hilfeleistung und organisierte Wohlfahrtspflege ineinander ver-
schränken“[2]. Aber das ist am Ende auch kein Beleg für eine signifikante Rolle
kirchlich verantworteter Diakonie vor Ort. Einrichtungen wie z.B. die Stadt- und
die Bahnhofsmissionen und erst recht die Beratungsstellen für Ehe-, Familien-,
Erziehungs- und Lebensfragen stehen unter erheblichem finanziellem Druck.
Dem werden sie angesichts der absehbaren Auszehrung kircheneigener Ressourcen auf Dauer nur durch fortschreitende Professionalisierung und wirtschaftliches
Handeln entgehen. Das wiederum wird im Gefolge der ambulanten Pflegedienste
und der Kindertageseinrichtungen den Abstand zur Gemeinde bzw. zum Kirchenkreis vergrößern und früher oder später ebenfalls die Überführung in privatrecht-
liche Trägerschaft erzwingen, weil ansonsten die Alternative in der Aufgabe der
Arbeitsgebiete besteht.

Das hat dazu geführt, dass unter dem Begriff der Diakonie inzwischen zwei
Welten subsumiert werden, die unterschiedlicher kaum sein können. In einem in
mehrfacher Hinsicht bemerkenswerten großen Essay hat Günther Thomas dazu
unlängst klipp und klar von „zwei Klassen“ gesprochen: „Ein kleiner Teil der
Diakonie *im weitesten Sinne* arbeitet auf der Basis von Spenden mit Freiwilligen
oder mit dazu angestellten Spezialisten. Diesen Teil nenne ich organisationsför-
mige Diakonie. Der weitaus größere, ja der überwiegende Teil der Diakonie wie
auch der Caritas ist unternehmensförmig organisiert“[3] und sollte, so das Plädoyer

---

[1] Nicht zu verwechseln mit den professionellen Beratungsleistungen und erzieherischen Hilfen gemäß dem Kinder- und Jugendhilferecht §§ 13-21 und §§ 27ff SGB VIII, die längst
bei der Diakonie gelandet sind.

[2] Steck, W. 2011, S. 48.

[3] Thomas 2020, S. 198. Hervorhebung SKF.

der vorliegenden Arbeit, um der Klarheit und der Glaubwürdigkeit nach innen und nach außen willen mit dem „kleinen Teil" auch nicht mehr den Markennamen teilen müssen.

3.1.3. Diakonisierung der Kirche – eine Illusion

Dieser insgesamt ernüchternden Realität versucht man nun freilich zu begegnen, indem gemäß dem Axiom, dass Kirche nicht Kirche sei, wenn sie nicht auch diakonisch sei, eine Neubegründung diakonischen Handelns in den kirchlichen Gliederungen vor Ort exemplarisch und programmatisch auf die Tagesordnung gesetzt wird. Die Problematik solcher Überlegungen, wie sie bspw. in einer 2011 von Hans Höroldt und Volker König herausgegebenen Sammlung vorliegen, besteht darin, dass die durchaus zahlreichen Exempel in aller Regel keine Beispiele, sondern Einzelfälle auf zumeist wackliger finanzieller Basis[1] sind. Und die Programme erschöpfen sich nur zu oft in reinen Appellen („Mehr Diakonie wagen"[2]). Die letztlich defensive prinzipielle Haltung wird greifbar in der Mahnung, die angeblich vielfältigen diakonischen Tätigkeiten vor Ort nicht zu unterschätzen[3]. Die affirmative Beschwörung der Gemeinde als diakonischem Lernort[4] oder des Gottesdienstes als Raum der Begegnung von Wort und Tat[5] lässt die Tatsache, dass sich die dort vorfindliche Altersstruktur dramatisch nach oben und die Mitglieds- bzw. Teilnehmendenzahlen dramatisch nach unten entwickeln, leider außer Acht. Die Corona-Pandemie tut in diesem Zusammenhang wohl ein Übriges. Die These, „Kirchengemeinden (seien) in vielfältiger Weise diakonisch tätig"[6], bedarf, soll sie gehalten werden, dringend einer eingehenden empirischen Verifizierung. Bisher scheint sie auf kaum quantifizierbare und eher zufällig zu Tage geförderte Nischenphänomene[7] zu rekurrieren, die keineswegs hinreichen, um eine Diakonisierung der Ortsgemeinden propagieren zu können[8]. Das spiegelt

---

[1] Vgl. Tyrakowski-Freese in Höroldt/König 2011, S. 53-64.
[2] So van Spankeren a.a.O., S. 188-192.
[3] So einleitend Höroldt a.a.O., S. 31.
[4] So Frantzmann a.a.O., S. 174-182.
[5] So Niehaus a.a.O., S. 164-173.
[6] Karle 2020, S. 606.
[7] Karle nennt ebd. bspw. Wärmestuben und Vesperkirchen. Die ebenfalls herangezogenen Kindergärten wandern aktuell gerade aus den Gemeinden in überregionale Verbände und Verbünde aus (s.o.). Hinsichtlich der außerdem ins Feld geführten, zweifellos verdienstvollen ehrenamtlichen Begleitung von Geflüchteten bleibt abzuwarten, wie stabil und wirksam diese auf Dauer ist, insbesondere, wenn man die Sprunghaftigkeit und Zufälligkeit der öffentlichen Diskurse zu diesem Thema berücksichtigt. Vgl. dazu neuerdings Becker 2022.
[8] Eher zurückhaltend, wenn auch im Ganzen positiv oder besser konstruktiv über die „Diakonie in der Ortgemeinde" äußern sich unlängst Behrendt-Raidt/Schäfer 2022. Die von ihnen referierten „Empirischen Annäherungen" (S. 384-387) kranken ein wenig daran, dass sie zeitlich *vor* den 2019 mit „Kirche im Umbruch" zu Tage getretenen katastrophalen

sich auch darin, dass unmittelbar im Umfeld der hoch gesteckten Erwartungen rund um die diakonische Ortsgemeinde dankenswerter Weise von Eberhard Hauschildt die Einschränkung formuliert wird[1], bestenfalls ein Teil der Gemeindemitgliedschaft sei an Diakonie interessiert, dies hänge von spezifischen milieubedingten Gegebenheiten ab, ohnehin könne man der Organisation als Ganzer kein Programm aufs Auge drücken, und es sei grundsätzlich mit Akzeptanzproblemen zu rechnen.

Die wesentlichen Agenturen solcher angeblich nach vorn gerichteten, tatsächlich rückwärtsgewandten Bestrebungen sind neben den Akteuren auf den verschiedenen kirchlichen Ebenen die Diakonischen Werke in den Regionen sowie die Landesspitzenverbände. Das ist insofern kein Zufall, als sie die letzten diakonischen Organisationseinheiten sind, zu deren Erträgen neben der Finanzierung aus Mitteln des Staates und der öffentlichen Kostenträger auch die Kirche in der Regel noch einen mehr oder weniger nennenswerten Beitrag aus ihren Steuereinkünften leistet. Das ist der Grund dafür, dass unter der nicht hinterfragten irrigen Prämisse, für die Diakonie sei „das ‚Kirche sein‘ die entscheidende Legitimation"[2], leitende Theologinnen und Theologen verfasst-kirchlicher diakonischer Werke den Anspruch erheben, sie seien „Garant des Kircheseins der Diakonie"[3], wohl ohne zu merken, dass sie damit das Selbstbild altpreußischer Pfarrherrlichkeit repristinieren. Dem gegenüber wird in der vorliegenden Arbeit die These vertreten: Die aktuelle Rede vom neuen, genauer: vom neu zu gewinnenden und zu gestaltenden Miteinander von Kirche und Diakonie ist primär eine interessengeleitete Funktionärsdebatte, die mit der Realität der konkreten Kirchengemeinden vor Ort und deren Mitgliedern wenig zu tun hat.

3.1.4. Kirche im Umbruch – ein Erdbeben

Wer ungeachtet dessen zum Verhältnis zwischen Diakonie und Kirche zufrieden feststellt, „der langjährige Konkurrenzkampf zwischen verfasster Kirche und Diakonie" sei „deutlich zurückgetreten"[4], ist sich der wichtigsten Ursache dafür vermutlich nicht bewusst: Das Problem besteht primär nicht in der richtigen, aber platten Feststellung, dass die Diakonie immer größer und die Kirche immer kleiner wird, sondern: Kirche hat inzwischen andere Sorgen, als sich um ‚ihre‘ Diakonie zu kümmern. Das lässt sich besonders deutlich an den schockartigen Wirkungen der 2019 im Auftrag der EKD von der Universität Freiburg erstellten

---

personellen und finanziellen Perspektiven der Ortsgemeinden (dazu sogleich s.u.) angestellt wurden. Die einzige aus dem Zeitraum danach (2020) referierte Untersuchung „beruht auf Fallstudien in sechs evangelischen Kirchengemeinden in unterschiedlichen Sozialräumen in Deutschland" (S. 386), was als empirische Basis selbst für eine qualitative Datenanalyse ziemlich schmal sein dürfte.

[1] Vgl. Hauschildt in Höroldt/König 2011, S. 193-204.
[2] Hamburger in: Hofmann/Montag 2018. S, 123.
[3] Vgl. Hamburger insgesamt a.a.O., 123-134 und zusammenfassend Moos a.a.O., S. 197.
[4] Hamburger in: Hofmann/Montag 2018. S, 132.

langfristigen Projektion der Kirchenmitglieder und des Kirchensteueraufkommens („Kirche im Umbruch") ablesen[1]. Mit der jahrelang gepflegten Illusion, der Mitgliederrückgang sei wie bei allen gesellschaftlichen Großorganisationen allein auf den Überhang der Sterbefälle über die Geburtenrate, also auf demographischen Wandel zurückzuführen, macht diese Studie Schluss. Sie kommt nämlich zu dem Resultat, dass die bei Fortschreibung der aktuell statistisch erfassbaren Sachverhalte bis 2060 zu erwartende Halbierung des Mitgliederbestandes zu mehr als fünfzig Prozent auf zurückgehende Taufen und steigende Kirchenaustritte vor allem unter jungen Menschen zurückzuführen ist, denen nur mickrige (Wieder-)Aufnahmequoten gegenüberstehen. Das trifft nicht nur den Wesenskern des volkskirchlichen Selbstverständnisses, sondern wird, unbeschadet der grundsätzlichen Unsicherheit langfristiger finanzieller Prognosen, vor allem mit einem massiven Einbruch des Kirchensteueraufkommens verbunden sein, weil die von Mitte der 2020er bis Mitte der 2030er Jahre anstehende Verrentung der „Babyboomer"-Jahrgänge mitgliederseitig nicht kompensierbar ist.

Als Resultat bleibt festzuhalten, was Günther Thomas[2] in die lapidare Feststellung gegossen hat: „Jahrzehnte von Reformen der Organisationsstrukturen haben weder zu einschlägigen Erfolgen (‚Wachsen gegen den Trend!') noch zu einer inneren Entspannung geführt."[3] Das hilflose Experimentieren mit formalen statt inhaltlichen Konzepten oder besser: mit organisatorischen Blaupausen[4] und moralischen Appellen statt mit theologischer Arbeit korrespondiert fataler Weise einer Fixierung auf die Demographie, die sich bewusst oder unbewusst damit abgefunden hat, dass „Glaube nur noch ‚biologisch' im Raum der Familie durch Sozialisation weitergegeben (u)nd selbst dort (...) in Frage gestellt wird"[5].

Dass man sich gegen Demographie nicht wehren kann, gegen Austritte und eine Auszehrung der Aufnahmerituale aber wohl, wertet die Studie als *Chance*. Das mag sein. Es führt aber natürlich kein Weg daran vorbei, zunächst einmal eine fundamentale *Krise* der evangelischen Kirche zu diagnostizieren: Sie büßt ihre Mitglieder mittels steigender Austritte und sinkender Taufen ein. Das bedeutet: Ihre essenziellen „notae" gemäß der Confessio Augustana von 1530, nämlich Verkündigung und Sakramentsverwaltung, funktionieren offenbar nicht. In diesem Zusammenhang ist es wichtig, noch einmal an die fünfte Kirchenmitgliedschaftsuntersuchung der EKD von 2012 zu erinnern. Ihr zufolge wird Diakonie öffentlich als eine sichtbare Erscheinungsform von Kirche wahrgenommen. „In den sozialen Vollzügen (...) haben weit mehr Menschen in ihrem Alltag mit der Diakonie zu tun als mit der verfassten Kirche. Kirche ist für sie nicht selten gleichbedeutend mit Diakonie"[6]. Aufgrund dieses Missverständnisses wird es unzutreffender Weise *der Kirche* positiv angerechnet, dass armen und kranken

---

[1] Zum Folgenden vgl. Evangelische Kirche in Deutschland 2019.
[2] Vgl. die „Diagnostische(n) Beobachtungen" Thomas 2020, S. 26-29.
[3] a.a.O., S. 6.
[4] Vgl. dazu die eingehende Untersuchung Karle 2010.
[5] a.a.O., S. 28.
[6] Becker 2011, S. 118.

Menschen geholfen wird. Im Licht der aktuellen Langzeitprognose muss man aber einfach feststellen, dass es die verbal so hoch geschätzten diakonischen Dienste mit all ihren guten Taten ganz offensichtlich nicht vermocht haben, der Kirche die diagnostizierte Krise samt dem dramatischen Relevanzverlust zu ersparen. Das hat weit reichende Folgen: Welchen Grund sollte eine Kirche, die auf Sicht den Gürtel enger schnallen muss, haben, ihr ohnehin rückläufiges finanzielles Engagement für die Diakonie nicht noch weiter als bisher schon zurückzufahren? Das ist alles andere als eine theoretische Frage, weil schon jetzt die finanziellen Bewegungs- und Entscheidungsspielräume durch die Pensionsansprüche einer verbeamteten Pfarrerschaft mit wachsender Lebenserwartung massiv eingeschränkt sind. Ob die nicht aus öffentlichen Mitteln finanzierten, jedoch als profilrelevant eingestuften Leistungen der Diakonie (z.B. Bahnhofsmissionen, Second-Hand-Stores, Treffs für Straßenkinder) demnächst also überhaupt noch, wie schon jetzt nur teilweise, aus Mitteln der Kirche und nicht noch mehr als heute durch Quersubventionen aus den Gewinnen der diakonischen Träger aufrechtzuerhalten sein werden, steht dahin oder besser: Es ist absehbar. Unter diesen Gesichtspunkten ist es sicher kein Zufall, dass in dem von der EKD-Synode 2020 beschlossenen Diskussionspapier „Hinaus ins Weite"[1] kein einziger der zwölf „Leitsätze" mehr der Diakonie gewidmet ist. Dem entspricht auch, dass in einem neuen Aufsatzband, der in 35 Beiträgen auf 500 Seiten eine umfangreiche Reflexion über Befindlichkeiten und Chancen der postsäkularen Volkskirche repräsentiert, die Diakonie eine verschwindend marginale Rolle[2] spielt.

Das ist nicht etwa ein Versäumnis, sondern die Anerkennung der Realität. Die „*Diakonisierung der Gemeinde* und *die Gemeindewerdung der Diakonie*", wie sie etwa Jürgen Moltmann 1977 gefordert hat[3] und wie sie heute in den oben angedeuteten Appellen zur Neubegründung diakonischen Handelns in den kirchlichen Gliederungen vor Ort erneut Eingang finden, sind nicht einmal im Entferntesten eine Zukunftsoption in der Krise der Volkskirche. Wären sie es, würde dies „von sozialdiakonischen Mitarbeitenden (in den Kirchengemeinden, SKF) eine elementare theologische Ausbildung und spirituelle Grundhaltung (erfordern), um den diakonischen Auftrag der Kirche fachlich und persönlich angemessen mittragen und gestalten zu können"[4]. In einem Sozialunternehmen hingegen, auch einem in christlicher Trägerschaft, ist das nicht erforderlich. Letzteres hat mit Ersterem nichts zu tun, und Ersteres stellt eine hoffnungslose Überforderung der kirchengemeindlichen Personalressourcen, auch der ehrenamtlichen, dar. Das kann man nicht dadurch kompensieren, dass die Kirche uneinlösbare Forderungen statt an sich selbst an frei-gemeinnützige Träger stellt. Denn diese können

[1]   Evangelische Kirche in Deutschland 2021.
[2]   Beckmayer/Mulia 2021.
[3]   Moltmann 1977, S. 337. An die Frage, ob „solche Konzepte im normalen Gemeindealltag umsetzbar sind, verschwendet", wie Benedict 2000, S. 118 zutreffend feststellt, „Moltmann keinen Gedanken".
[4]   Rüegger/Sigrist 2011, S. 182.

allein schon aus sozial- und finanzierungsrechtlichen Gründen nicht mal eben nebenbei die ideellen und materiellen Defizite der Gemeinden und Kirchenkreise
ausgleichen (s.u. 3.2. und 3.3.).

3.1.5. Abschied von liebgewordenen Formeln

Worin also besteht die Bedeutung der verfassten Kirche für die Diakonie? Nachdem im Anschluss an die hoffnungsvoll identifizierten Leuchtfeuer von „Kirche
der Freiheit" 15 Jahre lang Rückzugsgefechte stattgefunden haben, die parado-
xerweise immer wieder als Aufbrüche verkauft wurden, bleibt nicht viel übrig[1].
Mit Beate Hofmann könnte man (1) anführen, dass die Diakonie für ihren eigenen
Umgang mit Grenzen, für die Frage von Sonntag und Kirchenjahr, für die Seelsorge oder für die „rituelle und theologische Bewältigung von Schwellensituati-
onen" von einschlägigen Bewältigungsmustern der Kirche lernen und profitieren
könne. Das mag sein. Die Diakonie verfügt aber zweifellos auch selbst über einschlägige Ressourcen; man unterschätze die diesbezügliche Kompetenz in den
Belegschaften nicht. Es kann (2) behauptet werden, dass „Menschen, die mit
christlichem Glauben, christlicher Spiritualität und christlichem Ethos vertraut
sind und in der Diakonie arbeiten möchten", in aller Regel immer noch aus den
Gemeinden kommen. Vielleicht. Immerhin wird man fragen dürfen, ob Menschen aus den Gemeinden ihr Engagement denn wirklich gemäß eigenem Selbstverständnis als Gemeindemitglieder oder nicht vielmehr einfach als Christinnen
und Christen einbringen. Sie werden schließlich nicht von der Gemeinde in diakonische Einrichtungen entsandt, sondern tun dies aus eigenem Antrieb. Damit
haben sie etwas mit ihren nicht-christlichen Kolleginnen und Kollegen gemeinsam, welche die Diakonie nämlich schlicht für eine gute Arbeitgeberin halten und
deshalb dort Arbeitsverhältnisse eingehen. Richtig dürfte (3) sein, dass die als
„Anwaltschaft" verstandene Aufgabe der Diakonie öffentlich über die Größe Kirche in der Gesellschaft wahrgenommen wird. Eine Ratsvorsitzende der EKD ist
nun mal funktional medienwirksamer und in der allgemeinen Öffentlichkeit prä-
senter als der Präsident der Diakonie Deutschland. In welchem Maße aber in Zukunft hohe kirchliche Funktionärinnen und Funktionäre überhaupt noch zu ge-
sellschaftsrelevanten Themen gehört und wahrgenommen werden, steht dahin.
Im Rahmen der Corona-Pandemie spielten die Bischöfinnen und Bischöfe beider
Konfessionen im Schatten des Nationalen Ethikrates jedenfalls eine deutliche Ne-
benrolle, traten vorrangig als Wahrer partikularer Interessen auf („Wann können
wir wieder Gottesdienste feiern?") und mussten zu ihrer Bestürzung feststellen:
„Offene Baumärkte sind wichtiger als offene Kirchen."[2] Insgesamt kann und
muss man also an die von Beate Hofmann gesammelten Restbestände einer Bedeutung der Kirche für die Diakonie so viele Fragezeichen machen, dass es an
der Zeit ist, sie in Gänze ad acta zu legen.

---

[1]   Das Folgende in Auseinandersetzung mit Hofmann 2017.
[2]   Thomas 2020, S. 6.

Dasselbe gilt für die über die rein institutionellen Verhältnisse hinausgehende Vorstellung, es sei eine Aufgabe der Theologie, dem sach- und fachgerechten Handeln in der Diakonie eine höhere Weihe zu verleihen, die sie vor aller anderen organisierten sozialen Hilfe auszeichnet. Seit sich, spätestens mit dem Beginn der 1990er Jahre, die Diakonie zunehmend ökonomischen Erfordernissen ausgesetzt sieht (s.u. 3.3.), stellt man die Frage nach ihrem Eigentlichen bzw. dem sogenannten Proprium programmatisch, so bspw. schon 1991 in dem bereits besprochenen Lehrbuch von Reinhard Turre (s.o. Kap. 2). Die Frage kann verschieden konkretisiert werden[1], etwa, (1) ob nicht im helfenden Handeln eine missionarische Gelegenheit zur Verkündigung von Glaubensinhalten stecken müsse, oder (2) ob nicht die soziale Praxis der Diakonie eine spezifische Offenheit für den Bezug zum Göttlichen aufweisen solle, oder (3) inwieweit sich die Mitarbeitenden neben ihrer fachlichen Eignung zusätzlich durch eine besondere Lebensführung auszuzeichnen hätten. Dazu tritt, gewissermaßen rahmend, immer noch häufig das Postulat, in der Diakonie sei die betriebliche Hierarchie zwischen Leitung und Belegschaft in Gestalt einer Dienstgemeinschaft[2] überformt und qualifiziert, welche in Jesus Christus den eigentlichen Dienstherrn sieht und somit das diakonische Handeln einer aus dem Glauben erwachsenden besonderen Beauftragung zuordnet. Dass es um solche Überlegungen etwas stiller geworden ist, dürfte mit der wachsenden Einsicht in die ideologische Funktion des Begriffs der Dienstgemeinschaft zusammenhängen, mit dem die Tatsache des Bestehens ganz normaler Arbeitsverhältnisse verschleiert wird[3]. Noch wichtiger sind kritische Einsichten wie z.B. die, dass die Forderung nach einer besonderen theologischen Qualität helfenden Handelns von ihren durchaus zahlreichen Vertreterinnen und Vertretern in ebenso zahlreichen, kaum untereinander vermittelbaren Konkretionen ausgelegt wird[4]. Das erzeugt nach innen einen überfordernden Druck auf die Mitarbeitenden und erweckt nach außen den Eindruck der Abwertung anderer sozialer Dienstleistungsunternehmen[5]. Unberührt von solchen Überlegungen gibt es gleichwohl auch neuestens wieder Überlegungen zur Rolle von Theologie in Diakonieunternehmen[6], die in ihrer Gesamtheit allerdings ein Bild bieten, das man wohlwollend als ‚vielschichtig' bezeichnen könnte[7]. Häufig wird der leitenden

---

[1] Zum Folgenden vgl. Haslinger 2009, S. 192-197.

[2] An dieser Stelle geht es noch nicht um die arbeits- und tarifrechtliche Relevanz dieses Begriffs, sondern um das, was er theologisch aussagen soll.

[3] Das ist noch einmal eine andere Frage als die nach einem aus dem verfassungsmäßigen kirchlichen Selbstbestimmungsrecht erwachsenden spezifischen Arbeitsrecht, das man auch ohne den dubiosen Begriff der Dienstgemeinschaft begründen könnte, wenn man denn meint, man benötige dergleichen noch. Dazu s.u. 3.1.6.

[4] Vgl. Rüegger/Sigrist 2011, S. 132f. Damit ist zutreffend angezeigt, dass dem Begriff des Helfens inhaltlich etwas durchaus Schwebendes anhaftet; dazu s.u. 5.4.1.

[5] a.a.O., S. 133.

[6] Vgl. Hofmann/Montag 2018.

[7] Vgl. zusammenfassend aus ökonomischer Sicht Brink a.a.O., S. 183-194 und aus theologischer Perspektive Moos a.a.O., S. 195-200 sowie insbesondere die Beiträge von Heide a.a.O., S. 91-100; Lunkenheimer a.a.O., S. 111-122; Hamburger a.a.O., S. 123-134.

Theologin oder dem leitenden Theologen so etwas wie eine multirationale Deutehoheit für das Unternehmen und dessen fachlichen Prozesse zugeschrieben und damit die Theologie durch die Hintertür wieder wie im Mittelalter als Königin der Wissenschaften inthronisiert. Die theologische Leitung kann als religiöse Sinnstifterin in der Belegschaft unterwegs sein oder sich als besonders qualifizierte Fachkraft zur Moderierung unternehmensinterner Konflikte begreifen, ohne zu fragen, wie sie dann zugleich die Arbeitgeberin sein kann. Durch die Bank entpuppt sich die Frage nach der Bedeutung von Theologie in diakonischen Unternehmen als die nach der Identität bzw. den Identitätskonflikten theologischer Vorstände, die damit in eine schon fast päpstliche Rolle hineinwachsen, vor der man nur warnen kann. Soweit diese Debatte aus einem wie auch immer gearteten ekklesiologischen Interesse betrieben wird, ist sie bloß eine Variante des Postulats, dass Diakonie gemeinsam mit Verkündigung, Gottesdienst und Gemeinschaft als integraler Bestandteil der Kirche deren Identitätsstiftung diene bzw. dienen müsse[1]. Warum das in der Praxis nicht mehr funktioniert, hat der vorstehende Durchgang durch die Entwicklung des Verhältnisses zwischen Kirche und Diakonie zu zeigen versucht.

Als Konsequenz ist die Rede von der Diakonie als Wesens- und Lebensäußerung der Kirche schlicht und einfach zu beenden. Grundlegung und Ziele der Diakonie muss man unabhängig davon suchen. Daran ändert nichts, dass es nach wie vor gemeindenahe sozialräumliche Dienste, insbesondere auch viel ehrenamtliches Engagement vor Ort und anlassbezogene spontane Initiativen zur unmittelbaren nachbarschaftlichen Hilfe gibt[2]. Es trägt aber zur begrifflichen Klarheit bei, dies als *Gemeindearbeit* bzw. als eine ihrer Formen und *nicht länger als Diakonie* zu etikettieren[3]. Diakonie ist etwas ganz anderes, nämlich christlich orientierte professionelle Wohlfahrtspflege. Ihre „spezifischen inhaltlichen Festlegungen, die sich aus ihrer christlichen Orientierung ergeben, (...) sollten (...) aus der Diakonie selbst und ihren eigenen Motiven und Überzeugungssystemen heraus aktiv und immer neu gebildet und begründet werden und nicht einfach durch

---

[1]   Vgl. klassisch Daiber 1992. Die Aufnahme dieser Rede von den vier kirchlichen Grundvollzügen bei Rüegger; Sigrist 2011, S. 177 wird von den beiden Autoren gerade nicht als Forderung an die Diakonie im hier verwendeten Sinne gerichtet, sondern bezieht sich auf das davon unterschiedene diakonische Handeln, das von der Kirchengemeinde verantwortet wird und einem rückläufigen Prozess unterliegt, dessen Ende nicht absehbar ist.

[2]   Man denke aktuell nur an die durchaus umfänglichen und vielfältigen von Gemeinden und Kirchenkreisen verantworteten Projekte im Zusammenhang der Corona-Pandemie, die allerdings z.B. nichts am weiter dramatisch rückläufigen Gottesdienstbesuch ändern, der nach dem Ende der Pandemie, so wie es aussieht, wohl kaum wieder ansteigt und auch nicht einfach durch Internet-Formate kompensiert wird.

[3]   Ähnliches gilt im Übrigen für den schillernden Begriff der „Ökumenischen Diakonie". Kaum ein Mensch versteht ihn, während beim „Evangelischen Entwicklungsdienst" immerhin noch viele wissen, was gemeint ist. Der 2012 aus betriebswirtschaftlichen Rationalisierungsgründen fusionierte Bundesverband heißt nicht umsonst Evangelisches Werk für Diakonie und Entwicklung.

die formale Bindung an die Kirche und ihre Traditionen"[1], wie Dierk Starnitzke treffend gefordert hat. Rein rechtlich besteht die Verbindung einer diakonischen Einrichtung zur Kirche lediglich in „der Ausübung eines kirchlichen Auftrag(s) und der personellen Verbindung mit der verfassten Kirche"[2].

Diese personelle Verbindung bedeutet konkret: unterschiedlich geartete Besitzverhältnisse an Vereinen, Stiftungen und Gesellschaften. Die kirchliche Eigentümerin entsendet Delegierte aus kirchlichen in diakonische Gremien. Diese Entsendung darf im Sinne eines gedeihlichen und gesetzgemäßen Zusammenwirkens von Leitung und Aufsicht, das im Rahmen von Corporate Governance für diakonische Unternehmen genauso gilt wie für jedes andere auch, nicht von der Frage abhängen, wer welches kirchliche Amt bekleidet. Entscheidend ist, mit welchen Personen die entsendende Körperschaft möglichst viel Sachkunde in die Unternehmensaufsicht einbringt. Und ob die Personen ihre Sachkunde vor dem Hintergrund ihres jeweiligen christlichen Glaubensverständnisses einbringen oder dies darüber hinaus im Sinne einer „personellen Verbindung" mit dem entsendenden Gremium verstehen, ist praktisch ohne Belang. Keinesfalls sind sie von einem imperativen Mandat abhängig. Kirchliche Interessen sind nicht wichtiger als das Vereins- oder das Handelsrecht. Damit wird zugleich auch die „kirchliche Beauftragung" über das Formale hinaus zweifelhaft. Ob es ihrer überhaupt noch bedarf, damit die Diakonie ihre Aufgaben im Verbund der staatlich anerkannten Wohlfahrtsverbände wahrnehmen kann, muss kirchen- und verbandsrechtlich, auch steuer-, sozial- und arbeitsrechtlich hinterfragt werden[3]. Dabei dürfte sich am Ende herausstellen, dass für die Diakonie lediglich die an Art. 140 GG geknüpften Privilegien wegfallen würden. Deren praktische Relevanz speist sich inzwischen aber ausschließlich aus der Anwendung kirchlichen Arbeitsrechts.

3.1.6. Konsequenzen für das Arbeitsrecht in der Diakonie

Das kirchliche Arbeitsrecht[4] regelt die Vergütungs- und sonstigen Rahmenbedingungen der Beschäftigungsverhältnisse in der Kirche und ihren Gliederungen unter dem Anspruch einer „Dienstgemeinschaft" auf einem „Dritten Weg" ohne einseitige arbeitgeberseitige Festsetzungen (Erster Weg) und unter Verzicht auf

---

[1] Starnitzke 2011, S. 55.

[2] So laut Starnitzke ebd. der ehemalige juristische Vorstand des Diakonischen Werkes Rheinland, Moritz Linzbach.

[3] Die häufig bemühten steuerlichen Vorteile (vgl. summarisch Schneider 2018), an denen die Diakonie über Art. 140 GG partizipiert, haben für die verfasste Kirche eine andere Relevanz als für die Diakonie, da es sich bei letzterer in der Regel nicht um Kleinunternehmen handelt. Den Steuerbefreiungen im nicht wirtschaftlichen gemeinnützigen Bereich steht der Nachteil gegenüber, dass nur umsatzsteuerpflichtige Unternehmen zum Vorsteuerabzug gemäß §§ 14 und 14a Umsatzsteuergesetz berechtigt sind, was von erheblicher Bedeutung für die Liquidität des Unternehmens ist.

[4] Als Überblick zu den wesentlichen Sachverhalten, Problemen und Fragestellungen vgl. aktuell Beese 2020 und Joussen 2022.

Tarifverhandlungen mit den Drohmöglichkeiten von Streik und Aussperrung (Zweiter Weg) in paritätisch besetzten arbeitsrechtlichen Kommissionen, die mit qualifizierten Mehrheiten beschließen und im Nicht-Einigungsfall einer verbindlichen Schlichtung unterliegen, deren Mehrheit nötigenfalls durch einen unabhängigen Vorsitz hergestellt wird. Dieser Sachverhalt beruht auf dem kirchlichen Selbstbestimmungsrecht gemäß Art. 140 GG und war schon immer politisch und juristisch umstritten. „Die höchstrichterliche Rechtsprechung" dazu hat „seit der Nachkriegszeit kontinuierlich die Positionen von Kirche und Diakonie" gestützt. Das ändert sich jedoch aktuell im Prozess der laufenden Verlagerung der Rechtssprechungskompetenz „von der nationalen auf die europäische Ebene"[1].

Mindestens als Zäsur muss das auf Grundlage der europäischen Antidiskriminierungsrichtlinie 2000/78/EG ergangene Urteil des EuGH vom 17. April 2018 gelten, wenn man nicht sogar „von einem Paukenschlag, einem Paradigmenwechsel oder einer tektonischen Verschiebung sprechen" will[2]. Für die Rechtsprechung des Bundesverfassungsgerichts war es (bisher) klar, dass sich aus Art 140 GG das Recht von Kirche und Diakonie ableitet, „generell und *ohne konkreten Nachweis im einzelnen Fall* sowohl den Modus der Findung der Arbeitsrechtsregelungen wie auch die konkrete Ausgestaltung der Arbeitsbedingungen festzulegen"[3]. Damit war stets eine Abweisung der seit den 1980er Jahren vom BAG mehrfach vertretenen „Einteilung der beruflichen Aufgaben von im kirchlichen Dienst Mitarbeitenden als ‚verkündigungsnah' und ‚verkündigungsfern'" (sogenannte „Richtertheologie") verbunden, mittels derer das BAG als weltliches Gericht eigenständig darüber zu befinden beanspruchte, „bei welchen Tätigkeiten die Kirche höhere und bei welchen Tätigkeiten sie nur geringere Loyalitätsanforderungen stellen durfte"[4]. Diese Unterscheidung greift das Urteil des EuGH nun wieder auf, jedoch unter der neuen Prämisse, dass die damit verbundene Einschränkung des kirchlichen Selbstbestimmungsrechts nicht mehr wie früher in Abwägung allgemeiner arbeitsrechtlicher Sozialschutzbestimmungen, sondern im Licht des Antidiskriminierungsrechts erfolgt, „nach dem eine Reihe von Differenzierungen vor dem Hintergrund historisch belasteter Ungleichheitserfahrungen aufgrund gewandelter gesellschaftlicher Anschauungen als grundsätzlich ‚verdächtig' gelten und nur noch bei einer hinreichenden Rechtfertigung akzeptiert werden"[5].

Es ist hier nicht der Ort, die Argumentation des EuGH, ihre Tragweite sowie deren Rezeption durch das anschließende Urteil des BAG vom 25. Oktober 2018 im Einzelnen zu diskutieren. Grundsätzlich bedeutet die gewandelte Rechtspre-

---

[1] a.a.O., S. 2.
[2] Krause, R. 2019., S. 28. Ähnlich Unruh 2019, S. 27.
[3] Beese 2020, S. 2. Hervorhebung SKF.
[4] Krause, R. 2019, S. 28.
[5] a.a.O., S. 29.

chung (noch) „nicht oder zumindest nicht zwangsläufig, dass kirchliche Arbeitgeber künftig nur noch einen allgemeinen Tendenzschutz genießen"[1]. Veränderungsdruck entsteht aber, wie Dieter Beese zusammenfasst, „(a)n drei neuralgischen Punkten (…), nämlich am Streikrecht, an der Kirchenmitgliedschaft und an außerdienstlichen Verhaltenserwartungen"[2]:

(1) *Erwartungen an private Verhaltensweisen* kirchlicher und diakonischer Mitarbeiterinnen und Mitarbeiter sind nicht mehr aus der puren Zugehörigkeit des Arbeitsplatzes zur Kirche und ihre Gliederungen zu rechtfertigen[3], sondern müssen mit dem richterlich überprüfbaren Nachweis verbunden sein, „dass ein Fehlverhalten gegenüber den Verhaltenserwartungen des Dienstherrn zu einer Gefährdung des Ethos von Kirche und Diakonie führen"[4]. Das kann für Beschäftigte in diakonischen Unternehmen bspw. bei der Zugehörigkeit zu einer bestimmten politischen Partei oder bei Ausübung einer ethisch verwerflichen Nebentätigkeit relevant werden. Es dürfte aber sehr wohl zu prüfen sein, ob sich dergleichen in der Diakonie, möglicherweise anders als im verfasst-kirchlichen Bereich, nicht auch mit Mitteln des weltlichen Arbeitsrechts und den dort geltenden betrieblichen Loyalitätsregeln steuern lässt, statt eine spezifisch kirchliche Treuepflicht zu bemühen.

(2) *Kirchenmitgliedschaft* als Eignungsvoraussetzung für Mitarbeitende ist nicht mehr einfach gesetzt, sondern bedarf in jedem Einzelfall des Nachweises, „dass diese Kirchenmitgliedschaft zur Wahrnehmung der Selbstbestimmung und zur Erfüllung (des) verkündigenden, diakonischen, katechetischen, seelsorglichen und kirchenleitenden Auftrags wesentlich und notwendig ist"[5]. Schon diese Aufzählung verrät, dass hier inzwischen ein fundamentaler Unterschied zwischen Kirche und Diakonie zutage tritt. Pflegerische, soziale, auch pädagogische Berufe, die einer fortschreitenden Spezialisierung und Akademisierung unterliegen, ganz zu schweigen von Tätigkeiten im Hauswirtschafts- oder Facility-Bereich, lassen sich nur noch mit durchaus praxisfernen Argumenten einer theologisch erwünschten Einheit von Wort und Tat zurechnen. Der Fachkräftemangel tut ein Übriges. Kein Wunder, dass „die Ausnahmeregelung, dass im Einzelfall auch ein nicht-evangelischer Christ als Pfleger oder Arzt tätig werden darf, (…) fast schon zur neuen Regel geworden ist"[6]. Und dass sie nicht nur Pfleger und Ärztinnen, sondern durchaus, trotz der zweifellos verkündigungsnahen Praxis des Erzählens biblischer Geschichten, auch das Personal von Kindertageseinrichtungen betrifft und betreffen darf, lehrt ein Blick in das Mitarbeitenden-Gesetz der EKiR in der Fassung vom November 2018: In Reaktion auf die neue Rechtsprechung dürfen

---

[1]   a.a.O., S. 35.
[2]   Beese 2020, S. 2.
[3]   Das hat in der Vergangenheit praktische Bedeutung vor allem m Bereich der katholischen Kirche und der Caritas für solche Mitarbeitende gehabt, deren Privatleben von der amtlichen Sexualmoral und dem kirchen-offiziellen Familienbild abweicht.
[4]   Beese 2020, S. 4.
[5]   a.a.O., S. 3.
[6]   Karle 2020, S. 597.

unter bestimmten Voraussetzungen plötzlich auch Bewerberinnen und Bewerber, die keiner christlichen Kirche angehören (§ 2), „für die pädagogische Tätigkeit in evangelischen Schulen und Kindertagesstätten und in Einrichtungen der Erwachsenen- und Familienbildung" (§ 1 Buchstabe d) eingesetzt werden[1]. Der Jurist Jacob Joussen vertritt in Konsequenz dessen die Position: „Die Kirchenzugehörigkeit spielt grundsätzlich keine Rolle für die Tätigkeit in einer evangelischen Einrichtung – außer dort, wo man wirklich nicht auf sie verzichten kann."[2] Die unspezifische Formulierung lässt hier viel Spielraum für Deutungen und Entschränkungen.

(3) *Das Streikrecht* schließlich bleibt in Kirche und Diakonie ausgeschlossen, allerdings unter der Auflage, dass „Gewerkschaften strukturell die Beteiligung an der Findung der Arbeitsbedingungen möglich ist und die Ergebnisse der paritätisch besetzten Arbeitsrechtlichen Kommissionen verbindlich für alle im Geltungsbereich des Dritten Wegs stehende kirchliche Einrichtungen sind"[3]. Das allerdings wirft weitere Fragen auf: Inwieweit können (und wollen) die Verbände kirchlicher Mitarbeiterinnen und Mitarbeiter (vkm) als Arbeitnehmervereinigungen echte gewerkschaftliche Rechte und Pflichten wahrnehmen? Umgekehrt: Inwieweit und unter welchen Bedingungen ist die Dienstleistungsgewerkschaft ver.di willens und in der Lage, sich an arbeitsrechtlichen Kommissionen gemäß dem Dritten Weg ohne Streikrecht zu beteiligen?[4] Solche und andere Überlegungen führen inzwischen bspw. Isolde Karle zu dem allerdings recht vorsichtig formulierten Plädoyer, in der Diakonie „wären (…) die Einschränkungen im Mitarbeitervertretungsrecht und das Streikverbot zu überdenken"[5], verbunden mit der ausdrücklichen Zustimmung zu Thorsten Moos' Hinweis, damit „ließe sich auch die Lücke zur sonstigen arbeitnehmerfreundlichen Sozialethik der Kirche schließen"[6]. Die in kirchlichen Kreisen hoch populäre und nicht minder populistische Formel „Gott kann man nicht bestreiken"[7] gilt gewiss für Pfarrerinnen, Notfall-Seelsorger und unmittelbar auf Verkündigung und Gottesdienst bezogene Tätigkeiten, verschleiert aber, dass es in der Diakonic nicht um Gott geht. Es geht dort um praktische Berufstätigkeiten aller Art, die neben der Fachlichkeit gewiss auch ein auf den Gott der Bibel bezogenes Menschenbild samt Selbst- und Weltverständnis in sich einschließen können; das aber wird, wenn es um Löhne und Arbeitsbedingungen geht, ja gerade nicht bestreikt, sondern gegebenenfalls sogar besonders ernst genommen.

---

[1] www.kirchenrecht-ekir.
[2] Zit. bei Karle 2020, S. 597f.
[3] Beese 2020, S. 3
[4] ‚Sauber' sind die Verhältnisse eigentlich nur beim Marburger Bund, der sich am Dritten Weg beteiligt, sich als Gewerkschaft versteht und als solche auch anerkannt ist. Allerdings agiert er in der Praxis häufig eher wie eine ärztliche Standesorganisation.
[5] Karle 2020, S. 598
[6] Zit. ebd.
[7] Die Eingabe in der Google-Suchmaschine generiert ca. 922.000 Ergebnisse.

Die von Dieter Beese diagnostizierten drei neuralgischen Punkte des Dritten Weges laufen daher nicht so sehr darauf hinaus, *dass* Kirche und Diakonie dieses System mit guten Gründen erhalten können[1], sondern *ob* die Diakonie dies tun soll. An dieser Stelle kommt ein Gesichtspunkt zum Tragen, auf den Günter Brakelmann bereits 1991 aufmerksam gemacht hat. Dort, wo tatsächlich die Musik spielt, also bei der Frage, was der und die einzelne Mitarbeitende im Portemonnaie hat, wird von den kirchlichen arbeitsrechtlichen Kommissionen „unter der angeblich normativen Kraft des Begriffes Dienstgemeinschaft am Ende nichts anderes – mehr oder weniger – übernommen (…) (als das), was die Tarifparteien im öffentlichen Dienst ihrerseits zuvor ausgehandelt haben"[2]. Das hat sich seit der Ära des Bundesangestelltentarifs, der im kirchlichen Tarifgebiet Rheinland-Westfalen-Lippe in „Kirchlicher Fassung" (BAT-KF) sogar seinen Namen durch die Zeiten gerettet hat, nicht geändert. Für die Arbeitnehmervertretungen in den arbeitsrechtlichen Kommissionen ist der Tarifvertrag für den öffentlichen Dienst (TVöD) tagein jahraus selbstverständlich die ‚Leitwährung' und wird dies, erst recht bei verschärftem Fachkräftemangel, auch bleiben[3]. Modifikationen wie z.B. der Zeitpunkt des Inkrafttretens einer Tariferhöhung oder die Arbeitgeber-/Arbeitnehmeranteile an der Finanzierung der betrieblichen Rente, die mitunter bis in die kirchlichen Schlichtungsverfahren strittig sind, ändern nichts am Gesamtbild[4].

Mit Recht hat Brakelmann daher seinerzeit gefragt: „Wenn man mehr nicht will als eine permanente nachträgliche Angleichung kirchlicher Arbeitsbeziehungen an die Standards in Staat und Wirtschaft, dann wäre es doch ausreichend, den sogenannten Zweiten Weg zu wählen. Warum dann der Umweg über den sogenannten Dritten Weg?"[5] Ein solches „Mehr" als Rechtfertigung für eine kirchlich-diakonische Sonderregelung[6] wäre, kurz gesagt, nur dann gegeben, wenn es den arbeitsrechtlichen Kommissionen gelänge, bessere Arbeitsplatzgestaltungen,

---

[1] Vgl. dazu Beese 2020, S. 4-8.
[2] Brakelmann 1991, S. 330
[3] Wie sollte ein diakonisches Unternehmen seine Qualität halten können, wenn es seine Beschäftigten schlechter bezahlen wollte als es bspw. die Konkurrenz in kommunaler Trägerschaft tut?
[4] Auch beliebte, dem Festhalten am Dritten Weg verpflichtete Argumente ziehen nicht: Dass der Organisationsgrad der Gewerkschaften in den Belegschaften von Diakonie und Caritas noch geringer ist als im seit langem von Schwindsucht geprägten Öffentlichen Dienst, ist ein Indiz für die insgesamt in Deutschland fortschreitende Schwächung der Tarifpartnerschaft und kein Grund für die Beibehaltung eines Sonderwegs für die konfessionellen Teile der Sozialbranche. Und dass frei-gemeinnützige Unternehmen keine Gewinne erwirtschaften, die als Verteilungsmasse zur Disposition stehen, gilt auch für die öffentliche Hand, die Überschüsse nicht in den Porsche der Oberbürgermeisterin, sondern in das Wohl der Allgemeinheit investiert und trotzdem bestreikt werden kann.
[5] Brakelmann 1991, S. 331.
[6] Bei Brakelmann als „Vierter Weg" apostrophiert, vgl. dazu a.a.O., S. 332-334. Der Vorschlag wird aufgegriffen und modifiziert bei Beese 2021.

bessere Vergütungen und insgesamt ein ‚gerechteres' Verhältnis zwischen Kapital und Arbeit – was immer man darunter verstehen mag – auszuhandeln, als es im Öffentlichen Dienst der Fall ist. Das mag sich zwar plausiblen sozialethischen Überlegungen verdanken, ist aber bestenfalls Zukunftsmusik, aktuell weit entfernt von der Verhandlungsmacht in den kirchlichen Kommissionen wie auch von den herrschenden Refinanzierungsbedingungen sozialer Arbeit (dazu s.u. 3.2 und 3.3.) und daher ebenfalls kein Argument für die Beibehaltung des kirchlichen Arbeitsrechts in der Diakonie.

3.1.7. Fazit: Kirche ist nicht Diakonie

Die oben gestellte Frage nach Sinn und Möglichkeit eines Wegfalls der an Art.140 GG geknüpften kirchlichen Privilegien für die Diakonie lässt sich also dahin beantworten, dass an diesem Verlust die Diakonie nicht zugrunde gehen würde. Sie würde im Gegenteil unter dem Gesichtspunkt fairer Wettbewerbsbedingungen zwischen allen frei-gemeinnützigen und gewerblichen Unternehmen der Sozialwirtschaft an Transparenz und öffentlicher Glaubwürdigkeit gewinnen. Wegfallen würde damit zugleich die entscheidende Vorschrift der Zuordnungsrichtlinie. Sie bietet der Diakonie letztlich keine Vorteile hinsichtlich ihrer unternehmerischen Entfaltungsmöglichkeiten, sondern bildet lediglich für die Kirche formal die Voraussetzung dafür, über die reinen Eigentümerverhältnisse hinaus weiterhin substanziell und qualitativ von ‚ihrer' Diakonie sprechen zu können. Und in diesem Interesse werden die nach wie vor offenen europa- und verfassungsrechtlichen Schlachten um den sogenannten Dritten Weg weiterhin geschlagen.

Damit schadet sich die Kirche selbst[1]. Der Anspruch, „rund 600.000 Mitarbeiter(n), die sich in 31.600 Einrichtungen und mit 1,18 Millionen Betreuungs- und Behandlungsplätzen ungefähr zehn Millionen Menschen zuwenden", gemäß § 15 der Grundordnung der EKD als eine besondere Gestalt der Liebe Christi zu vereinnahmen, „(d)ie gesamte Diakonie – wie auf der Homepage der EKD – als ‚praktizierte Nächstenliebe' auszuflaggen" und auf diesem Wege unter der Marke Diakonie ungeachtet deren durch und durch unternehmerischen Charakters die gesellschaftliche Relevanz der Kirche sichtbar machen zu wollen, „ist (...) ein gefährlicher Selbstbetrug"[2].

Kirche ist nicht Diakonie. Und kein Mensch würde – unbeschadet bestehender ideeller Nähe und einer üblichen, aber nicht obligatorischen parteipolitischen Ausrichtung der Mitgliedschaft – auf den Gedanken kommen, die Arbeiterwohlfahrt bedürfe einer Beauftragung durch die Sozialdemokratie oder seitens der Gewerkschaften.

---

[1]   Zum Folgenden vgl. auch die grundsätzlichen Ausführungen bei Thomas 2020, S. 197-205.

[2]   a.a.O., S. 197. Zu der verbreiteten irrigen Annahme, die Diakonie habe Nächstenliebe zu produzieren, s.u. 4.2.

3.2. Zur Determinierung der Diakonie durch den Sozialstaat

3.2.1. Zur Genese des Sozialstaats bundesdeutscher Prägung

Die Diakonie ist ein integraler Bestandteil des deutschen Wohlfahrtsstaates[1] und durch diesen determiniert. Diese Feststellung führt in ihre und seine Gründungs-geschichte[2] zurück, die nicht nur (bekanntlich) mit dem Namen Johann Hinrich Wichern und dem Wittenberger Kirchentag 1848, sondern auch (weniger be-kannt) mit der Neugestaltung des deutschen Vereinsrechts aus demselben Jahr verbunden ist. Als deren Folge war die Vereinsdiakonie einem Prozess ausge-setzt, „in dessen Fortschritt einerseits die religiöse Valenz diakonischen Handelns zu einem allgemeinen kulturreligiösen Prinzip erhoben und andererseits die Dia-konie der Rationalität gesellschaftlicher Organisation unterstellt wurde"[3]. Im Sinne dieser Diagnose wird in den vorliegenden Überlegungen die Position ver-treten, dass die Rahmenbedingungen diakonischer Unternehmen aus dem Sozial-staat samt dessen ökonomisch bedingten Transformationen und nicht aus der ver-fassten Kirche und auch nicht aus beiden nebeneinander abzuleiten sind. Deshalb ist es sinnvoll, die erwähnte Vorgeschichte und die bekannten Kennzeichen des Sozialstaats bundesdeutscher Prägung im Folgenden kurz zusammenzufassen.

Die von oben verordneten Bismarck'schen Sozialreformen waren von restrik-tiven gesellschaftspolitischen Intentionen geleitet[4], mit denen die Vereinsdiako-nie genauso wie die Kirche in weitesten Teilen durchaus konform ging. Folglich kam es auch keineswegs zu einer wirklichen Konkurrenzsituation zwischen der staatlichen Fürsorge und der privaten Liebestätigkeit. Die Vereine rezipierten vielmehr schnell, dass „eine freiwillige Zentralisierung der privaten Hilfeformen und -organisationen" das geeignete Mittel war, „um der Absorbierung durch die staatlichen Zentralisierungsbestrebungen zu entgehen", um zugleich dem Staat aber auch „als verlässliche, berechenbare Struktur sozialer Hilfe an die Seite tre-ten" zu können[5].

Diese Tendenz galt nicht nur für die Diakonie (genauer: für den Central-Aus-schuss für die Innere Mission), sondern prinzipiell genauso für den 1897 gegrün-deten Caritasverband und für die (zum Teil wesentlich) später entstehenden nicht-

---

[1] Wenn im Folgenden mit Nachdruck die Bedeutung der staatlichen Determinierung der Diakonie hervorgehoben und verteidigt wird, so ist neben den damit verbundenen rechtli-chen Implikationen unter strukturellen und ökonomischen Gesichtspunkten nicht nur ‚der Staat' als Gesetz- und Auftraggeber, sondern auch die Gesamtheit der öffentlichen Kos-tenträger gemeint.

[2] Vgl. zum Folgenden grundlegend Kaiser 2008 und Jung 2002.

[3] Steck, W. 2011, S. 52.

[4] Bekämpfung des Sozialismus, ‚Rückgewinnung' der Arbeiterschaft, Affirmation des au-toritären Staatswesens.

[5] So treffend Haslinger 2009, S. 123.

christlichen Verbände privatrechtlicher Wohltätigkeitsvereinigungen[1]. Sie setzte sich nach dem Ersten Weltkrieg 1924 mit der Gründung der Deutschen Liga der Freien Wohlfahrtspflege als Dachverband in der Weimarer Republik fort. Ab 1949 schließlich konnten nach dem Ende der nationalsozialistischen Gleichschaltung und ihrer staatsmonopolistischen sogenannten Volkswohlfahrt die Verbände im Zuge des raschen Ausbaus des Wohlfahrtswesens in der Bundesrepublik[2] an ihre im Kaiserreich und in der ersten Republik begründete Rolle anknüpfen, jetzt jedoch im Rahmen eines demokratischen, sozialen und föderalen Rechtsstaats (Art.20 Abs. 1 GG; Art. 28 Abs. 1 Satz 1 GG).

Es blieb bei der für Deutschland typischen zweigleisigen sozialen Daseinsvorsorge: Sie wird vom Staat verantwortet und gesteuert. Sie wird jedoch von ihm dann nicht selbst mit konkreten Leistungen realisiert, wenn diese stattdessen (insbesondere) ein freier Träger der Wohlfahrtspflege anbietet, der in diesem Fall als die gegenüber dem Staat kleinere Einheit Vorrang[3] genießt. Das wurde bspw. im Jahr 1961 mit dem Bundessozialhilfegesetz (heute SGB XII, in Teilen SGB II) und dem novellierten Jugendwohlfahrtsgesetz (heute SGB VIII) für die Praxis sozialer Handlungsfelder in Rechtsform gegossen[4].

In dieser sozialstaatlichen Entwicklung der Bundesrepublik hat die Diakonie an verschiedenen Stellen eine innovative bzw. gegenüber der staatlichen Sozialpolitik eine Vorreiter-Rolle gespielt. Das beginnt bereits mit der Gründung des Hilfswerks 1945, ohne die eine „Bewältigung der riesigen Flüchtlingsflut"[5] nach dem Krieg nicht möglich gewesen wäre, und dessen politische Einflussnahme wesentlich zum Zustandekommen des Lastenausgleichsgesetzes von 1952 beigetragen hat. Und das reicht bis in die Gegenwart, bspw. mit der dezidiert aus den Reihen der Diakonie erhobenen arbeitsmarktpolitischen Forderung nach der Einführung des Passiv-Aktiv-Transfers[6], die in das Teilhabechancengesetz von 2019 Eingang gefunden hat[7].

---

[1] Zur Entstehung der einzelnen Verbände vgl. Boeßenecker/Vilain 2013, S. 81-84. 121-125. 170f. 206-212. 235-237. 269-276.
[2] Die anders gelagerte Entwicklung in der DDR bleibt hier ausgeblendet.
[3] Diese konkrete Ausformung des im 19. Jahrhundert entwickelten sogenannten Subsidiaritätsprinzips ist (und war schon immer!) als Theorie in der Praxis erheblichen Brechungen ausgesetzt, auf die an dieser Stelle nicht näher eingegangen wird.
[4] Starnitzke 1996, S. 33-36 macht darauf aufmerksam, dass sich die faktische Geltung des aus der katholischen Soziallehre stammenden Subsidiaritätsprinzips für die Diakonie vor allem der Tatsache verdankt, dass es in den Diskussionen um die Sozialstaatsgesetzgebung zu Beginn der 1960er Jahre kein eigenständiges evangelisches sozialethisches Prinzip gab. Auch ohne ausdrückliche juristische Festschreibung der Subsidiarität wurde die Nachrangigkeit der öffentlichen Sozialsysteme durch Rechtsprechung des Bundesverfassungsgerichts bestätigt; vgl. Starnitzke 1996, S. 37-39.
[5] Philippi 1981, S. 641.
[6] Dabei geht es, kurz gesagt, um die Bündelung von Transferleistungen und Tätigkeitsentgelten, um sozialversicherungspflichtige Beschäftigungsverhältnisse finanzieren zu können und somit in Arbeit statt in Arbeitslosigkeit zu investieren. Zur Sache auch s.u. 7.2.3.
[7] Vgl. Jähnichen 2022.

3.2.2. Verfassungsrechtliche Sachverhalte

Dass spätestens seit der Gründung des Diakonischen Werkes der EKD 1975 die Verbandsdiakonie (wie die Caritas) in einer durchaus merkwürdigen Konstruktion als „freie" zugleich kirchlich gebundene Wohlfahrtspflege ist, sehr wohl aber rechtlich denselben Status wie die nicht-christlichen Verbände genießt und mit diesen in der Bundesarbeitsgemeinschaft als Partnerin und Gegenüber des Sozialstaats zusammenwirkt, verdankt sie den Gegebenheiten der Verfassung[1]. Es reicht freilich nicht hin, sich dabei einfach auf den verfassungsmäßigen Sozialstaatsbegriff aus Art 20 und 28 GG zu beziehen. Das oberste Prinzip aller Gesetzgebung ist die Unantastbarkeit der Würde des Menschen, die als unmittelbar geltendes Recht vorgegeben ist (Art. 1 GG). Demzufolge muss der Staat die freie Entfaltung der Persönlichkeit (Art. 2 GG) für jede und jeden Einzelnen ungeachtet spezifischer persönlicher Merkmale (Art. 3 GG) oder Überzeugungen (Art. 4 GG) garantieren. Deshalb ist er weltanschaulich neutral. Und deshalb kennt die Verfassung nur sehr wenige unmittelbar sozialrelevanten positiven Rechte: Ehe, Familie und Erziehung (Art. 6 GG), freie Wahl des Arbeitsplatzes (Art. 12 GG), Unverletzlichkeit der Wohnung (Art. 14 GG) und das Recht auf Eigentum (Art. 15 GG).

Unbeschadet dessen bekennt sich die Verfassung aber auch zu „unverletzlichen und unveräußerlichen Menschenrechten" (Art. 1 Abs. 2 GG), aus denen sich bestimmte Werte und Normen nicht als Verfassungsgebote, aber im Sinne eines „gesetzliche(n) Menschenrechtsstandards (...) (und) als allgemeines Prinzip des Völkerrechts (Art. 25 GG)"[2] ableiten[3]. Es handelt sich dabei um rechtliche Ansprüche auf „Arbeit, Bildung, Gesundheit, Wohnung, Sozialversicherung und Sozialfürsorge"[4] Der Staat hat dafür zu sorgen, dass diese insoweit für alle gelten, dass es nicht zur Einschränkung der Freiheit und auch nicht zu existenzgefährdenden Ungleichheiten kommt. Insbesondere die Frage, ob aus dem allgemeinen Sozialstaatsgebot in Verbindung mit der Unantastbarkeit der Menschenwürde „eine Gewährleistungspflicht des Staates für ein menschenwürdiges Existenzminimum abgeleitet werden"[5] kann, hat das Bundesverfassungsgericht in einem Grundsatzurteil zum SGB II von Februar 2010[6] bejaht, allerdings muss die bezifferbare Höhe eines menschenwürdigen Existenzminimums „regelmäßig – unter

---

[1] Zum Folgenden vgl. grundlegend Heinig 2008, insbesondere Abschnitt C (S. 110-292) für das verfassungstheoretische Problem, wie sich das im Grundgesetz abstrakt verankerte Sozialstaatsgebot zu den individuellen Freiheitsrechten verhält und „zwischen Sicherheit, Solidarität, Demokratie, Gleichheit, Freiheit" zu verorten ist (das Zitat als Überschrift S. 110). Vgl. außerdem Falterbaum 2000, S. 17-28; Griep/Renn 2011; Schmid, J. 2020.

[2] Eichenhofer 2011, S. 4.

[3] Die empirische Diagnose, dass „Völkerrecht (...) nicht unbedingt (heißt), dass das Recht beim Volk ankommt" (Becker 2016, S. 22) tut den rechtlichen Ansprüchen keinen Abbruch.

[4] Eichenhofer 2011, S. 3.

[5] Griep/Renn 2011, S. 31.

[6] 1 BvL 1/09; 1 BvR 3/09;1 BvR 4/09; Quellenangabe bei Griep/Renn 2011, S. 32.

Berücksichtigung der veränderten Verhältnisse – neu bestimmt werden"[1] So wenig also die Sozialstaatsnorm der Verfassung „besagt, dass der Staat sozial aktiv sein soll", so wenig erschöpft sich ihr Inhalt ausschließlich im Handeln des „demokratischen Gesetzgeber(s)"[2]. Jenseits einer solchen irreführenden Alternative ist „(d)er Sozialstaat des Grundgesetzes (…) wesentlich freiheitsfunktional zu verstehen. Er flankiert die starke Freiheitspräsumption des modernen Verfassungsstaates, die wiederum eine private und eine öffentliche Dimension kennt, also sowohl den Bereich der privaten Lebensführung tangiert als auch den der Teilhabe an der Willensbildung des Gemeinwesens."[3]

Teilhabe an der Willensbildung erschöpft sich nicht darin, alle vier Jahre ein Kreuz zu machen, sondern hat Voraussetzungen individueller und kollektiver Art, damit alle wirklich alle sind, Willensbildung wirklich Willensbildung und das Gemeinwesen wirklich ein gemeinsames ist. Daraus haben sich auf dem Wege staatlicher Gesetzgebung und dem exekutiven Handeln auf den verschiedenen föderalen Ebenen Zielsetzungen entwickelt, mit denen die Diakonie gemäß ihren traditionellen wie aktuellen Selbstbekundungen wie auch entsprechend ihrer grundsätzlichen Praxis in der Bundesrepublik Deutschland seit 1949 konform geht. Sie bietet schon immer Leistungen der Kinder- und Jugendhilfe sowie Beratung in Ehe-, Erziehungs- und Lebensfragen. Sie bietet schon immer Hilfen für Menschen mit Behinderungen sowie für sozial Gefährdete aller Art mit dem Ziel einer selbstbestimmten und eigenverantwortlichen Lebensführung. Sie ist im Gesundheitswesen und in der Altenhilfe im Dienst der körperlichen und seelischen Unversehrtheit tätig. Unabhängig davon, mit welcher intrinsischen Motivation der oder die einzelne Mitarbeitende seiner oder ihrer Tätigkeit nachgeht, auch unabhängig davon, ob und, wenn ja, in welcher Form sich das einzelne Unternehmen einer dezidierten kirchlichen Beauftragung verpflichtet fühlt, verfolgt die Diakonie in der Gesellschaft Ziele, die auch der demokratische und soziale Rechtsstaat mit seiner legislativen und exekutiven Ausgestaltung des abstrakten verfassungsmäßigen Sozialstaatsgebots für die Gesellschaft verfolgt[4].

Unbeschadet dessen ist sie dabei aber frei im Sinne der garantierten Vereinigungsfreiheit (Art. 9 GG), welche auch andere Zielsetzungen als die des Staates legitimiert, sofern sie nicht gegen Recht und Gesetz verstoßen. Diese Koalitionsfreiheit gilt wie für die Diakonie bspw. auch für Parteien, Verbände und Gewerkschaften bis hin zum Kleingartenverein. Darüber hinaus partizipiert aber die Diakonie (wie die Caritas) als Teil der Kirche zusätzlich noch an der Religionsfreiheit (Art. 4 GG). Sie gilt nicht nur für die einzelne religiöse Person oder für die gesamte Religionsgemeinschaft, sondern auch für Vereinigungen, die an Letztere zur Verwirklichung bestimmter religiöser Ziele angeschlossen sind. Das hat das

---

[1] a.a.O., S. 31.
[2] Heinig 2008, S.291.
[3] a.a.O., S. 292.
[4] Zur (nur begrenzt brauchbaren) theoretischen Funktion der Unterscheidung von Staat und Gesellschaft vgl. a.a.O., S. 293-314.

Bundesverfassungsgericht in zwei Urteilen aus dem Jahr 1966 ausdrücklich bestätigt[1]. Daraus resultieren für die Kirchen, ihre Mitglieder, ihre Organisationen und somit auch für die Diakonie weitere besondere Rechte aus der alten Weimarer Reichsverfassung (Körperschaftsstatus, Selbstverwaltung, Steuerhoheit u.a.), die in die bundesdeutsche Verfassung übernommen sind (Art. 140 GG). Wichtig ist die mitunter nicht deutlich genug betonte Tatsache, dass, auch wenn es die Kirche nicht mehr gäbe oder wenn, mit größerer Wahrscheinlichkeit, ihre Verfassungsprivilegien eines Tages fallen würden, die Diakonie über die gesetzliche Verankerung in § 5 SGB XII (früher § 10 BSHG) und der darauf fußenden weiteren Sozialgesetzgebung ein anerkannter Verband der Freien Wohlfahrtspflege bliebe. Er unterläge dann natürlich dem für alle geltenden ‚weltlichen‘ Arbeitsrecht und müsste normale Tarifverträge abschließen. Das würde, wie bereits angesprochen wurde (s.o. 3.1.6.), den Fortbestand eines christlichen Unternehmens keineswegs gefährden und erst recht der Funktionsfähigkeit der Betriebe keinen Abbruch tun, da diese eben grundsätzlich durch die Systematik des Sozialstaats determiniert sind.

3.2.3. Diakonie – ein integraler Teil des Sozialstaats

Weil der deutsche Sozialstaat so konstruiert ist[2], dass das Ergehen der Gesamtgesellschaft und die Entfaltung des und der Einzelnen nicht allein durch den Staat, sondern auch durch Gewerkschaften, Parteien, Kirchen, Verbände und andere gesellschaftliche Kräfte in der Pluralität ihrer jeweiligen charakteristischen Eigenart geprägt und gestaltet werden, ist die Diakonie frei im Sinne der Spezifität ihres besonderen Beitrags. Das bedarf keiner zusätzlichen kirchlichen Verfassungsprivilegien. Die Diakonie ordnet sich prinzipiell zwar bis heute in rechtlicher Bindung an die Kirche, faktisch aber im Dienst *eigener* Zielsetzungen und aus *eigenem* Interesse funktional in das Sozialsystem ein. Damit ist sie sowohl mit dem, was sie tut, als auch hinsichtlich ihrer rechtlichen Verankerung eben nicht frei ‚an sich‘, sondern an das gesamte Recht, insbesondere an die Sozialgesetzbücher I bis XII und die weitere Sozialgesetzgebung gebunden[3]. Diese hat der Staat nicht nur infolge des abstrakten Sozialstaatsgebots der Verfassung legislativ geschaffen, sondern er muss sie als Garant der sozialrechtlichen Ansprüche des und der Einzelnen exekutiv umsetzen. Die einzelnen Leistungen der Diakonie haben daher nicht evangelisch, sondern gesetzeskonform zu sein[4]. Nur damit, und nicht etwa wegen eines besonderen Profils oder Propriums, erwirbt sie den Anspruch

---

[1]   Dazu vgl. Starnitzke 1996, S. 37-39.
[2]   Zum Folgenden vgl. auch Ullrich 2005.
[3]   Diese Aussage steht auch nicht im Widerspruch zu dem mit Art. 140 GG garantierten kirchlichen Selbstbestimmungsrecht, da auch dieses nur „innerhalb der Schranken des für alle geltenden Gesetzes" gilt (Art. 137 Weimarer Reichsverfassung).
[4]   Vgl. die anhand einzelner Fallbeispiele für verschiedene soziale Aufgabenfelder vorgeführten rechtlichen Normierungen bei Stock 2020.

darauf, dass die finanzielle Ausstattung ihrer Arbeitsfelder einschließlich der damit verbundenen Bestands- und Planungssicherheit durch die öffentliche Hand und durch weitere öffentliche Kostenträger erfolgt.

Dem fundamentalen Verfassungsauftrag zur Gewährleistung der Freiheit als Voraussetzung dafür, dass alle Staatsbürgerinnen und -bürger das Recht haben, am Gemeinwesen zu partizipieren[1], dient die Gesetzgebung auf zwei miteinander verbundenen Wegen: Zum einen bezieht sie Personen und Organisationen in die gesellschaftlichen Willensbildungs-, Entscheidungs- und Gestaltungsprozesse ein. Das gilt nicht nur für Wahlen, betriebliche Mitbestimmung, öffentliche Anhörungen und vieles mehr, sondern auch für die Adressatinnen und Adressaten sozialer Hilfeleistungen. So gibt es z.B. die Mitwirkung von Jugendlichen bzw. deren Erziehungsberechtigten an Entscheidungen über erzieherische Hilfen gemäß SGB VIII oder die Mitwirkung von Menschen mit Einschränkungen bzw. deren gesetzlichen Vertretungen an Entscheidungen über Rehabilitationsmaßnahmen gemäß SGB IX. Zum andern sorgt die Gesetzgebung dafür, dass insbesondere durch den Mechanismus der Sozialversicherung eine Absicherung gegen persönliche Lebensrisiken, die zu einer Gefährdung der Teilhabe an der Gesellschaft führen, durch die Gemeinschaft der Beitragszahler finanziert wird. Auch Maßnahmen wie zur Gesundung, zur Wiedereingliederung in das Erwerbsleben, zur Inklusion behinderter Menschen oder zur Inanspruchnahme von Kultur- und Bildungsangeboten sind öffentliche, rechtlich normierte, teils beitrags-, teils steuerfinanzierte Aufgaben. Das substanzielle Ziel der Verfassung ist, auch wenn dieser Begriff im Verfassungstext selbst gar nicht fällt, die Partizipation aller Bürgerinnen und Bürger im ursprünglichen lateinischen Wortsinn: die „Teilhaftigkeit" aller an den Erscheinungsformen des Gemeinwesens, und so hat der Begriff mit Recht eine politische, eine soziologische, eine ökonomische, eine pädagogische und eine kulturelle Bedeutung. Daran hat und nimmt natürlich auch die Diakonie ihren strukturellen Anteil. Ihr Selbstbestimmungsrecht garantiert die Pflege eigener Wertmaßstäbe, nicht aber, dass sie auf Grund derer festlegen könnte, wie der partizipatorische Sozialstaat zu sein hat. Deshalb ist sie, ob sie will oder nicht, prinzipiell und stets auch an dessen Umformungen beteiligt.

3.2.4. Die Transformation des Sozialstaats und ihre Folgen für die Diakonie

Umformungen des Sozialstaats[2] beginnen schon mit den beiden Ölpreiskrisen ab Mitte der 1970er Jahre und weiter mit den Konjunkturproblemen seit dem Beitritt der ehemaligen DDR zum Bundesgebiet in den 1990er Jahren, und sie vollziehen sich als kontinuierlicher Prozess seit mindestens zwei Jahrzehnten. Das hat zu

---

[1] Das ist auch die entscheidende verfassungstheoretische Zuordnung des Sozialstaatsgebots gemäß Heinig 2008. Zum Folgenden vgl. außerdem Ullrich 2005, S. 15-116.
[2] Zum Folgenden im Ganzen vgl. Becker 2011, S. 76-88; Boeßenecker/Vilain 2013, S. 48-80; Eurich/Maaser 2013, S. 100-112; Lessenich 2013

grundsätzlichen Anfragen an das ursprüngliche Sozialstaats-Modell geführt. Gegenüber der sozialliberalen Politik der Verteilung konjunkturell bedingter Überschüsse zur Finanzierung wachsender sozialstaatlicher Leistungen der 1970er Jahre (Kabinette Brandt I und II) wurde etwa ab Mitte der 1980er Jahre im Dienst einer sogenannten geistig-moralischen Wende eine an Einsparungen im Sozialwesen interessierte Wirtschafts- und Gesellschaftspolitik forciert (christlich-liberale Kabinette Kohl I bis V), die bspw. zu ersten „Kostendämpfungsmaßnahmen im Gesundheitswesen"[1] führte. Hand in Hand damit ging die grundsätzliche Einschätzung, dass der Sozialstaat statt seiner ursprünglichen Intention, eine Absicherung gegen fundamentale Lebensrisiken zu garantieren, inzwischen weit darüber hinaus gehende Ansprüche auf angebliche oder tatsächliche soziale Wohltaten generiere. Dies führe zu einer Überregulierung des sozialen Sektors und stelle dessen Finanzierbarkeit in Frage. Damit wurde der früher geübte soziale Korporatismus zwischen Staat und Wohlfahrtsverbänden im Rahmen einer „neuen Steuerung" obsolet, die bspw. in der Abkehr vom Selbstkostendeckungsprinzip im Krankenhauswesen (Gesundheitsstrukturgesetz von 1993), in der Zulassung privat-gewerblicher Anbieter bei der Versorgung pflegebedürftiger Menschen (SGB XI 1995) oder mit der Einführung von Sozialraumbudgets und Leistungsvereinbarungen in der Jugendhilfe (§ 78 a-g SGB VIII) konkrete Gestalt gewann[2] und gegenwärtig auch den wesentlichen Grundgedanken der Neuordnung des Behindertenrechts mit dem 2016 verabschiedeten und von 2017 bis 2023 in vier Reformstufen in Kraft tretenden Bundesteilhabegesetz bildet. Diese Aussage gilt unbeschadet der Tatsache, dass mit den genannten Sozialgesetzgebungen natürlich neben strukturellen und finanziellen Effekten qualitative Verbesserungen sowie eine Stärkung der Rechte der Betroffenen nicht nur intendiert waren, sondern auch realisiert wurden, wenn auch vielleicht nicht in dem Maße, wie es wohl wünschenswert gewesen wäre.

Nach dem Übergang der politischen Mehrheit an rot-grüne Kabinette 1998-2005 wurde mit dem Leitbild des aktivierenden Staates ein grundlegend verändertes sozialstaatliches Paradigma eingeführt, das durch das sogenannte Schröder-Blair-Papier von 1999 zur Neuausrichtung der sozialdemokratischen Politik in Europa theoretisch vorbereitet war. Ziel ist es, den Anteil staatlicher Versorgung zu Gunsten der Aktivierung der eigenen Potenziale der Anspruchsberechtigten zurückzufahren[3]. Die Idee ergänzender privater Vorsorge fand Eingang in die staatliche Altersabsicherung (Riester-Rente 2001). Und das „Prinzip des Förderns und Forderns" gewann vor allem mit der sogenannten Hartz-IV-Gesetzgebung zur Reform der Arbeitslosenversicherung und der Sozialhilfe von 2005[4] eine exemplarische sozialrechtliche Kodifizierung unter dem Vorzeichen, dass „wir (…) Leistungen des Staates kürzen, Eigenverantwortung fördern und

---

[1] Jähnichen 2017, S. 199
[2] Vgl Eurich/Maaser 2013, S. 21f.
[3] Vgl. zusammenfassend a.a.O., S. 11f.
[4] Konzeptionell vorbereitet seit 2002.

mehr Eigenleistung von jedem Einzelnen abfordern müssen" (Gerhard Schröder 2003)[1]. Daran hielten die anschließenden christlich-liberalen und schwarz-roten Kabinette trotz der nach der weltweiten Wirtschafts- und Finanzkrise 2007-2009 in Deutschland vergleichsweise guten konjunkturellen Entwicklung fest. Unbeschadet aller inzwischen fälligen Kritik an der Wirksamkeit der neuen Steuerungsmodelle, aller Modifikationen an einzelnen Maßnahmen und Gesetzen und gewisser Bestrebungen zurück zu mehr staatlicher Intervention galt im Prinzip als parteiübergreifender Konsens[2], dass die Bestandsgarantie eines solidarischen Sozialsystems „nicht dazu führen (soll), dass wir über Wettbewerb, Transparenz und viele andere Dinge überhaupt nicht mehr sprechen dürfen" (Angela Merkel 2009, damals unter den Vorzeichen einer schweren Wirtschaftskrise)[3] und dass notwendige Investitionen in die sozialen Sicherungssysteme und in eine funktionierende Infrastruktur stets zur primären Voraussetzung haben, dass die Wirtschaft in ausreichendem Maße Arbeitsplätze schafft (so wieder Angela Merkel 2018, diesmal unter den Vorzeichen einer guten Konjunktur und der Aussicht auf Vollbeschäftigung)[4]. Die im Hintergrund stehende, allgemein akzeptierte Vorstellung darf man vielleicht etwas salopp so zusammenfassen: Sozialpolitik bedeutet, Geld auszugeben, das zunächst mal verdient werden muss und auch noch anderswo dringend gebraucht wird.

Die daraus resultierende, viel diskutierte und auch viel beklagte Transformation des Sozialstaats setzt die Wohlfahrtsverbände und damit die Diakonie seit nunmehr rund einem Vierteljahrhundert unter erheblichen Veränderungsdruck. Das ist aber zunächst keineswegs verwerflich, und so scheinen, bevor man allzu schnell in die kritische Auseinandersetzung eintritt, einige nicht immer ernst genug genommene Feststellungen angebracht, die hier im Anschluss an grundlegende Arbeiten von Johannes Eurich und Wolfgang Maaser anhand dreier signifikanter Transformationsfolgen kurz entwickelt werden sollen[5].

(1) Die Selbstverständlichkeit der sozialrechtlichen Vorrangstellung der Wohlfahrtsverbände geht verloren. Sie ist natürlich nach wie vor ein Rechtstitel, den zu verteidigen sinnvoll ist, und zwar nicht nur aus formalen Gründen, sondern bspw. auch im Dienst einer planbaren Verlässlichkeit und Nachhaltigkeit von Hilfeleistungen. Die kann ein mit magerem Backoffice ausgestatteter Newcomer im sozialen Sektor nicht ohne weiteres gewährleisten. Das bedeutet aber nicht, dass neue Träger automatisch schlechtere Arbeit abliefern. Und vor allem kann

---

[1] Schröder 2003, S. 2479.
[2] Inwieweit hier aktuell für die jetzt regierende Ampel-Koalition wieder eine Wende beim Verständnis sozialstaatlicher Intervention ansteht, die durch die Erfahrungen der Corona-Pandemie, die erkannten Notwendigkeiten einer nachhaltigen Klimapolitik sowie die im Gefolge des Ukrainekrieges virulent gewordene Energiekrise bedingt ist, war zum Zeitpunkt des Manuskriptabschlusses der vorliegenden Untersuchung trotz konkreter Maßnahmen („Doppel-Wumms") noch nicht grundsätzlich einschätzbar.
[3] Merkel 2009, S. 13.
[4] Merkel 2018, S. 11-14.
[5] Eurich/Maaser 2013; vgl. dazu auch Jähnichen 2017, S. 203-209.

(und sollte man daher) auf keinen Fall leugnen, dass mit dem alten Vorrang ein Quasi-Monopol verbunden ist, das die Schwächen aller Monopole teilt: Reproduktion bestehender Strukturen bei schwindender Innovationsfähigkeit. Verschiebungen innerhalb der verfügbaren Finanzmittel zugunsten der eigenen Bürokratie. Ersatz aktueller Reaktionsfähigkeit durch den Hinweis auf Tradition und vergangene Verdienste.

(2) Das Eintreten der Wohlfahrtsverbände für Gerechtigkeit und ihre Wahrnehmung eines anwaltschaftlichen Mandats für Schwache und Benachteiligte wird nicht mehr als naturgegeben vorausgesetzt. Natürlich steht außer Frage, dass das Eintreten für Gerechtigkeit (s.u. 5.4.3.) einen unaufgebbaren Topos im Selbstverständnis aller Wohlfahrtsverbände bildet. Es hat aber wenig Sinn, einen Sachverhalt nur deshalb als ‚ungerecht' zu beklagen, weil die mit ihm verbundenen Regelungen heute anders sind als diejenigen, die gestern als ‚gerecht' galten. „Die konkrete Gestalt sozialer Gerechtigkeit und ihr gesellschaftliches Verständnis bleibt (sic!) ein komplexes Ergebnis aus gesellschaftlichen Interessens- und Aushandlungsprozessen sowie kulturellen Hilfetraditionen, die auf dem Wege der Sozialpolitik Eingang in sozialrechtliche Regelungen gefunden haben"[1], und solange diese Prozesse über wechselnde, durch Wahlen herbeigeführte politische Mehrheiten exekutiert werden, ist es wenig hilfreich, verbandsseitig bei jeder Abkehr von dem, was einmal galt, die Abschaffung des Sozialstaats anzuprangern – zumal im Habitus einer namens der Schwachen reklamierten Anwaltschaft, die wie jeder Rechtsbeistand Rechnungen schreibt[2]. Die Verfolgung ethischer und gesellschaftspolitischer Ziele, die völlig zu Recht auch gegenüber und gegebenenfalls in Konfrontation mit dem Staat erfolgt, muss zumindest eine Begründung dafür liefern, wie sich dies zu der Tatsache verhält, dass die dahinterstehende Organisation nahezu ausschließlich aus öffentlichen Mitteln finanziert wird.

(3) An die Stelle allgemeiner Fürsorge tritt die Forderung eines passgenauen und messbaren Angebots im Dialog mit dem Kostenträger und dem oder der einzelnen Hilfeberechtigten. Natürlich steht dahinter das faktisch kaum einlösbare „Ideal gleichberechtigter Gegenseitigkeitsbeziehungen": Es geht im Horizont der vor-, für- und versorgenden Verantwortung der Gesamtgesellschaft davon aus, „dass unter den Bedingungen eines demokratischen und sozialen Rechtsstaates eine prinzipielle Symmetrie zwischen dem einzelnen Bürger und dem Staat bzw. der Gesellschaft gegeben ist. Unter dieser Voraussetzung darf dann berechtigterweise und moralisch legitim im Gegenzug nach dem Beitrag des Bürgers gefragt werden"[3]. Wie sperrig sich dies zur Realität verhalten kann, lässt sich inzwischen klassisch am Scheitern der Hartz-IV-Reformen mit ihrer asymmetrischen Bevorzugung des Forderns gegenüber dem Fördern samt der Konsequenz wachsender

---

[1] a.a.O., S. 107.
[2] Dieses Bonmot verdanke ich einem mündlichen Hinweis des früheren theologischen Vorstands der Stiftung Hephata Christian Dopheide. Zu einem brauchbaren Begriff von Anwaltschaft s.u. 5.4.2.
[3] Eurich/Maaser 2013, S. 106.

Einkommensungleichheit ablesen. Das alles sollte aber nichts an der Einsicht ändern, dass der Output des sozialen Handelns nicht schon deshalb gut ist, weil die handelnde Trägerin bzw. der Verband, dem sie angehört, seit über hundert Jahren als gut gilt. Völlig zu Recht will der staatliche Auftraggeber messen, was er für das Geld der Steuer- bzw. Beitragszahlenden bekommt. Auch dass gegenüber einem traditionell paternalistischen Wohlfahrtsverständnis das subjektive Selbstbestimmungsrecht der Schwachen und Hilfebedürftigen gestärkt wird, ist selbstverständlich und wird durch Verwerfungen bei der praktischen Umsetzung nicht falsch. Und dass es, summa summarum, einen Gewinn an Effizienz und Innovationsfähigkeit bedeutet, wenn eine am Ideal des Verwaltens ausgerichtete Wohlfahrtspflege durch eine unternehmerische, am Ideal bedarfsgerechter Dienstleistung orientierte Grundhaltung abgelöst wird, wird man nur sehr schwer bestreiten können, auch wenn das Ideal eben ein Ideal ist.

3.2.5. Fazit: Diakonie ist nicht Kirche

Die Konsequenz aus dem allem für die Diakonie kann nur lauten, sich „auf die neuen Steuerungsinstrumente und ihre neue, (ihr) zugewiesene Rolle ein(zu)stellen, die tief in ihre gesamte Organisationsstruktur eingreifen und ihre traditionellen Selbstverständnisse im Kern berühren"[1]. Ein diakonisches Unternehmen wird also, um nur ein paar inzwischen überall geläufige Stichworte aufzureihen, seine Zwecke, will es nicht in eine Legitimationskrise[2] geraten, nicht irgendwie, sondern gemäß einem Leitbild[3] verfolgen, das eine plausible „Legitimations- und Informationsfunktion" erfüllt. Es wird seine Ziele mittels einer geeigneten Aufbauorganisation umsetzen, die für den Auftraggeber und die Kostenträgerin transparent ist. Es wird klar zwischen den Aufgaben des Managements und denen der Aufsicht unterscheiden (Corporate Governance). Es wird ein an den sozialen Handlungsfeldern orientiertes Leistungsspektrum pflegen, innerhalb dessen die Professionalisierung und Spezialisierung zunimmt. Dem werden ehrenamtliche Tätigkeiten als profilrelevanter, prinzipiell aber nur ergänzender Faktor zuzuordnen sein, der einen sozialen Mehrwert erzeugt, aber nicht zur refinanzierbaren Struktur zählt. Und es wird schließlich die Verbindung aus konsequenter Organisations- und Personalentwicklung mit systematischem Qualitätsmanagement als

---

[1]   a.a.O., S. 23.
[2]   Das Folgende als Schlussfolgerungen aus den bei Merchel 2008, S. 123-143 genannten Kritikpunkten.
[3]   Vgl. Eurich/Maaser 2013, S. 89f. Ob ein Leitbild *grundsätzlich* offenlässt, wie es „in den Handlungskonzepten professioneller Arbeit unter spezifischen organisatorischen Bedingungen umgesetzt" wird, darf man bezweifeln. Dass es so sein kann und oft so ist, bedeutet nicht, dass es immer und überall so ist, und spricht nicht gegen die sorgfältige Entwicklung von Leitbildern. Sie kurzerhand unter der Fetzen-Papier-Theorie zu subsumieren, ist ein Vorurteil.

eine zentrale diakonische Führungsaufgabe begreifen[1]. „Es geht nicht länger um
die Frage, ob man die neue Wohlfahrtspolitik begrüßen soll, sondern darum, wie
und innerhalb welcher Grenzen in den geschaffenen neuen Quasi-Sozialmärkten
agiert werden soll"[2] und kann.

Das alles sind keine Zumutungen, sondern Prozesse, die der Qualität und der
Glaubwürdigkeit der Diakonie in der Gesellschaft zugutekommen, auch wenn sie
durch staatliches und gesetzgeberisches Handeln und keineswegs aus eigener
Einsicht in Gang gekommen sind. Man kann das am einfachsten daran ablesen,
dass Diakonie in einer stetig komplexer werdenden und mit steigenden sozialen
Herausforderungen konfrontierten Gesellschaft ein ausgesprochener Wachstums-
markt ist, trotz allem Lamento über die zunehmende privatwirtschaftliche Konkurrenz. Mit all dem ist aber noch nicht die letztlich entscheidende Frage beantwortet, welchem ausschlaggebenden Interesse die Transformation des Sozialstaats und der Wohlfahrtspflege eigentlich dient. Hier führt nun kein Weg an der
Einsicht vorbei, dass der Treibsatz der Entwicklung in der vermeintlichen oder
tatsächlichen, für die jeweils herrschenden politischen Eliten jedenfalls weitgehend unstrittigen Notwendigkeit besteht, das Ganze billiger zu machen. Die daraus resultierende Ökonomisierung ist für die Diakonie von gleichermaßen deter-
minierender Bedeutung wie ihre strukturelle Einbindung in den Sozialstaat alter
und neuer Prägung.

Umso wichtiger wird es, ehrlicherweise festzustellen, dass das alles nichts mit
Kirche zu tun hat, weder mit einem ekklesiologisch entfalteten Kirchenbegriff
noch mit einer vorfindlichen Form der verfassten Volks- oder einer Freiwillig-
keitskirche. Kirche ist kein Unternehmen und wird auch keines, selbst wenn sie
sich bis zur Kenntlichkeit oder Unkenntlichkeit reformiert. „Die Kirche der Reformation ist um des Glaubens willen da, der geweckt und gestärkt wird durch
die Verkündigung des Evangeliums und durch die Sakramente."[3] Das kann, in
welcher Form auch immer, niemals durch ein Unternehmen der Sozialwirtschaft
eingelöst werden, selbst wenn alle seine Beschäftigten frömmer wären als der
Durchschnitt der sogenannten Kerngemeinden. Diakonie erbringt Leistungen, die
im Rahmen der Verfassung zwingend durch Gesetzgebung und Kostenträger-
schaften determiniert sind. „Weder Andachtsräume noch christliche Leitbilder,
weder ausgewiesene Kirchenmitgliedschaft noch Wertelyrik machen die christliche Diakonie zum Zeugnis der Kirche."[4] Und fatal wäre es, wenn umgekehrt die
Gemeinden (samt ihren am Relevanzverlust leidenden Pfarrerinnen und Pfarrern)

---

[1] Zu den genannten Gesichtspunkten (Verständnis von Führung, Verhältnis von Professio-
     nalität und Ehrenamt, Messbarkeit von Resultaten) gelten in der verfassten Kirche grund-
     legend andere Prinzipien: Es gibt keine Trennung von Leitung und Aufsicht, Haupt- und
     Ehrenamt sind gleichwertig, die Wirksamkeit der Kernaufgaben (Verkündigung, Sakra-
     mentsverwaltung, Seelsorge) ist nicht messbar.
[2] Eurich/Maaser 2013, S. 76.
[3] Becker 2011, S. 118.
[4] Thomas 2020, S. 204.

willens wären, sich im Sinne eines sozialen Unternehmens neu zu erfinden. Deshalb ist die theoretische Begründung für die „Notwendigkeit der Genese einer Diakoniekirche"[1] eben dies, nämlich Theorie, weil es eine solche Notwendigkeit jenseits des Wunsches, irgendwie eine mehr als nur formale Verbindung zwischen Diakonie und Kirche zu retten, nicht gibt[2]. Hat der vorhergehende Abschnitt 3.1. zu der Einsicht geführt, dass Kirche nicht Diakonie ist, so schließt daher der vorliegende mit der Feststellung: Diakonie ist nicht Kirche.

3.3. Zur Determinierung der Diakonie durch die Ökonomie

Wenn zum Ende des vorhergehenden Abschnitts festgestellt wurde, der Sparwille sei der Treibsatz der Ökonomisierung des Sozialen, so ist damit nicht gemeint, es handele sich um einen monokausalen Prozess, in dem es nur noch um die wirtschaftliche Effizienz geht. In den erfolgten Transformationsprozessen spielt eine wesentliche Rolle bspw. auch eine theoretische Staatskritik, die sich aus der modernen amerikanischen Sozialphilosophie speist. In ihrem Gefolge lassen sich die neomarxistischen „ideologie- und staatskritische(n) Motive der 1970er Jahre unter liberal-kritischer Perspektive unter verändertem Vorzeichen fortsetzen"[3]. Vereinfacht ausgedrückt: An die Stelle des angeblich zwangsläufigen Absterbens des Staates tritt die gewollte Minimierung staatlicher Intervention. Ferner ist in Anschlag zu bringen, dass die aus der frühen Neuzeit stammende anthropologische Idee des Homo oeconomicus „eine trivialisierend-pragmatisierende Aufwertung" erfahren hat[4]. Und ein letzter Punkt: Für die Hinterfragung des klassischen deutschen Korporatismus spielt eine sozial- wie wirtschaftswissenschaftlich durchaus plausible Kritik an der traditionellen Rolle der Wohlfahrtsverbände eine wesentliche Rolle[5].

Solche und andere Ursachen für die Neudefinition dessen, was der Sozialstaat zu sein und zu leisten habe, laufen aber am Ende doch auf die Forderung einer unter politischem, soziologischem und natürlich auch ökonomischem Aspekt als angemessen bewerteten Finanzierung hinaus – was immer solche Attribute jeweils konkret bedeuten mögen. Innerhalb dieses begrifflich weit gespannten Rahmens ist dann die kontrovers diskutierte Frage, ob der Sozialstaat tatsächlich zu

---

[1] Fichtmüller 2019.
[2] Das kann auch Rannenberg 2017 nicht wirklich begründen, dessen diesbezügliche Überlegungen im Einzelnen gewiss originell sein mögen, aber eigentlich nur darauf hinauslaufen, was man vielleicht mal alles ausprobieren könnte.
[3] Vgl. Eurich/Maaser 2013, S. 24f und 27; das Zitat S. 27.
[4] Vgl. a.a.O., S. 25-27; das Zitat S. 25. Dabei bewährt die Idee des homo oeconomicus sich in der Praxis der neuen Steuerung gar nicht: Speziell in der Sozialwirtschaft herrscht nämlich keineswegs eine wirklich marktkonforme Regelung des Interessensausgleichs, wie sie Adam Smith mit seiner Unsichtbaren Hand vorschwebte. Vielmehr greift der Staat massiv in die eigentlich gewollte Öffnung des Marktes regulierend ein.
[5] Vgl. a.a.O., S. 28-31.

teuer ist oder nicht, nur ein Teilthema. Sie ändert als solche aber nichts mehr
daran, dass der Transformationsprozess eben nicht rein struktureller, sondern vor
allem ökonomischer Natur ist. „Vermarktlichung des Sozialen" bedeutet konkret
die Einführung von aus der Wirtschaft entlehnten Instrumenten wie z.B. Kon-
traktmanagement, Vergabe nach Ausschreibung, Budgetierung, Fallpauschalen,
Pflegesätzen und Projekt- statt Regelförderungen. Das zwingt die Führungskräfte
der Leistungsanbieter schon aus puren Überlebensgründen, nicht nur ihre Admi-
nistrationen, sondern die Leistungserbringung insgesamt auf allen Ebenen der
Organisation betriebswirtschaftlich aufzustellen und auszurichten, kurz: „das Soziale" zu „ökonomisieren". Das ist alles nicht mehr neu. Es wird hier noch einmal
thematisiert, um zu begründen, warum in der vorliegenden Arbeit die Ökonomisierung der Diakonie als eine zunächst *positiv* zu begreifende Entwicklung vertreten wird.

3.3.1. Ökonomisierung – was ist das?

Um zu verdeutlichen, was Ökonomisierung ist, kann es hilfreich sein, sich klarzumachen, was sie nicht ist. Eine vor etwas mehr als zehn Jahren durchaus gängige, heute in der wissenschaftlichen Literatur so eher selten gewordene, dessen
ungeachtet aber in der Breite der innerkirchlichen Diakoniediskussion wohl immer noch populäre Analyse hat Herbert Haslinger vorgelegt. Er formuliert, dass
„(d)urch die Ökonomisierung (…) in Diakonie-Institutionen zwei Ordnungsprin-
zipien zusammen (kommen): einerseits die konventionelle Ausrichtung als ge-
meinnützige, staatlich gestützte, weltanschaulich-christlich gebundene und kirchlich getragene Diakonie-Einrichtung und andererseits die neue ökonomische
Ausrichtung als profitorientiertes, auf dem freien Wirtschaftsmarkt tätiges Unternehmen"[1]. Das mutet möglicherweise einleuchtend an, ist so aber falsch und war
noch nie richtig. Die ökonomische Ausrichtung ist nicht „neu". Selbstverständlich hingen „(b)ereits die Gründung und der Erfolg diakonischer Einrichtungen
im 19. Jahrhundert (…) von ökonomischen Grundlagen ab und wären ohne eine
solide wirtschaftliche Grundlage nicht möglich gewesen"[2]. Der Begriff der Pro-
fitorientierung, der privates Gewinnstreben suggeriert, gibt zwar zutreffend wieder, dass die Öffnung der Sozialwirtschaft die Möglichkeit einschließt, damit
Geld zu verdienen. Das muss aber auch so sein! Für die frei-gemeinnützige Diakonie, der Gewinnausschüttungen an Stakeholder untersagt sind, beschränkt sich
die Rendite auf Mittel zur Sicherstellung der Investitions- und Innovationsfähigkeit. Diese müssen nicht erst seit gestern erwirtschaftet werden[3], sie lassen sich

---

[1]   Zum Folgenden vgl. Haslinger 2009, S. 147-149.
[2]   Eurich/Maaser 2013, S. 223.
[3]   Vgl. dazu grundlegend bereits Rückert 1990, insbesondere S. 60-137 sowie zusammenfas-
      send S. 313: „Diakonische Unternehmen müssen Erträge generieren, sie müssen tatsäch-
      lich künftig (*Anm.: geschrieben 1990, SKF*) Geld verdienen, um sich Rücklagen und Ei-
      genkapital zu verschaffen."

keineswegs aus Steuermitteln generieren, die sich der kirchlichen Trägerschaft verdanken würden, und sie haben nichts mit einer „ethisch umstrittene(n) Zielsetzung der Gewinnmaximierung" zu tun[1].

Überhaupt kann, wie oben bereits kurz angemerkt, von einem „freien Wirtschaftsmarkt" speziell in der Sozialwirtschaft keine oder nur eingeschränkt die Rede sein[2]. Es ist der staatliche Kostenträger, der zugleich die rechtlichen Spielregeln setzt, den Wettbewerb reguliert, die Preise vorgibt und auch sonst auf vielfältige Weise interveniert. In dieselbe Fehlrichtung geht die Diagnose, den „hilfebedürftigen Personen" werde „eine Rollenänderung abverlangt, infolge deren sie sich weniger als Hilfeempfangende und mehr als Kunden verstehen lernen sollen"[3]. Es war ein Gottesgeschenk, als die Gesetzgebung klargemacht hat, dass die sogenannten Hilfebedürftigen in Wahrheit Subjekte und selbst in der größten Not prinzipiell mündige Bürgerinnen und Bürger sind. Abgesehen davon ist der häufig von Befürwortern wie Gegnerinnen der Ökonomisierung adaptierte Kundenbegriff hinsichtlich seines heuristischen Werts durchaus strittig. Es lässt sich vieles dafür ins Feld führen, dass es sich, nicht anders als im Einzelhandel, um zahlende Kundschaft handelt, folglich nach wie vor Bund, Land, Kommune und Versicherungsträger die *tatsächliche* Kundschaft sein dürften und es sich bei der *vermeintlichen* nach wie vor um Pflegebedürftige, Ratsuchende, Patientinnen, Maßnahmenteilnehmer oder im Sammelbegriff um Klientinnen und Klienten handelt. Sie sind „(i)n der Regel (…) nicht als selbstständige Nachfrager einzuordnen – erst durch Rechtsansprüche werden sie zu nachfragefähigen Kunden. Zudem stellt die selbstbestimmte und eigenverantwortliche Lebensführung bei bestimmten Klienten (…) das *Ziel* der professionellen Leistung – unter Mitwirkung des Klienten – dar, nicht jedoch die *Ausgangssituation* zur Vereinbarung einer Leistung."[4] Berücksichtigt man dies, wird man auch nicht einfach behaupten dürfen, das sozialrechtliche Dreiecksverhältnis werde durch einen „linearen Finanzierungsmodus" ersetzt. Man muss die Möglichkeit untersuchen, ob das Dreieck als solches nicht nach wie vor Bestand hat, wenngleich es in seiner Binnenstruktur einer Verschiebung der Gewichte unterliegt[5].

Die vorstehende Skizze unterstreicht, dass die Frage nach der ökonomischen Determinierung der Diakonie auf eine differenzierte Begrifflichkeit angewiesen ist. Sie unterstreicht zugleich, dass die Diakonie keineswegs die Wahl hat, sich innerhalb oder außerhalb ökonomischer Zusammenhänge zu verorten. Statt einer sinnlosen ‚christlich' oder ‚kirchlich' begründeten Frontstellung gegen ‚wirtschaftliche Zwänge' ist eine dialogische Verhältnisbestimmung zwischen Ökonomie und Diakonie notwendig. Gefordert hat das Alfred Jäger bereits Mitte der 1980er Jahre[6]. Zwanzig Jahre später musste freilich Johannes Degen immer noch

---

[1]   Eurich/Maaser 2013, S. 260.
[2]   Zum Folgenden vgl. a.a.O., S. 226f.
[3]   Haslinger 2009, S. 148.
[4]   Eurich/Maaser 2013, S. 84; Hervorhebung SKF.
[5]   Vgl. dazu auch Becker 2011, S. 82-84.
[6]   Vgl. grundlegend Jäger 1993 (1. Aufl. 1986), S. 21-33.

darauf hinweisen, dass der Wunsch, Diakonie abseits wirtschaftlicher Gesetzmäßigkeiten zu betreiben, auf einer „Selbsttäuschung" beruht[1]. Und noch weitere
fünf Jahre später war Hanns Stephan Haas' Monographie „(z)ur Grundlegung eines Diskurses von Ökonomie und Theologie" angesichts des unterentwickelten
Zustandes dieses Diskurses keineswegs überflüssig[2]. Eine speziell unter Theologinnen und Theologen verbreitete subtile Aversion gegen ‚die Wirtschaft', welche unbeschadet differenzierender Zugeständnisse[3] an dem vorgeführten Beispiel
des Lehrbuchs von Haslinger beispielhaft sichtbar wird, hat sich also einer er-
staunlichen Langlebigkeit erfreut. Erst im zurückliegenden Jahrzehnt scheint sie
zur Ruhe zu kommen und einer allgemeinen Einsicht in die Faktizität der ökonomischen Determinierung der Diakonie Platz zu machen.

Diese Feststellungen gelten nicht allein für die mehr oder weniger großen, zumeist mit langer Tradition behafteten frei-gemeinnützigen Diakonie-Unternehmen in Vereins-, Stiftungs- oder GmbH-Form. Es geht auch um die teils inzwischen ebenfalls privatrechtlich, teils traditionell kirchlich verfassten regionalen
Diakonischen Werke, die üblicherweise auf der Ebene von Kirchenkreisen, Dekanaten oder Propsteien angesiedelt sind. Sie werden in einem häufig anzutref-
fenden Sprachgebrauch wohl wegen ihrer größeren Nähe zur Kirche, gleichwohl
aber zu Unrecht von der sogenannten „unternehmerischen Diakonie" unterschieden. Tatsächlich unterliegen sie, wie Johannes Schildmann gezeigt hat, längst
derselben ökonomischen Determinierung wie diese[4], haben dieselben internen
Konsequenzen mit Blick auf Management und Wirtschaftlichkeit gezogen, besser: ziehen müssen, und sie haben sich eben aus diesem Grund und keineswegs
wegen ihrer besonderen kirchlichen Bindung „fast durchweg in der sozialmarkt-
lichen Entwicklung nicht nur behauptet, sondern quantitativ und qualitativ weiterentwickelt"[5]. Das haben sie allerdings unter dem Strich in der Regel mühsam
erkämpfen und gegen ihre kirchlichen Träger durchsetzen müssen. Verbindlich
anzuwendende kirchliche Verwaltungsrichtlinien, bedarfsferne kirchliche Stan-
dardsoftware, kirchlich ‚angepasste' kaufmännische Buchführung, fehlende
Trennung zwischen Leitung und Aufsicht und zahllose weitere Hemmschuhe wären hier zu nennen. Wenn man das kirchensteuerfinanzierte und von der Parochie
verantwortete soziale Engagement ausblendet, weil es als eine Form von Gemeindearbeit zu begreifen und von Diakonie zu unterscheiden ist (s.o. 3.1.5.), so lautet
das Fazit: Die Feststellung und die Bejahung der ökonomischen Determinierung
gilt für die Diakonie *insgesamt* und unabhängig von der Rechtsform des einzelnen Unternehmens. Der Fortbestand diakonischer Einrichtungen in verfasst-
kirchlicher Trägerschaft ist nichts weiter als ein Anachronismus – dies insbesondere deshalb, weil die Frage, „ob mit der in der Kirche vorherrschenden Logik

---

[1] Vgl. insgesamt Degen 2005; der zitierte Begriff S. 228.
[2] Vgl. insgesamt Haas 2010; zur einleitenden Problemanzeige S. 11-30, die zitierte Kapitelüberschrift S. 13.
[3] Vgl. dazu Haslinger 2009, S. 158-160.
[4] Vgl. dazu insgesamt Schildmann 2017, insbesondere S. 226-235.
[5] a.a.O., S. 228.

des öffentlichen Dienstes eine Refinanzierung noch möglich ist"[1], in absehbarer Zeit, vielerorts schon jetzt, mit Nein zu beantworten sein dürfte.

3.3.2. Konfliktpotenziale

Das alles bedeutet nun natürlich nicht, dass damit die Wirtschaft als ein wert- und wertungsfreier, gewissermaßen objektiver Raum verstanden wäre, innerhalb dessen sich Diakonie ‚irgendwie' vollzieht. Im Gegenteil setzt die Ökonomisierung auch qualitative Fakten und Standards, die mit den ‚Werten' oder ‚Grundlagen' der Diakonie, wie immer diese im Einzelnen definiert werden mögen, nicht automatisch vereinbar sind. Das führt zu Konflikten, die bearbeitet werden müssen, und zwar sowohl im Interesse der Wirtschaftlichkeit als auch um des Leitbilds eines diakonischen Unternehmens willen. Wenn im Folgenden im Anschluss an Johannes Eurich und Wolfgang Maaser einige solche konfliktträchtigen Sachverhalte summarisch angesprochen werden, so ist auch damit wieder nicht mehr als ein Schlaglicht auf eine bereits breit geführte Diskussion intendiert[2].

Das zentrale Problem bricht dort auf, wo der vom Staat als gesetzgebender Instanz gewollte marktorientierte Wettbewerb mit den vom selben Staat als Kostenträger gesetzten Budgetgrenzen zusammentrifft und den diakonischen Anbieter vor die Frage stellt, ob er nur noch im Sortiment hat, was finanziert wird. Dem kann man entgehen, indem nicht ausfinanzierte Arbeitsbereiche durch Quersubventionierung aufrechterhalten werden. Das wiederum setzt voraus, dass die dazu notwendigen Mittel, soweit sie nicht aus externen Zuwendungen und Spenden stammen, als Ertrag erwirtschaftet werden. Das schließlich bedeutet in der Regel, in ertragreichen Arbeitsfeldern über die sozialgesetzbuchlich garantierten Leistungen hinaus privat finanzierte ergänzende Angebote zu schaffen, die sich unter der Hand schnell von der Ergänzung zum heimlichen Kern verwandeln können, wenn nicht die Masse der Grundversorgungsberechtigten, sondern die finanzstarken Privatzahlenden die Milchkühe des Unternehmens bilden. Im Bereich der pflegerischen Versorgung (SGB V und XI) ist das oft die Realität. Nicht ganz dasselbe, aber Ähnliches tritt ein, wenn ein qualitativer Aspekt, z.B. zeitintensive Geduld mit dem besonders schwierigen Einzelfall, gegenüber einem quantitativen, z.B. einem möglichst hohen und schnellen Output, zurücktreten muss. Das kann etwa bei Maßnahmen zur Vermittlung in den Arbeitsmarkt (SGB II und III) leicht geschehen. Spätestens wenn in solchen und anderen Fällen zumindest tendenziell eine Bevorzugung der weniger Bedürftigen gegenüber den besonders Bedürftigen Platz greift (sogenanntes „Creaming"[3]), dürfte der an den ethischen

---

[1] Becker 2011, S. 119.
[2] Zum Folgenden vgl. grundsätzlich vor allem Eurich/Maaser 2013, S. 75-99 und S. 258-274 sowie zusammenfassend Becker 2011, S. 84-88; außerdem die Darstellung einschlägiger Problemstellungen anhand sozialer Praxisfelder bei Haas 2010, S. 358-378 und bei Becker 2011, S. 88-98.
[3] Becker 2011, S. 86.

Ansprüchen eines christlichen Unternehmens entzündete Glaubwürdigkeitskonflikt schwer lösbar sein. Gewiss sind solche Überlegungen prinzipieller und damit zunächst theoretischer Natur. In der Praxis sind die Bestrebungen der diakonischen Unternehmen durchaus auf den Erhalt und nicht auf die Abschaffung identitäts- bzw. markenrelevanter Bereiche gerichtet, auch wenn diese nicht profitabel sind. Aber das kann auf Dauer natürlich nur unter betriebswirtschaftlich sinnvollen Gesichtspunkten der Fall sein. Und es wird, je kleiner das jeweilige Unternehmen ist, nie ausschließen, dass eine sozialpolitisch als durchaus notwendig bewertete Abteilung aus wirtschaftlichen Gründen geschlossen werden muss.

Der unter ökonomischen Vorzeichen transformierte Sozialstaat will Effizienz- und Effektivitätssteigerung des Wie und des Was sozialer Arbeit erzielen. Das ist im Prinzip durchaus positiv zu werten und dient sehr wohl dem Besten der rat- und hilfesuchenden Menschen. Das wird aber damit erkauft, dass die kostenträgerseitig bezahlten Anbieter den Klientinnen und Klienten nicht liebevolle Fürsorge, sondern fest umrissene Dienstleistungen, also Waren liefern. Die personale Beziehung zwischen dem hilfebedürftigen und dem helfenden Menschen wird eine durch Geld geregelte. Auch das ist nicht per se vom Teufel, weil, wer dem entgehen will, dies nur auf Robinsons Insel schaffen wird. Es führt aber nicht nur die Diakonie, sondern alle Wohlfahrtsverbände, die von ihrer jeweiligen Geschichte her bestimmten Werten und Normen verpflichtet sind, ja sogar den Staat selbst in ethische Zielkonflikte. Man wird sagen dürfen, dass die Diakonie, jedenfalls in weiten Teilen, diese so oder ähnlich schon lange bestehende Herausforderung spätestens in den vergangenen knapp zehn Jahren entschlossen angenommen hat[1], wenn auch die jeweils gefundenen Lösungen vielfach unzureichend und mit neuen Folgefragen belastet sein mögen.

3.3.3. Diakonie als christliches Unternehmen

Grundlegend dafür ist bereits Alfred Jägers[2] Definition der Diakonie als „christliches Unternehmen", dessen Management sich durch eine spezifische „diakonische Führungsachse"[3] auszeichnet. Entscheidende Bedeutung gewinnt dann die breite Rezeption des sowohl auf Profit- als auch auf Non-Profit-Unternehmen abzielenden „Neuen St. Gallener Management-Konzepts" von Johannes Rüegg-Sturm in der Diakonie. Es ist hier nicht der Ort, diesen kontinuierlich weiter entwickelten Ansatz von der Ausarbeitung von „Grundkategorien einer integrierten Management-Lehre"[4] hin zu seiner vollständigen Überarbeitung[5] und darüber

---

[1] Exemplarisch ist auf die zahlreichen Einzelbeispiele zur praktischen Gestaltung der „Identität" eines diakonischen Unternehmens bei Haas/Starnitzke 2019, insbesondere S. 26-163, zu verweisen.
[2] Jäger 1993 (1. Aufl. 1985).
[3] a.a.O., S. 52-72.
[4] Rüegg-Sturm 2003.
[5] Rüegg-Sturm/Grand 2015.

hinaus bis in seine „Wissenschaftlichen Grundlagen und Praxisbeispiele"[1] sowie seine lehrbuchhafte Zusammenfassung unter Berücksichtigung der aktuellen globalen Determinanten und Herausforderungen[2] zu referieren. Es führt auch zu weit, daran anschließende bzw. parallel entwickelte Systeme und deren Übertragung in die Diakonie im Einzelnen vorzuführen[3]. Maßgeblich ist die für alle Modifikationen des Modells bzw. Konzepts grundlegende *dreifache Unterscheidung der Management-Aufgaben*: (1) möglichst wirtschaftlicher Mitteleinsatz (operatives Management), (2) möglichst passgenaue, bedarfs- oder nachfragegerechte und brauchbare Produktion der Ware oder Dienstleistung (strategisches Management) und (3) möglichst sinnhafte, plausible und legitime Bindung des Produkts an die Werte, denen das Unternehmen verpflichtet ist (normatives Management).

Zu dieser im Großen und Ganzen allgemein anerkannten Definition der Führungsaufgaben im Beziehungsgeflecht von Wirtschaftlichkeit und Ethik hat freilich Johannes Eurich aus diakonischer Perspektive den grundsätzlichen kritischen Einwand erhoben, dass „(o)ffen geblieben ist, wie die theologischen Grundlagen als innere Achse mit den betrieblichen Transformationsprozessen zusammenzudenken sind, d.h. welche *orientierende Kraft* sie tatsächlich *in den einzelnen Prozessen* der sozialen Organisation entfalten können"[4]. Solange diese Frage nicht konzeptionell beantwortet wird, bestehe „die Gefahr, dass theologisch-ethische Aspekte in der Praxis nur intuitiv und unzureichend eingebracht werden oder aufgrund der hohen zeitlichen Dichte managerieller Entscheidungen wegfallen". Um die damit gestellte Anforderung an die Führung diakonischer Einrichtungen innerhalb der Organisation verorten und bearbeiten zu können, wird daher seit einigen Jahren der Vorschlag unterbreitet, diakonische Unternehmen als hybride Organisationen[5] zu verstehen, die ein multirationales Management[6] erfordern. Im Anschluss an Überlegungen des Politologen Adalbert Evers zum Dritten Sektor bzw. zur sogenannten Zivilgesellschaft und den in dieser Sphäre angesiedelten sozialen Dienstleistungen[7] lässt sich feststellen: Der diakonische Betrieb ist (1) von der öffentlichen Finanzierung, sodann (2) von Angebot und Nachfrage auf dem Markt der sozialen Dienstleistungen und schließlich (3) von den zivilgesellschaftlichen Gegebenheiten im lokalen Sozialraum determiniert. Er ist deshalb als hybride Organisation „im Einflussfeld der drei Sektoren Staat, Markt und Gemeinschaft angesiedelt und so folglich unterschiedlichen Ansprüchen und Steuerungsmodi ausgesetzt"[8]. Daraus folgt, dass die Führungsaufgabe in der Steuerung

---

[1]   Rüegg-Sturm/Grand 2017.
[2]   Rüegg-Sturm/Grand 2020.
[3]   Vgl. dazu Haas 2010, S. 102-118 und 216-272.
[4]   Eurich/Maaser 2013, S. 229f. Dort auch das folgende Zitat. Hervorhebungen SKF
[5]   Vgl. vor allem die grundsätzlichen Überlegungen bei Eurich/Maaser 2013, S. 238-257.
[6]   So vor allem unter ausdrücklichem Anschluss an die Hybridtheorie programmatisch in der Aufsatzsammlung Büscher/Hofmann 2017.
[7]   Vgl. Eurich/Maaser 2013, S. 239-244.
[8]   a.a.O., S.246.

„multipler Identitäten"[1] besteht bzw. diakonische Unternehmen ein „multirationales Management"[2] erfordern, weil mit einer bewussten Gestaltung der Vermitt-
lungsprozesse zwischen theologischer Rationalität und ökonomischer Rationalität[3] „eine realistische Wahrnehmung der (Sinn-)Strukturen (…) von wertegeleiteten Unternehmen" unter Berücksichtigung der „Vielfalt der Gestaltungsele-
mente(n)"[4] gewährleistet ist.

So plausibel das alles klingen mag, so klar muss man fragen, worin eigentlich
der Erkenntnisgewinn solcher Erwägungen besteht. Die erste Irritation entsteht
mit der Beobachtung, dass der Begriff der hybriden Organisation offenbar auch
für die ganz anders als in der Diakonie gelagerten strukturellen Verhältnisse der
Kirche reklamiert wird. Bei Eberhard Hauschildt und Uta Pohl-Patalong gewinnt
er in diesem Fokus immerhin den Rang einer „weiterführende(n) Deutungsper-
spektive(n)"[5]. Schon damit stellt sich aber doch eine gewisse Beliebigkeit hinsichtlich der Anwendungsfähigkeit des Begriffs ein. Sodann macht stutzig, dass
Kuno Schedler und Johannes Rüegg-Sturm, die 2013 die Theorie des „Multirationalen Managements"[6] geprägt haben, die praktische Bearbeitung von Multirationalität aus Fallstudien unterschiedlichster Branchen (Tourismus, Verwaltung,
Krankenhauswesen, Technologieunternehmen) generieren[7]. Das führt zu der
Frage, inwiefern dies dann für die Diakonie bzw. für soziale Unternehmen besonders charakteristisch oder geeignet sein soll. Die im Zusammenhang damit
von Martin Büscher und Beate Hofmann aufgestellte These, „(d)ie spezifische
Hybridität diakonischer Unternehmen" zeige „sich im direkten Vergleich von pri-
vatwirtschaftlichen, sozialwirtschaftlichen und diakonischen Unternehmen"[8],
funktioniert nicht; denn ihre Ausarbeitung hinsichtlich der „(n)ormative(n) Ausrichtung verschiedener Unternehmenstypen" führt in falsche Alternativen: Es ist
nicht wahr, dass für die Diakonie nur „Nächstenliebe, Altruismus, Gerechtigkeit"
normativ wären und nicht auch bspw. „Interessen" wie im privaten Unternehmer-
tum. Es stimmt nicht, dass für Sozialunternehmen wie z.B. das AWO-Altenheim
oder die VHS ausschließlich „Solidarität, Gemeinwohl" normativ seien und nicht
auch „Altruismus" wie bei der Diakonie. Es ist auch nicht richtig, dass private
Unternehmen dem „individuellen Nutzen" und hingegen die Diakonie dem „Bedarf des Gegenübers" verpflichtet seien. Was wäre auf beiden Seiten ein Bedarf,
der keinen Nutzen bringt, oder ein Nutzen, der am Bedarf vorbeigeht? Und wieso
soll es im Privatunternehmen keine persönliche bzw. spezifisch personalisierte
Kundenbeziehung geben, wie sie mit dem Begriff des Gegenübers ja wohl für die
Diakonie in Anspruch genommen werden soll? Vollends in die Irre führt eine

---

[1] Vgl. a.a.O., 251-257.
[2] Vgl. insgesamt Büscher/Hofmann 2017.
[3] Vgl. a.a.O., S. 31-42.
[4] a.a.O., S. 44f.
[5] Vgl. Hauschildt/Pohl-Patalong 2013, S. 216-219.
[6] Zit. bei Büscher/Hofmann 2017, passim.
[7] Referiert a.a.O., S. 36f.
[8] a.a.O., S. 28f.

gegenüber der „Managementprofessionalität" des Privatunternehmens und der „sozialen Professionalität" des Sozialunternehmens speziell für die Diakonie ins Feld geführte „soziale Professionalität im Geist des Trägers" – als ob es jetzt also doch eine speziell evangelische Altenpflege gäbe oder, umgekehrt, als ob die Pflege im AWO-Altenheim frei von jedwedem Geist des Trägers wäre.

Kurzum, es kann mindestens der Verdacht entstehen, dass mit der Rede von der hybriden Organisationsform der Diakonie samt ihrem multirationalen Management am Ende bloß wieder die alte Propriumsdiskussion in veränderter Gestalt durch die Hintertür hereinspaziert. Die aktuelle gesamtgesellschaftliche Entwicklung ist von globalen ökonomischen Prozessen, von weltweiten Migrationsbewegungen, von der digitalen Revolution, von der existenzbedrohenden Klimakrise und von den noch gar nicht absehbaren Folgen der Corona-Pandemie und des Kriegs in der Ukraine bestimmt. Damit eng verbunden sind zweifellos (1) die Widerlegung, mindestens Problematisierung klassischer volkswirtschaftlicher Theorien durch die Realität, (2) ein enorm wachsender staatlicher Interventions- und Regulierungsbedarf sowie (3) die aller Globalisierung zum Trotz sich vollziehende (Neu-)Formierung relativ geschlossener kleinteiliger Sozialräume, Identitäten und spezifischer Bubbles. Das wirft doch die Frage auf, welche Organisation eigentlich nicht hybrid ist! Ein Großkonzern wie ThyssenKruppSteel wird sich am weltweiten Markt nur halten können, wenn er in bestimmter Frist die durch staatliche Gesetze vorgegebene Beendigung seines CO_2-Ausstoßes erreicht; dafür erhält er neben seinen Erlösen auch Mittel der öffentlichen Hand und bekommt es bei der strukturellen Umsetzung nicht nur mit seinem Betriebsrat, sondern auch mit Vereinen und Bürgerinitiativen aus dem unmittelbaren Umfeld seiner Standorte zu tun. Eine Freizeitattraktion wie bspw. ein Aquarium für Großfische hat heute nur dann eine Marktchance, wenn es sich öffentlich und offensiv im Gegenzug zum Zoo alten Stils dem Anliegen des Umwelt- und Artenschutzes verpflichtet und mit diesem Anliegen den Schulen in der Umgebung Unterrichtseinheiten und den Jugendzentren Bildungsveranstaltungen anbietet. Der gesamte Energiemarkt ist förmlich umstellt von staatlicher Regulierung und von den strategischen Entscheidungen der stromfressenden Großkonzerne ebenso abhängig wie von der Bereitschaft einzelner Privatpersonen, das Dach mit Photovoltaik zu decken oder, umgekehrt, den dringend notwendigen Windkraftmast in der Nachbarschaft zugunsten des Schutzes einer seltenen Vogelart zu verhindern. Dass die Beteiligten bei der Aufgabe, dies zu managen, mit der Hybridität kaum nachkommen und permanent schier Unvereinbares miteinander vereinbar machen müssen, lehrt die aktuelle Energiekrise.

Die Rede von der Diakonie als hybrider Organisation mit multirationalem Management und einer aus verschiedenen Sinnsystemen gespeisten Aufbauorganisation mag also einen gewissen heuristischen Wert haben, betrifft aber eigentlich die Ökonomie als Ganze und privates ebenso wie gemeinnütziges Wirtschaften. Angesichts der längst noch nicht beendeten Restrukturierungs- und Anpassungsprozesse, vor denen die Diakonie steht, kommt man daher recht leicht auf die

Idee, dass ein Hybrid in der Diakonie am Ende nichts anderes ist als in der Automobilindustrie: die Kombination einer veralteten mit einer zukunftsfähigen Technologie, also ein Verlegenheitsprodukt für eine Übergangszeit. Ein diakonischer Träger ist und bleibt einfach nur ein „christliches Unternehmen" im dargelegten Sinne, und die Frage, inwieweit Christlichkeit unternehmerisch tätig und das Unternehmen der Christlichkeit verpflichtet ist, anders gesagt: wie sich die Verhältnisbestimmung zwischen operativem, strategischem und normativem Management gestaltet, ist offen. Das könnte daran liegen, dass der Staat, der Markt und auch das einzelne diakonische Unternehmen kollektive bzw. komplexe Systeme sind, während die normative Sphäre in der Diakonie ziemlich eindimensional mit bestimmten Versatzstücken wie dem Ideal der Nächstenliebe, dem Begriff des diakonischen Dienstes und der sogenannten Option für die Armen und Hilfebedürftigen besetzt ist. Infolgedessen wimmelt die Debatte von Gegensätzen: Hier organisierte Versorgung – dort liebevolle Zuwendung. Hier wirtschaftliche Leistungserbringung – dort selbstlose Hilfe. Hier strukturelle Zwänge – dort personale Beziehungen. Hier Klientinnen und Klienten als Kunden – dort Hilfebedürftige als Gottes Ebenbilder. Das führt zu nichts. Das folgende Kap. 4 versucht zu zeigen, dass solche Spannungen vornehmlich aus der Unbrauchbarkeit der üblichen Leitvorstellungen resultieren. Sich von ihnen zu verabschieden, könnte dann auch bedeuten, dass eine Krücke wie das multirationale Management hybrider Organisationen zur Verhältnisbestimmung zwischen dem operativ-strategischen und dem normativen Fokus der Unternehmensführung gar nicht nötig ist.

4. FRAGWÜRDIGE LEITBEGRIFFE

Der bisherige Gang der Überlegungen hat gezeigt, dass Diakonie ein Unternehmen (bzw. eine Vielzahl von Unternehmen) ist, das unter den aktuellen Bedingungen des Sozialstaats handelt. Ihr Spezifikum im Spektrum der Akteure des Wohlfahrtswesens besteht nicht darin, dass sie ein kirchliches Unternehmen wäre, sondern dass sie ein christliches ist. Inwiefern ist Diakonie dann durch einen grundlegenden Unternehmenszweck und durch ein diesem entsprechendes Unternehmensleitbild als solches qualifiziert? Diese Frage ist mit den im vorangehenden Kapitel angestellten Überlegungen zur Determinierung ganz und gar noch nicht erledigt. Die Diakonie „gewinnt eben ihr theologisches Selbstverständnis" zwar nicht aus der Kirche, sehr wohl aber „tatsächlich aus der gleichen *Quelle* wie die Kirche. (...) Diese *Quelle* ist die in der biblischen Tradition bezeugte und bis heute von Christinnen und Christen geglaubte Gegenwart Gottes in der Geschichte seines Volkes Israel und in Jesus Christus."[1]

Die üblicherweise daraus resultierenden Auskünfte zur biblischen Begründung der Diakonie dürften sich, unbeschadet ihrer Mannigfaltigkeit, in Kürze etwa so zusammenfassen lassen: Die Diakonie wurzelt in dem von Jesus und im Neuen Testament gebotenen Dienst am Nächsten. Durch ihn gewinnt das Doppelgebot der Gottes- und Nächstenliebe als das Zentrum der christlichen Ethik seine konkrete Gestalt. Diese ist exemplarisch im Gleichnis vom barmherzigen Samariter vorfindlich. „Das Christentum ist die Religion der Nächstenliebe"[2], kann es bei Herbert Haslinger kurz und bündig heißen. Mit etwas anderer Gewichtung bei Johannes Eurich: „In der christlichen Tradition steht Diakonie theologisch für Nächstenliebe und daraus folgend Zuwendung zum Nächsten, für Solidarität mit Benachteiligten, für Barmherzigkeit und Option mit (sic!) den Armen und für eine gerechte Gestaltung der Lebensbedingungen für alle"[3]. Und ausführlicher und pathetischer mit Udo Krolzik: „Der soziale Dienst der Christen ist begründet, motiviert und ausgerichtet durch Jesu Botschaft von der Gerechtigkeit und Liebe Gottes. Diese Botschaft hat in Jesu neuer Art zu leben in unserer Welt Gestalt gewonnen. Jesu erster Blick galt dem Leid der Menschen, er ließ sich davon in Mit-Leidenschaft ziehen. (...) Hinsehen und vom Hinsehen so ergriffen werden, dass dem Hinsehen das Hingehen als naturhafte Reaktion selbstverständlich folgt. Diese Zwangsläufigkeit kommt in dem Gleichnis vom barmherzigen Samariter (Lk 10,25ff.) wie auch in vielen anderen neutestamentlichen Texten zum Ausdruck. Der Samariter stiftet ein neues Ethos, indem er impulsiv sich vom Leiden

---

[1] Becker 2011, S. 16.
[2] Haslinger 2009, S. 238.
[3] Eurich/Maaser 2013, S. 258.

eines Mitmenschen ergreifen lässt, (…) Ekklesiologisch bedeutet das, (…) Kirche ist ohne Diakonie oder mit einer marginalisierten Diakonie nicht Kirche!"[1]

Nachvollziehbar an solchen Versuchen, Signalwörter wie Diakonie, Gerechtigkeit, Nächstenliebe, Jesus, das Leid der Welt und die christliche Kirche in einen sinnstiftenden Zusammenhang zu pressen, ist, dass sich dergleichen im Laufe der Geschichte und speziell seit der Begründung der neuzeitlichen Diakonie im 19. Jahrhundert stetiger Beliebtheit erfreut hat. Leider ist aber zur Bestimmung dessen, was in der jeweiligen Gegenwart maßgeblich sein kann, soll oder muss, die Tradition eine unzuverlässige Ratgeberin. Selbst eine so fundamentale theologische These wie Luthers Unterscheidung zwischen Gesetz und Evangelium, die bspw. die Auslegung des Neuen Testament noch bis weit in die zweite Hälfte des vorigen Jahrhunderts bestimmt hat, büßt fünfhundert Jahre nach der Reformation an Bedeutung ein, seit klar wird, dass sie auf einem Missverständnis der Paulusbriefe beruht und als solches viel zum grassierenden Antijudaismus und Antisemitismus beigetragen hat. Der Verweis auf das, was schon immer so war oder gegolten hat, kann, wie nun wiederum ebenfalls Luther eingeschärft hat, nie die Rückfrage nach der Schrift[2] ersetzen. Und so wird man wohl auch mit der Frage nach der Begründung der Diakonie immer wieder dort, und das heißt: immer wieder neu ansetzen müssen.

4.1. Zum Begriff des Dienens

Das Verständnis der Diakonie als Dienst geht einfach darauf zurück, dass dieser eine Übersetzung des griechischen Wortes *diakonia* ist. Zu einfach. Die genaue Auswertung sämtlicher relevanter Belegstellen zur Wortgruppe *diakonein / diakonia / diakonos* im Neuen Testament durch Anni Hentschel[3] ergibt ein vielschichtiges Bild, in dem so etwas wie ‚Dienstbarkeit' nur am Rande eine Rolle spielt. In den echten Paulusbriefen, insbesondere in der Korrespondenz mit der Gemeinde in Korinth, sind *diakonoi* offizielle Beauftragte, die für die Mission oder für strukturelle Gemeindefragen zuständig sind. Im Lukasevangelium hat *diakonein* an verschiedenen Stellen, vor allem im Zusammenhang mit Frauengestalten, tatsächlich mit (Tisch-)Dienst zu tun; das steht aber für Hentschel im Interesse der Tendenz, die bei Paulus noch offene Verteilung von Verantwortung auf Männer und Frauen in einer etwas späteren Phase der ersten Christenheit zugunsten der Ersteren zu gewichten. Für die oft herangezogene (Selbst-)Bezeichnung Jesu als *diakonos* bzw. *diakonon* ist zu berücksichtigen, dass sie im Markus-

---

[1] Krolzik 2017, S. 102.
[2] Vgl. dazu die hermeneutischen Überlegungen s.u. 5.3.
[3] Das Folgende als sehr knappe Zusammenfassung der in ihrer umfänglichen Gründlichkeit maßgebenden Untersuchung Hentschel 2007. – Zu ähnlichen Resultaten kommt bereits Benedict 2000, der im Wesentlichen Ergebnisse des australischen Theologen John N. Collins von 1990 (Diakonia: Re-Interpreting the Ancient Sources) referiert, die auch von Hentschel rezipiert, aber anders akzentuiert werden.

und Matthäus- sowie mit anderer Akzentuierung im Lukasevangelium im Zusammenhang von Rangstreitigkeiten zwischen den Jüngern steht, unter denen es nicht so sein soll wie unter den Herrschern der Völker. Selbst in dem gern so genannten Gründungstext der Diakonie, der Einsetzung der sieben ‚Diakone' (Apg 6,1-7) geht es nicht um untergeordnete Dienste oder Ämter, sondern um zwei konkurrierende Verständnisse von Verkündigung und Gemeindeaufbau, zumal mit Stephanus und Philippus zwei der Eingesetzten in den direkt anschließenden Textpassagen als Missionare auftreten. All das sehen wir uns weiter unten noch etwas genauer an. Hier bleibt zunächst festzuhalten: Die gemeinsame Klammer des differenzierten Bedeutungsspektrums insgesamt besteht, so Hentschel, darin, dass die jeweils benannten Tätigkeiten und Verhaltensweisen mit einer so oder so gearteten „Beauftragung" zu tun haben.

Dierk Starnitzke hat nach einem neuerlichen Durchgang durch die neutestamentlichen Belegstellen für die Wortgruppe[1] ebenfalls der Vorstellung des Dienens mit wenigen Ausnahmen den Abschied gegeben. Stattdessen schlägt er den Begriff „Vermittlung" vor. Dies gilt insbesondere für den Befund in den echten Paulusbriefen[2]. Von zentraler Bedeutung ist für Starnitzke 2. Kor 3, wo Paulus sich selbst als *diakonos* bezeichnet und seinen Dienst in Analogie zum Überlieferungskomplex Ex 32-34 aus der hebräischen Bibel definiert: So wie Mose in einem zähen Ringen zwischen Gott und Volk schließlich den Bund zwischen beiden vermittelt, indem er Letzterem die Weisungen des Ersteren bekanntmacht, so ist es die *diakonia* des Paulus, eine Erneuerung dieses ersten Bundes durch einen zweiten zu vermitteln und damit die Präsenz Gottes in der Welt zu vergegenwärtigen[3]. Dass damit ein ganz anderes Verständnis von Diakonie auf den Begriff gebracht wird als die übliche Vorstellung vom barmherzigen Dienst der Zuwendung zu den Bedürftigen, liegt auf der Hand.

Demgegenüber kann der unlängst von Klaus Scholtissek und anderen unternommene Versuch, heutige Diakonie doch wieder gemäß traditionellem Verständnis als „Dienst" aus dem neutestamentlichen Begriff der *diakonia* abzuleiten[4], nicht überzeugen. Dass sich in Einzelfällen, speziell im Matthäusevangelium, *diakonein* durchaus mit „dienen" übersetzen lässt[5], ändert nichts am Gesamtbefund[6]. Richtig ist, dass sich Jesus an einer prominenten, allerdings auch ziemlich singulären Textstelle (Mk 10,45)[7], wie soeben erwähnt, als *diakonos* versteht: Der Menschensohn ist nicht gekommen, *diakonethenai*, d.h. um sich

---

[1]   Vgl. Starnitzke 2011, S. 12-43.
[2]   Vgl. a.a.O., S. 17-24.
[3]   Vgl. zusammenfassend a.a.O., S. 20 und ausführlich entfaltet S. 59-75.
[4]   Scholtissek/Niebuhr 2021.
[5]   Nachweise erbringt Konradt in: Scholtissek/Niebuhr 2021, S. 53-64.
[6]   Scholtissek (in: Scholtissek/Niebuhr 2021, S. 91-125) stellt (z.B. S. 119 u.ö.) die von Hentschel 2007 durchgeführte semantische Analyse auch gar nicht grundsätzlich in Frage. Er überlegt allerdings, ob die Vorstellung eines Gesandten oder Beauftragten den Sinn des Begriffs *diakonos* und die jeweilige Aussageabsicht zur Gänze ausschöpft.
[7]   Vgl. a.a.O., S. 118-121.

dienen zu lassen (so die übliche Übersetzung) bzw. für sich Aufträge ausführen zu lassen (so Collins und Hentschel), sondern *diakonesai*, d.h. um zu dienen (so die übliche Übersetzung) bzw. seinen Auftrag oder seine Sendung auszuführen (so Collins und Hentschel) und sein Leben als Lösegeld für viele zu geben. Wenn man mit Scholtissek diesen Vers in der Komposition des Markusevangeliums als Abschluss der Wirksamkeit Jesu und Auftakt seiner Leidensgeschichte versteht, der „im Sinne einer konkludenten Weiterführung Jesu Lebensweg mit seinem Weg in den Tod"[1] verbindet und gewissermaßen das Programm des „Lebens- und Todesdienst(es) Jesu"[2] bildet, so mag man ihn hier, wenn man will, zwar als Diener bezeichnen[3]. Es kann aber kein Zweifel daran bestehen, dass das, was Dienst genannt wird, eben die messianische Sendung bzw. der Auftrag des Menschensohns und nicht das Programm einer nachösterlichen Gemeindediakonie ist.

Der Kontext des Wortes in Mk 10,42-45 und Mt 20,25-28[4] setzt noch einen anderen Akzent. Wer unter Jesu Jüngern groß sein will, soll *diakonos* der anderen, und wer Nummer Eins sein will, soll Sklave (*doulos*) der anderen sein. Schon der Parallelismus legt hier die Übersetzung „Diener" (= „Sklave") nahe, aber so, dass dies in einen bewussten Gegensatz zu üblichen Machtpraktiken gesetzt wird: Die Herrscher halten ihre Völker nieder – so soll es unter euch nicht sein[5]. Dieser Impetus gegen Machtmissbrauch korrespondiert der eng verwandten Aussage Mk 9,35, wo im Zusammenhang eines Streits unter den Jüngern, wer „der Größte" sei, gesagt wird, dass der Erste der Letzte und der *diakonos* aller sein solle.

Aus den skizzierten Textzusammenhängen lässt sich mit Dierk Starnitzke durchaus ableiten, dass dem Selbstverständnis Jesu als „Dienender" aus Mk 10,45 seitens des Jüngerkreises „eine existenzielle Haltung der Selbstzurücknahme und des persönlichen Lebenseinsatzes" entspricht, „durch die sich die Glaubenden auszeichnen sollen"[6]. Das heißt aber bei weitem nicht, dass die „Lebenshingabe als Grundimpuls Jesu"[7] einfach, wie z.B. bei Karl-Wilhelm Niebuhr, die Blaupause für diakonisches Handeln darstellt. Das wird sie erst unter Hinzuziehung schillernder Begrifflichkeiten wie „Proexistenz", „Grundimpuls" (was ist das?)

---

[1] a.a.O., S. 119.
[2] a.a.O., S. 121. Schon die eigens für diesen Zweck erfundenen Kunstworte „Lebensdienst" und „Todesdienst" (Letzteres identifiziert die Google-Suchmaschine als Tippfehler für „Gottesdienst") signalisieren, dass das alles doch recht weit hergeholt ist.
[3] Das hält auch Starnitzke 2011, S. 35 für angemessen.
[4] Lk 22,25-27 bindet das Wort mit etwas anderer Terminologie (*ho diakonon*) in die Abendmahlsperikope ein.
[5] Dschulnigg 2007, S. 286 vermutet sogar, dass für die Adressatinnen und Adressaten des Markusevangeliums *diakonos* bereits einen „gleichsam amtlichen Klang" habe und somit auch Personen gemeint seien, die „leitende Funktionen in den Gemeinden ausüben". Dieses Amtsverständnis dürfte für die Entstehungszeit des Evangeliums wohl zu früh angesetzt sein; dass jedenfalls Menschen angesprochen sind, die „durch Herrschsucht und Machtmissbrauch gefährdet sind", kann man angesichts des Textzusammenhangs aber wohl kaum bezweifeln.
[6] Starnitzke 2011, S. 36.
[7] So Niebuhr in: Scholtissek/Niebuhr 2021, S. 23-51.

oder „Modell" (wo steht das?). Das Resultat dieser von Künstlichkeit nicht freien Hermeneutik ist, dass eine fatale Unschärfe über der Frage schwebt, ob denn nun eigentlich das, was die Diakonie Jesu genannt wird, als Vorbild für die Diakonie der Gegenwart dienen soll. Der Grund dafür liegt in dem an die Texte herangetragenen Vorverständnis, dass Diakonie in einem biblisch konnotierten Sinne „Dienst" zu sein hat. Es geht um das Vorhaben, in der Wortgruppe *diakonein/diakonos* einen spezifischen Dienst der Barmherzigkeit Jesu zu finden, welcher dann, seinem Beispiel folgend (Joh 13,15)[1], als Auftrag an seine Jünger übergeht und den diakonischen Dienst der Gemeinde begründet. Das scheitert aber immer wieder daran, dass im Zusammenhang der vielfältigen Schriftstellen, in denen dieser Dienst Jesu konkret entfaltet wird, sei es in Heilungswundern, sei es in der Zuwendung zu sozialen Randgruppen, sei es in den Seligpreisungen der Bergpredigt, keine Rede von *diakonia* ist, sondern davon, dass mit dem Tun Jesu das in seinem Wort angekündigte Gottesreich schon nahe ist oder jetzt anbricht, etwa wenn er mit dem Finger Gottes Dämonen austreibt (Lk 11,20). Dass Blinde sehen, Lahme gehen, Aussätzige rein werden, Taube hören, Tote auferweckt werden und Armen das Evangelium gebracht wird (Spruchquelle Q in Mt 11,5 und Lk 7,22), mag, wer will, als den ‚Dienst' Jesu bezeichnen. Jedenfalls handelt es sich als Antwort auf eine Anfrage Johannes des Täufers um den Erweis der Messianität Jesu, somit um seine heilbringende Sendung und nicht um das Programm der Diakonie. Ein ähnlicher Kurzschluss entsteht, wo das Doppelgebot der Gottes- und der Nächstenliebe mittels der Erste-Hilfe-Erzählung vom Samariter in Lk 10,25-37, welche kurzerhand als „der bekannteste und wirkmächtigste Referenztext für diakonisches Handeln in der Nachfolge Jesu"[2] firmiert, zum Programm des Dienstes der Nächstenliebe erhoben wird (s.u. 4.2.).

Ein wesentlicher Grundzug der bis hierhin diskutierten biblischen Belege besteht darin, dass sie sich – sei es Beauftragung, Sendung, Vermittlung oder Dienst – auf Funktionen beziehen, die *innerhalb* der hinter dem Neuen Testament stehenden frühen christlichen Gemeinden wirksam werden. Davon zu unterscheiden ist die Frage, inwieweit Diakonie biblisch auch für den „Außenbezug der Kirche" steht[3]. Die unterschiedlichen, nicht allzu reichhaltigen Textzusammenhänge laufen in ihrer Gesamtheit darauf hinaus, dass mit *diakonein / diakonia* so etwas wie eine Geh-Struktur hin zu Menschen außerhalb der in der Versammlung der Gemeinde präsent Anwesenden gemeint sein kann. Das gilt z.B. für die Aufgaben der Vorsteherin Phöbe aus Röm 16 und für die Aufgaben des Sklaven Onesimus im Philemonbrief. In beiden Fällen bedeutet die jeweilige „Diakonie" allerdings wieder eine bestimmte Beauftragung oder Sendung[4]. Ähnlich verhält es sich bei den Aufgaben der sogenannten sieben Diakone aus Apg 6[5], wo im Vergleich mit

---

[1]   Vgl. dazu Scholtissek in Scholtissek/Niebuhr 2021, S. 159-188.
[2]   Scholtissek in: Scholtissek/Niebuhr 2021, S. 127.
[3]   Zum Folgenden vgl. durchgehend die Textanalysen bei Starnitzke 2011, S. 44-51.
[4]   So mit Hentschel 2007, S. 167-180.
[5]   Vgl. ausführlich a.a.O., S. 318-345.

dem Zwölferkreis zwei verschiedene Arten von Beauftragung (*diakonia*) thematisiert werden. Dierk Starnitzke stellt in den gleichen Zusammenhang noch die Sammlung der Kollekte in den paulinischen Gemeinden zugunsten der bedürftigen Gemeinde in Jerusalem 2. Kor 8f und vor allem die Rede vom Weltgericht Mt 25,31-46. In Letzterer geht es ursächlich um die apokalyptische Frage nach der Trennung von Erlösten und Verdammten im Endgericht. In diesem Zusammenhang werden als Kriterium ‚Dienste‘ an Hungernden, Durstigen, Fremden, Unterversorgten, Kranken und Gefangenen benannt. Eigentümlich offen bleibt bei all dem, was eigentlich mit Innen und Außen gemeint ist. Starnitzkes Fazit legt nahe, dass er mit der Innenbeziehung („fröhliche Gemeindeversammlungen"[1]) das meint, was neudeutsch Kerngemeinde heißt, um dann unter Diakonie die Pflege der Randsiedler aller Art verstehen zu können. Daran ist möglicherweise richtig, dass es in seinen neutestamentlichen Belegen fast durchweg gar nicht um den in der Kapitelüberschrift avisierten „Außenbezug der Kirche", sondern um Beziehungen zwischen Gemeinden geht. Daraus „eine kirchlich-diakonische Zuwendung *potentiell* zu allen Menschen, auch zu Angehörigen anderer Religionen"[2] für die Diakonie abzuleiten, hat an den Texten doch wohl keinen Anhalt, wiewohl z.B. mit den Fremden und den Gefangenen aus Mt 25 theoretisch jedweder Mensch gemeint sein könnte. Ein klarer Beleg für eine universelle soziale Aufgabe von Diakonen findet sich im Neuen Testament nirgendwo, sondern frühestens in einer syrischen Kirchenordnung aus dem 5. Jhdt. n.Chr.[3]

Bleibt noch die Überlegung, ob und in welchem Sinne mit *diakonos* im Neuen Testament ein kirchliches Amt begründet wird. Der älteste Hinweis findet sich bei Paulus Phil 1,1[4], wo im Gegenüber zu *episkopoi* noch nicht die späteren Ämter der Bischöfe und Diakone gemeint sind, sondern vermutlich eine Art Reisetätigkeit zwischen einzelnen Gemeinden intendiert ist. Das weist wieder auf die Deutung des Begriffs als Beauftragung. Und diese Bedeutung wird in den späteren fiktiven Paulusbriefen (z.B. Eph 6,21), wo sich eine Verfestigung kirchlicher Ämter allmählich abzuzeichnen beginnt, aufgegriffen. *diakonos* ist eine Person mit dem fest umrissenen Auftrag, zwischen verschiedenen Gemeinden zu vermitteln und den Glauben zu stärken[5].

Angesichts der hier natürlich nur sehr summarisch vorgeführten Gesamtheit des neutestamentlichen Befundes zur Begrifflichkeit *diakonein/diakonos* halten wir als Erstes fest, dass das Verständnis der Diakonie als eines selbstlosen Dienstes aus der missverständlichen deutschen Übersetzung einer griechischen Vokabel resultiert, die bei Paulus etwas ganz anderes bedeutet und in den synoptischen Evangelien nur sehr eingeschränkt als „Dienst" im Sinne des deutschen Begriffs verstanden werden kann. Aus der begrifflichen Engführung wird gern abgeleitet, überall dort, wo in der Bibel jemand einem oder einer anderen „dient" oder sich

---

[1]   Starnitzke 2011, S. 50.
[2]   a.a.O., S. 51; Hervorhebung SKF.
[3]   Vgl. a.a.O., S. 44.
[4]   Vgl. a.a.O., 22f und Hentschel 2007, S. 172-178.
[5]   Zum Ganzen vgl. Starnitzke 2011, S. 24-30.

ihr oder ihm „zuwendet", sei von Diakonie die Rede. Das ist aber pure Willkür, und am Ende lässt sich dann all und jedes zur Begründung der Diakonie reklamieren[1].

Als Zweites bleibt festzuhalten, dass Diakonie nichts mit einem dienenden Amt zu tun hat. Die Bibel gibt dazu nichts her. Das, was man unter der Berufsgruppe des Diakons und der Diakonin versteht, ist ein Produkt der Kirchengeschichte, das vielfältigen Wandlungen unterworfen war und mindestens in der evangelischen Kirche in Deutschland, wenn nicht alles täuscht, seine Zeit gehabt hat und bald dem Rotstift zum Opfer fallen wird.

Als Drittes gilt es sich klarzumachen, dass das vorherrschende biblische Bedeutungsspektrum der Begriffsgruppe zwar reizvolle Analogien zu aktuellen Herausforderungen diakonischen Handelns eröffnet, dass diese aber eher assoziativer Natur sind. Demgegenüber muss deutlich betont werden, dass die Belegschaften diakonischer Unternehmen keinen ‚Auftrag' außerhalb ihrer Stellenbeschreibung und erst recht keine ‚Sendung' an die Welt haben. Wenn ihre Arbeit etwa von Starnitzke als „Dazwischengehen" beschrieben wird, darf nicht aus dem Blick geraten, dass sozialarbeiterische oder pflegerische Interventionen im Rahmen sozialrechtlich geregelter Fallverantwortung zu erfolgen haben und nicht aufgrund der individuellen Überzeugung, in der Nachfolge des Gekreuzigten zu handeln. Auf einem anderen Blatt steht, dass die Evangelien und schon vor ihnen Paulus aus der Verkündigung des Gottesreiches durch Jesus sowie aus ihrer eigenen Verkündigung Jesu als des erwarteten Messias unbestritten sehr spezifische Vorstellungen darüber ableiten, wie sich diejenigen, die sich zu dem Christus bekennen, untereinander und in gewissem Sinne auch außerhalb der Gemeinschaft praktisch verhalten sollen. Es gibt ein biblisch begründetes jüdisch-christliches Ethos, das aber mitnichten auf den Begriff des Dienstes reduziert werden kann und nicht einfach identisch mit dem Auftrag, den Aufgaben und der Arbeitsweise der Diakonie ist. Inwiefern dieses Ethos die diakonischen Unternehmen, eben weil sie christliche Unternehmen sind, in eine bestimmte Richtung weist, inwiefern es sie ihre Arbeit unter einem Auftrag verstehen lässt, der ihr Unternehmensleitbild prägt, inwiefern es insbesondere das Management zur Vermittlung zwischen den leitenden Normen und der sozialstaatlichen und ökonomischen Rationalität aufruft, ist eine ganz andere Frage. Sie hat vielleicht einen gewissen Anhalt am Wortsinn des biblischen Begriffs der *diakonia.* Sie würde sich aber auch stellen, wenn es diesen Begriff gar nicht gäbe.

Als Viertes halten wir fest, dass es *auch* eine, aber eben nur *eine* biblisch begründbare Möglichkeit ist, unter Diakonie den Dienst der Barmherzigkeit und Liebe zu verstehen. Es handelt sich dabei dann um eine bestimmte christliche Haltung, die sich auf das messianische Vorbild Jesu beziehen kann und in der

---

[1]   So in den Beiträgen des seinerzeit durchaus verdienstvollen Aufsatzbandes Schäfer/Strohm 1994 (zur Kritik vgl. Benedict 2000, S. 118-120) und jetzt eben auch wieder in Scholtissek/Niebuhr 2021 passim.

Gemeindearbeit verortet ist. Als persönliche Ausprägung des Glaubens *kann* dieses Verständnis zweifellos auch das individuelle Motiv für die Aufnahme eines Arbeitsverhältnisses in der Diakonie sein. Das *muss* aber nicht sein. Auf keinen Fall ist es die leitende Norm für die unternehmerische Diakonie des 21. Jahrhunderts. In der Diakonie gibt es keine Dienste, sondern Arbeitsplätze. Die Diakonie tut daher gut daran, „Dienst" aus dem Kanon ihrer Leitvorstellungen zu streichen.

4.2. Zum Begriff der Nächstenliebe

Wenn das neutestamentliche Wortbedeutungsfeld von *diakonia* nichts oder höchstens am Rande mit barmherzigen Liebesdiensten zu tun hat, so ist damit noch nicht entschieden, ob der biblische Begriff der Nächstenliebe an sich für die Diakonie als christliches Unternehmen von Relevanz ist. Um dies zu klären, genügt es freilich nicht, sich auf die Rede vom Doppelgebot der Liebe in den synoptischen Evangelien zu beschränken. Dort kommt es in Mt 22,34-40, Mk 12,28-34 und Lk 10,25-28 (samt dem nur im Lukasevangelium in den Versen 29-37 anschließenden Samaritergleichnis) in drei unterschiedlich akzentuierten Kontexten zweimal im Mund Jesu (Mt und Mk) und einmal im Mund eines Gesetzeslehrers (Lk) vor. Es besteht jeweils in einer zitierenden Kombination aus einem Teil des Sch'ma Jisrael aus Dtn 6,4-9 und dem Gebot der Nächstenliebe aus Lev 19,18. Es handelt sich um Traditionen der hebräischen Bibel, die für Jüdinnen und Juden, also auch für Jesus, für seine Zeitgenossinnen und -genossen und für die Angehörigen der frühen christlichen Gemeinden, geläufig und ganz selbstverständlich sind.

Der Vers Lev 19,18[1] gehört in eine Sammlung von Bestimmungen, die in formaler Anlehnung an den Dekalog (Ex 20,2-17; Dtn 5,6-21) das Ziel verfolgen, die grundsätzliche Haltung der Gemeinde JHWHs zu normieren. Das auf den ersten Blick wie ein buntes Sammelsurium wirkende Kapitel Lev 19 erweist sich bei näherer Betrachtung als eine sinnvolle Zuordnung von kultischen und ethischen Vorschriften, die den unauflösbaren Zusammenhang von Heiligung und alltäglicher Lebensführung sicherstellen: Weil JHWH heilig ist, hält sich jede und jeder Einzelne in seiner Gemeinde an bestimmte Vorschriften, die ihrerseits den Bestand der Gemeinschaft garantieren. Diese Vorstellung gehört in die geistige Welt der Priesterschrift (dazu ausführlich s.u. 5.2.5.), der erschließbaren Grundschrift des Pentateuch.

Sie dürfte im Zusammenhang der Entstehung einer nicht-staatlich organisierten jüdischen Kultusgemeinschaft auf dem Boden der persischen Provinz Jehud[2] Ende des 6. bzw. Anfang des 5. Jhdt. v.Chr. abgeschlossen worden sein und hat mit den Konflikten zwischen einer sozial zerklüfteten ansässigen Bevölkerung

---

[1]   Zum Folgenden vgl. insgesamt Crüsemann 1992, S. 374-380; Gerstenberger 1993, S. 236-261; Hieke 2014, S. 697-769.

[2]   Vgl. Berlejung in: Gertz 2010, S. 159-166.

und den aus dem babylonischen Exil (wieder) Zuwandernden zu tun[1]. Vor diesem Hintergrund spielt das Liebesgebot im Zentrum des Kapitels die Rolle des zentralen Regulativs für das Leben vor Gott und das Leben der Gemeinschaft. Es lautet vollständig (V.17+18)[2]: „Du sollst nicht deinen Bruder hassen in deinem Herzen! Gründlich zurechtweisen sollst du deinen Volksgesellen! Und du sollst nicht wegen ihm Verfehlung auf dich laden! Du sollst nicht Rache üben! Und du sollst nicht grollen den Söhnen deines Volkes! Und du sollst deinen Nächsten lieben wie dich selbst. (Denn) ich bin JHWH." Dass diese Vorschrift nicht auf die unmittelbaren Angehörigen der Kultgemeinde beschränkt ist, sondern auf die differenziert zusammengesetzte Gesamtbevölkerung der Provinz abzielt, geht im selben Kapitel aus V.33+34 hervor. In ihnen wird die gebotene Nächstenliebe mit Bezug auf die Tradition des eigenen ehemaligen Fremdseins in Ägypten ausdrücklich und uneingeschränkt auf den „ansässigen Fremden" ausgedehnt, der „wie ein Einheimischer" gilt; auch hier lautet die Begründung: „Ich bin JHWH." Insgesamt, so resümiert Frank Crüsemann, umfasst Lev 19 „in seiner Vielfalt genau die Breite, die das Wesen der alttestamentlichen Rechtsbücher (...) ausmacht. Dazu gehört das Verhältnis zum Land, zu seinen Pflanzen und Tieren, und zu den anderen Göttern genauso wie die Liebe zum Nächsten und zum Fremden, (...). Erst das alles konstituiert ein der Heiligkeit Gottes angemessenes Verhalten."[3] Die Nächstenliebe bildet die Spitze dieser umfassenden Ethik und zielt als solche nicht einfach auf ‚Barmherzigkeit', sondern ist die maßgebliche *Norm zur Regelung von Konflikten* im Interesse eines an der Heiligkeit des alleinigen Gottes orientierten Zusammenlebens. Dieses Zusammenleben vollzieht sich in einem plural strukturierten Gemeinwesen und nicht etwa in einer in sich abgeschlossenen Sekte. Das spiegelt sich in der aus dem hellenistischen Judentum stammenden griechischen Übersetzung der hebräischen Bibel, der Septuaginta, die in Lev 19,18 das hebräische *rea* mit dem griechischen *plesion* wiedergibt, welches den „Nächsten" nicht primär religiös, ethnisch oder sonst wie auf ein Milieu bezogen definiert, sondern „lokal den Nachbarn, denjenigen, der in der Nähe wohnt oder sich jetzt gerade aktuell in der Nähe befindet", meint[4].

Wenn nun im Neuen Testament dieses Gebot mit dem der Gottesliebe verbunden wird, so wächst zusammen, was zusammengehört. Das Sch'ma Jisrael (Dtn 6,4-9)[5] bildet das Grundbekenntnis Israels zur Einzigartigkeit seines Gottes (Vers 4: „Höre Israel, Jahwe ist unser Gott, Jahwe ist einzig"), das wohl ursprünglich das deuteronomische Gesetz (Dtn 12-26 als Teil des biblischen Buches Dtn; s.u. 5.2.3.) eingeleitet hat[6]. Der im Neuen Testament zitierte Vers 5 („Und du sollst Jahwe, deinen Gott, lieben von ganzem Herzen, von ganzer Seele und mit all

---

[1]   Vgl. Kessler 2006, S. 141-152.
[2]   Übersetzung Crüsemann 1992, S. 375.
[3]   Crüsemann 1992, S. 380.
[4]   So Klaus Berger, referiert bei Starnitzke 2011, S. 81.
[5]   Dazu vgl. insgesamt Finsterbusch 2012, S. 82-104; Otto 2012, S. 770-829.
[6]   Vgl. Gertz in: Gertz 2010, S. 249.

deiner Kraft") ist ebenso wie der im Textzusammenhang des Buches vorange-
stellte Dekalog (Dtn 5,6-21) nachträglich mit dem Grundbekenntnis verbunden
worden[1]. Hinter dem deuteronomischen Gesetz, dann hinter dem späteren Buch
Deuteronomium und schließlich hinter der weite Teile der hebräischen Bibel
durchziehenden deuteronomistischen Theologie steht das spätestens nach dem
Verlust der politischen Selbstständigkeit der Staaten Israel und Juda wirksam
werdende[2], möglicherweise aber erst nachexilisch vollständig ausgearbeitete[3]
Programm einer einzigen legitimen Kultstätte des einzigen Gottes. Dieses Programm beruht auf einer Gottesbeziehung, die durch den Begriff „Liebe" spezifisch qualifiziert ist und mit der Anrede „Du" eine personale Beziehung stiftet.
„(W)er Jahwe vergisst, wird nicht Atheist, sondern wendet sich anderen Göttern
zu; (…) Jahwe verehren heißt seine Gebote befolgen"[4], fasst Udo Rüterswörden
den Sachverhalt bündig zusammen.

Die Verschmelzung der beiden Kernaussagen der hebräischen Bibel zur Gottes-
und zur Nächstenliebe in den synoptischen Evangelien, welche ihrerseits die Sep-
tuaginta-Übersetzung voraussetzen, ist als „explizite Zitatenkombination" zwar
singulär, gleichwohl aber „eingebettet in einen breiten Strom jüdischer Analogien"[5]. Der synoptische Vergleich zeigt, dass das Doppelgebot offenbar in einer
dem Markusevangelium vorliegenden und einer anderen dem Matthäus- und dem
Lukasevangelium vorliegenden (also der aus beiden erschließbaren Spruchquelle
Q zugehörigen) Fassung in Umlauf war. Es muss sogar damit gerechnet werden,
dass Lk eine nochmals davon abweichende Variante kannte[6]. Ob man aus diesem
Befund schließen kann, die explizite Verbindung zum Doppelgebot gehe auf Jesus selbst zurück, ist sachlich unerheblich. Entscheidend ist, dass es sich in den
synoptischen Texten um einen innerjüdischen Diskurs zur Frage nach dem Zentrum der Torah handelt. Dieser Diskurs wird in den synoptischen Szenen zwischen Jesus und dem Gesetzeslehrer (Mt/Lk) bzw. dem Schriftgelehrten (Mk)
einvernehmlich im Sinne der hebräischen Bibel geführt.

Von ‚Dienst' oder ‚Barmherzigkeit' ist dabei keine Rede. Diese Konnotation
stellt sich erst mit der Erzählung vom barmherzigen Samariter ein, die es allein
in Lk 10,29-37 gibt und mit der ein neuer Diskurs beginnt. In ihm geht es nicht
mehr um die Frage nach dem Weg zum ewigen Leben, die zuvor mit dem Hinweis auf die Gottes- und Nächstenliebe als dem höchsten Torah-Gebot beantwortet wurde, sondern um die Anschlussfrage, wer denn der Nächste ist. Der hinter
dem Lukasevangelium stehenden Gemeinde ist klar, dass die Antwort darauf

---

[1]   Vgl. ebd.
[2]   Zu den schwierigen Datierungsfragen im Einzelnen vgl. a.a.O., S. 247-260.
[3]   So Otto 2012.
[4]   Rüterswörden 2006, S. 54.
[5]   Vgl. Theißen/Merz 1996, S. 340-345 mit zahlreichen Belegen aus der jüdisch-hellenisti-
      schen Literatur. Vgl. auch die Besprechung von Beispielen aus den Testamenten der zwölf
      Patriarchen, aus dem Jubiläenbuch und aus der Gemeinderegel von Qumran bei Söding
      2015, S. 82-93.
[6]   Vgl. Bovon 1996, S. 84.

prinzipiell „Jeder" lautet, weil, wie oben gezeigt, die Nächstenliebe bereits in Lev 19 ausdrücklich auch den Fremden einschließt und das Regulativ eines der Einzigartigkeit Gottes entsprechenden (Zusammen-)Lebens bildet. Dieses „Jeder" wird in der Samaritererzählung konkret exemplifiziert[1]: Zwei zum engsten Kreis der kultischen Gemeinschaft gehörige Funktionäre, ein Priester und ein Levit, verfehlen deren zentrales Gebot. Hingegen erfüllt es der außerhalb der engeren Gemeinschaft stehende Samariter an einem ihm fremden Menschen, der, solange er das unversorgte Opfer einer Gewalttat bleibt und als vermeintlich Toter kultisch unrein ist, ebenfalls außerhalb der Gemeinschaft steht. Der Priester und der Levit haben ihn deshalb ja schon abgeschrieben[2]. Einer wird einem anderen zum Nächsten – nämlich durch ein bestimmtes Verhalten[3]. Das „entspricht elementaren Standards der antiken mediterranen Mentalität"[4] und hat nichts mit einem speziell von Jesus begründeten Verständnis von ‚Hilfe' oder ‚Liebe' zu tun. Die Samaritererzählung „spricht nirgendwo von Gott, nirgendwo von Jesus. Der Samariter handelt, weil er den Halbtoten sieht, weil er Mitleid fühlt"[5], und deshalb gibt die Geschichte selbst, wie Gerd Theißen schon vor drei Jahrzehnten gezeigt hat, „wenig zur Begründung einer spezifisch christlichen Hilfsmotivation her"[6]. Die Ausgangsfrage des Gesetzeslehrers in der rahmenden Diskurs-Szene („Was soll ich tun…?" statt bei Mt/Mk „Was ist das wichtigste Gebot?") wird im Anschluss an die Erzählung mit einer pädagogischen Gegenfrage („Wer ist zum Nächsten geworden?" statt „Wer ist mein Nächster?") und schließlich mit der Weisung „Tu dasselbe!" beantwortet. Erst durch die redaktionelle Verknüpfung des Torah-Diskurses mit der Samariter-Erzählung wird letztere in den Horizont des Doppelgebots gestellt. Hier spiegelt sich ein wesentliches Anliegen des Lukasevangeliums, das angesichts einer heterogenen, aus diversen sozialen Gruppen mit unterschiedlichen Ressourcen zusammengesetzten Gemeinde dafür plädiert, dass man sich gegenseitig durch die praktische Tat zum und zur Nächsten wird[7]. Die Erzählung setzt einen damit verwandten, aber doch anderen Akzent und „erzählt vom Versagen derer, die nicht versagen wollen, und von einer Tat, die die Liebe Gottes auf die Erde holt"[8]. Es ist keine Rede davon, der Wohltäter, der sich als Samariter ja genauso an die Torah hält wie die übrigen Gruppierungen innerhalb des seinerzeitigen Judentums, habe mit seinem spontanen Erbarmen

---

[1]   Zum Folgenden vgl. vor allem Theißen 1994.

[2]   a.a.O., S. 105.

[3]   Vgl. Stegemann 2010, S. 296.

[4]   ebd. Dieser Befund steht nicht unbedingt im Gegensatz zu Schottroff 2010, S. 172, der zufolge es „nicht um Vorstellungen oder Ideen über Liebe, sondern darum (geht), wie eine Liebes‚lehre' zur Tat werden kann": Auch Stegemann betont (ebd.), dass „(d)er Samariter hilft, weil er den Appell, der von dem nackten, entstellten, seiner Würde beraubten Menschen ausgeht, wahrnimmt."

[5]   Theißen 1994, S. 382.

[6]   Theißen 1994, S. 383.

[7]   Dazu auch s.u. die Hinweise zum lukanischen Doppelwerk in 5.2.7. Vgl. außerdem Konradt 2022, S. 340-342.

[8]   Schottroff 2010, S. 176.

eine Norm erfüllen wollen. Und das Wort Nächstenliebe fällt im Gleichnis selbst überhaupt nicht, erst recht nicht in seinem ursprünglichen Sinn, wo es gemäß Lev 19 mit der Zurechtweisung des Nächsten und dem Verzicht auf Rache und Groll zusammenzudenken wäre (s.o.). Die Samaritererzählung zeigt, wie die selbstverständliche Reaktion eines jeden Menschen auszusehen hat, wenn man jemandem begegnet, der oder die unter die Räuber gefallen ist. Und die Verknüpfung mit der Diskussionsszene stellt den Zusammenhang her, dass allein schon dies ein (bewusster oder unbewusster) Torah-Gehorsam und eine Antwort auf Gottes Liebe ist.

Über diesen Befund hinaus die Samaritererzählung mit Thomas Söding zum „Urbild der Nächstenliebe"[1] stilisieren zu wollen, dürfte deshalb eine Überfrachtung des Textes sein. Schon seine Singularität spricht dagegen. Sie zwingt den Exegeten, mangels entsprechender anderer Belege aus den Evangelien im Zusammenhang des Doppelgebots allerlei Schriftstellen anzuführen, die – wieder, ohne dass der Begriff der Nächstenliebe selbst überhaupt vorkommt – als Exempel für Liebe zu den Armen, den Sündern, den Kleinen und den Kindern reklamiert und insgesamt zu der „Nächstenliebe, die Jesus selbst praktiziert"[2], verdichtet werden. Der Versuch, den Beweis dafür aus Jesu „eigenen Samariterdienste(n)"[3], nämlich aus den Heilungsperikopen zu erbringen, scheitert: Die Heilungen sind gerade keine Samariterdienste! Der Samariter in der Erzählung wird weder als Arzt noch als Therapeut mit finalem Erfolg tätig, und umgekehrt sind die Therapien Jesu in den Evangelien nicht als Erste Hilfe, sondern als Zeichen des anbrechenden Gottesreiches qualifiziert, wovon wiederum in der Samaritergeschichte keine Rede ist[4]. Jesu „Dienste" sind darauf aus, dass konkrete Menschen ihr konkretes Verhalten ändern, etwa bei Heilungen, die einen bestimmten Umgang mit dem Sabbat illustrieren[5]. Auch überliefern die Evangelien häufig, Jesus habe mit seiner unmittelbaren Zuwendung den hilfebedürftigen Menschen als Subjekt in ein heilvolles Geschehen mit hineingenommen: „Geh hin, zeige dich dem Priester und opfere"[6]; „geh hin und verkündige"[7]; „dein Glaube hat dich gesund gemacht, geh hin in Frieden"[8] u.ö. Der Samariter tut nichts dergleichen. Er leistet das Nötigste an Soforthilfe, organisiert und finanziert die Anschlusshilfe und geht dann seiner Wege, was im Sinne einer allgemein erwünschten tätigen Hilfsbereitschaft ja auch völlig in Ordnung ist. So naheliegend und vertraut die hergestellten Identitäten zwischen dem Begriff der Nächstenliebe, dem Beispiel des Samariters und der therapeutischen Praxis Jesu klingen

[1] So Söding 2015, S. 129-144.
[2] a.a.O., S. 119f.
[3] a.a.O., S. 139f.
[4] Ebenso fragwürdig ist aus denselben Gründen die Qualifizierung der Heilungsperikopen in der lukanischen Apostelgeschichte als „Samariterdienst" a.a.O., S. 232-234.
[5] Vgl. z.B. die Heilung der verdorrten Hand Mk 3,1-6.
[6] V. 44 in der Heilung des Aussätzigen Mk 2,40-44.
[7] V. 19 in der Heilung des besessenen Geraseners Mk 5,1-20.
[8] V. 34 in der Heilung der blutflüssigen Frau Mk 5, 5,25-34.

mögen – sie haben keinen Anhalt an den einschlägigen Texten, weil diese jeweils etwas spezifisch anderes aussagen wollen.

Ähnlich verfehlt ist Klaus Scholtisseks Interpretation des Samaritergleichnisses als einer „weitreichende(n) Neubestimmung des ‚Nächsten'" durch Jesus[1]. Abgesehen davon, dass die Zusammenfügung des Lehrgesprächs über das Doppelgebot mit der Erzählung vom Samariter natürlich nicht auf Jesus, sondern auf die Verfasserschaft des Evangeliums zurückgeht[2], ist die Einsicht, dass derjenige, dem die Liebe gilt, grundsätzlich jeder in einer Notlage befindliche Mensch ist, nicht „neu", sondern, wie bereits gezeigt, auf die Torah zurückgehendes jüdisches Allgemeingut. Weil die von Scholtissek postulierte Identität von barmherzigem Dienst, Nächstenliebe und Diakonie angeblich biblisch begründet ist, kommt er zum guten Schluss zu der Nutzanwendung, dass die Samaritererzählung sowohl das spontane diakonische Handeln des Einzelnen (Verbindung der Wunden und Unterbringung in der Reha) als auch die institutionelle Sicherstellung der Hilfe (der Wirt wird bezahlt) begründet. Auf diese Weise wird aber lediglich ein spezifisches interessegeleitetes Verständnis von gegenwärtiger Diakonie, das von spontaner Erster Hilfe bis zur professionellen Komplexeinrichtung alles abdecken will, in den biblischen Text hineingelesen. Wenn überhaupt im Zusammenhang des Liebesgebots ein Topos einigermaßen sicher als Innovation auf Jesus zurückgeführt werden kann, die dann in der frühen Christenheit rezipiert wird, so ist es die „Entgrenzung zur *Feindes*liebe (Mt 5, 44f; Lk 6, 27.35)"[3]. Auch das hat aber wiederum nichts mit Diakonie zu tun.

Wir fassen zusammen. Es gilt, wie Wolfgang Stegemann bereits vor einem guten Jahrzehnt gezeigt hat, Abschied zu nehmen von den „ungebrochenen Überzeugungen christlicher Theologie, Exegese und Jesusforschung, dass das Gebot der Nächstenliebe im Zentrum der Ethik Jesu steht und das hermeneutische Prinzip seiner Torah-Interpretationen darstellt"[4]. Er hat bzw. die frühen christlichen Gemeinden haben Anteil an der dem gesamten Judentum geläufigen Rede von der Nächsten- und Fremdenliebe. Dass, wie oben in der Einleitung zu Kap. 4 zitiert, speziell der Samariter, „indem er impulsiv sich vom Leiden eines Mitmenschen ergreifen lässt" ein „neues Ethos" stifte, das dann konstitutive Bedeutung für Kirche und Diakonie hätte[5], ist einfach nur falsch; denn jenes Ethos ist uralt,

---

[1] So Scholtissek in: Scholtissek/Niebuhr 2021, S. 144 im Zusammenhang der Interpretation S. 135-156.
[2] Warum sollten andernfalls Mt und Mk das Gleichnis nicht kennen?
[3] Konradt 2022, S. 44; vgl. insgesamt S. 43-45 (Hervorhebung SKF). Dazu auch s.u. 5.2.5.
[4] Mit Stegemann 2010, S. 290 gegen Söding 2015, S. 120, der behauptet: „Das Gebot der Nächstenliebe ist der Schlüssel zur gesamten Ethik Jesu." Konradt 2022, S. 41 weist zur Recht darauf hin, dass die Frage, ob überhaupt „von einer ‚Ethik' Jesu gesprochen werden" kann, davon abhängt, „wie man ‚Ethik' definiert" Jedenfalls geben „(d)ie Quellen (…) nirgends zu erkennen, dass Jesus sich je angeschickt hat, seine ethischen Überzeugungen samt den zugrunde liegenden Handlungskriterien im Zusammenhang darzulegen" (S. 40).
[5] Krolzik 2017, S. 102.

und diese Ergriffenheit ist allgemein-menschlicher Natur. Hilfsbereitschaft, Solidarität, Mitmenschlichkeit, Mitleid und allerlei wertvolle Charaktereigenschaf-
ten, die auch dem Christenmenschen zur Pflicht gemacht werden können, bilden
keineswegs ein christliches Spezifikum.

Dierk Starnitzke[1] stimmt dieser Feststellung grundsätzlich zu[2], fragt aber zugleich, ob es nicht dennoch so etwas wie einen Grundwert gibt, der für eine „Theologie diakonischen Handelns in Bezug auf die Ursprünge des Christentums ins
Feld geführt werden könnte"[3]. Er verfolgt ähnlich wie etwas später Thomas
Söding[4] die Fassungen des Liebesgebots im Neuen Testament insgesamt. Neben
der Verwendung im synoptischen Doppelgebot als dem ersten bzw. größten Gebot (Mt 22,34-40, Mk 12,28-34; Lk 10,25-28) wird es bei Paulus als Erfüllung
der ganzen Torah (Gal 5,14) und als Zusammenfassung der Gebote (Röm 13,9)
und im Jakobusbrief als das königliche Gesetz (Jak 2,8) bezeichnet. So gewiss
dies im jeweiligen Textzusammenhang hervorgehobene Schlüsselstellen sind, so
ist doch höchst fraglich, ob auf dieser Basis, wenn auch nur vermutungsweise,
der weitreichende Schluss gezogen werden kann, „eine genuine Leistung christlicher Ethik" bestehe möglicherweise in einer sprachlichen und sachlichen Ver-
selbstständigung des Gebots der Nächstenliebe gegenüber seinem ursprünglichen
Zusammenhang in der Torah, und „(d)as Spezifikum christlicher Ethik bestünde
dann gerade in dem Verzicht auf irgendwelche bestimmten Verhaltenscodizes
oder -normen zugunsten des übergeordneten Interpretationsmusters des Liebes-
gebotes"[5]. Wenn das so sein sollte, wäre eine solche Abstraktion trotzdem nicht
mehr und nicht weniger als *eine* innerjüdische Möglichkeit zur Zeit Jesu und der
ersten Christenheit, die ebenso auf dem Boden der Torah steht wie ein anders
gelagerter, z.B. pharisäischer oder essenischer Umgang mit Normen. Es wird in
einer kaum erklärlichen christlichen Überheblichkeit landläufig immer noch viel
zu wenig ernst genommen, dass, wie Klaus Müller schon 1999 nachgewiesen
hat[6], „uns der Christus (…) *auch* den diakonisch-sozialen Grundlagen des Judentums nahe"[7] bringt, wobei sich in diesem Satz das „auch" ganz gut streichen lässt.
Wohl könnte man mit Starnitzke das Liebesgebot als ein „zentrales Deutungsmuster christlichen Handelns"[8] ansprechen; das ist aber nicht dasselbe wie die
Kapitelüberschrift „Das Liebesgebot als Grundprinzip diakonischen Handelns"[9].
Ein „Deutungsmuster" kann sehr wohl ein bestimmtes, auch ein allgemein-

---

[1] Zum Folgenden vgl. Starnitzke 2011, S. 75-91.
[2] Vgl. a.a.O., S. 75.
[3] a.a.O., S. 76.
[4] Vgl. Söding 2015 insgesamt.
[5] Starnitze 2011, S. 88f. Paulus jedenfalls denkt keine Sekunde an einen allgemeinen Ver-
      zicht, sondern kritisiert lediglich bestimmte rituelle Vorschriften; Genaueres s.u. 5.2.6.
[6] Ausführlich Müller, K. 1999/1, zu den üblichen Engführungen der Rezeption der hebräi-
      schen Bibel und des rabbinischen Judentums in der Diakoniewissenschaft vgl. dort insbe-
      sondere S. 40-80. Die wichtigsten Gesichtspunkte fasst zusammen Müller, K. 1999/2.
[7] Müller, K. 1999/2, S. 12.
[8] Starnitze 2011, S. 88, Überschrift.
[9] a.a.O., S. 75.

menschliches Handeln als christlich qualifizieren. Es kann sogar attestieren, dass die spontane Hilfsbereitschaft eines Menschen, der noch nie von Lev 19,18 gehört hat, kongenial dem Handeln einer Christin oder eines Christen entspricht, die oder der sich bspw. bewusst die Samariterperikope zum Vorbild nimmt. Als „Grundprinzip" diakonischen Handelns hingegen würde Nächstenliebe zwingend den Referenzrahmen jedweden Tuns unter der Überschrift Diakonie bilden. Das führt, auch wenn Starnitzke das selbst wohl gar nicht will, schnurstracks zurück in die alten Dilemmata einer spezifisch biblisch begründeten Obdachlosenhilfe oder einer dezidiert evangeliumsgemäßen Altenpflege.

Der Vollständigkeit halber muss noch darauf hingewiesen werden, dass die biblischen Belegstellen zur Nächstenliebe ähnlich wie die bereits diskutierten Vorstellungen von *diakonia* (s.o. 4.1.) vor allem ein *Binnenethos* der frühen Christenheit spiegeln. Wenn sich für die echten Paulusbriefe zeigen lässt, dass, anders als in den Evangelien, die Liebe untereinander als Erfüllung der Torah in der Tat das Zentrum der Ethik des Apostels bildet[1], so geht es dabei um Empfehlungen für das Leben der jeweils adressierten Gemeinde bzw. für den Zusammenhalt der Gemeinden untereinander. Die Schule, die etwas später in den fingierten Paulusbriefen zu Wort kommt, verdichtet diesen Aspekt dahin, dass die Liebe untereinander zu einem ordnenden Prinzip der Einheit der Gemeinde wird[2]. Auch im Zusammenhang des johanneischen Schrifttums (Evangelium und Briefe)[3] spielt die „Bruderliebe" zweifellos eine herausragende Rolle. Die johanneische Gemeinde befindet sich in einer konkreten Minderheitensituation und grenzt sich im Rahmen einer innerjüdischen Kontroverse vom Mainstream, in dem das Bekenntnis zu Jesus auf Ablehnung stößt, ab[4]. Die „Bruderliebe" als Binnenkriterium der Gemeinde steht im Dienst eben dieses Distanzierungsinteresses und gilt gerade nicht den Erniedrigten und Beleidigten schlechthin. Und schließlich muss man die bereits erwähnte hervorgehobene Rolle des Liebesgebots im Jakobusbrief[5] (Jak 2,8) im Zusammenhang mit dem unmittelbar vorausgehenden Thema der Solidarität mit den Armen (Jak 2,2-7) sehen, die als Frucht des Gehorsams gegenüber der Torah auch wieder ausschließlich mit dem Fokus auf das Innenleben der Gemeinde entfaltet wird. Gleiches gilt für die sogenannte Gütergemeinschaft der Apostelgeschichte[6].

Abschließend wird man feststellen müssen, dass „Nächstenliebe" als normative Leitvorstellung für ein christliches Unternehmen nicht in Frage kommt. Sie ist zunächst eine innergemeindliche Verhaltensregel, in deren Licht jedwedes Verhalten der Gemeindeglieder untereinander bewertet und interpretiert werden

---

[1] Vgl. Söding 2015, S. 243-296. Aktuell ähnlich Konradt 2022, S. 94-121, der vom „Leitmotiv" spricht.

[2] Vgl. Söding 2015., S. 297-313.

[3] Vgl. Söding 2015, S. 189-229, und Konradt 2022, S. 385-412.

[4] Vgl. Wengst 2004, S. 25-30.

[5] Vgl. Söding 2015, S. 314-324.

[6] Vgl. a.a.O., S. 231f; es handelt sich natürlich um ein Ideal der lukanischen Verfasserschaft und nicht um „das urchristliche Ethos" schlechthin (a.a.O., S. 230).

kann. Insofern hat sie mit dem für die Charakterisierung der Diakonie irriger-
weise herangezogenen Dienst der Barmherzigkeit zu tun, nämlich im Sinne einer
aus der konkreten Situation heraus geborenen spontanen individuellen Hilfsbereitschaft (Barmherziger Samariter). Und als solche ist sie in der Tat ein Deutungsmuster für das Handeln der einzelnen Christenmenschen. Damit wiederum
stellt sie auch ein Kriterium für das Handeln der Kirchengemeinde dar, die mit
ihren haupt- und ehrenamtlichen Ressourcen auf spontane Notsituationen im Sozialraum nicht aus allgemeiner Menschenliebe, sondern aus „christlicher Nächstenliebe" zu handeln beansprucht.

Das ist aber etwas ganz anderes als die zivilrechtlich normierten sozialen Handlungsfelder eines diakonischen Unternehmens. Sie „funktionieren auf der Basis
von Verträgen. Ihr Modell ist nicht der barmherzige Samariter."[1] Wäre es anders,
müsste man mit Günther Thomas fragen, warum es „die Firma ‚Christliche
Nächstenliebe'" als größte Arbeitgeberin in Deutschland (Diakonie und Caritas
zusammengerechnet) noch nicht geschafft hat, dass „bei so viel professioneller
Nächstenliebe" das Reich Gottes angebrochen oder zumindest Deutschland als
„Nächstenliebezentrum der Welt" etabliert worden ist[2].

Diese Abgrenzung bedeutet natürlich nicht, dass es nicht manche, vielleicht sogar immer noch viele Beschäftigte in diakonischen Unternehmen gibt, die ihrem
Beruf in einer subjektiven Grundhaltung nachgehen, die sich aus der Liebe zu
Gott und einer damit verbundenen Liebe zum Nächsten versteht. Das ist eine
wertvolle persönliche Überzeugung. Aber es ist nicht die Leitvorstellung eines
normativen Managements. Ein Unternehmen, auch ein christliches, handelt nicht
aus Nächstenliebe. Unbeschadet dessen ist die ursprüngliche biblische Vorstellung von Nächstenliebe als eines normativen Prinzips der Torah zur Gestaltung
des menschlichen Zusammenlebens in Entsprechung zur Heiligkeit Gottes (Lev
19) natürlich von bleibender theologischer Bedeutung. Aber auch das kann auf
diakonische Unternehmen mit ihren multireligiös und allgemein weltanschaulich
divergent zusammengesetzten Belegschaften nicht einfach als ‚Norm' übertragen
werden. Eine Belegschaft ist keine (Kult-)Gemeinde.

4.3. Zum Begriff der Armut und Hilfebedürftigkeit

Die in den vorhergehenden Abschnitten 4.1 und 4.2 angestellten Überlegungen
zur Angemessenheit der Begriffe „Dienst" und „Nächstenliebe" als Leitvorstellungen für die Diakonie sind in der Literatur eng verbunden mit Erörterungen
über die bevorzugte(n) Zielgruppe(n), denen der Dienst gilt bzw. auf welche die
Nächstenliebe zielt. Thomas Söding stellt bspw. in seinen Ausführungen zur
Feindesliebe als einer besonderen Ausprägung der Nächstenliebe die These auf:

---

[1]   Thomas 2020, S. 201.
[2]   a.a.O., S. 200.

Das Matthäus- und das Lukasevangelium „verbinden mit ihr die selbstlose Unterstützung der Armen"[1]. Matthias Konradt arbeitet in seiner Deutung des Gleichnisses vom Weltgericht (Mt 25,31-46) „(d)ie Zuwendung zu den Geringsten als Hauptaufgabe der Jünger"[2] heraus. Diese Beispiele, die den biblisch breit bezeugten Fokus auf Armut ansprechen, sind vermehrbar. Sie bilden Anknüpfungspunkte für das, was Ende des vorigen Jahrhunderts für Diakonie und Caritas in einem ökumenischen Bezugsrahmen als „(Vorrangige) Option für die Armen" thematisiert worden ist[3] und eine unmittelbare Frucht der in den 1970er und 1980er Jahren erfolgten Rezeption der lateinamerikanischen Theologie der Befreiung darstellt[4].

Die damit verbundenen sozialwissenschaftlichen und theologischen Zusammenhänge können hier nicht gebührend gewürdigt werden. Das Interesse liegt im Folgenden ausschließlich auf der Option für die Armen als normativer Leitvorstellung für die Diakonie[5]. Von hoher Bedeutung ist dabei die Frage, welche Rolle der jeweilige sozio-kulturelle Kontext für die Übertragbarkeit von Begrifflichkeiten spielt. Wenn Gespräche über das Leben Jesu mit Campesinos in Nicaragua[6] plötzlich zwischen Flensburg und Garmisch als Lesestücke für Andacht, Frauenhilfe und kirchlichen Unterricht Verwendung durch beamtete Pfarrerinnen und Pfarrer finden, landet man schnell bei unpolitischer Sozialromantik. Und sie hat entgegen ihrer dezidiert politischen Absicht vor allem die Intention, den kirchlich bzw. karitativ handelnden Akteuren ein theologisch sauberes Korsett zu schnüren. Aus dieser Position heraus wird bspw. bei Herbert Haslinger der Diakonie vorgehalten[7], sie verliere wegen ihrer ökonomischen Determinierung im Interesse einer wirtschaftlichen Betriebsführung die wahren Hilfebedürftigen aus den Augen und mache sich der „praktische(n) Negation der Option für die Armen" schuldig. Nun kommt es ja zweifellos vor, dass „altersverwirrte Menschen in das billigere und nicht unbedingt in das für sie beste Altersheim kommen". Das liegt bspw. daran, an welche finanziellen Möglichkeiten die Belegungspolitik der kommunalen Sozialverwaltung für pflegebedürftige Grundsicherungsbezieher gebunden ist. Davon sind Heimträger in gewisser Weise abhängig, dagegen aber keineswegs von vornherein wehrlos. Auch die Frage, „ob durch den Marktmechanismus für die Hilfebedürftigen vielleicht neue Ungerechtigkeiten und Chancenungleichheiten entstehen", kann man grundsätzlich stellen. Sie darf aber nicht zur Bringeschuld für ein diakonisches Unternehmen mutieren, welches nicht die

---

[1] Söding 2015, S. 161.
[2] Konradt in: Scholtissek/Niebuhr 2021, S. 74-89.
[3] Vgl. evangelischerseits z.B. bereits die Dissertation Bedford-Strohm 1993.
[4] Grundlegend Gutiérrez 1973. Zur Rezeption im deutschsprachigen Raum vgl. Kern 2013, dort zur vorrangigen Option für die Armen zusammenfassend S. 36-44.
[5] Die folgende Zusammenfassung als Auseinandersetzung mit den programmatischen Ausführungen bei Haslinger 2009, S. 382-397.
[6] Cardenal 1991.
[7] Zum Folgenden vgl. Haslinger 2009, S. 152f; dort auch die folgenden Zitate.

Aufgabe hat, im Alleingang und abseits des sozialpolitischen Diskurses Gerechtigkeit und Chancengleichheit herbeizubomben, sondern, allen Bewohnerinnen und Bewohnern die bestmögliche Pflegeleistung zur Verfügung zu stellen. Und die mit solchen ziemlich selbstherrlich gestellten Ermessensfragen verwandte Überlegung, ob bestimmte Personen „einen vorrangigen Anspruch auf Hilfeleistung haben könnten", fällt völlig zu Recht „durch das Sieb des marktwirtschaftlichen Kalküls". Was bildet sich ein Glaube ein, der meint, allein aus seinen eigenen Binnenkriterien heraus ein Ranking der sozialen Ansprüche dekretieren zu können, ohne Rücksicht darauf, dass nicht nur vor dem Gesetzgeber, sondern auch vor Gott alle Menschen gleich sind? Die entgegen allen Beteuerungen vollzogene Idealisierung, ja Hypostasierung des Armutsbegriffs lässt kein Ohr und kein Auge mehr offen dafür, dass der begüterte Drogenabhängige ebenso therapiebedürftig wie die reiche Selbstzahlerin im Altenheim pflegebedürftig ist, ganz zu schweigen davon, dass verzweifelte Eltern mit Erziehungsschwierigkeiten und Paare mit Beziehungsproblemen quer durch alle Schichten der Gesellschaft vorkommen.

Ganz so einfach geht es also nicht. Die recht unvermittelte Übertragung einer „Option" aus der Dritten Welt auf die aktuellen Verhältnisse in der Bundesrepublik Deutschland müsste mindestens berücksichtigen, dass der Ansatz der Befreiungstheologie in einer sozioökonomischen Analyse begründet ist, der zufolge zwischen den industriellen Metropolen und den peripheren sogenannten Entwicklungsländern Abhängigkeitsverhältnisse bestehen, die eine wirkliche Entwicklung trotz aller Entwicklungshilfe gerade verhindern und eine strukturelle Armut als entscheidendes Merkmal der peripheren Gesellschaften zementieren. Diese „Dependenztheorie"[1] erklärt auch, warum insbesondere in Lateinamerika[2] eine dauerhafte Etablierung demokratischer Regierungen immer wieder vom Scheitern bedroht ist und nur zu oft tatsächlich scheitert[3]. Der Bundesrepublik Deutschland hingegen kann man ernsthaft nicht attestieren, sie gehöre nicht zu den kapitalistischen Metropolen. Zugleich steht in ihr die Demokratie nicht auf wackligen Füßen. Die Adaption einer aus der Opferperspektive entwickelten „Option für die Armen" seitens einer in den Tätermetropolen angesiedelten Theologie bedürfte daher wohl einer außerordentlich sorgfältigen Begründung, sofern eine solche überhaupt gelingen kann.

Das alles heißt natürlich nicht, dass es in Deutschland keine Armut gäbe[4]. Und selbstverständlich bleibt die Tatsache bestehen, dass „die Armen" und ihr Recht

---

[1]   Aus einer Fülle von Literatur vgl. Senghaas (1981), dort insbesondere den Beitrag „Zur Theorie von Akkumulation und Entwicklung in der gegenwärtigen Weltgesellschaft" von Samir Amin (S. 71-97).

[2]   Für Afrika gilt unter noch einmal anders akzentuierten gesellschaftlichen Rahmenbedingungen im Grundsatz das gleiche.

[3]   Zum Problem instabiler demokratischer Strukturen vgl. zusammenfassend Llanos/Nolte/Oettler 2008.

[4]   Vgl. dazu die Hinweise am Schluss dieses Abschnitts sowie unten Abschnitt 7.2.3.

einen wesentlichen Topos der Bibel bilden, dass ihr Schutz als Wille Gottes reklamiert wird und dass die Zuwendung zu ihnen eine zentrale Rolle im Zeugnis
von der Verkündigung Jesu spielt. Welche Relevanz das für den christlichen
Glauben und die Normen des christlichen Unternehmens hat, wird im Folgenden
summarisch anhand einiger weniger Texte entfaltet.

Die hebräische Bibel[1] gibt zu erkennen, dass Armut und Reichtum in den historisch greifbaren Epochen Israels eine große Rolle spielen. Dass aus der frühen
segmentären verwandtschaftsbasierten Gesellschaft[2] überhaupt ein Staatswesen
entstehen kann, hängt neben anderen Gründen auch damit zusammen, dass sie
nicht durchgehend egalitär strukturiert ist, sondern mit der Zeit Einzelne durch
einen Reichtum hervorstechen, der Abhängigkeitsverhältnisse ärmerer Personen
impliziert. Das wird bspw. aus der Erzählung vom reichen Nabal (1.Sam 25)[3]
ersichtlich (Genaueres dazu und zum Folgenden s.u. 5.2.1.). Spätestens in den
entwickelten Staaten Israel und Juda im 8. Jhdt. v.Chr. findet sich eine ausgebil-
dete Klassengesellschaft[4], in der Armut nicht allein das Kennzeichen kleiner
randständiger Gruppen wie z.B. der Witwen ist, die in Profetenerzählungen über
Elischa und Elija vorkommen[5], sondern ein flächendeckendes Phänomen. Aus
„der verbreiteten *Ver*schuldung wird eine *Über*schuldung, die zu einem Ausei-
nanderbrechen der Gesellschaft führt"[6]. Um dem entgegenzusteuern, ordnet das
aus dieser Zeit stammende Bundesbuch an, für Kredite, die an verarmte Klein-
bauern gegeben werden, kein Pfand zu verlangen (Ex 22,24-26)[7]. In dieses Umfeld gehören die frühen Passagen aus den Profetenbüchern (zum Folgenden s.u.
5.2.2.). Vor allem und geradezu programmatisch das Buch Amos prangert Reichtum und Ausbeutung an und leitet dies aus dem Willen JHWHs ab. Diese Gottheit
dürfte wohl in dieser Epoche zum Nationalgott des Staates Israel (sogenanntes
„Nordreich") aufgestiegen sein, wie sich vor allem aus dem Buch Hosea ablesen
lässt. Nach dem Zusammenbruch Israels (722 v.Chr.) ist mit der dadurch ausgelösten Fluchtbewegung die sozialkritische Tradition, Armut namhaft zu machen
und Reichtum im Namen JHWHs zu verurteilen, in das von derselben Klassen-
struktur geprägte Königreich Juda und dessen Hauptstadt Jerusalem eingewan-
dert. Dort wird sie bspw. in den ältesten Teilen der Bücher Jesaja und Micha
aufgegriffen und weiterentwickelt. Letztere reagieren insofern auf eine nochmals
verschärfte Situation, als der militärische Einfluss dominanter Großmächte unmittelbare wirtschaftliche Folgen zeitigt: „Tribute, Kriege und Exilierungen

---

[1] Zum Folgenden vgl. den Überblick bei Kessler 2011 und für die einzelnen Epochen der
     Geschichte Israels eingehend Kessler 2006, S. 49-192.
[2] Vgl. Kessler 2006, S. 58-62.
[3] Zur historischen Einordnung vgl. Crüsemann 1992, S. 180.
[4] Vgl. Kessler 2006, S. 115-122.
[5] Vgl. die verwandten Wundererzählungen über die Rettung von Witwen durch die Profeten
     Elischa (2. Kön 4,1-7) und Elija (1. Kön 17,7-16).
[6] Kessler 2011, S. 25.
[7] Vgl. Crüsemann 1992, S. 217-219.

schwächen die Wirtschaft Judas als Ganze und treffen besonders die Armen."[1] Demgegenüber positioniert sich das in seinen frühen Teilen wohl Ende des 7. Jhdt. v.Chr. entstandene deuteronomische Gesetz (s.u. 5.2.3.) mit der Vorschrift, durch Überschuldung in Sklaverei geratene Menschen nicht nur, wie im älteren Bundesbuch, nach sechs Jahren Dienstbarkeit frei zu entlassen, sondern sie so auszustatten, dass sie aus eigener Kraft existenzfähig werden (vgl. Dtn 15,12-18 mit Ex 21,2-7)[2]. Dazu tritt das aus dem Bundesbuch (Ex 22,24) übernommene Verbot, vom „Bruder", also von Angehörigen des Gottesvolkes, Zins zu nehmen (Dtn 23,20). Hinter solchen Forderungen steht die Überzeugung, dass es Armut als fundamentale Störung des Zusammenhalts der Gemeinschaft eigentlich gar nicht geben darf. Das findet seinen programmatischen Niederschlag im sogenannten Erlassjahrgesetz Dtn 15,1-11 in der doppelten Aussage, „es sollte überhaupt kein Armer unter euch sein" (Dtn 15,4), während tatsächlich „allezeit Arme sein werden im Lande" (Dtn 15,11a). Daraus wiederum ergibt sich als göttliche Weisung, „dass du deine Hand auftust deinem Bruder, der bedrängt und arm ist in deinem Lande" (Dtn 15,11b).

Ob und in welchem Umfang die angeführten gesetzlichen Vorschriften faktisch realisiert worden sind[3], ist fraglich. Andererseits sind sie alles andere als pure Theorie. Für das spätere rabbinische Judentum kann kein Zweifel bestehen, dass es eine detaillierte soziale Praxis pflegt, die in hoch differenzierter Weise aus der Tradition abgeleitet ist[4]. Daraus ziehen relevante jüdische Strömungen des ersten vor- und des ersten nachchristlichen Jahrhunderts nicht unbedingt revolutionäre – das gibt es auch –, aber sehr konkrete Konsequenzen für die Bekämpfung von Benachteiligungen im unmittelbaren Zusammenleben[5]. Unbeschadet dessen sind die in die spätere Torah eingearbeiteten Rechtsbücher selbst aber jedenfalls keine Staatsgesetze, sondern Ausdruck jeweils bestimmter Ausprägungen des Glaubens an JHWH (s.u. 5.2.3. und 5.2.5.). Innerbiblisch wird hier eine Spannung zwischen der Realität und der programmatischen Utopie sichtbar. Diese Spannung generiert in Dtn 15 den pragmatischen Kompromiss der mildtätigen Linderung der Not und damit die in der gesamten Bibel häufig vorfindliche Pflicht zum

---

[1] Kessler 2011, S. 25.

[2] Vgl. die Gegenüberstellung Gertz in: Gertz 2010, S. 224.

[3] Eine Ausnahme könnte das sogenannte Reformprogramm des Königs Joschija (2. Hälfte des 7. Jhdt. v.Chr.) sein, das in 2. Kön 22f eine Rolle spielt, da es dort um die praktische Einführung eines Gesetzes geht, welches das deuteronomische gewesen sein könnte. Der Vorgang ist aber historisch nicht wirklich greifbar (vgl. Berlejung in: Gertz 2010, S. 144f). Näheres s.u. 5.2.1.

[4] Das hat bereits Müller, K. 1999/1 unter Hinzuziehung einer Fülle von Belegmaterial gezeigt; vgl. die detaillierten Untersuchungen zur Bedeutung von Barmherzigkeit (*chässäd*) und Gerechtigkeit (*zedaqa*) a.a.O., S. 83-357, dabei insbesondere die Auflistung der „Taten der tsedaqa" S. 120-143 und die Herausarbeitung der hermeneutischen Frage, warum die praktischen rabbinischen Konsequenzen als konsequent schriftbezogene Anknüpfung an die hebräische Bibel zu verstehen sind S. 144-181.

[5] Vgl. dazu auch die zusammenfassende Verortung in konkreten Praxisfeldern des jüdischen Alltagslebens bei Müller, K. 1999/2, S. 20-25.

Almosengeben. Das Problem verschärft sich im Fortgang der Historie (s.u. 5.2.1.). Über die persische[1] bis in die hellenistische Epoche[2] wird „gesellschaftliche Verarmung zum Dauerzustand"[3], und bei „Jesus Sirach, dessen Weisheitsschrift aus dem 2. Jahrhundert (v.Chr., SKF) stammt, wimmelt es geradezu von Armen und Verzweifelten, die von den Zuwendungen der Wohlhabenden leben müssen"[4]. Gleichzeitig ist aber das Bewusstsein dafür, dass dies nicht dem Willen Gottes entspricht und demzufolge in einer daran ausgerichteten Gemeinschaft eigentlich nicht so sein darf, lebendig geblieben. Das bezeugen die Fortschreibungen der Profetenbücher, in deren späten Passagen sich „die Vorstellung einer *Zukunft* durch(setzt), in der *die Armut endgültig überwunden* sein wird", nachdem „die Macht der Mächtigen und Reichen gebrochen (sein) wird"[5].

Für Jesus, seine Bewegung und die ersten christlichen Gemeinden liegt die skizzierte Entwicklungsgeschichte der Armut und ihrer Bekämpfung gebündelt in „Torah und Profeten", also in dem kurz vor seinem Abschluss stehenden Kanon der hebräischen Bibel vor (s.u. 5.2.6.). Für sie ist somit eine doppelte Überzeugung geläufig: „Armut ist eine Realität, mit der bis in detaillierteste Gesetzesbestimmungen hinein umgegangen werden muss. Armut ist aber auch eine Realität, die überwunden werden soll und kann."[6] In diesem Kontext sind die Aussagen des Neuen Testaments zu Armut und Reichtum zu lesen. Ganz praktisch greifbar wird das bereits bei Paulus, der als eine der Rahmenbedingungen seiner Missionstätigkeit mit den maßgeblichen Persönlichkeiten der Jesusgemeinschaft in Jerusalem auf dem sogenannten Apostelkonzil (wohl im Jahr 48 n. Chr.) vereinbart hat, „dass wir der Armen gedächten" (Gal 2,10). Gemeint ist damit eine regelmäßige finanzielle Unterstützung der sogenannten Jerusalemer Urgemeinde, und zwar nicht vorrangig als Symbol für die Einheit aller christlichen Gemeinden, sondern als konkrete Subvention für die von Jerusalem ausgehende Missionsarbeit, deren Akteurinnen und Akteure Wohnort und Beruf aufgegeben haben[7]. Paulus hat das ernstgenommen; zur Organisation der Spenden führt er eine ausführliche Korrespondenz mit der Gemeinde in Korinth (2. Kor 8f), und ein Zweck seiner letzten Reise nach Jerusalem ist die Aushändigung der Spendenerträge dort (Röm 15,25-29). Verständlich wird das Ganze vor dem Hintergrund, dass in der antiken Klassengesellschaft zur Zeit des Hellenismus insbesondere die Städte sozial enorm heterogen zusammengesetzt sind und die dort ansässigen Christusgemeinden an dieser Heterogenität Anteil haben[8]. Greifbar wird das etwa daran, dass in Korinth anlässlich der regelmäßigen Versammlung der Gemeinde ge-

---

[1] Zu Einzelheiten vgl. Kessler 2006, S. 141-152.
[2] Zu Einzelheiten vgl. a.a.O., S. 175-179.
[3] Kessler 2011, S. 26.
[4] ebd.
[5] a.a.O., S. 29; dort auch biblische Belege, z.B. Am 9, 13-15; Jes 29, 19f.
[6] a.a.O., S. 35.
[7] Vgl. Söding 2011, S. 36.
[8] Vgl. ausführlich Stegemann/Stegemann 1995, S. 249-271 und Ebner 2012, S. 190-235.

meinsam gegessen und getrunken wird, dabei aber jede Person ihren eigenen Proviant mitbringt, so dass die eine hungert und der andere so viel hat, dass er betrunken wird (1. Kor 11,20f). Für Paulus ist das nicht vereinbar mit der egalitären Tischgemeinschaft, die Jesus gestiftet hat und auf die er ausdrücklich verweist (1. Kor 11,23-29)[1]. Die Sammlung für die Armen in Jerusalem stellt Paulus in denselben Begründungszusammenhang, indem er auf die Bedeutung Jesu als des Gekreuzigten und Auferstandenen verweist: „Er, der reich war, ist um euretwillen arm geworden, damit ihr durch seine Armut reich gemacht werdet" (2. Kor 8,9).

Armut gewinnt also hier im Licht des Bekenntnisses zu Jesus eine theologische oder, wenn man so will: spirituelle Bedeutung, insofern sie in Relation zum Reichtum der Erlösten vor Gott gesetzt wird. Das steht durchaus in Kontinuität zu Torah und Profeten, wo, wie gezeigt, Armut als Gefährdung des Gottesvolkes begriffen wird. Der reale sozio-ökonomische Kontext des Begriffs ist damit aber nicht aufgehoben. Wenn Paulus sich auf Jesu Armut bezieht, spricht er zugleich auch von tatsächlicher Armut. Insbesondere Gerd Theißen[2] hat gezeigt, dass es sich bei den Ursprüngen des späteren Christentums um eine charismatische „Jesusbewegung" gehandelt hat, in der ein „Primärcharismatiker" (Jesus) eine Gruppe von radikalen „Wandercharismatikern" um sich schart, die um der Glaubwürdigkeit ihrer Botschaft willen auf „Heimatlosigkeit", „Familienlosigkeit", „Besitzlosigkeit" und „Schutzlosigkeit" bestehen, sich an verschiedenen festen Orten aber auf einen Pool an Sympathisantinnen und Sympathisanten mit weniger anspruchsvollen ethischen Standards stützen können, von denen sie materiell subventioniert werden (Näheres dazu s.u. 5.2.8.). Dass wir in solchen Menschen auch nach Jesu Tod Adressatinnen und Adressaten der Spendensammlung des Paulus vor uns haben, dürfte naheliegen. Sie waren nicht nur selbst arm, sondern sahen in armen Menschen eine wesentliche Zielgruppe, was in der Spruchquelle Q (Mt 11,5; Lk 7,22) als Zusammenfassung der Sendung Jesu zum Ausdruck kommt: „Armen wird das Evangelium gebracht." In der frühen Christenheit geht es also insgesamt um beides: um reale Armut und um eine symbolische Bedeutung von Armut. Beides hat mit dem Verhältnis des Menschen zu Gott zu tun. Unter diesem Gesichtspunkt ist es vielleicht gar nicht so entscheidend, dass mit der ersten der sogenannten Seligpreisungen in der Feldrede bei Lukas den materiell Armen (Lk 6,20), hingegen in der Bergpredigt bei Matthäus den geistlich Armen (Mt 5,3) die Teilhabe an der Gottesherrschaft zugesagt wird. Beides ist von gleicher Relevanz. Aber mit beidem verbindet sich jedenfalls nicht einfach ein Programm zur Abschaffung der Armut. Die Jesus zugeschriebene Feststellung „Arme habt ihr allezeit bei euch", die natürlich die oben besprochene Aussage aus Dtn 15,11 aufnimmt, spiegelt den nüchternen Blick der hebräischen Bibel auf bestehende Armut. Sie hebt in ihrem Kontext in Mk 14,7; Mt 26,11; Joh 12,8 keineswegs die in der Torah begründete Pflicht zur Linderung der Armut

---

[1]   Vgl. Söding 2011, S. 43-45.
[2]   Zum Folgenden vgl. grundlegend (nach verschiedenen Vorarbeiten) Theißen 2004, S. 33-98.

durch Wohltätigkeit auf. Sie hält aber auch offen, dass es unter besonderen Umständen Wichtigeres geben kann[1].

Fasst man den vorstehend skizzierten biblischen Befund zusammen, wird man sagen dürfen: Die Bibel hält fest, dass es Armut als gesellschaftliche Realität gibt und immer geben wird. Sie begreift diese Realität als einschneidende Störung der Funktionsfähigkeit der Glaubensgemeinschaft, die selbstverständlich auch eine soziale Gemeinschaft ist. Sie nimmt es deshalb nicht hin, sich mit dem Vorhandensein von Armut abzufinden. Armut ist (unter programmatischen Gesichtspunkten) zu bekämpfen oder zumindest (unter pragmatischen Gesichtspunkten) zu lindern. Da diese doppelte Forderung aus dem Willen Gottes abgeleitet wird, gewinnt das Verhältnis von Reichtum und Armut Relevanz für die Relation des Menschen zu Gott. Diese Dimension ist allerdings nicht im Sinne der Rilke'schen Zeile „Armut ist ein großer Glanz aus Innen", zu verstehen, die wie jede sozialromantische Verklärung von Armut höchst unbiblisch ist. Die Frage danach, wer arm und wer reich vor Gott ist, nivelliert die Aufgabe der Bekämpfung bzw. zumindest der Linderung materieller Armut in keiner Weise.

In einer Analyse zu dem oben besprochenen Erlassjahrgesetz Dtn 15 hat Jürgen Ebach treffend festgehalten, dass in diesem Text „zwei ethische Grundhaltungen aufeinander(treffen). Die eine zielt darauf, die Nöte (…) durch soziale Gesetzgebung zu lindern"; die andere macht geltend, dies „bleibe doch hinter dem, was sein *soll*, entschieden zurück". Er leitet daraus die Schlussfolgerung ab: „Realpolitik und Utopie, *komparative* Ethik und *positive* Ethik begegnen einander kritisch, aber sie sollten einander nicht feind sein, denn sie bedürfen einander – damals *wie* heute."[2] Die vorstehende Skizze hat versucht zu zeigen, dass sich dies ebenso für die Fortschreibungen der Prophetenbücher, für die Sicht des Paulus und für die synoptische Tradition geltend machen lässt.

Ob im Licht dieser Einsichten von einer (vorrangigen) Option für die Armen *als Leitvorstellung der Diakonie* die Rede sein kann, dürfte äußerst fraglich sein. Analog zu dem oben erörterten Problem, inwieweit und ob überhaupt ein aus gutem Grund sozialrevolutionär gemeinter Terminus aus der Dritten Welt unter den gesellschaftlichen Voraussetzungen der Bundesrepublik Deutschland einfach dasselbe bedeutet, muss man sich doch klarmachen, wovon genau die Rede ist. Die Bibel bezieht sich durchweg auf die real existierende Armut unter den Bedingungen antiker Klassengesellschaften, wo wir es im alten Israel mit der Überschuldung breiter agrarischer Bevölkerungsgruppen oder in der hellenistischen Epoche mit sozialen Absteigern in den urbanen Ballungszentren und den Verlierern einer akkumulierenden Latifundienwirtschaft zu tun haben. Man darf die hermeneutische Frage nicht ausblenden, was genau die „Armen" in der hebräischen Bibel und im Neuen Testament mit Bundesbürgerinnen und -bürgern gemeinsam haben, die gemäß gängiger Armutsdefinition über weniger als die Hälfte des gesamtgesellschaftlichen Medianeinkommens verfügen. Es ist kein

---

[1] Vgl. zur Stelle Dschulnigg 2007, S. 357f (Mk) und Wengst 2007, S. 59 (Joh).
[2] Ebach 2019, S. 25.

Zufall, dass die Untersuchung des Begriffs der Armut im Neuen Testament bei Thomas Söding in zahlreiche Textzusammenhänge führt, in denen explizit von „Armut" gar keine Rede ist. Stattdessen geht es bspw. um Erniedrigung und Erhöhung (Phil 2,6-11; Mt 23,12)[1] oder um Bildungs-, Einfluss- und Statusunterschiede (1. Kor 1,26-31)[2]. Die mitunter ziemlich gesuchte ‚sinngemäße' oder ‚indirekte' Verbindung zum vorgegebenen Thema Armut nährt den Verdacht, dass es offenbar um den Versuch geht, zu einem für die Diakonie vorab als zentral identifizierten Thema passende biblische Belegstellen ausfindig zu machen, um es dann in einen übergreifenden christologischen oder sonst wie theologisch relevanten Referenzrahmen einordnen zu können.

Das rabbinische Judentum ab dem 1. Jhdt. n.Chr. nimmt für die Taten der *zedaqa* speziell die Armen konkret unter vier Gesichtspunkten in den Blick[3]: (1) Unmittelbare Versorgung mit dem Lebensnotwendigen an Nahrung ohne Prüfung der Bedürftigkeit, (2) Ausstattung dürftig Gekleideter, (3) Versorgung für wandernde Arme und (4) Aussteuer für mittellose Bräute samt Vorsorge für potenzielle Witwenschaft. Ob die dazu herstellbaren modernen Analogien in strukturellen Instrumenten wie Regelsätzen für Sozialhilfeempfänger, Unterhaltszahlungen für Wohnungslose und der Mütterrente oder eher in mildtätigen Notfallinitiativen wie Suppenküchen und Kleiderkammern zu suchen sind, ist offen. An konkreter Armutsbekämpfung ist in beiden Testamenten vor allem die immer wieder betonte Verpflichtung zum Almosengeben greifbar. Das hat vielleicht noch etwas mit der mittelalterlichen Armenfürsorge oder mit der ehrenamtlichen Lebensmittelausgabe für Wohnungslose am Duisburger Hauptbahnhof, aber nichts mit den Ansprüchen auf existenzsichernde Leistungen des Sozialstaats zu tun[4].

Armut bei uns ist ein außerordentlich vielschichtiges und differenziertes Phänomen. Sie hängt hauptursächlich mit dem (längerfristigen) Ausschluss vom Arbeitsmarkt zusammen[5]. Sie ist zunehmend mit der Zuwanderungssituation[6] verknüpft. Sie steht in Wechselwirkung mit Ungleichheiten im Bildungs-[7] und im Gesundheitssektor[8].Sie ist sowohl Ursache als auch Folge sozialräumlicher Segregation[9]. Und sie kann bei Bündelung solcher Problembereiche in einzelnen kommunalen Gemeinwesen sogar eine Gestalt und Gewalt annehmen, die man strukturell nicht mehr bekämpfen und durch Mildtätigkeit nicht einmal mehr wirklich lindern kann[10].

---

[1] Söding 2011, S. 38f.
[2] a.a.O., S. 41f.
[3] Vgl. Müller, K. 1999/1, S. 120-127 und 130-134.
[4] Vgl. Huster in: Huster/Boeckh/Mogge-Grotjahn 2018, S. 341-367.
[5] Vgl. Bäcker/Neubauer a.a.O., S. 395-414.
[6] Vgl. Boeckh a.a.O., S. 539-572.
[7] Vgl. Kuhlmann a.a.O., S. 431-456.
[8] Vgl. Haverkamp a.a.O., S. 479-502.
[9] Vgl. Alisch a.a.O., S. 503-522.
[10] Vgl. Kiepe-Fahrenholz 2018.

Die vorstehend vorgenommenen Differenzierungen mit dem einfachen Begriffspaar arm/reich überspielen zu wollen, führt, wie Günther Thomas mit Recht feststellt, zur Sortierung von Menschengruppen. „Dass dieses Sortieren bei genauerer Betrachtung weder sozial, wirtschaftlich, politisch oder auch theologisch funktioniert, ist unstrittig" und entspricht überdies nicht dem differenzierten biblischen Befund. „Für einen das Handeln der Kirchen (*im hier interessierenden Zusammenhang: für das Handeln der Diakonie, SKF*) orientierenden Leitbegriff sind die Fragen, was denn nun Armut und welcher Mensch ein Armer ist, schlichtweg zu ungenau."[1] In ähnlichem Sinne kommen Heinz Rüegger und Christoph Sigrist bereits 2011 zu dem Schluss, dass „die in der Diakoniediskussion fast formelhaft wiederholte Rede von ‚Gottes Option für die Armen' kein besonders hilfreiches Kriterium für die strategische Ausrichtung diakonischer Institutionen oder eines entsprechenden sozialpolitischen Engagements zu sein" scheint[2]. Die von ihnen als Alternative angebotene „*Option für das Vulnerable und die Vulnerablen*, also für das Verletzliche und die Verletzlichen"[3] vermag allerdings ebenso wenig zu überzeugen. Ihr liegt die anthropologische Voraussetzung zu Grunde, „dass Angewiesenheit auf Hilfe zur Grundstruktur *allen* Menschseins gehört"[4]. Damit bleibt aber außer Betracht, dass solche Angewiesenheit Ursachen hat, die nur zum Teil im Menschsein gründen (Anfälligkeit für Krankheit, Alter, Behinderung), wesentlich aber auch vom Mitmenschen herbeigeführt werden (Gewalt, Missbrauch, Ausbeutung) und vor allem mit sozio-ökonomischen und politischen Machtverhältnissen (Erwerbslosigkeit, Verschuldung, Vertreibung) zu tun haben.

Mit einer wie auch immer begründeten Option für die Armen kommt man da ebenso wenig weiter wie mit einem allgemeinen Begriff von Hilfebedürftigkeit als Kennzeichen des Menschseins an sich. Viel wichtiger ist die Feststellung, dass allein schon die Vielfalt der benannten Bezugsgrößen und überhaupt die neuere Armutsforschung insgesamt zeigen, dass es sich bei der Analyse der Armut und den Strategien zu ihrer Bekämpfung genau genommen um einen, wenngleich einen besonders relevanten Teilbereich dessen handelt, was man unter sozialer Ausgrenzung[5] versteht. *Sie* ist die fundamentale Störung des Zusammenlebens, von der die Profetenbücher sprechen. Und damit kommen wir auf eine Spur, die viel mehr als die bisher besprochenen Bezugsgrößen mit den Aufgaben der Diakonie zu tun hat.

---

[1] Thomas 2020, S. 111.
[2] Rüegger/Sigrist 2011, S. 176.
[3] ebd.
[4] a.a.O., S. 177.
[5] Vgl. z.B. den Titel des 2011 von Johannes Eurich u.a. herausgegebenen Aufsatzbandes „Kirchen aktiv gegen Armut und Ausgrenzung".

5. Das Geschäft eines christlichen Sozialunternehmens

Mit der in Kap. 4 begründeten These, dass die prominenten herkömmlichen biblischen Leitbilder zur normativen Grundlegung der Diakonie nicht viel taugen, ist die am Ende von Kap. 3 gestellte Frage, was denn ein christliches Unternehmen zum christlichen macht und somit sein spezifisches Geschäftsmodell begründet, nicht erledigt – es sei denn, man will sich mit der Aussage begnügen, dass es halt aus Tradition und Gewohnheit gewisse frei-gemeinnützige Sozialunternehmen gibt, deren Mitglieder, Gesellschafter oder Anteilseigener als juristische oder natürliche Personen der mit bestimmten Verfassungsprivilegien ausgestatteten Kirche angehören.

Wenn es mehr sein darf und soll, gilt es, sich jedenfalls klarzumachen, dass die Suche nach diakonischen Kernstellen oder Paradetexten müßig ist. Die bezahlte professionelle Assistenz- und Beratungsleistung ist kein Dienst, sondern Arbeit, und sie geschieht nur dann aus Nächstenliebe, wenn der oder die Beschäftigte sich und seine oder ihre Arbeit persönlich so versteht, nicht jedoch, weil das als Verpflichtung im Arbeitsvertrag stünde. In gleicher Richtung könnte man ausführen, dass die von Jesus überlieferten Heilungswunder nicht der Grund zum Betrieb evangelischer Krankenhäuser sind, dass die Mahnung „Lasset die Kinder zu mir kommen" (Mk 10,13-16) nicht Maßnahmen der Jugendhilfe rechtfertigt und dass das Gleichnis von den Arbeitern im Weinberg (Mt 20,1-16) keine Blaupause für ein diakoniespezifisches Tarifsystem abgibt. Solche Beispiele lassen sich vermehren und sollen hier unterstreichen, dass eine mögliche Antwort auf den Topos des normativen Managements in diakonischen Unternehmen ein anderes Kaliber aufweisen muss, wenn sie nicht bloß ein neues Versatzstück in Umlauf bringen will.

Betrachtet man nun allerdings die Gesamtheit der in Kap. 4 vorgeführten und darüber hinaus in der Literatur zu den Themenkreisen Dienst, Nächstenliebe und Armut/Hilfebedürftigkeit verarbeiteten biblischen Textzusammenhänge, so fällt ein gemeinsamer Nenner auf: Es geht stets um Menschen, die aus den unterschiedlichsten Gründen als Kranke und Gehandicapte, als Arme und Verschuldete, als Alleinstehende und Einflusslose, als Geflüchtete und Fremde so oder so aus dem referentiellen Mainstream der klein- oder großräumigen Sozialformation und damit aus der gesellschaftlichen Teilhabe ausgegrenzt sind. Seien es die Gesetzessammlungen und die Profetenbücher der hebräischen Bibel in der staatlichen und nachexilischen Form des Gemeinwesens Israel, seien es die Jesusbewegung und Paulus im jüdisch-palästinischen Raum und in den hellenistischen Metropolen unter römischer Herrschaft – sie haben offenkundig mit Ausgrenzungsphänomenen und deren Steuerung zu tun. Zur Bestimmung einer übergeordneten Leitvorstellung, mit der sich diakonische Unternehmen in der Sozialwirtschaft als christliche Unternehmen qualifizieren, will daher das folgende umfangreiche

Kapitel 5 die Bekämpfung von Ausgrenzung, positiv formuliert: die Ermöglichung von Teilhabe ins Spiel bringen.

Dieser Begriff ist in dem in der Diakonie üblichen Sprachgebrauch inhaltlich wohl immer noch vorwiegend mit der Fachdiskussion über Selbstverständnis, Aufgaben und Leistungen der Eingliederungshilfe besetzt und hat, wie Inklusion und Exklusion, zuletzt im Zusammenhang der Verabschiedung und Umsetzung des Bundesteilhabegesetzes (2018-2023) breite Beachtung gefunden. Hier und im Folgenden ist er in einem wesentlich umfassenderen Sinne gemeint. Unlängst hat Hildegard Mogge-Grotjahn[1] ihn als Leitbegriff für die Grundlagen professioneller Haltung und Handlung für die Soziale Arbeit in der Gesellschaft angesprochen. Dabei unterscheidet sie ihn zum einen von „Partizipation"[2] als einem Begriff für die Teilnahme an politischen Organisationen und Prozessen sowie an Institutionen des Sozial-, Gesundheits-, Bildungs- und Kulturwesens und zum andern von „Inklusion"[3] als einem eher spezifischen Terminus aus der UN-Behindertenrechtskonvention, der auch Eingang in die Debatte um die Bekämpfung von Armut und um die ungleiche Verfügung über materielle und immaterielle Ressourcen gefunden hat. „Teilhabe"[4] bringt darüber hinaus grundlegend den rechtlich einklagbaren Anspruch jeder und jedes Einzelnen auf die eigene Lebensgestaltung und die Mitgestaltung des Gemeinwesens zum Tragen[5], was zu der Frage führt, inwieweit Teilhabe ein Menschenrecht ist, dessen sozialpolitische Einlösung letztendlich die unter Partizipation und Inklusion firmierenden Sachverhalte in sich einschließt. Insofern kann von „einem umfassenden Teilhabe-Begriff"[6] gesprochen werden, dem sich auch die vorliegende Arbeit verpflichtet weiß[7].

Ein umfassender Teilhabe-Begriff als leitender Terminus des diakonischen Geschäfts ist allein schon deshalb von den traditionellen Leitbegriffen qualitativ unterschieden, weil er zugleich mitten in die elementaren Selbstverpflichtungen des freiheitlichen demokratischen Sozialstaats führt. Der Staat hat eben *nicht* die Aufgabe, eine wie auch immer begründete „vorrangige Option" aus Mitteln der Steuer- und Beitragszahlenden zu bezuschussen. Die Finanzierung subsidiärer Leistungen gemäß den Sozialgesetzbüchern gilt *nicht* der Förderung der Nächstenliebe. Und die öffentlichen Kostenträger kaufen *nicht* mildtätige Dienste, sondern messbare Dienstleistungsprodukte ein.

---

[1] Mogge-Grotjahn 2022.
[2] Vgl. a.a.O., S. S. 16-18.
[3] Vgl. a.a.O., S. 22-23.
[4] Vgl. a.a.O., S. 18-22.
[5] Vgl. dazu bereits die verfassungsrechtlichen Ausführungen s.o. 3.2.
[6] Mogge-Grotjahn 2022, S. 25
[7] In diesem Sinne werden im Folgenden „Partizipation" (mit dem Akzent auf politischer Teilhabe) und „Inklusion" (mit dem Akzent auf ungleichem Ressourcenzugang) weitgehend synonym mit „Teilhabe" verwendet; außerdem natürlich überall da, wo die Begrifflichkeit der zitierten oder referierten Literatur entstammt.

Hingegen leitet sich die Pflicht zur konkreten Absicherung gegen fundamentale Lebensrisiken, zur Herstellung vergleichbarer Rahmenbedingungen und Lebenschancen innerhalb bestehender Ungleichheit und damit zur Ermöglichung von gleichberechtigter Teilhabe aller freien Individuen am Gemeinwesen aus abstrakten Verfassungsnormen ab. Wenn die Diakonie als funktionaler Teil des Sozialstaats daran ihren entsprechenden Anteil hat und nimmt, stellt sich also mitnichten die Frage, *ob* bzw. unter welchen Voraussetzungen sie als christliches Unternehmen dies ‚darf‘, sondern, *wie* sie innerhalb des Gesamtsystems funktioniert und wie sie sich zu der Problematik von Anspruch und Wirklichkeit verhält. Wo diese auseinanderklaffen, kann die Diakonie nicht einfach ‚aufhören‘, die jeweils real bestehenden Möglichkeiten zur Ermöglichung von Teilhabe auszuschöpfen. Sie wird aber zugleich den Anspruch auf ein jeweils notwendiges Mehr an Teilhabe einklagen müssen, wenn die Wirklichkeit dem nicht genügt. Gelingende gesellschaftliche Teilhabe muss sich an dem Axiom messen lassen: Alle gehören dazu![1] Die Kriterien dafür, ob und wo dies der Fall ist, kann die Diakonie *nur aus einem normativen Anspruch gewinnen, der ihr intrinsisch eigen ist, der aber hinsichtlich der daraus resultierenden strategischen und operativen Zielsetzungen mit denen des Staates konvergiert.* Eben dies ist bei den gängigen christlichen Leitbildern sozialer Arbeit nicht der Fall.

5.1. Ausgrenzung/Teilhabe als systemtheoretische Verortung der Diakonie (soziologische Überlegungen)

Die Frage, ob, inwieweit und mit welchem Ressourceneinsatz der Staat als legislative und exekutive Instanz der gesamtgesellschaftlichen Willensbildung Teilhabe ermöglicht, fördert oder verhindert, ist strittig wie nie. Spätestens in dem seit der Bankenkrise 2007-2009 zurückliegenden Jahrzehnt – eher noch in den beiden seit der Wirtschaftskrise der Jahrhundertwende, vielleicht sogar in den dreien seit dem Beitritt der ehemaligen DDR – hat gesellschaftliche Ausgrenzung immer mehr zugenommen. Bereits 2004 hat Isolde Karle festgestellt, „dass auch in einem hochindustrialisierten Land wie Deutschland (…) immer größere Kreise von Menschen aus dem gesellschaftlichen Netz von Rechten und Pflichten heraus(fallen)"[2]. Karle flankiert den damit thematisierten Konflikt zwischen Anspruch und Wirklichkeit seinerzeit noch mit der Feststellung, es müsse immerhin „keiner verhungern und jeder und jede kann prinzipiell und unabhängig von Geschlecht, Herkunft und Schicht Ansprüche auf medizinische Behandlung und eine Grundversorgung erheben"[3].

---

[1] Diese griffige Formulierung entnehme ich der Diskussion zur Inklusion von Menschen mit Behinderungen.

[2] Karle 2004, S. 187. Das folgende Zitat ebd.

[3] Ausgehend von diesem Satz wollen die beiden folgenden Annäherungen, die in gewisser Weise einen Vorgriff auf die Konkretionen in Kap. 7 bilden, grundsätzliche systemtheoretische Überlegungen im Anschluss an Niklas Luhmann und Isolde Karle einleiten.

5.1.1. Annäherung – ein Blick auf das Gesundheitswesen

An Isolde Karles zitierter Aussage muss man knapp zwanzig Jahre später Abstriche machen. Mit Blick auf die seit 2015 in Deutschland quantitativ beachtliche Bevölkerungsgruppe der Geflüchteten (zuzüglich der armutsbedingt Zuwandernden, z.B. auch aus EU-Staaten) besteht, was die medizinische Versorgung angeht, für Leistungsberechtigte nach dem Asylbewerberleistungsgesetz nur ein Anspruch, der auf die ärztliche Behandlung von akuten Erkrankungen und Schmerzzuständen sowie auf Schutzimpfungen und Vorsorgeuntersuchungen beschränkt ist[1]. Diese Rechtslage lässt außer Acht, dass Geflüchtete, eben weil sie vertrieben wurden, „weltweit einen schlechteren körperlichen und psychischen Gesundheitszustand" als der Durchschnitt der Bevölkerung haben[2]. Aus dem Leistungsspektrum ausgeschlossen sind u.a. notwendige psychotherapeutische Behandlungen, obwohl der Anteil der Traumatisierten unter den Geflüchteten gegen 50 Prozent geht. Mit Blick auf Anspruch und Wirklichkeit der Ermöglichung von Teilhabe stellt sich also die Frage, ob das Recht auf Zugang zur Gesundheitsversorgung in vollem Umfang etwa nur für eingebürgerte Zugewanderte oder solche mit einem anerkannten Asylanspruch gelten soll.

Die gleiche Frage lässt sich im Rahmen des Gesundheitswesens im Blick auf eine andere ausgegrenzte Zielgruppe, und zwar im Zusammenhang mit der Beendigung einer Krankenhausversorgung stellen: Zu den praktischen Umsetzungsproblemen, die mit dem gesetzlich vorgeschriebenen Entlassmanagement der Kliniken verbunden sind, gehört, dass Wohnungslose, bei denen eine ansonsten übliche häusliche Nachsorge selbstredend nicht gewährleistet ist, in der nächsten Wärmestube landen, obwohl die Genesung noch nicht abgeschlossen ist[3].

Über diese beiden skizzierten konkreten Sachverhalte hinaus muss man grundsätzlich diagnostizieren[4], dass Gesundheit in unserer Gesellschaft inzwischen insgesamt ungerecht verteilt ist und dass sozial ohnehin benachteiligte Bevölkerungsgruppen einem erhöhten Krankheits- und Sterberisiko und damit zugleich einem Exklusionsrisiko ausgesetzt sind. Ob sich das durch die Corona-Pandemie weiter verschärft hat, weil in den Phasen der Überlastung der Intensivstationen durch Covid-19-Patientinnen und -Patienten andere dringend notwendige operative Eingriffe verschoben wurden, und welche Folgen das für die künftige finanzielle Ausstattung eines *für alle* funktionierenden Gesundheitswesens haben

---

[1] Darauf macht z.B. die Kassenärztliche Vereinigung Niedersachsen 2020 aufmerksam (https://www.kvn.de/Mitglieder/Praxisf%C3%BChrung/Versorgung+von+Fl%C3%BCchtlingen.html). Stand: 28.05.2020. Zugriff: 15.07.2021.

[2] Zum Folgenden vgl. Ghaderi 2017; das Zitat auf S. 267.

[3] Vgl. z.B. Beschluss der der Fraktion Bündnis 90/Die Grünen im Abgeordnetenhaus von Berlin vom 19.11.2018 (https://stefan-ziller.eu/wp-content/uploads/2019/01/20181119 _Beschlusspapier-Gr%C3%BCne-Wohnungs-und-Obdachlosenhilfe.pdf). Zugriff: 15.07.2021, 16:25 Uhr MESZ.

[4] Dazu vgl. Walther 2018, insbesondere das Resümee S. 158-160.

muss, ist jenseits nicht eingelöster politischer Sonntagsreden noch offen und muss grundsätzlich angegangen werden[1].

5.1.2. Annäherung – ein Blick auf Armut und Arbeitsmarkt

Die oben zitierte Aussage von Isolde Karle aus dem Jahr 2004 bringt neben dem Thema der gesundheitlichen Versorgung den Anspruch auf die sogenannte Grundversorgung zur Sprache. Auch hier hat sich die Kluft zwischen Anspruch und Wirklichkeit seither verschärft. Die bereits erwähnte Desillusionierung über das Programm zur Eingliederung in den Arbeitsmarkt mittels Förderns und Forderns (s.o. 3.2.4.) und der damit verbundene „Abschied von der Utopie der Vollbeschäftigung"[2] haben der bundesdeutschen Gesellschaft eine Dauerdebatte über eine angemessene Höhe der Grundsicherung und ein massives Exklusionsproblem beschert. Es ist trotz der langanhaltenden Konjunktur der zurückliegenden Jahre bisher weder durch Maßnahmen der Arbeitsverwaltung noch durch gesetzgeberische Veränderungen der SGB II und XII zu beheben. Das liegt schlicht daran, dass „Beschäftigungsförderung nicht in der Lage ist, das strukturelle Arbeitsmarktproblem zu lösen"[3]. Um die Möglichkeit, gesellschaftliche Teilhabe durch Erwerbseinkommen zu gewährleisten, nicht noch weiter auszuhöhlen, wurde, allerdings erst zehn Jahre nach der Hartz-IV-Gesetzgebung und nur gegen erhebliche Widerstände aus Politik und Interessengruppen, in Deutschland 2015 erstmals ein gesetzlicher Mindestlohn eingeführt. Ganz abgesehen davon, dass dieser auch ein Versagen der Sozialpartner hinsichtlich einer tariflich hergestellten Teilhabe dokumentiert, löst er die Exklusionsproblematik ebenfalls nicht. „In Deutschland sind seit 2008 konstant zwischen sieben und neun Prozent aller Erwerbstätigen von relativer Erwerbsarmut betroffen, erzielen also ein Nettoäquivalenzeinkommen unter der Armutsrisikoschwelle von 60 Prozent des Medians der Nettoäquivalenzeinkommensverteilung. Auch der Anteil der absolut Erwerbsarmen, (…) die zusätzlich zu ihrem Erwerbseinkommen auf Leistungen aus der sozialen Grundsicherung angewiesen sind, liegt seit 2008 auf einem konstanten Niveau von ca. 3 Prozent."[4] Der solchen Phänomenen zugrunde liegende Wandel der Arbeitsgesellschaft (Genaueres s.u. 7.2.3) ist bei weitem nicht abgeschlossen. Und mit der Beendigung der Phase der Hochkonjunktur durch die Coronakrise werden, wie man begründet annehmen darf, die Herausforderungen nicht geringer[5].

---

[1] Vgl. z.B. Der Tagesspiegel, Online-Ausgabe vom 26.11.2020 (https://www.tagesspiegel.de/berlin/eine-krebspatientin-erzaehlt-wenn-die-eigene-operation-wegen-corona-verschoben-wird/26629724.html). Zugriff: 15. 07.2021 MESZ).

[2] Zum Folgenden vgl. Becker 2011, S. 26-34; das Zitat auf S. 27.

[3] a.a.O., S. 32.

[4] Vgl. insgesamt Bauer 2018; das Zitat auf S. 135.

[5] Was die Umwandlung von Hartz IV in ein sogenanntes Bürgergeld, zumal nach den Kompromissen im Vermittlungsausschuss zwischen Bundestag und Bundesrat bringt, wird man

Diese Einschätzung gewinnt an Brisanz seit dem russischen Angriffskrieg auf die Ukraine und wird aktuell unterfüttert durch den Armutsbericht 2022 des Paritätischen Gesamtverbandes[1]. Er stellt fest, dass im Gefolge der (noch nicht ganz überwundenen) Pandemie und zugleich angesichts der (nicht nur) kriegsbedingten Inflation in Deutschland die Quote derer, die weniger als 60 Prozent des durchschnittlichen gesellschaftlichen Einkommens zur Verfügung haben, in 2021 mit 16,6 Prozent einen Rekordwert seit dem Beitritt der DDR erreicht hat. Anders als im ersten Jahr der Coronakrise haben die Sonderzahlungen und finanziellen Schutzschilde von Bund und Ländern die Entwicklung offenbar nicht stoppen können. In einem SPIEGEL-Interview[2] resümiert der Verbandsvorsitzende Ulrich Schneider: „Deutschland droht am unteren Rand auseinanderzubrechen" und weist ergänzend darauf hin, dass spätestens mit den durch die Energieknappheit schon feststehenden hohen Nachzahlungen für Öl und Gas im Herbst 2022 auch die Mittelschicht spürbar in Mitleidenschaft gezogen werde. Jenseits des alarmistischen Vokabulars ist jedenfalls offensichtlich konsequente staatliche Intervention vonnöten, um einen Ausschluss erheblichen Umfangs aus der Teilhabe an der Gesellschaft zu unterbinden, und es wird viel darauf ankommen, ob die seit Ende 2021 im Amt befindliche Bundesregierung auch auf längere Sicht dazu tauglichere Instrumentarien findet als ihre Vorgängerin[3].

5.1.3. Die Exklusionsproblematik sozialer Systeme (Niklas Luhmann)

Die beiden soeben angesprochenen Sektoren Gesundheitswesen und Arbeitsmarkt / Armutsentwicklung untermauern die in den zurückliegenden Jahren immer deutlicher in den Fokus tretende *Relevanz von Ausgrenzung und Teilhabe*[4]. Zu diesem fundamentalen gesellschaftlichen Phänomen greift Isolde Karle zustimmend die Prognose Niklas Luhmanns auf, „dass die Exklusionsproblematik zum Zentralproblem der Gesellschaft des 21. Jahrhunderts werden könnte"[5]. Sie schließt ihre darauf bezogenen Ausführungen[6] im Wesentlichen an das „Differenzierungen" überschriebene 4. Kapitel aus Luhmanns „Gesellschaft der Gesellschaft" an[7] und wählt damit zur Identifikation der gesellschaftlichen Funktion der

---

abwarten müssen, insbesondere was die versprochene Qualifizierungsoffensive zur Behebung des Fachkräftemangels anbelangt (Stand: Februar 2023).

[1]   Vgl. Schneider/Schröder/Stilling 2022.
[2]   https://www.spiegel.de/politik/deutschland/aktueller-armutsbericht-deutschland-droht-auseinanderzubrechen-a-299ac522-144a-45e2-8d90-93e27cea7cef?sara_ecid=soci_upd _wbMbjhOSvViISjc8RPU89NcCvtlFcJ. (Zugriff: 29.06.2022, 19:45 Uhr)
[3]   Kurzfristig sieht es aktuell so aus (Stand: Februar 2023).
[4]   Ähnlich signifikant lässt sie sich für das selektive Bildungssystem zeigen. Vgl. dazu Fahrenholz 2020 und neuerdings Fahrenholz 2021.
[5]   Karle 2004, S. 187.
[6]   Zum Folgenden vgl. a.a.O., S. 188-192.
[7]   Vgl. Luhmann 1998, S. 595-865; außerdem Luhmann 2000.

Diakonie einen Ansatz, den Dierk Starnitzke schon in seiner Dissertation von 1996[1] fruchtbar gemacht hat.

An dieser Stelle soll die Luhmann'sche Systemtheorie nicht ausführlich referiert werden. Im Folgenden geht es zunächst lediglich um ein paar Grundzüge[2], die plausibel machen sollen, warum die Rezeption der Systemtheorie für die in diesem Kapitel aufgeworfene Frage nach einer immanenten Leitvorstellung der Diakonie sinnvoll ist.

Um in einer komplex und tendenziell aus unendlich vielen Möglichkeiten zusammengesetzten Umwelt Bestand haben zu können, muss ein System funktionalen Anforderungen genügen. Die Herausforderungen, mit denen sich das Gesellschaftssystem als Ganzes durch die vielfältig bestehenden und sich verändernden Gegebenheiten der Umwelt konfrontiert sieht, werden von den gesellschaftlichen Teilsystemen unter einer für sie jeweils zentralen Leitvorstellung bearbeitet: In der Politik bspw. geht es um Macht, in der Wirtschaft um finanzielle Mittel. Jedes Teilsystem bearbeitet (s)einen Teilaspekt und reduziert damit jeweils für sich die bestehende Komplexität der Gesellschaft (*Selektion*). Komplexität erzwingt *funktionale Differenzierung*: Jedes Teilsystem kann die Wirklichkeit nur unter seinem speziellen Fokus beschreiben; keines ist allgemein verbindlich für die anderen. Deshalb bedarf es einer entsprechenden *Kommunikation*[3], die dadurch sinnvoll wird, dass sie sich jeweils zwischen *binären Codes* bewegt, welche sich aus der Leitvorstellung des betreffenden Systems ableiten: In der Politik ist Kommunikation dann sinnvoll, wenn es um Machthaben / Nicht-Machthaben geht, im Rechtssystem bewegt sich die Kommunikation zwischen Recht / Unrecht, in der Wirtschaft zwischen Zahlung / Nicht-Zahlung, im Erziehungssystem zwischen Karriere / Nicht-Karriere. Systemfremde Kommunikation, etwa wenn über Macht unter moralischen Gesichtspunkten geredet wird, ist innerhalb des Teilsystems Politik nicht sinnvoll und sorgt dort für Irritation. Jedes Teilsystem muss die Bewältigung der Wirklichkeit gemäß seiner eigenen selektiven Logik aus sich selbst heraus hervorbringen (*autopoiesis*). Systeme sind auf ihren spezifischen Bearbeitungsmechanismus der Wirklichkeit beschränkt und daher geschlossen (*selbstreferenziell*). Die zwischen den jeweiligen Codes eines Teilsystems stattfindende Kommunikation erzeugt Selektionen, die nicht einer allgemein vorgegebenen Notwendigkeit unterworfen sind (*Kontingenz*)[4]. Damit darüber das

---

[1]   Vgl. Starnitzke 1996. Starnitzkes Untersuchung, die zur Frage der systemtheoretischen Rolle der Diakonie anschließend wohl nicht die Berücksichtigung gefunden hat, die sie verdient, hat die Analyse der Luhmann'schen Theorie sozialer Systeme natürlich noch nicht auf die zusammenfassende Großdarstellung Luhmann 1998 und insbesondere die Schlussfolgerungen für Kirche und Diakonie noch nicht auf die posthum erschienene Weiterentwicklung der Religionssoziologie Luhmann 2000 stützen können. Karle 2004 nimmt explizit auf diese beiden Spätwerke Bezug.

[2]   Die folgenden zusammenfassenden Hinweise lehnen sich insbesondere an Pickel 2017 an.

[3]   Zur Bedeutung von Kommunikation vgl. Luhmann 1987, S. 191-241.

[4]   Zum Kontingenzproblem vgl. a.a.O., S. 148-190.

*Gesamt*system nicht zerfällt, müssen die Teilsysteme aber auch zur Kommunikation *untereinander* fähig, insofern also offene Systeme sein, die im Rahmen ihrer gesamtgesellschaftlichen *Funktion* für andere Systeme *Leistungen* erbringen können. Voraussetzung dafür ist eine dreifache Differenzierung innerhalb jedes einzelnen Teilsystems hinsichtlich seiner Beziehung zum Gesamtsystem, zu den anderen Teilsystemen und zu sich selbst[1].

Nimmt man unter diesen systematischen Prämissen das Individuum in den Blick, so liegt es auf der Hand, dass jede Person von einer Mehrzahl von selbstreferenziellen Subsystemen bestimmt wird. Ihr Tun und Lassen ist unterschiedlichen funktionalen Logiken ausgesetzt und „wird weitgehend durch die verschiedenen funktionalen Anforderungen determiniert, die sich aus dem ‚Selbsterhaltungstrieb' der Gesellschaft heraus ergeben"[2]. Das hat wegen der in jedem System herrschenden Kontingenz zur Folge, dass das Individuum unter Unsicherheit leidet und sich immer wieder dessen vergewissern muss, dass die Mechanismen der Teilsysteme und das System als Ganzes Sinn[3] haben. Hier nun ist nach Luhmann die spezifische Funktion des Teilsystems Religion verortet: Sie besteht „in der Auflösung von Unsicherheitssituationen und in der Bewältigung von Kontingenz. Entscheidend ist die Schaffung von *Sinnvertrauen* – und dadurch die Produktion eines Gefühls von Sicherheit für das Individuum"[4]. Sinnstiftende Kommunikation im System Religion vollzieht sich nach Luhmann zwischen den binären Codes Transzendenz und Immanenz[5] unter der Leitvorstellung der Kontingenzbewältigung. Die systemtheoretische Funktion der Religion besteht darin, transzendente Sinnstiftung (Gott) immanent wirksam zu machen.

Soweit in gedrängter Form die theoretischen Grundlagen. Unter dem uns hier interessierenden Blickwinkel auf Ausgrenzung und Teilhabe tritt nun ein Dilemma zutage, welches die Systeme angesichts der Anforderungen einer sich immer vielschichtiger und komplizierter entwickelnden Umwelt in sich selbst tragen: Der Anspruch der inklusiven Gesellschaft, jede und jeden einzubeziehen, beseitigt *grundsätzlich* zunächst Zugangsbarrieren und eröffnet Freiheit. Das bedeutet nach Luhmann aber zugleich, dass *das Individuum* seine Chancen auf Inklusion *selbst nutzen* muss, und dass ein eventuelles Misslingen *ihm selbst angelastet* wird. Die Gesellschaft als Ganze, so formuliert es Isolde Karle, „weigert sich (…), *Exklusion als ein Folgeproblem funktionaler Differenzierung* wahrzunehmen"[6]. Aufgrund des selbstreferentiellen Charakters der einzelnen Funktionssysteme wird in der modernen Gesellschaft anders als in früheren Epochen die Exklusion aus einem Teilsystem nicht mehr durch die Inklusion in ein anderes kompensiert. Ein Beispiel aus dem Mittelalter ist die soziale Auffangfunktion der

---

[1] Vgl. Starnitzke 1996, S. 184f als Zusammenfassung von: Luhmann, Die Wissenschaft der Gesellschaft (1990).
[2] Pickel 2017, S. 385.
[3] Zur Sinnfrage vgl. Luhmann 1998, S. 92-147.
[4] Pickel 2017, S. 387.
[5] Vgl. Luhmann 2000, S. 77–86.
[6] Karle 2004, S. 189.

Klöster und der Bettelorden; Vergleichbares kennt die moderne Gesellschaft nicht. Im Gegenteil: Der scheiternde Zugang zur Funktionalität des einzelnen *Teil*systems befördert die Exklusion aus dem *Gesamt*system. Karle formuliert dies am Beispiel des Bildungssystems: „Ohne Schulabschluss ist es fast unmöglich, an der Gesellschaft konstruktiv zu partizipieren, eine Ausbildung zu machen, einen Arbeitsplatz zu bekommen, ein eigenes Leben aufzubauen, eine Familie zu gründen.“[1]. Ebenso deutlich wird es am Funktionssystem Wirtschaft: Banken haben die *inklusive* Aufgabe, *grundsätzlich* jeder und jedem ohne Rücksicht auf die Höhe der Einkünfte ein Konto zur Verfügung zu stellen. *Faktisch* wird dies z.B. einer individuellen verschuldeten Person verweigert, mit der *exklusiven* Folge einer erheblichen Beeinträchtigung der Teilhabe an Arbeit und Wohnen, weil fast überall auf dem Vorhandensein eines persönlichen Kontos bestanden wird (Arbeitgeberinnen, Vermieter). Die inklusive Gesellschaft, resümiert Isolde Karle, wird „blind (…) für die Exklusion, die sie selbst hervorbringt“, gerade weil sie davon ausgeht, dass „jeder und jede jederzeit an allen Funktionssystemen teilnehmen kann“[2].

5.1.4. Inklusion als Funktion von Religion

In diesem Zusammenhang wird nun eine Besonderheit des Funktionssystems Religion wirksam, die spezifische Chancen eröffnet[3]. Luhmann erkennt namentlich den christlichen Kirchen ursprünglich eine besonders wichtige Funktion für die Gesellschaft zu (Funktion der Religion, 1977), insofern sie im Rahmen der jeweils systemimmanenten dreifachen Binnendifferenzierung für die Sinnstiftung als den gesamtgesellschaftlichen Funktionsbezug des Religionssystems stehen. Unter diesem Obersatz erbringt die *Diakonie* die *Leistung* des Religionssystems für die anderen Systeme, und die *Theologie* bildet den *Selbstbezug* des Religionssystems[4]. Daran macht Luhmann später insofern Abstriche, als im Kontext der Veränderungen anderer Subsysteme das System Religion, genauer: die Kirche im Vollzug funktionaler Differenzierungen Relevanzverluste[5] hinsichtlich anderer Teilsysteme hat hinnehmen müssen (Die Religion der Gesellschaft, 2000). Der späte Luhmann weist ausdrücklich darauf hin, dass sich das Individuum anders als bspw. am Wirtschaftssystem oder am Rechtssystem am Religionssystem nicht zwingend beteiligen muss[6]. Dies nun greift Isolde Karle *in positiver Wendung* auf: „(D)ie mangelnde soziale Vernetzung des Religionssystems mit anderen Sozialsystemen“ ist nicht primär als „Funktionsverlust“, sondern als Chance zu begreifen, um der von den anderen Systemen hervorgebrachten Exklusion entgehen

---

[1] a.a.O., S. 190.
[2] a.a.O., S. 192 (im Anschluss an Luhmann 1998, S. 626).
[3] Vgl. a.a.O., S. 193-195.
[4] Vgl. Starnitzke 1996, S. 186-193.
[5] Dass diese seitdem (2000) rasant angewachsen sind und weiter anwachsen, wurde oben in Abschnitt 3.1.4. gezeigt.
[6] Vgl. Luhmann 2000, S. 303.

zu können. „Entscheidend ist: Religion und Kirche können Inklusion auch dann halten, wenn andere Sozialsysteme, wenn die Bildung, die Wirtschaft, die Familie exkludieren."[1] Daraus resultiert ein spezifisches Verständnis von Diakonie, das Karle in Übernahme eines Begriffs des Soziologen Dirk Baecker als „stellvertretende Inklusion"[2] bezeichnet. Damit soll zunächst ausgesagt werden, dass „Diakonie versucht, die Defizite von Personen hinsichtlich ihrer Teilnahmechancen an gesellschaftlicher Kommunikation zu kompensieren"[3]. Das bewegt sich noch innerhalb der frühen Luhmann'sche Definition, der zufolge, wie besprochen, das Religionssystem, dessen Funktion für die Gesellschaft in der Sinnstiftung besteht, mit der Diakonie eine spezifische Leistung für die anderen Systeme erbringt: Weil es für die Diakonie als Leistung des Religionssystems „bezeichnend (ist), dass sozialstrukturelle Probleme in personalisierter Form, also an Personen wahrgenommen werden", vermag die Religion, „Zuständigkeiten für ‚Restprobleme' oder Personbelastungen oder Schicksale in Anspruch zu nehmen, die in anderen Funktionssystemen erzeugt, aber nicht behandelt werden"[4]. Damit hat es aber für Karle nicht sein Bewenden: Diakonie verfolgt das weiterreichende Ziel, ausgegrenzte Menschen „in eine Inklusion zu überführen, die (wieder) von den anderen Funktionssystemen geleistet wird"[5], soll also Veränderungsdruck auf andere Systeme ausüben. Das illustriert Karle beispielsweise am Paradigmenwechsel in der sogenannten Anstaltsdiakonie, deren Zielsetzung sich von der lebenslangen Unterbringung im Heim (gemäß Luhmann: Bearbeitung eines persönlichen Schicksals, das in anderen Funktionssystemen außerhalb des Religionssystems nicht behandelt wird) zur Wiedereingliederung in Beruf und Familie, wo immer dies möglich ist, gewandelt hat.

Damit ist implizit die Frage gestellt, ob die Luhmann'sche Definition der Diakonie, die man durchaus als Reparaturbetrieb oder Restentsorgung interpretieren kann, wirklich zutreffend ist; das wird noch einmal aufzugreifen sein (s.u. 5.4.). Unbeschadet dessen liefert die Systemtheorie aber auf jeden Fall mit ihrer „eigenwilligen sozialen Stellung des Religionssystems"[6] zunächst einmal eine plausible soziologische Grundlage dafür, die Ermöglichung von Teilhabe als zentrale Kategorie für die Aufgaben diakonischer Unternehmen zu begreifen. Dies führt, da jedes System selbstreferenziell ist, sofort zu der Überlegung, inwieweit Diakonie eben diese Aufgabe *zugleich auch aus sich selbst heraus* zu begründen vermag, wenn man, wie es die vorliegende Arbeit tut, davon ausgeht, dass die verfasste Kirche als institutionelle Gestalt von Religion eben diese Begründung nicht zu leisten vermag. Isolde Karle macht für die christlichen Kirchen allerdings geltend: Sie „inkludieren schon allein durch ihre Verkündigung in Gottesdiensten,

---

[1]   Karle 2004, S. 193.
[2]   Vgl. zum Folgenden a.a.O., S. 195-198.
[3]   So Baecker, zit. bei Karle 2004, S. 196.
[4]   Luhmann 1977, S. 58.
[5]   Karle 2004, S. 196.
[6]   a.a.O., S. 197.

durch den Unterricht an Jugendlichen und die Seelsorge an alten, kranken, trauernden und biographisch verunsicherten Menschen in den Gemeinden vor Ort"[1].
Diese grundsätzlich durchaus zutreffende Aussage trägt aber ihre eigentliche Bedeutung darin, dass sie ein Signal für eine Spannung zwischen Anspruch und
Wirklichkeit darstellt, der die Kirche in gleicher Weise ausgesetzt ist wie die Gesamtgesellschaft. Theoretisch korrekt, aber empirisch doch wohl fragwürdig, behauptet Karle, jeder und jede könne „jederzeit und unabhängig von den Teilnahmechancen in anderen Funktionssystemen an religiöser Kommunikation teilnehmen. Auch ohne Beruf, ohne Bildungschancen, ohne Girokonto, selbst ohne religiöse Bindung ist es möglich, an Gottesdiensten, an Seelsorgegesprächen oder
anderen gemeindlichen Aktivitäten teilzunehmen und in den Gemeinden vor Ort
Ansprechpartner zu finden." Dem muss man sofort hinzufügen, dass in der Lebenswelt der Menschen aus Fleisch und Blut die weit überwiegende Mehrheit der
hier in den Blick genommenen Bevölkerungsgruppen in den Gemeinden gar nicht
vorkommt, und zwar nicht etwa, weil sie in freiem Entschluss keinen Gebrauch
von der in der Tat bestehenden Möglichkeit machen würden – das gibt es auch –
sondern weil etwa die Verkündigung in Gottesdiensten eine hochgradig exklusive
Sprache pflegt, oder weil der Unterricht an Jugendlichen deren Lebensumstände
nicht berücksichtigt, die der oder die Unterrichtende gar nicht wirklich kennt,
oder weil eine Taufe oder eine Trauung Kosten verursachen würde, die bestimmte
und keineswegs wenige Menschen nicht aufbringen können. Menschen ohne Beruf, ohne Bildungschancen und ohne Girokonto haben, von wenigen Ausnahmen
abgesehen, gute Gründe, sich in der Kirchengemeinde ihres Stadtteils nicht blicken zu lassen. Und die große Masse der biographisch verunsicherten Menschen,
sofern man darunter bspw. auffällige Jugendliche, Verschuldete, Suchtkranke,
Drogenabhängige, ja selbst alte Menschen, soweit sie pflegebedürftig sind, versteht, finden dort immer weniger Ansprechpartnerinnen und -partner. Stattdessen
landen alle diese ausgegrenzten oder von Ausgrenzung bedrohten Menschen bei
der Diakonie (bzw. bei anderen Wohlfahrtsverbänden und/oder Sozialdienstleis-
tern). An ihren Teilhabechancen zu arbeiten, ist die Leistung, welche die Diakonie gemeinsam mit anderen sozialwirtschaftlichen Formationen für die anderen
Systeme und damit für die Gesellschaft insgesamt erbringt. Dazu muss sie mit
den Teilsystemen sinnvoll kommunizieren können und sich zugleich „aufgrund
ihrer *eigenen Programmatik* (…) auf ihre geistlichen Inhalte (…) besinnen"[2].
Dazu will der folgende umfängliche Abschnitt 5.2, der sich auf diachrone und
synchrone sozial- und literaturgeschichtliche Analysen biblischer Traditionsstränge stützt, einen Beitrag leisten.

---

[1] a.a.O., S. 194. Das folgende Zitat ebd.
[2] a.a.O., S. 197. Hervorhebung SKF.

5.2. Ausgrenzung/Teilhabe als biblischer Aushandlungsprozess (exegetische Überlegungen)

Es versteht sich nach den bisher vorgetragenen Überlegungen von selbst, dass die mit Isolde Karle geforderte „geistliche Programmatik" der Diakonie zur Ermöglichung von Teilhabe nicht aus dem Aufsuchen einzelner biblischer ‚Belegstellen' generiert werden kann, sondern grundsätzlicher Art sein muss. Dierk Starnitzke hat in seiner Dissertation den Versuch unternommen, dazu doch den Begriff des Dienstes als Leitvorstellung des Diakoniesystems fruchtbar zu machen. Entsprechend der Luhmann'schen Systematik weist er der Diakonie das Code-Paar Vollmächtiger Dienst/Nicht-Dienst als Bedingung sinnvoller Kommunikation zu und leitet dieses insbesondere aus den echten Paulusbriefen ab[1]. Dem geht ein bestimmtes heuristisches Prinzip voraus: Es besteht in der dreifachen Bedingung, dass eine solche Leitvorstellung (1) eine zeitgemäß reformulierbare biblische Tradition repräsentieren, (2) nicht exklusiv diakonisch, sondern allgemein christlich anerkennungsfähig sein und (3) vom Handeln anderer Wohlfahrtsverbände klar zu unterscheiden sein müsse[2]. Nun ist die Leitfrage, welcher Dienst vollmächtiger Dienst und welcher gar nicht wirklich Dienst ist, gewiss allgemein christlich anerkennungsfähig. Ob sie bzw. der Begriff des Dienstes überhaupt aber eine zeitgemäß reformulierbare biblische Tradition repräsentiert, wurde in den vorliegenden Überlegungen bereits problematisiert (s.o. 4.1.). Vollends nicht überzeugen kann Starnitzkes letztgenannte Bedingung: Weshalb sollten sich Diakonie und Caritas aus anderen intrinsischen Motiven als die anderer Wohlfahrtsverbände nicht gleichwohl demselben Ziel verpflichtet wissen wie diese?

Im Folgenden wird deshalb nicht nach einer bestimmten *biblisch belegten Vokabel* als Leitvorstellung für die Diakonie gesucht. Vielmehr wird die These begründet, dass die systemtheoretisch für die Religion typische Inklusions-/Exklusionsproblematik mit der Frage nach der Ermöglichung von Teilhabe einer *durchgängig herrschende gesamtbiblische Kategorie* entspricht. Natürlich hat sich diese historisch entwickelt. Das müsste (und ließe sich vielleicht auch) anhand eines Durchgangs durch die gesamte biblische Überlieferungs- und Sozialgeschichte bis hinein in die christliche Kanonwerdung erweisen, was einer eigenen und durchaus umfangreichen Studie bedürfen würde. Um nicht stattdessen umgekehrt eklektisch nur einzelne biblische Belege heranzuziehen, nehmen wir im Folgenden tragende biblische Traditionsstränge in den Blick, auch dies allerdings eher summarisch. Die damit verbundenen exegetischen Diskussionen sind weitgehend in die Anmerkungen verbannt. Letztlich handelt es sich um nicht mehr als einen signifikanten Überblick, der aber hinreichen sollte, um die These als plausibel zu erweisen.

---

[1] Vgl. Starnitzke 1996, S. 285-313.
[2] Vgl. a.a.O., S. 288.

5.2.1. Sozialgeschichtliche Orientierung

Die erste historisch wirklich fassbare Epoche, auf die sich – allerdings erst deutlich später entstandene – Texte der hebräischen Bibel beziehen, ist die Zeit der beiden Monarchien Israel und Juda im Gebiet der südlichen Levante. Inschriften aus Assyrien, Syrien und Moab bezeugen ab Mitte des 9. Jhdt. v.Chr. für das nördlich gelegene Israel (bis 722/721 v.Chr.)[1] eine Dynastie Omri-Ahab und für das südliche Juda (bis 587/586 v.Chr.) ein Haus David[2], Herrschernamen also, die sich durchaus prominent auch in der Bibel finden. Im Zusammenhang der Armutsthematik (s.o. 4.3.) sind bereits die sozialen Verhältnisse in diesen beiden Staatswesen zur Sprache gekommen, die typisch für die Struktur antiker Klassengesellschaften samt deren Ausgrenzungs- und Teilhabephänomenen sind.

Diese Verhältnisse haben eine vorstaatliche Vorläuferin, die man als verwandtschaftsbasierte Gesellschaft[3] („lineage") bezeichnen und aus archäologischen Befunden erschließen kann. Es handelt sich dabei um Ackerbau und Viehzucht treibende Sippenverbände mit egalitären Strukturen, wohnhaft in kleinen Siedlungen aus der frühen Eisenzeit[4]. Die Grundeinheit der Gesellschaft ist die Familie, die sich ihrer Identität über eine patrilineare Genealogie versichert[5]. Teilhabe ist gewährleistet, weil man zum Stammbaum gehört. Eine oberhalb der Stammesebene angesiedelte Zentralinstanz gibt es nicht. In Krisensituationen können zwar auf Zeit Führungspersonen bestimmt werden, um gemeinsames Handeln zu koordinieren[6]. Aber auch dies lässt sich nicht strukturell gewährleisten, weil Teilhabe und Teilnahme von partikularen Eigeninteressen abhängen, wie der in diese Epoche verweisende Kern des Deborah-Liedes (Ri 5) zeigt[7]: Eine lockere stammesübergreifende Formation wird offenbar theoretisch vorausgesetzt, hat aber selbst bei militärischer Bedrohung von außen nicht die Integrationskraft, um eine Beteiligung aller zu gewährleisten.

Vor diesem Hintergrund hängt die Ausbildung von Monarchien[8] wesentlich damit zusammen, dass sich ungleiche Besitzverhältnisse innerhalb des egalitären

---

[1] Alle Zeitangaben nach Gertz 2010, S. 605-610.

[2] Die Archäologie zeigt, dass, anders als es die biblische Überlieferung vermuten lässt, Israel trotz häufiger Dynastiewechsel eine politisch und wirtschaftlich durchaus beachtliche und weitaus bedeutendere Monarchie war als das südlich davon gelegene Juda-Jerusalem; dazu vgl. das Fazit bei Finkelstein 2014, S. 185-188.

[3] Vgl. zum Folgenden Kessler 2006, S. 49-72.

[4] Zu den Siedlungsformen und Wirtschaftsstrukturen im Übergang von der Bronze- zur Eisenzeit in der südlichen Levante vgl. Fritz 1996, S. 75-103.

[5] Textliche Anhaltspunkte dafür finden sich z.B. Jos 7,14-18 und 1. Sam 10,18-21.

[6] Das wird, natürlich nur grundsätzlich und nicht im Detail, an den sagenhaften charismatischen Führungsfiguren im Richterbuch greifbar.

[7] Von zehn Stämmen bilden sieben eine militärische Defensiv-Koalition, während sich drei aus verschiedenen Gründen nicht beteiligen. Vgl. dazu Knauf 2016, S. 71-83.

[8] Vgl. zum Folgenden Kessler 2006, S. 73-113.

Settings entwickeln[1]. Rainer Kessler spricht von einer *„Ausdifferenzierung ‚nach oben'"*, die einem *„Ausfransen ‚nach unten'"*[2] korreliert, was sich bspw. auch daran erkennen lässt, dass von sagenhaften charismatischen Anführern auf Zeit wie Abimelech und Jiftach überliefert wird, sie hätten ihre militärische Potenz auf „bindungslose Männer" (Ri 9,4; 11,3) gestützt; ähnliche Hinweise finden sich im 1. Samuelbuch in den Erzählungen vom Aufstieg Davids. Insgesamt wird man begründet vermuten dürfen, dass komplexer werdende Sozialstrukturen die ursprünglichen innerfamilialen Regelungsmechanismen überfordern. Eine dadurch verursachte inklusive Tendenz zur Zusammenführung sozialer Mikroorganismen in ein größeres Gebilde befördert aber zugleich eine exklusive Tendenz zum Ausschluss bestimmter Gruppen aus dem ursprünglich egalitären Gemeinwesen. Die Bewältigung dieser kritischen Entwicklung wird in der Gründung monarchischer (Klein-)Staaten gesucht, womit man sich an das anschließt, was in der Umwelt längst Usus ist[3].

Die beiden Königreiche pflegen spezifische Gründungsmythen: Für Israel[4] finden sich neben Traditionen, die mit dem Namen Jakob/Israel verknüpft sind (Hos 12,4f.13) etwa Hinweise auf die spätere Exodusüberlieferung, nach der Israel vorzeiten aus Ägypten und durch die Wüste geführt worden sei (Hos 12,14; Am 2,10). In Juda spielt wohl die Verheißung eines ewigen Bestandes für die herrschende David-Dynastie eine Rolle (Hintergrund des später breit ausgebauten Textes 2. Sam 7). Strukturell lässt sich sagen, dass beide Monarchien über eine Residenz mit einer beamteten Verwaltung verfügen, Samaria in Israel und Jerusalem in Juda. Beide Staaten ergänzen den Heerbann der waffenfähigen Angehörigen der alten Sippen und Stämme durch ein staatliches Berufsheer. Und sie bestreiten die öffentliche Bautätigkeit aus Zwangsarbeit und die Finanzierung der staatlichen Aufgaben aus Abgaben[5]. Der Staatsapparat steht in enger Verbindung zu einer inzwischen weiter entwickelten sozialen Oberschicht, die sich nicht nur der vorstaatlichen Ausdifferenzierung der agrarischen Bevölkerung, sondern

---

[1] Das zeigt die Archäologie mit der Freilegung größerer Gehöfte zwischen den ansonsten gleichförmig kleinen Behausungen einer Ansiedlung.

[2] Kessler 2006, 65f.

[3] Israel und Juda sind ‚Spätzünder' im Rahmen der Staatenbildung des Vorderen Orients. Inwieweit dabei die Herrschaften Sauls, Davids und Salomos eine Rolle gespielt haben, lässt sich schwer sagen, weil archäologische Belege dafür völlig fehlen. Die breite innerbiblische Textbasis stammt aus einer sehr viel späteren Zeit und ist von theologischen Leitbildern geprägt, die erst für die nachstaatliche Epoche von Interesse sind.

[4] Zu den archäologischen und den biblischen Belegen für eine relativ frühe Entstehung des Kerns der Exodus- und der Jakob/Israel-Traditionen vgl. Finkelstein 2014, S. 163-174.

[5] Die verschiedenen Phänomene werden in mancherlei administrativen Notizen sichtbar, die in die späteren Erzählzusammenhänge der Samuel- und Königebücher eingestreut sind. Zu den mit der Etablierung von Königsherrschaft insgesamt verbundenen politischen, wirtschaftlichen und kulturellen Veränderungen vgl. Dietrich 1997, S. 148-201, der allerdings insbesondere bezüglich des für die Zeit Davids und Salomos historisch Erkennbaren noch sehr optimistisch ist.

wohl auch der Sogwirkung der städtischen Residenzen verdankt[1]. In solche Gegebenheiten ist die gesellschaftspolitisch hoch relevante Entwicklung von der *Ver*schuldung zur *Über*schuldung und damit die Entstehung von struktureller Armut einzuordnen (dazu ausführlicher bereits s.o. 4.3.). Ihr sind die städtische Unterschicht und Teile der Landbevölkerung ausgesetzt. Die Staatengründung hat es also nicht vermocht, die bereits vorstaatlich beginnenden sozialen Ausgrenzungsprozesse zu unterbrechen, sondern hat sie verschärft. Die ,Teilhabe' der deklassierten Bevölkerungsgruppen an den politischen und wirtschaftlichen Schlüsselprozessen besteht künftig nur noch in Dienstleistungspflichten (Fronarbeit, Militärdienst, Abgaben), aber nicht in Entscheidungsmacht.

Es ist von wesentlicher Bedeutung, dass die sich daran entzündende grundsätzliche Systemkritik (dazu s.u. 5.2.2.) mit dem Ende Israels als Staatswesen 722/721 v.Chr. nicht etwa verschwindet, sondern zusammen mit den Überlieferungen vom Exodus und vom Stammvater Jakob/Israel im Zuge einer Massenflucht vor den assyrischen Eroberern in das weiterhin bestehende sehr viel kleinere und machtlosere Königreich Juda gelangt und dort entsprechend den lokalen Verhältnissen fortgeschrieben wird (s.o. 4.3.). Das funktioniert, weil die politische und soziale Realität Judas mit der des nördlichen Nachbarstaates im Prinzip grundsätzlich identisch[2] ist. Die Kritik daran schlägt sich in programmatischen (sozial-)rechtlichen Forderungen (dazu s.u. 5.2.3.) nieder. Ihre Umsetzung scheitert am äußeren politischen Druck, an der Gravidität der bestehenden innergesellschaftlichen Widersprüche und spätestens am sodann erfolgenden Zusammenbruch auch dieses Staates.

Politisch bedeutet das Ende des Staates Juda, dass das künftige ,Israel' ein noch näher zu definierendes Gemeinwesen ohne eigenstaatliche Existenz bildet, das in allen seinen gleich zu besprechenden Formationen politisch und ökonomisch unmittelbar von den bis zum Ende der Antike einander ablösenden Hegemonialmächten im vorderasiatischen Raum abhängig ist. Der Auflösung des assyrischen Staates (612 v.Chr.) folgen die (Neu-)Babylonier (bis 539 v.Chr.), die Perser (bis 332 v.Chr.), das Alexanderreich und dessen Nachfolgestaaten (bis 63 v.Chr.) sowie schließlich die Römer. Zu Beginn dieses Zeitraums spielt eine wichtige Rolle, dass die Politik der Assyrer und der Babylonier zur dauerhaften Sicherung

---

[1] Das lässt sich u.a. aus den im Ganzen natürlich erst aus späterer Zeit stammenden Erzählungen um die Profeten Elischa und Elija erschließen, wo sich bspw. im Konflikt um Nabots Weinberg (1. Kön 21) die Königin Isebel für den von ihr zu verantwortenden Justizmord ausdrücklich auf die tatkräftige Unterstützung der (Stammes-)Ältesten und der Vornehmen der Hauptstadt verlassen kann. Dass dies struktureller Natur ist, wird daran deutlich, dass sich im Zusammenhang eines der in Israel (anders als in Juda) häufigen Dynastiewechsel der Usurpator Jehu ebenfalls an die städtische Oberschicht wendet (2. Kön 10,1.5).

[2] Juda unterscheidet sich von Israel zum einen durch die wesentlich höhere Stabilität der bis zum Ende (587/586 v.Chr.) ununterbrochen herrschenden David-Dynastie und zum andern durch eine hervorgehobene politische Bedeutung des nicht-städtischen Landadels (*am-ha'arez*) sowie eines auf ganze Beamtendynastien gestützten Verwaltungsapparates. Vgl. dazu und zum Folgenden Kessler 2006, S. 101-105 und 118f.

der eigenen Oberherrschaft gegenüber den annektierten Gebieten in der Regel in der Verschleppung von Teilen der lokalen Oberschicht besteht[1]. Damit gelangen Ethnien bzw. führende Teile von ihnen unter den unmittelbaren Einfluss ihnen fremder religiöser und kultureller Prägungen. Bereits mit der Eroberung Samarias 722 v.Chr. und dem Ende des monarchischen Staates Israel sind umfangreiche Deportationen nach Assyrien verbunden. Sie werden seitens der Eroberer durch die Zwangsansiedlung Deportierter aus anderen assyrischen Provinzen mit dem Resultat einer neu amalgamierten Bevölkerung auf dem Gebirge Efraim kompensiert[2]. Teile der judäischen Bevölkerung werden, ebenfalls im Rahmen eines assyrischen Feldzugs, erstmals 701 v.Chr. weggeführt. Nach der Ablösung der Assyrer als Hegemonialmacht durch die Babylonier wird Jerusalem 598/597 v.Chr. zum ersten Mal, 587/586 v.Chr. zum zweiten Mal erobert; in beiden Fällen werden Teile des Hofstaats und der Oberschicht nach Babylonien deportiert. Beim ersten Mal ist der amtierende König Jojachin dabei, beim zweiten Mal wird Jerusalem zerstört und anstelle des Königs Zidkija von den Siegern ein Statthalter namens Gedalja eingesetzt. Nach dessen Ermordung durch einen Offizier davidischer Abstammung (Jer 41,1-3) findet 582 v.Chr. eine dritte Deportation nach Babylonien statt; zeitgleich fliehen judäische Familien, die in die Ermordung verwickelt sind, nach Ägypten.

Diese erzwungenen Migrationsbewegungen werden hier deshalb skizziert, weil daran deutlich wird, dass von ‚Israel' von Beginn des 6. Jhdts. v.Chr. an in mindestens vier verschiedenen Formationen zu sprechen ist: (1) als verbliebene Bevölkerungsmehrheit in der babylonischen, später persischen Provinz auf dem Boden des ehemaligen Staates Juda, (2) als schwer fassbarer Rest des alten Israel innerhalb der neu zusammengesetzten Bevölkerung („Samaritaner") der Provinz Samaria nördlich davon, (3) als Golah[3] in Babylonien und (4) als Golah in Ägypten[4]. Für die jeweils einzelne Gruppe stellt sich unter jeweils differenzierten sozio-ökonomischen und kulturellen Rahmenbedingungen die Frage, wer oder was nach dem Verlust der staatlichen Existenz Israel eigentlich ist, wer daran teilhat, wie bzw. wie weit es sich als Minderheit in einen multiethnischen und multikulturellen Großstaat integriert und in welchem Maß es sich nach außen abgrenzt, um die eigene Identität nicht zu verlieren.

Im ehemaligen judäischen Staatsgebiet, das bis zuletzt von einer weiter anwachsenden Konzentration des Grundbesitzes geprägt war, kommt es nach den Deportationen zu einer Neuaufteilung der Eigentumsverhältnisse[5]. Davon profitieren bereits nach 598/597 v.Chr. die im Land verbliebenen Angehörigen der in

---

[1]   Zur folgenden Zusammenfassung der Exilierungen, die durch außerbiblische (assyrische, babylonische und ägyptische Texte) und innerbiblische (Königebücher, Jeremiabuch) Quellen belegt sind, vgl. als knappen Überblick Kessler 2006, S. 127-137.

[2]   Die künftigen Samariter.

[3]   *golah* (hebräisch) = Gruppe von Exilierten.

[4]   Von einer ägyptischen Golah weiß man (außer durch die Notizen in den Texten Jer 41-44) durch die in der Nähe von Assuan gefundenen Elephantine-Papyri aus dem 5. Jhdt. v.Chr.

[5]   Vgl. zum Folgenden Albertz 2001, S. 81-85 und Kessler 2006, S. 130-132.

der späten Königszeit formierten probabylonischen Opposition. Dass diese sich Besitztümer der ins Exil Geführten aneignen, wird seitens der babylonischen Golah im Ezechielbuch kritisiert (Ez 33,23-29). Von der Umverteilung profitieren nach der zweiten Deportation 587/586 v.Chr. aber auch manche Angehörige der verarmten judäischen Landbevölkerung, die zuletzt teilweise in Jerusalem als Schuldsklavinnen und -sklaven gelebt haben (Jer 34,8-22) und denen jetzt von den Eroberern Äcker und Weinberge zugewiesen werden (Jer 39,10; 2. Kön 25,12). Und davon profitieren schließlich Personen, die oder deren Vorfahren bereits im Zuge vorhergehender kriegerischer Auseinandersetzungen aus Juda in benachbarte Gebiete geflohen waren und jetzt zurückkehren (Jer 40, 11f). Insgesamt spiegelt sich in der nur kurz währenden Statthalterschaft Gedaljas eine Art „Sozialexperiment"[1], das aus „Landreform und Flüchtlingsansiedlung" zur „Wiederherstellung von Gerechtigkeit"[2] besteht. Dass man das auch anders sehen konnte, zeigt das Buch der Klagelieder[3], in dem sich spiegelt, dass die im Land verbliebene Bevölkerung zunehmend unter den Übergriffen noch teilselbstständiger benachbarter Kleinstaaten zu leiden hat. Das geht auch aus allerlei verstreuten Notizen in diversen Profetenbüchern hervor[4]. Insgesamt wird also für die babylonische Provinz Juda eine stark diversifizierte Gesellschaft sichtbar, in der auch die nach dem Fall Jerusalems eingeleitete Neuordnung der Besitzverhältnisse seitens einer probabylonischen Führungsschicht nichts daran zu ändern vermag, dass weite Bevölkerungsgruppen an den Rand gedrängt werden. Gleichzeitig bekommen ehemals Ausgegrenzte Anteil an den nach den Deportationen zur Disposition stehenden Besitztiteln.

Schauplatzwechsel. Die umfangreiche Gruppe der aus dem Land deportierten babylonischen Golah[5] besteht im Wesentlichen aus Angehörigen der nationalistischen, ökonomisch und politisch dominanten, eng mit dem Königshaus verbundenen Oberschicht sowie aus Fachkräften verschiedener Professionen. Es handelt sich um Menschen, die „nicht nur ihre Heimat, sondern auch ihren Grundbesitz und ihre meist einflussreiche Stellung verloren" haben[6]. Sie verfügen über einen gewissen inneren Zusammenhalt, insofern sie in eigenen Siedlungen wohnen (Ez 3,15). Sie dürfen Versammlungen abhalten, die von „Ältesten" geleitet werden (Ez 8,1). Die babylonische Golah hat wohl zunächst weitreichende Hoffnungen auf eine Beendigung des Exils und eine Restauration der davidischen Monarchie

---

[1] Albertz 2001, S. 83.
[2] Kessler 2006, 131.
[3] Zum zeitgeschichtlichen Hintergrund der Klagelieder vgl. Frevel 2017, S. 50-72. Frevels richtiger Hinweis, „dass es den Klageliedern nicht um eine historisch korrekte Schilderung oder eine Ereignischronik", sondern um „poetische Verdichtungen" geht (S. 72), bedeutet ja nicht automatisch, dass die Poesie zutreffende und signifikante politische und soziale Sachverhalte nicht aufgreifen und verarbeiten würde.
[4] Vgl. Albertz 2001, S.84f.
[5] Vgl. zum Folgenden neben Albertz 2001, S. 86-97 auch Kessler 2006, S. 133f.
[6] Albertz 2001, S. 86.

in Jerusalem gehegt; davor warnt nämlich ausdrücklich der Profet Jeremia in einem Schreiben an die „Ältesten der Golah", in welchem er dazu auffordert, sich auf einen dauernden Aufenthalt in Babylonien einzurichten (Jer 29,1-7). Nach der dritten Deportation 582 v. Chr. dürfte man sich vorerst mit der Situation abgefunden haben. Die Exilierten arbeiten in der staatlichen Landwirtschaft und bei staatlichen Bauprojekten; von Zwangsarbeit oder Sklaverei ist keine Rede. Das Archiv eines babylonischen Handelshauses lässt für das spätere 5. Jhdt. v.Chr. erkennen, dass Judäer in Babylonien rechtlich und ökonomisch gleichgestellt sind. Da dieser Status nicht vom Himmel gefallen sein kann, müssen schon vorher, also in der zweiten Hälfte der Exilszeit, für einen Teil der Deportierten die Zeichen „ganz auf immer weiter gehende (…) Integration" gestanden haben[1]. Das schließt aber das Festhalten an einem exklusiven Gruppenbewusstsein nicht aus, das auf jeden Fall für einen anderen Teil der Deportierten eine wichtige Rolle gespielt hat. Dazu trägt wesentlich bei, dass im Exil die aus der vorstaatlichen Zeit stammende und während der gesamten staatlichen Zeit durchgehaltene Vorstellung von der Familie als Basis der Gesellschaft nicht verloren geht. Die Golah besteht zwar nicht mehr aus freien Grundbesitzern, so dass der für die vorexilische Gesellschaft konstitutive Erbbesitz (*nachalah*) als Basis des Verwandtschaftssystems wegfällt. Aber anstelle des gemeinsamen Wohnorts und des gemeinsamen Besitzes definieren sich die Familienverbände jetzt über eine Registrierung in Listen[2]; an die Stelle der Sippe (*mishpochah*) tritt als entsprechender Terminus Technicus das Väterhaus (*bet 'abot*). Man weiß genau, wozu man gehört, und woran man das erkennt. Als familienübergreifende identitätsstiftende Merkmale, die aus Legitimationsgründen in eine sagenhafte Vorzeit datiert werden, führt nämlich die babylonische Golah (1) die Beschneidung von Kleinkindern (die in Babylonien nicht üblich war), (2) eine erste Sammlung von Reinheits- und Speisevorschriften sowie (3) die wöchentliche Sabbatruhe (samt familiärer Sabbatfeier als Ersatz für das fehlende JHWH-Heiligtum) ein. Insgesamt konstatieren wir für Israel im babylonischen Exil eine ökonomisch, sozial und kulturell relativ geschlossene (Sub-)Gesellschaft, die in der Lage ist, an der lokalen Mehrheitsgesellschaft teilzuhaben, die sich zugleich aber durch ihre Binnenstruktur und bestimmte äußere Merkmale von dieser abgrenzt. Der exklusive Charakter der Formation nach außen begünstigt nach innen eine weitreichende Teilhabe aller ihr Zugehörigen. Die Hoffnung auf eine Beendigung des Exils stirbt den äußeren Anpassungstendenzen zum Trotz zu keinem Zeitpunkt.

Die mit dem Verlust der Eigenstaatlichkeit aufgeworfene Frage, was eigentlich ‚Israel' ist und wer dazugehört, stellt sich dann wieder neu, als ein Teil der Deportierten bzw. ihrer Nachkommenschaft in ‚das Land' zurückkehrt, während ein anderer bleibt, wo er ist, und damit die Grundlage dafür schafft, dass Israel auch

---

[1] a.a.O., S. 89.

[2] Ein erster Hinweis darauf findet sich Ez 13,9; ausführlich dann in den viel späteren Büchern Esra (Kap. 2) und Nehemia (Kap. 7), wo für die nach Juda Heimkehrenden diese Organisationsform schon vorausgesetzt wird, weshalb sie wohl in Babylonien entstanden sein muss.

außerhalb des Landes in einem weiten geografischen Bogen von Babylonien bis Ägypten an allerlei Orten zu finden ist. Dafür ist die persischen Epoche in der Geschichte des alten Orients relevant. Sie beginnt mit der Eroberung der Stadt Babylon durch König Kyros II. (539 v.Chr.) sowie mit dem Ägyptenfeldzug seines Nachfolgers Kambyses II. (525 v.Chr.) und endet mit dem Einzug des Makedoniers Alexander in Babylon (331 v.Chr.). Zunächst ist für die Entwicklung und Gestaltung der Verhältnisse in der Region Juda[1] die mit dem Kyrosedikt von 538 v.Chr. (Esr 1,2-4; 6,3-5) ermöglichte allmähliche Rückkehr von Teilen der babylonische Golah ausschlaggebend, die in den Neubau des Tempels in Jerusalem (520-515 v.Chr.) mündet. Mit ihr wird „die Frage, was das Volk Israel ist und wer zu ihm gehört", unter veränderten Vorzeichen nun aufs Neue „zunehmend erklärungsbedürftig"[2]. Die durchaus überschaubare Gruppe der Rückkehrenden[3] beansprucht für sich eine maßgebliche Rolle bei der Rekonstitution des Gemeinwesens. Sie akzeptiert keineswegs automatisch die Zugehörigkeit der vorfindlichen Bewohnerinnen und Bewohner der Provinzen Jehud und Samaria zu Israel, obwohl diese eine solche natürlich für sich sehr wohl reklamieren. Man trifft auf Angehörige der ehemaligen Unterschicht, die den Landbesitz der Deportierten übernommen haben, und auf eine neue Oberschicht, die wohl auch aus ursprünglich nicht-judäischen Bevölkerungsgruppen besteht[4]. „Damit ist für die Perserzeit ein doppelter Konflikt vorgezeichnet: Der um das Land und der um die politisch-religiöse Führung."[5] Der politische und administrative Rahmen zur Austragung dieser Konflikte ist das persische Provinzialsystem. Es sichert mit einer straffen Bürokratie den Bestand des Staatswesens und gewährleistet, dass alle Einheiten

---

[1] Sie sind nur schwer historisch rekonstruierbar, weil insbesondere die mit zeitgeschichtlichem Anspruch auftretenden Bücher Esra und Nehemia sowie die Profetenbücher Haggai und Sacharja literarisch nicht leicht zu analysieren und inhaltlich von einseitigen tendenziösen Interessen geleitet sind. Zu Einzelheiten vgl. Gerstenberger 2005, S. 74-78 (zu den politischen Rahmenbedingungen), S. 78-88 (zu Nehemia, Esra und den anderen handelnden Personen), S. 88-101 (zu den sozialen, ökonomischen und kulturellen Verhältnissen des Gemeinwesens).

[2] a.a.O., S. 139.

[3] Die babylonische Golah geht keineswegs geschlossen nach Juda, nicht einmal ihr größerer Teil (vgl. Kessler 2006, S. 160f, da es schließlich ja möglich ist, sich in der Fremde zu integrieren, es sogar zu einem gewissen Wohlstand zu bringen und trotzdem die jüdische Identität nicht aufzugeben. Die ägyptische Golah besteht in der persischen Epoche zunächst einfach weiter, erkennt aber später die Jerusalemer Autoritäten immerhin als eine Art Oberinstanz an, wie aus den erwähnten Elephantine-Papyri hervorgeht, die eine Korrespondenz der ägyptischen Golah mit Jerusalem zur Entscheidung über religiöse Zweifelsfragen dokumentieren.

[4] Diese sozialgeschichtliche Rekonstruktion ist neben (spärlichen) außerbiblischen Indizien auf eine kritische Auswertung signifikanter einzelner Hinweise in den Büchern Esra, Nehemia, Haggai und Sacharja angewiesen (vgl. dazu Kessler 2006, S. 145f). Insbesondere Esr/Neh sind ausschließlich aus der Perspektive der babylonischen Golah geschrieben und wollen den Anschein erwecken, als seien die Rückkehrenden in Juda auf eine menschenleere Region gestoßen.

[5] Kessler 2006, S. 145.

„nach Maßgabe ihrer speziellen Volkswirtschaften zum Wohlergehen des Reiches bei(tragen)"[1]. Zugleich sorgen die Perser in den einzelnen Provinzen für Religions- und Kultusfreiheit und gestehen ihnen je nach lokalen Gegebenheiten auch gewisse Autonomien zu[2], die in der Ende des 6. Jhdts. v.Chr. eingerichteten Satrapie Transeufrat[3], wenn man so will: regionalpolitisch, am Dauerkonflikt zwischen den Verwaltungen in Samaria und Jerusalem um die Führungsrolle in der südlichen Levante sichtbar werden (Streitigkeiten um den Neubau einer Jerusalemer Stadtmauer Neh 3,33–4,12; Verketzerung der Samaritaner durch die hinter dem Tempelneubau stehenden Kräfte Esr 4,1-24).

Unbeschadet dessen haben die für die Perserzeit kennzeichnenden sozio-ökonomischen und gesellschaftlichen Rahmenbedingungen Bestand und setzen sich auch nach den mit dem Alexanderzug (334-324 v.Chr.) beginnenden politischen Umwälzungen in der Folgezeit grundsätzlich fort[4]. Im Unterschied zu den bisherigen Verhältnissen wächst allerdings in der hellenistischen Epoche der Anteil der Geld- gegenüber der reinen Naturalwirtschaft. Außerdem nimmt die Bedeutung der Sklaverei sprunghaft zu. Damit verfestigen sich die Klassengegensätze. Die Kluft zwischen Arm und Reich wird noch breiter und verschärft sich durch die zahllosen kriegerischen Auseinandersetzungen zwischen und in den auf die Herrschaft Alexanders folgenden Diadochenstaaten. Statt durch soziale Ausgleichsmaßnahmen lässt sich Armut weitgehend nur noch durch einseitiges Almosengeben lindern[5]. Das Erste Makkabäerbuch[6] resümiert: „Alexander der Makedone (…) bezwang Dareios, den König der Perser und Meder und wurde König an seiner Statt. (…) Er zog bis ans Ende der Welt und plünderte eine Vielzahl von Völkern. (…) Seine Gefolgsleute übernahmen die Macht, jeder in seinem eigenen Gebiet (…), und viele Jahre lang hielten es ihre Kinder nach ihnen ebenso, und sie vermehrten das Elend auf Erden."[7] Hinzu kommt, dass es geradezu *das* Kennzeichen des Hellenismus ist, dass ein importiertes ‚Griechentum' die jeweiligen politischen und ökonomischen, aber auch religiösen und kulturellen Gegebenheiten vor Ort – anders als die früheren Hegemonialmächte – „bis ans Ende der Welt" förmlich durchdringt: Der Hellenismus ist eine „kulturelle Macht", die

---

[1] Gerstenberger 2005, S. 76.
[2] Dazu und zum Folgenden vgl. a.a.O., S. 76-78.
[3] Die Satrapie umfasst in etwa das Gebiet, das heute von den Staaten Syrien, Jordanien, Israel und den palästinensischen Autonomiegebieten gebildet wird.
[4] Zum Folgenden vgl. Kessler 2006, S. 175-179.
[5] Vgl. die Ausführungen zu Dtn 15 (s.o. 4.3). Das im deuteronomischen Gesetz alle sieben Jahre vorgesehene Schuldenerlassjahr wird in dem an die Priesterschrift angehängten Gesetzeskorpus einem neuen Rhythmus von jeweils 50 Jahren unterworfen (Lev 25,8-12). Daran wird deutlich, dass von einem tatsächlich stattfindenden Ausgleich zwischen Besitzenden und Überschuldeten spätestens in der nachexilischen Zeit wohl keine Rede sein kann.
[6] Eine späte Schrift der hebräischen Bibel, entstanden um 100 v.Chr., die ursprünglich wohl auf Hebräisch oder Aramäisch geschrieben war, aber nur in einer griechischen Fassung erhalten ist (vgl. Berlejung in: Gertz 2010, S. 570-574).
[7] Zitiert und übersetzt bei Chaniotis 2019, S. 9.

überall griechische Sprache, Erziehung und Bildung verbreitet[1] und die zahlreichen Gemeinwesen[2] seiner globalen Ökumene nicht nur administriert, sondern durchgreifend hellenisiert. Es dürfte kein Zufall sein, dass sich für Israel in dieser Epoche zum ersten Mal eine wirkliche Erosion der traditionellen familialen Strukturen ausmachen lässt, die bis dahin stets das Rückgrat der jeweiligen Gesellschaftsformation gebildet haben. Offenbar ist es „nur einem Teil der jüdischen Bevölkerung möglich (…), das Ideal des patriarchalen Haushalts (noch) zu verwirklichen"[3], während umgekehrt in der reichen Oberschicht förmliche Dynastien entstehen, die vor allem einflussreiche politische Positionen, z.B. das Hohepriesteramt, besetzen, aber auch allgemein als Funktionäre der hellenistischen Zivilisation tätig werden.

Diese Verhältnisse überdauern auch das Ende der auf Alexander folgenden Diadochenstaaten. Die Levante wird nach der Eroberung Jerusalems durch Pompejus (63 v.Chr.) neu geordnet und als Provinz Syrien in den administrativen Rahmen des römischen Staatswesens und des römischen Wirtschaftssystems eingegliedert[4]. Sie ist wie die gesamte mediterrane Welt des Imperium Romanum und seiner Provinzen als „Fortgeschrittene Agrargesellschaft"[5] zu charakterisieren. Als deren zentrale Faktoren lassen sich eine verstärkt arbeitsteilige Wirtschaft, technologische Innovationen (z.B. eiserner Pflug), das Wachstum von Handel und Gewerbe und ein ausgeprägter Gegensatz zwischen der ländlichen Agrarwirtschaft und der städtischen Kommerzwirtschaft namhaft machen. Die ländliche Unterschicht kann im besten Fall die eigene Subsistenz erwirtschaften. Sie ist von steigenden Steuern und Abgaben belastet. In Galiläa[6] werden diese zugunsten eines abhängigen Klientelfürstentums (Herodes der Große und seine Söhne) erhoben, welches davon einen anteiligen Tribut an die römische Oberherrschaft zu entrichten hat. Im südlichen Provinzteil Judäa (Jerusalem), wo zur Zeit des Auftretens der Jesusbewegung ein römischer Prokurator residiert, fließen die Abgaben direkt nach Rom und werden durch örtliche Angehörige der jüdischen Oberschicht eingetrieben (Steuerpächter). Dazu kommen für die Angehörigen der jüdischen Religionsgemeinschaft bzw. Ethnie die Tempelsteuer und der Zehnte, die eine erhebliche Zusatzbelastung darstellen. Sie dienen der Akkumulation des Jerusalemer Tempelschatzes, welcher von Bedeutung zur Finanzierung des religiösen Betriebs ist und zugleich als eine Art Kreditbank für Privatvermögen fungiert.

---

[1] Vgl. dazu für die JHWH-Gemeinschaft der hellenistischen Epoche auf dem Boden des heutigen Staates Israel und der palästinensischen Autonomiegebiete noch immer grundlegend Hengel 1988, S. 108-195.

[2] Vgl. Chaniotis 2019, S. 103-144 (für die kleinen und großen Königreiche) und S. 145-174 (für Städte, Städtebünde und Stadtstaaten).

[3] Kessler 2006, S. 176.

[4] Vgl. zum Folgenden Oswald/Tilly 2016, S. 130-150 und zusammenfassend Holum 1995, S. 592-594.

[5] Zum Folgenden vgl. Stegemann/Stegemann 1995, S. 19-25.

[6] Zum Folgenden vgl. a.a.O., S. 108-118.

Unter diesen Bedingungen sind gravierende Verwerfungen zu beobachten. *Ökonomisch*[1] zerfällt die Gesellschaft in (1) eine land- und immobilienbesitzende Oberschicht, die aus der umfangreichen Gefolgschaft des herodianischen Herrscherhauses, der Priesterschaft und den lokalen Richtern besteht, und (2) eine teils in bescheidenem Wohlstand, überwiegend aber in Armut lebende Unterschicht, die sich aus Bauern und Fischern, Landarbeitern und Kleinpächtern, Tagelöhnern, Handwerkern, kleinen Händlern und Sklaven zusammensetzt. *Politisch und religiös*[2] zerfällt die Gesellschaft in (1) formal konsolidierte Gruppen bzw. ‚Parteien', die sich bereits in der hellenistischen Phase vor Pompejus herausbilden und etablieren und ein mehr oder weniger stark ausgeprägtes spezifisches Exklusivitätsbewusstsein pflegen[3], sowie (2) ein „breites Spektrum (weiterer) sehr unterschiedlicher Gruppen, Bewegungen und Strömungen"[4], zu denen sowohl „prophetisch-charismatische Bewegungen und Einzelgestalten"[5] als auch „religiös-politische und sozialrevolutionäre Widerstandsbewegungen"[6] zählen. Unter diesen Vorzeichen gewinnen „Reinheit und Askese als grenzziehendes Verhalten"[7] eine hohe Bedeutung für Teile der jüdischen Ethnie insofern, als die Fremdherrschaft samt ihrer kulturellen Dominanz „den Zwang zur identitätsbewahrenden Abgrenzung" und „zur ostentativen Heiligung" hochtreibt. In dieser Gemengelage ist die Jesusbewegung soziologisch zu verorten.

Noch einmal anders akzentuiert stellt sich die Situation im Kontext der bedeutenden Großstädte des römischen Reiches dar, vor allem Ephesus in Kleinasien, Korinth in Griechenland und Rom in Italien. Sie bildet den Bezugspunkt für das Wirken des Apostels Paulus. Die für den syro-palästinischen Raum charakteristischen Verhältnisse der Epoche gelten auch hier. Sie sind aber signifikant zu ergänzen. Die Städte pflegen in allen Belangen allgemein akzeptierte, durch die hellenistisch-römische Politik, Ökonomie und Kultur geprägte Standards[8], in denen sich die unterschiedlichsten Strömungen und Gruppierungen einer diversifizierten urbanen Gesellschaft einschließlich der jungen christlichen Gemeinden teilhabend oder abgrenzend bewegen, aber in jedem Fall unter grundsätzlicher Akzeptanz „buchstäblich einschreiben" mussten. „Die Stadt bildet den Referenzrahmen, innerhalb dessen Christen ihre eigenen Identitätsstrukturen auszubilden hatten."[9]

---

1   Zum Folgenden vgl. a.a.O., S. 122-126.
2   Zum Folgenden vgl. ausführlich a.a.O., S. 128-167.
3   Insbesondere die Sadduzäer, die Pharisäer und die Essener; vgl. im Detail a.a.O., S. 140-148.
4   a.a.O., S. 138. Nachrichten dazu vor allem bei dem jüdischen Historiker Josephus (1. Jhdt. n.Chr.).
5   a.a.O., S. 148, vgl. weiter bis S. 154. Hierhin gehört z.B. auch Johannes der Täufer.
6   a.a.O., S. 154, vgl. weiter bis S. 164.
7   a.a.O., S. 132, vgl. weiter bis S. 133; die beiden folgenden Zitate ebd.
8   Zu Politik, Kultur, Religion, Familie, Vereinen und Philosophenschulen vgl. grundlegend Ebner 2012, zu den Verhältnissen in Rom auch Theißen/Gemünden 2016, S. 299-305.
9   Ebner 2012, S. 40.

Insgesamt dürfte der vorstehende, vor allem sozialgeschichtlich und -politisch orientierte Abriss belegen, dass der rund ein Jahrtausend[1] umfassende historische Rahmen der biblischen Traditionen signifikant von der Inklusions-/Exklusions-problematik bestimmt und geprägt ist. Das gilt für die Machtverhältnisse eines souveränen Staatswesens, das schichtenspezifische Ausgrenzungen und Deklassierungen generiert, ebenso wie für die Ohnmachtsverhältnisse ausgegrenzter Minderheiten, die gezwungen sind, sich an die herrschenden Verhältnisse anzupassen, und/oder sich um der eigenen Identität willen abgrenzen müssen oder wollen. Man kann es je nach Perspektive stets zu der Frage zuspitzen, wer wozu gehören darf, soll oder will. Im Folgenden wird daher untersucht, wie diese Frage in grundlegenden biblischen Überlieferungssträngen bearbeitet wird.

5.2.2. Prophetische Sozialkritik

Dass der monarchische Staat, der wohl um die Wende 10./9. Jhdt. v.Chr. die Erosionserscheinungen der lineage-Gesellschaft auffangen sollte, nicht leistet, was man sich von ihm versprochen hat, kritisiert vielleicht schon früh die Jotamfabel (Ri 9,8-15)[2]: Die Bäume wollen einen König wählen, sämtliche nützlichen Pflanzen (Ölbaum, Feigenbaum, Weinstock) winken ab, und zum Schluss bietet der Dornstrauch an, dass sich alle in seinem Schatten bergen mögen. Auch andere Texte[3] widersprechen der Auffassung, die Überlebensfähigkeit der einzelnen Stammesformationen sei durch die Teilhabe an einem zentralistischen Staatswesen gewährleistet (1. Sam 9-11), und setzen sich kritisch mit den repressiven wirtschaftlichen und politischen Folgen der Monarchie auseinander (z.B. im sogenannten Königsrecht 1. Sam 8,11b-17). Unbeschadet der strittigen Frage, in welchen späteren Epochen diese Texte zu verorten sind und ob sie, wenn überhaupt, zeitgenössische Vorstufen erkennen lassen, kann man auf jeden Fall sagen: Speziell in den späteren Büchern Richter und 1./2. Samuel wird, wenn auch gewiss rückblickend, der grundsätzliche Widerspruch zwischen dem Anspruch des Königtums, ein inklusives Gemeinwesen zu gewährleisten, und den Exklusionseffekten innerhalb einer sich ausdifferenzierenden Gesellschaft thematisiert.

Dem haben die beiden Staaten ideologisch entgegenzuwirken versucht, indem der vermutlich schon in der alten verwandtschaftsbasierten (Stammes-)Gesellschaft neben anderen Gottheiten verehrte Gott JHWH[4] zum Staatsgott mit Sitz an besonderen Königsheiligtümern erhoben wurde, und zwar für Israel am Tempel in Bethel und für Juda am Tempel in Jerusalem, jeweils verbunden mit einem

---

[1] Wenn man nämlich die archäologischen Erkenntnisse zu Israels sogenannter Frühgeschichte und wie auch immer geartete mündliche Vorstufen identifizierbarer Literatur mit in Anschlag bringt.

[2] Die Fabel verspottet entweder bereits zur Zeit einer stabilen Monarchie (so Crüsemann 1978, S. 31) in Israel oder rückblickend unmittelbar nach dem Scheitern des Staatswesens Ende des 8. Jhdt. v.Chr. (so Knauf 2016, s. 111) die Unproduktivität des Königtums.

[3] Zum Folgenden vgl. grundlegend immer noch Crüsemann 1978, S. 19-84.

[4] Zur Vorgeschichte der offiziell-staatlichen JHWH-Verehrung vgl. Römer 2018, S. 49-99.

offiziellen Kult[1], der das Wirken der Gottheit an die Residenz bindet, was sich
für Juda etwa in der Zionstheologie erkennen lässt, der zufolge JHWH „in Jerusalem wohnt" (Ps 135,21), wo sich Himmel und Erde berühren und von wo Hilfe
und Segen ausgehen (so einzelne Psalmen sowie Texte im Jesajabuch). Neben
diesen Staatsideologien besteht aber durchweg zugleich weiterhin eine unmittelbar in den Familien[2] und an einer Mehrzahl dezentraler Kultstätten angesiedelte
traditionelle Frömmigkeitspraxis. Sie kann verschiedenen Gottheiten aus dem regional präsenten polytheistischen Pantheon, aber eben auch JHWH[3] gelten. Hier
stehen völlig andere Vorstellungen im Vordergrund, die grundlegend von der
Frage bestimmt sind: Legitimiert JHWH die herrschenden Machtverhältnisse
oder fordert er die Teilhabe aller am Gemeinwesen?

Dies nun hat eine fundamentale Kritik an der fortschreitenden sozialen Ausgrenzung und deren religiöser Überhöhung in Israel und Juda zur Konsequenz[4],
die wir uns zunächst für den Staat Israel ansehen, wo sie vor allem in den Büchern
Amos und Hosea[5] eine zentrale Rolle spielt (zu der hier relevanten Armutsthematik auch s.o. 4.3.). Die älteste Botschaft des Amosbuches, die sich inhaltlich
auf eine wirtschaftliche Blüte- und außenpolitische Friedenszeit unter dem König
Jerobeam II. (785-745 v.Chr.) bezieht[6], lässt sich dahingehend zusammenfassen,
dass es eine auf Wirtschaftsspekulation und Machtmissbrauch gestützte Elite[7] in
krasser Weise auf die Ausgrenzung und Unterdrückung der Armen und Bedürftigen anlegt (Am 2,6-8; 8,4-6). Deshalb hat JHWH die Zerschlagung der Heilig-
tümer und des Königshauses (Am 7,9) und ein schonungsloses Ende „für mein
Volk Israel" (Am 8,2) beschlossen. Im Hosea-Buch[8] steht nicht so sehr die soziale
Frage im Mittelpunkt, sondern die Feststellung, dass die offiziell geübte kultische
(Hos 4,4-19) und politische Praxis (Hos 7,1-7) eine bewusste Abweisung JHWHs

---

[1] Es würde den Rahmen sprengen, die komplizierte Entwicklungsgeschichte der mit diesem
    Gottesnamen verbundenen Glaubensvorstellungen auch nur anzudeuten. Vgl. dazu aus-
    führlich und grundlegend Albertz 1992, für Israel: S.212-266, für Juda: S. 190-212. Dazu,
    dass der Staatskult in Israel-Samaria ein anderer war als in Juda-Jerusalem, sowie zu den
    jeweils damit verbundenen Gottesnamen und -vorstellungen vgl. Römer 2018, S. 119-156.
[2] Näheres Albertz 1992, S. 291-304.
[3] Zu den biblischen Hinweisen auf mögliche Verankerungen und Formen des JHWH-Glau-
    bens in familialen und vorstaatlichen Strukturen vgl. neben Albertz 1992 auch Fritz 1996,
    S. 136-155.
[4] Vgl. dazu Kessler 2006, 114-126.
[5] Wie alle Profetenbücher haben auch diese beiden eine außerordentlich lange und durch
    immer wieder erfolgte (Neu-)Aneignung und Fortschreibung bestimmte Entstehungsge-
    schichte, hinter der die ursprüngliche jeweilige ‚Profetengestalt' kaum noch fassbar ist.
    Vgl. Zenger in: Zenger 2001, S. 491f.
[6] Es lässt sich zeigen, dass der Grundbestand der sogenannten Visionsberichte (Am 7,1–9,6)
    und der Völkersprüche (Am 1,3–2,16) den frühesten Teil des Buches bilden. Vgl. Jeremias
    1995, S. XVI-XIX, 94-103 und 112-128.
[7] Zur Wirtschafts- und Sozialgeschichte dieser Epoche vgl. auch Schoors 1998, S. 83-92.
[8] Die ältesten Teile des Buches, der Grundbestand von Hos 4-9, sind wohl ein wenig später
    (2. Hälfte des 8. Jhdt.) als die alten Amostexte anzusetzen. Vgl. Zenger in: Zenger 2001,
    S. 476f.

darstellt[1]. Das wird als Undankbarkeit gegenüber jenem Gott kritisiert, der Israel einst „wie Trauben in der Wüste gefunden" hat (Hos 9,10). Deshalb muss es unter Verlust der guten Gaben des Kulturlandes zurück nach Ägypten (Hos 9,1-6). Das Hoseabuch spricht hier als vermutlich frühestes literarisches Zeugnis der Bibel die für die späteren Erzählzusammenhänge des Pentateuch so zentralen und für die Teilhabe an der JHWH-Gemeinschaft so relevanten Themen der Befreiung aus Ägypten, der Wüstenwanderung und der Landnahme an (s.u. 5.2.4.). So unterschiedlich die beiden Profetien im Ganzen und im Einzelnen argumentieren, so sind sich doch beide darin einig, dass die staatliche Verfassung und die gesellschaftliche Struktur Israels samt ihrer ideologischen Rechtfertigung durch den Gott des Königshauses erledigt sind[2]. JHWH ist ganz anders: Er hat ein zum Sklavendienst instrumentalisiertes Volk aus Ägypten befreit und in der Wüste bewahrt (Hosea) und steht von jeher auf der Seite der Ausgegrenzten und Entrechteten (Amos).

Diese Tradition ist mit der durch die Eroberung Samarias 722 v.Chr. ausgelösten Migrationsbewegung nach Süden gewandert und spiegelt sich in den judäischen Profetenüberlieferungen. So kündigt die älteste Botschaft des Jesajabuches[3] die totale Zerstörung des Landes durch die übermächtigen Assyrer an, weil das Wort JHWHs auf taube Ohren stößt (Jes 6,8-12), während die Witwen und Waisen um ihr Recht gebracht (Jes 1,21-26) und alle Besitztitel in den Händen weniger Privilegierter akkumuliert werden (Jes 5,8-10). Das ist umso bemerkenswerter, als das Jesajabuch mit seiner Fixierung auf den „JHWH Zebaot" und mit seiner profetischen Vision im Tempel (Jes 6) durchaus an die Zionstheologie anknüpft, allerdings nicht zur Affirmation der herrschenden Jerusalemer Oberschicht, sondern im Dienst der Aussage, dass die Bedrückung der Gesellschaft durch eine exklusive Besitz- und Machtelite eine Beleidigung der Heiligkeit JHWHs darstellt[4]. Eine ähnliche, aber wieder anders akzentuierte Sozialkritik findet sich im alten Kern des Michabuches[5], wo das profetische ‚Subjekt' die verarmte Landbevölkerung ausdrücklich als „mein Volk" bezeichnet, dem die Großgrundbesitzer und die Politiker gerade nicht angehören, sondern vielmehr als Feinde gegenüberstehen. Die Einheit des Gottesvolkes ist zerbrochen, das „Haus Jakob" ist nur noch eine Leerformel im Mund der Gegner (Mi 2,7), und, radikaler

---

[1] Vgl. Jeremias 1983, S. 18f, 63-73, 94-97 und 115-117.

[2] Dies ist natürlich auch ein, wenn man so will, innenpolitischer Reflex auf die „assyrische Krise", die im 8. und 7. Jhdt. v.Chr. zur bestimmenden außenpolitischen Herausforderung für die gesamte Staatenwelt der Levante wird; vgl. dazu Schoors 1998, S. 92-98.

[3] Jes 1-12 aus dem letzten Viertel des 8. Jhdt. v.Chr. Zur inhaltlichen Zusammensetzung und zum literarischen Wachstum vgl. im Einzelnen Berges/Beuken 2016, S. 50-81. Zu den schwierigen Datierungsfragen vgl. auch Jüngling in: Zenger 2001, S. 393-396.

[4] Zur Bedeutung des JHWH-Namens im gesamten Jesajabuch vgl. Berges/Beuken 2016, S. 36-41 und zur Rolle der Zionstheologie Schmid, K. 2011, S. 38 und 85-93.

[5] Ungefähr zeitgleich zu den alten Jesaja-Texten in Mi 2 und 3. Vgl. Zenger in: Zenger 2001, S. 506-508 und Jeremias 2007, S. 121-123, 144-154 und 156-167.

als im Jesajabuch, wird am Ende sogar der „Zion um euretwillen zum Feld um-
gepflügt" (Mi 3,12). Die fortschreitende Zerklüftung des Gemeinwesens, in dem
immer mehr Menschen an den Rand gedrängt werden, wird den Kollaps des Staates zur Folge haben; und dass dieser durch äußere Gewalteinwirkung erfolgt, wird
als Strafe für die politisch, sozial und religiös zerrütteten Verhältnisse angekün-
digt.

Die skizzierte profetische Sozial- und Kultkritik in Israel und Juda in den Büchern *Amos, Hosea, Jesaja und Micha* aus dem 8. und 7. Jhdt. v.Chr. lässt sich
unbeschadet ihrer jeweils spezifischen Akzentuierung wie folgt zusammenfassen: Sie stellt sich auf die Seite der deklassierten Bevölkerungsgruppen, indem
sie an den aus den verwandtschaftsbasierten Gesellschaftsstrukturen stammenden
inklusiven und partizipatorischen JHWH-Traditionen festhält. Die seitens einer
gefestigten, mit der politischen Macht verbündeten Oberschicht systematisch be-
triebene gesellschaftliche Ausgrenzungsstrategie wird als Verfehlung gegen die
Gottheit gebrandmarkt. Das wird eine grundstürzende Katastrophe zur Folge haben.

Nun ist dieselbe Gottheit aber zugleich die kultische Adressatin der offiziellen
Staatsideologie. Der Protest kann deshalb durchaus auch eine appellative Konnotation haben: Die politische Macht wird daran erinnert, wer JHWH ‚eigentlich'
ist. Das hängt damit zusammen, dass das Königtum in der Epoche keineswegs
ausschließlich auf Kritik stößt. Im Gegenteil kann seine Ordnungsfunktion für
das Gedeihen von Staat und Gesellschaft und für die erfolgreiche Abwehr äußerer
Bedrohung lobend hervorgehoben werden: In dem wahrscheinlich alten Grundbestand des später erweiterten Ps 72[1] bspw. ist die Rede davon, dass der König
das Volk gerecht regiert, den Gebeugten Recht verschafft, den Kindern der Armen Hilfe bringt, so dass insgesamt Gerechtigkeit und Friede blühen. Vor diesem
Hintergrund ist es zu verstehen, dass die frühe Profetie der Bücher Jesaja und
Micha so gut wie gar nicht direkt den König angreift[2], sondern sich an diese
Zentralinstanz durchaus sogar die Erwartung eines reformerischen Eingreifens
richten kann. Das wird etwas später besonders deutlich an dem hinter dem Jeremiabuch[3] stehenden Profeten (ca. 627-585 v.Chr.)[4] bspw. mit dem Appell, der
regierende König Jojakim möge sich ein Beispiel an seinem Vater Joschija nehmen, der noch wusste, dass er Recht und Gerechtigkeit zu üben und die Sache der
Elenden und Armen zu führen habe (Jer 21,12).

Festzuhalten ist, dass die profetischen Traditionen der Bibel damit beginnen,
dass der Glaube an JHWH die Kritik an wirtschaftlicher, politischer und sozialer
Ausgrenzung zur unmittelbaren Konsequenz hat. Die damit verbundenen Folge-

---

[1] Vgl. Hossfeld/Zenger 2002, S. 412-417.
[2] Vgl. dies und das Folgende bei Kessler 2006, S. 122-124.
[3] Die auf's Ganze gesehen reichlich ungeklärte Frage der langwierigen und komplizierten
     Entstehungs- und Fortschreibungsgeschichte des Jeremiabuches erläutert Schmidt 2008,
     S. 28-41.
[4] Zur Datierung vgl. a.a.O., S. 1-7.

rungen hinsichtlich der Beendigung des Zustandes können jedoch von der Überzeugung, dass schon alles zu spät ist, bis zu einer als Forderung oder als Appell vorgetragenen korrigierenden Bezugnahme auf eine missbrauchte, aber prinzipiell nicht per se zu verdammende Staatsmacht samt der sie legitimierenden Ideologie reichen. Es dürfte dieser differenzierte Befund sein, der erklärbar macht, warum die frühen prophetischen Traditionen über die Eroberung Jerusalems 587/586 v.Chr. hinaus unter veränderten Bedingungen nicht nur bewahrt, sondern produktiv fortgeschrieben werden und als Programme mit inklusivem und identitätsstiftendem Anspruch bestehen bleiben.

Es lässt sich durchaus wahrscheinlich machen, dass etwa unter den dysfunktionalen Bedingungen in der Provinz Juda nach der Zerstörung Jerusalems und den babylonischen Deportationen in der ersten Hälfte des 6. Jhdts. v.Chr. die von den seinerzeitigen Eliten in den Staaten Israel und Juda abgelehnte Profetie eine wertschätzende Erinnerung erfährt. Ob diese in der Ausgabe eines schriftlichen Vierprofetenbuches (Hos, Am, Mi und Zef) Gestalt gewonnen hat, ist eine umstrittene Hypothese[1]. Sprachliche und sachliche Verklammerungen lassen zumindest darauf schließen, dass die ältere Tradition aktualisiert wird, und zwar unter dem Gesichtspunkt, angesichts der zerrütteten Verhältnisse in der Provinz könne es erst dann einen Neuanfang geben, wenn die Katastrophe als Strafe für die von den vorexilischen Profeten gebrandmarkte Zerstörung der auf den Glauben an JHWH gegründeten Solidargemeinschaft akzeptiert wird. Das ergangene Gericht wird als erzieherische Maßnahme verstanden, mit der Gott die Voraussetzung dafür schafft, dass Israel wieder in intakte Verhältnisse treten kann[2]. Bedeutsam ist in diesem Zusammenhang die Gesellschaftsvision Zef 3,9-20. Sie beschreibt „ein armes und geringes Volk, die auf den Namen JHWHs trauen werden" (V.12). Diese Interpretation der sozialen Frage als einer religiösen hat zur Voraussetzung, dass es das Königtum, den Militär- und Verwaltungsapparat sowie die ökonomische Elite nicht mehr gibt. „(D)ie wirtschaftlich Schwachen (sind) zugleich solche, die auf Gott und nicht auf Macht und Reichtum vertrauen"[3]. Die inklusive Verbindung von Gottvertrauen und sozialer Teilhabe, welche die Profetie der staatlichen Epoche geschaffen hat, wird repristiniert, um einer wirtschaftlich angeschlagenen und politisch disparaten sozialen Formation in einer von zahlreichen Feldzügen ausgelaugten Region ein weiteres Auseinanderfallen zu ersparen.

---

[1] Vgl. Albertz 2001, S. 164-185. Seine exegetisch erschlossene Theorie ist z.B. von Christoph Levin 2011 grundsätzlich in Zweifel gezogen worden (vgl. https://www.degruyter.com /document/doi/10.1515/zaw.2011.014/pdf; Zugriff: 08.08.2021, 8:15 Uhr MESZ). Dass ältere profetische Überlieferung in dieser Epoche mit der im Folgenden skizzierten inhaltlichen Zuspitzung erinnert und gesammelt wurde, ist aber wohl auch ohne Annahme eines ‚Buches' wahrscheinlich.

[2] Diese Perspektive wird dadurch eröffnet, dass die genannten Prophetenschriften nun mit Heilsverheißungen ergänzt werden.

[3] Albertz 2001, S. 176.

Einen sprachlich und sachlich ganz anderen Akzent, der auf die Erfahrung der Verschleppung nach Babylon reagiert, zumindest jedoch der Forderung der gesammelten älteren profetischen Tradition nach solidarischer Teilhabe kongenial gegenübersteht, setzt das *Ezechielbuch*[1]. Es teilt die Vorstellung von der politischen Katastrophe als gerechter Strafe. Aber Gott selbst und Gott allein wird nach Verbüßung der Strafe einen Neuanfang setzen, ein zukünftiges Israel aus den Völkern sammeln, ins Land zurückführen, ihm ein neues Herz geben (Ez 11,17f) und mit seiner Präsenz („Herrlichkeit JHWHs"; *kebod jhwh*) in einen neuen Tempel einziehen (Ez 43,1-12). Dessen Konstruktionsplan entwirft das Buch im Rahmen eines „Verfassungsentwurfs" für die Zeit nach dem Exil (Ez 40-48). Er postuliert das Ideal einer egalitären Gesellschaft, eine komplette Neuverteilung von Grund und Boden im Sinne eines New Deal unter den Stämmen und eine strikte Begrenzung der Zuständigkeiten des staatlichen Machtapparats. Auch diesem utopischen Konzept geht es um die Gewährleistung der Teilhabe an der Gemeinschaft ohne Ansehen von Person, Vermögen und Stellung. Als das dafür entscheidende Kriterium wird aber nun eine strikte Trennung zwischen Heiligem und Profanem und die frei von aller Unreinheit vollzogene Verehrung JHWHs identifiziert, für deren Funktionsfähigkeit ein abgestufter Klerus erster und zweiter Klasse (Priester und Leviten) verantwortlich zeichnet[2].

Die hier thematisierte und für das Problem Exklusion/Inklusion hoch relevante Unterscheidung rein/unrein spielt später im Zusammenhang des Tempelneubaus eine Rolle für die restriktive Haltung der hinter ihm stehenden Golah-Rückkehrer (dazu s.u. 5.2.4). Mit genau gegenteiliger Tendenz wird sie hingegen aufgegriffen von den letzten großen *Fortschreibungen der Jesajaprofetie* (Jes 56-66), die schließlich in mehreren Schüben zum Abschluss des gesamten Jesajabuches gegen Ende der persischen Epoche geführt haben[3]. Sie machen Front dagegen, dass im Dienst partikularer Interessen eine Spaltung des Gemeinwesens in Kauf genommen wird[4] und fordern unter der inklusiven Prämisse, dass der Tempel ein „Bethaus für alle Völker" sein soll, die Öffnung für Kastraten und Ausländer mit der Begründung, dass als *einziges* Identitätskriterium der Community die Einhaltung des Sabbatgebots zu gelten hat (Jes 56,1-8). Die Probleme einer unselbstständigen Ethnie mit spezifischen religiösen Prägungen sind weit weg von den

---

[1]   Erste Verschriftlichung (Umfang?) wahrscheinlich schon zum Ende der Exilszeit, als die Möglichkeit einer Rückkehr nach Juda mehr oder weniger absehbar war. Zum Folgenden vgl. Schmid, K. 2008, S. 131f und ausführlich Albertz 2001, S. 260-283. Albertz hält das Buch für ein weitgehend einheitliches Werk der Schülerschaft des Profeten, der selbst allerdings als Gestalt in und hinter dem nach ihm benannten Buch kaum sichtbar wird. Zu den Versuchen, auf literar- und redaktionskritischem Wege eine mehrschichtige Entstehungsgeschichte des Buches nachzuweisen, die insgesamt mehr Probleme schaffen als lösen, vgl. Pohlmann 1998, S. 13-41.

[2]   Die aufsichtliche Befugnis über den Kult, welche vor dem Exil die Könige in Samaria und Jerusalem selbstverständlich innehatten, wird der im Entwurf projektierten politischen Führung ausdrücklich entzogen.

[3]   Zur Redaktionsgeschichte vgl. Berges/Beuken 2016, S. 23f.

[4]   Zum Folgenden vgl. Gerstenberger 2005, S. 160-165.

inneren und äußeren Erosionen souveräner Monarchien. Trotzdem ist es im Rahmen der Pflege profetischer Überlieferung nicht nur möglich, sondern offenbar sachgemäß, in Aufnahme der Zions-Tradition aus der alten Jesaja-Verkündigung der judäischen Königsepoche in den Kernkapiteln Jes 60-62 Jerusalem als Stadt des Heils und des Friedens für *alle Völker* auszumalen und dem „Gesalbten JHWHs" (nicht mehr der König, sondern ein künftig erwarteter Messias) eine Sendung zuzuordnen, die zum wiederholen Male das soziale Anliegen der alten Profetie aufnimmt: „Der Geist Gott-JHWHs ist auf mir, weil JHWH mich gesalbt hat. Er hat mich gesandt, den Armen gute Botschaft zu bringen, die mit zerbrochenen Herzen zu verbinden, auszurufen Freilassung für die Gefangenen und Öffnung für den Gefesselten" (Jes 61,1-3).

5.2.3. Recht und sozialer Ausgleich

Bemerkenswerter Weise bezieht sich schon die früheste profetische Sozialkritik, soweit sie erkennbar ist, auf den Widerspruch zwischen den (sozial-)politischen Realitäten und dem Willen JHWHs. Der steht aber, um es etwas salopp auszudrücken, zum gegebenen Zeitpunkt gar nicht fest[1], und von einem Widerspruch, wie man ihn modern etwa zwischen Verfassungstext und Verfassungswirklichkeit erwarten könnte, kann keine Rede sein. Der früheste Hinweis auf geschriebenes Recht in Israel findet sich in Hos 8,12, und die Sozialkritik der alten profetischen Texte im Amos-, Jesaja- und Michabuch bezieht sich mit keinem Wort auf geltendes Recht. Eine, wenn auch äußerst fragile, Verbindung scheint in der lobenden Erwähnung des Königs Joschija (638-609/608 v.Chr.)[2] zu bestehen (in dem oben bereits zitierten Vers Jer 21,12). In seine Regierungszeit fällt die Ablösung der Assyrer als Vormacht des Vorderen Orients durch die (Neu-) Babylonier. In Juda ist mit dem Namen Joschijas wohl der Anspruch verbunden, die legitime Nachfolge der politischen, sozialen und religiösen Größe ‚Israel' anzutreten[3]. Inwieweit das mit einem von diesem König verantworteten Reformwerk zu tun hat, ist historisch umstritten und unklar[4]. Jedenfalls hat möglicherweise eine wie auch immer im Einzelnen beschaffene Vorstufe der sogenannten deuteronomischen Gesetzgebung eine Rolle gespielt. Damit kommen wir zur Thematik des in der hebräischen Bibel gesammelten und überlieferten Rechts[5] und seiner maßgeblichen Bedeutung für den Anspruch an eine inklusive Gesellschaft, die

---

[1]   Zu erinnern ist an die Vielfalt der Formen der JHWH-Verehrung vom familiären Rahmen bis zum Staatskult (s.o. 5.2.2.)

[2]   Die Überlieferung über Joschijas Herrschaft und seine Reformmaßnahmen (2. Kön 22f) „ist aus der Retrospektive des Untergangs Judas" (Berlejung in: Gertz 2010, S. 142) geschrieben und „mehrfach überarbeitet und erweitert" (a.a.O., S. 142) worden.

[3]   Dazu vgl. Römer 2018, S. 219f. Für die Rolle des Königs ist zu berücksichtigen, dass die biblische Überlieferung Joschija und außer ihm nur noch David und Hiskija als „Idealkönige" stilisiert (Niehr in: Zenger 2001, S. 222)

[4]   Als erste Orientierung vgl. zusammenfassend Berlejung in: Gertz 2010, S. 144-146.

[5]   Zum Folgenden vgl. knapp zusammenfassend Crüsemann 1990, S. 77-93.

im Namen JHWHs dem Schutz und der Teilhabe ihrer schwächsten Glieder verpflichtet ist.

Mit dem bisher Ausgeführten wird die Annahme wahrscheinlich, dass die mit der Sozialkritik der frühen Profetie signalisierte gesellschaftliche Krise überhaupt erst den Auslöser für die Zusammenstellung von Rechtssammlungen gebildet hat[1]. Als deren älteste lässt sich im Exodusbuch das sogenannte *Bundesbuch* (Ex 20,22–23,33)[2] abgrenzen (dazu auch s.o. 4.3.). Es ergänzt eine ältere Sammlung religiöser Bestimmungen um Maßnahmen in Straf- und Zivilsachen sowie um soziale Regelungen zum Schutz von Sklaven (Ex 21,2-11), von Fremden, Witwen, Waisen und Armen einschließlich eines Zinsverbots (Ex 22,20-26) sowie zur siebenjährigen Ackerbrache und zur wöchentlichen Arbeitsruhe am Sabbat (Ex 23,10-12). Substanziell geht es diesem frühen Recht also darum, dass als „die theologisch entscheidende Reaktion auf das entstandene soziale Elend" nunmehr der „Schutz der Schwachen und der Vollzug der Gerechtigkeit (…) das gleiche Gewicht vor Gott wie das religiös-kultische Verhalten" bekommt[3]. Diese Verbindung zwischen der Gewährleistung sozialer Teilhabe als Aufgabe der Gemeinschaft und der an die Ordnungen der gemeinsamen Gottesverehrung gebundenen religiösen Teilhabe ist typisch auch für die in der hebräischen Bibel bezeugten späteren Rechtsprogrammatiken.

Deren historisch auf das Bundesbuch nächstfolgende Sammlung ist das *deuteronomische Gesetz* (Dtn 12-26)[4], dessen Grundbestand[5] in die sozialgeschichtlichen Zusammenhänge der späten judäischen Königszeit zurückgeht und damit einen noch in der Endphase der Staatlichkeit Judas unternommenen Versuch darstellt, die religiösen, kultischen, ökonomischen und sozialen Verhältnisse der Gesellschaft juridisch zu regeln. Dieses Rechtsbuch verarbeitet das ältere Bundesbuch unter den drei Kriterien „Fortschreibung, Ausweitung, Verbegrifflichung"[6]. Wichtige Ergänzungen zur Sozialgesetzgebung sind ein alle sieben Jahre vorgesehener allgemeiner Schuldenerlass (Dtn 15,1-11), die Einführung einer Sozialsteuer zugunsten von Landbesitzlosen, Fremden, Witwen und Waisen (Dtn

---

[1] Vgl. Kessler 2006, S. 122-124. Von Bedeutung für diese historische Verortung ist auch, dass in Israel und Juda allerfrühestens im 8. Jhdt. v.Chr. mit einer nennenswerten Schriftkultur zu rechnen ist.

[2] Vgl. grundlegend Crüsemann 1992, 132-234; außerdem Schoors 1998, S. 116-120.

[3] Crüsemann 1990, S. 78.

[4] Dessen Ursprünge und Weiterentwicklungen gehören zu den umstrittenen Fragestellungen der Forschung. Für unsere Zwecke genügt es, zwischen dem biblischen Buch Deuteronomium, das als Ganzes (auch) eine (spätere) Gesetzessammlung ist, und dem in diesem verarbeiteten deuteronomischen Gesetz (Dtn 12-26) zu unterscheiden. Eine problemorientierte Übersicht findet sich bei Finsterbusch 2012, S. 17-38. Vgl. grundlegend Crüsemann 1992, S. 235-322; außerdem Schoors 1998, S. 120-123.

[5] Ob dieser Grundbestand identisch mit dem „Gesetzbuch" ist, was nach 2. Kön 22 unter Joschija im Jerusalemer Tempel gefunden und zur Legitimationsurkunde der in 2. Kön 23 geschilderten sogenannten Reform gemacht wurde, ist, wie oben erwähnt, fraglich, aber für unsere Zwecke nicht von Ausschlag gebender Bedeutung.

[6] Crüsemann 1992, S. 236.

14,18f) und die Verpflichtung zur täglichen Bezahlung der Lohnarbeiter (Dtn 24,14f). Das gesamte Gesetzeswerk einleitend bestimmt Dtn 12, dass als der einzige legitime Ort zur Gottesverehrung „die Stätte, die JHWH, euer Gott, erwählen wird", gilt. Dass diese Kultzentralisation die familiale Frömmigkeitspraxis beendet hat, dürfte ausgeschlossen sein[1]. Dass die im Land verstreuten Kultstätten tatsächlich geschlossen wurden, ist ebenso unwahrscheinlich. Mindestens programmatisch liegt hier aber der Versuch vor, den offiziellen zentralen JHWH-Staatskult mit den bis in die vorstaatliche Zeit zurückreichenden solidarischen und partizipatorischen JHWH-Traditionen, die der ältesten Profetie ihre kritische Kraft geben, zu vermitteln[2]. Eine solche programmatische Bedeutung zeichnet die Gesetzgebung der hebräischen Bibel insgesamt aus. Inwieweit dieses Recht nämlich bereits zur Zeit seiner Entstehung sanktionierbares Gesetz in unserem heutigen Sinne oder eher ein Postulat mit normativem Anspruch ist[3], lässt sich nicht abschließend sagen. Die eigentliche alltägliche Rechtsprechung erfolgte jedenfalls durch freie Grundbesitzer („Älteste") im Tor der einzelnen Ortschaften. Auf die in *diesem* Rechtswesen herrschenden Missstände zielt die profetische Kritik, und die Berufung auf JHWH will *dort* zur Geltung kommen. Das „setzt ein (…) *nicht staatlich* organisiertes Rechtswesen geradezu voraus"[4]. Dem entspricht, dass hebräisches Recht anders als in sämtlichen anderen Staaten des alten Orients nicht vom König erlassen wird, sondern sich als Gottesrecht versteht. Im Bundesbuch und im deuteronomischen Gesetz wird es aus der Überlieferung einer sagenhaften ursprünglichen Gesetzgebung an einem Gottesberg in der Wüste abgeleitet. Dieser Rückbezug auf einen Gründungsmythos, für den Teilhabe an der politischen, sozialen und religiösen Gemeinschaft und Teilhabe an der göttlichen Verheißung zwei Seiten derselben Medaille sind, gibt dem Recht der hebräischen Bibel seinen inklusiven Charakter.

Wir kommen zu einem Zwischenfazit: In der biblischen Epoche der staatlichen Verfassung des Gemeinwesens[5] stellt die Begründung von Monarchien in Israel und Juda den Versuch dar, verwandtschaftsbasierte Stammesgesellschaften, die politisch, ökonomisch und sozial zu erodieren beginnen, in einer umfassenderen Organisationsform neu zu integrieren und ihre Überlebensfähigkeit nach innen und außen mit der Zentralisierung von politischer Macht und der Einführung eines zentralen Staatskults zu sichern. Der ökonomische Bedarf des Staatsapparats und die mit fortschreitenden wirtschaftlichen Möglichkeiten verbundene Akkumulation von Reichtum verschärfen aber die bereits vor der Staatsgründung be-

---

[1] Vgl. dazu Albertz 1992, S. 291-304.
[2] Vgl. a.a.O., S. 348-360.
[3] Dass spätestens im Judentum um die Zeitenwende herum daraus sehr praktische Konsequenzen gezogen wurden, wurde erwähnt (s.o. 4.3.); zu verweisen ist nochmals auf Müller, K. 1999/1 und 1999/2.
[4] Crüsemann 1990, S. 78; Hervorhebung SKF.
[5] Natürlich ist die staatliche Verfassung Israels nicht bloß Vergangenheit, sondern es gibt sie bis heute, nämlich wieder seit dem 14. Mai 1948.

gonnenen sozialen Ausgrenzungsprozesse. Die Überschuldung breiter Bevölke-
rungsschichten wird zum gesellschaftlichen Normalfall. Im Verein mit der äußeren Bedrohung durch die Eroberungsfeldzüge der benachbarten orientalischen
Großmächte gerät der Staat in eine schließlich nicht mehr behebbare Krise. Dagegen wendet sich die Profetie. Sie beruft sich darauf, dass der staatliche Kult
Hand in Hand mit einer bewusst betriebenen Ausgrenzungspolitik einen Verrat
an Gott bedeutet. Dessen Wille wurzelt vielmehr in den emanzipatorischen und
partizipatorischen Traditionen einer erinnerten vorstaatlichen Zeit und ist auf den
Schutz und die Teilhabe der Benachteiligten am Gemeinwesen ausgerichtet. Dem
will das erste verschriftete Recht entsprechen, indem es die staatlicherseits gewollte zentrale und ordnungsgemäße Gottesverehrung mit einer umfänglichen
Gesetzgebung verknüpft, zu der ein Katalog von sozialen Absicherungsvorschrif-
ten gehört. Wohl schon gegen Ende der staatlichen Existenz Judas wird also der
Versuch unternommen, den JHWH-Glauben als Kraft der Inklusion zu nutzen
und aus ihm auch für die schwächsten Glieder der Gesellschaft das Recht auf ein
existenzsicherndes Minimum und auf Anteil am gemeinsamen Wohlergehen abzuleiten.

So sicher dieser Versuch im Rahmen des judäischen Staatswesens gescheitert
ist, so sicher bleiben aber die ersten Rechtssammlungen analog zu den frühen
profetischen Traditionen (s.o. 5.2.2.) über die Eroberung Jerusalems 587/586
v.Chr. hinaus als Programme mit inklusivem und identitätsstiftendem Anspruch
bestehen. Sie finden Eingang in eine umfangreiche Interpretation, Fort- und Neu-
schreibung, die unter den Bedingungen der persischen Epoche notwendig wird
und die Frage des Rechts mit der bereits anhand der Ezechiel-Profetie (s.o. 5.2.2.)
angesprochenen Kategorie der Heiligkeit verbindet (s.u. 5.2.5).

5.2.4. Fremdheit, Bund und Erwählung

Zuvor stellt sich jedoch die Frage, ob und, wenn ja, welchen biblischen Niederschlag der Fragenkomplex von Zugehörigkeit, Teilhabe und Abgrenzung unter
den Bedingungen des Verlusts staatlicher Selbstständigkeit und gefährdeter kultureller Identität gefunden hat. Damit tritt zunächst das Motiv der Fremdheit in
den Fokus, welches in den biblischen Überlieferungen eine wesentliche Rolle
spielt. In der Fremde befindet sich natürlich die babylonische Golah, aber auch
Teile einer nach 722 v.Chr. neu zusammengesetzten Bevölkerung im Gebiet des
ehemaligen Staates Israel sowie die nach 587/586 v.Chr. in Juda Verbliebenen
dürften sich, wie die sozialgeschichtliche Orientierung (s.o. 5.2.1.) gezeigt hat,
wie Fremde im eigenen Land vorgekommen sein. In dieser Situation ist es von
Bedeutung, dass Fremdheit in irgendeiner Form zu den Urerfahrungen Israels gehört haben muss. Im Zusammenhang der profetischen Sozialkritik (s.o. 5.2.2.)
wurde bereits der alte Hinweis aus dem Hoseabuch auf eine in der Vergangenheit

liegende Auslandserfahrung[1] erwähnt, deren Bewältigung Dank gnädiger göttlicher Führung gelungen war[2].

Dieses Motiv greift die *Josefsgeschichte* (Gen 37-50) auf. Ihre ursprünglichen zeitlichen und geographischen Entstehungsumstände sind unklar[3]; entsprechend hypothetisch wäre eine genauere sozialgeschichtliche Verortung. Dass die Geschichte in Ägypten spielt, heißt nicht, dass sie dort entstanden ist, wohl aber, dass sie eine Situation in der Fremde voraussetzt. Anders als andere biblische Traditionen zeichnet sie den Pharao als weisen und gütigen Herrscher und beschreibt die fingierten gesellschaftlichen Verhältnisse als so durchlässig, dass Jakobs/Israels Sohn Josef ‚vom Tellerwäscher zum Millionär' aufsteigen kann. Am Ziel angelangt, begnadigt er seine Brüder, die ihn zu Beginn der Geschichte ausgegrenzt und ins Ausland verkauft haben; und am Ende stirbt der aus den Gründungslegenden des untergegangenen samarischen Königreichs bekannte Patriarch Jakob/Israel im Kreis seiner zwölf wiedervereinigten Söhne. Hier wird also die These vertreten, dass eine Diasporasituation keine Katastrophe, sondern eine Chance auf maßgebliche Teilhabe an einer fremden Gesellschaft darstellt[4]. Die damit gewonnene neue Identität bezieht sich ausdrücklich auf das gesamte ideelle Israel (Zwölf Stämme), das nicht zwingend in einem eigenständigen Staatswesen existieren muss, sondern sich in einem ihm fremden politischen und sozialen Bezugsrahmen im doppelten Sinne des Wortes wiederfinden kann und soll.

Das Motiv der Fremdheit macht auch die aus der Exilsepoche stammende erste Zusammenstellung einer *Vätergeschichte* (älteste Fassung des jetzigen Erzählzusammenhangs Gen 12-36)[5] zum Thema, als deren Hintergrund man sich die disparaten politischen und sozialen Verhältnisse im Israel/Juda des 6. Jhdts. v.Chr.

---

[1]   Hos 9,3: „Efraim muss zurück nach Ägypten."

[2]   Hos 9,10: „Wie Trauben in der Wüste fand ich Israel."

[3]   Sie bildet im späteren Pentateuch die Brücke zwischen der vorausgehenden Väter- (bis Gen 36) und der anschließenden Exodusgeschichte (ab Ex 1), hat mit beiden aber ursprünglich nichts zu tun. Zum Folgenden vgl. Schmid, K. 2008, S. 122-124; anders Albertz 2001, der die Josefgeschichte bereits in der Exilszeit mit der Jakobgeschichte verbunden sieht (S. 203). Sie dürfte „im Norden oder (wahrscheinlicher) im Süden als eigenständige Erzählung entstanden" sein (Zenger in: Zenger 2004, S. 172). Das Motiv der Heirat Josefs mit einer ägyptischen Prinzessin (Gen 41,45) ist „schwer denkbar (…), solange es noch keine israelitische Diaspora in Ägypten gab" (*d.h. 1. Hälfte 6. Jhdt. v.Chr. SKF*). Andererseits spricht ein Held aus dem Nordreich gegen die persische Epoche und eher für „die Zeit nach 722/1 v.Chr." (Gertz in: Gertz 2010, S. 284).

[4]   So auch Ebach 2007 bereits einleitend zu seinem Josef-Kommentar: „Das Leben Josefs und der ganzen Familie Jakobs in Ägypten kann zum Lehrstück dafür werden, dass Israel auch in fremdem Land überleben und leben kann" (S. 12).

[5]   Zum Folgenden vgl. Schmid, K. 2008, S. 124-126; ausführlich mit Vorstellung und Diskussion verschiedener Forschungsmodelle Albertz 2001, S. 191-209. Die genaue Bestimmung der Erstfassung der Vätergeschichte ist strittig; so viel lässt sich aber sagen, dass die ‚nördliche' Jakob-/Israel-Tradition irgendwann mit der wegen der genannten Ortsnamen ins südliche Juda gehörenden Isaak-Tradition verbunden worden sein muss. Dazu treten die etwas jüngeren Abram/Abraham-Überlieferungen.

gut vorstellen kann. In dieser Komposition werden die drei ursprünglich selbstständigen Eponymengestalten Abram/Abraham, Isaak und Jakob/Israel genealo-
gisch zu einer Familie verkettet. Als strukturierendes Merkmal fungiert dabei die
Verheißung von Landbesitz und Nachkommenschaft (Gen 12,1-3; 13,14-17;
28,13-15 und 46,2-4). Damit wird das Problem aufgegriffen, dass „(d)ie assyrischen und babylonischen Deportationen sowie ökonomische Probleme (...) zu
einem erheblichen Bevölkerungsrückgang in einem nicht mehr unter eigener Königsherrschaft stehenden Gebiet" geführt haben[1]. Die von der Vätergeschichte
angebotene Lösung besteht darin, dass die Patriarchen beständig auf Wander-
schaft gezeigt werden. Sie ziehen von Weideplatz zu Weideplatz und müssen sich
einig werden: als Fremde im Ausland über die Sicherung des Lebensunterhalts
(Gen 12,10-20), mit anderen Bevölkerungsgruppen etwa über Wasserrechte (Gen
24,19-22) oder auch untereinander über Niederlassungsmodalitäten (Gen 13,1-
13). In der entfremdeten Situation nach dem Fall Jerusalems erinnert die Väter-
komposition an die den wandernden Ahnen zuteil gewordenen Verheißungen und
entwickelt zu ihrer Erfüllung eine Strategie der friedlichen Koexistenz mit den
jeweils ortsansässigen Ethnien und deren Gottheiten.

Anders als die potenziellen Trägergruppen der beiden genannten Überliefe-
rungskomplexe bildet die babylonische Golah eine in sich zumindest weitgehend
geschlossene und historisch abgrenzbare Community, die spätestens mit dem
Scheitern der Hoffnung auf rasche Rückkehr vor der Aufgabe steht, die erfahrene
Katastrophe grundsätzlich zu verarbeiten. Daraus entsteht die in der Forschung
so genannte *deuteronomistische Geschichtsschreibung*[2]. In ihr wird angesichts
der Auflösung der Staatswesen Israel und Juda seitens fremder Eroberer „die
Schuld für die nationale Katastrophe den zentralen Verantwortungsträgern, den
Königen, zugeschrieben"[3]. Das Versagen der Staatsmacht besteht aus Sicht des

---

[1] Schmid, K. 2008, S. 125.

[2] Die deuteronomistische Geschichtsschreibung einschließlich der Frage, ob es ein eigenständiges deuteronomistisches Geschichtswerk gegeben hat, wann genau, wenn ja, dieses
entstanden ist und in welchem Umfang es diverse Fortschreibungen erfahren hat, ist ein
seit Jahrzehnten kontrovers diskutiertes Problem der Forschung. Es kann und soll hier natürlich nicht einmal ansatzweise diskutiert werden. Die folgende Darstellung stützt sich
insbesondere auf Albertz 2001, S. 210-231 und auf Schmid, K. 2008, S. 118-122 und S.
137-139. Einen knappen Überblick über den ebenfalls auf das Konto des Deuteronomismus gehenden Einbau des deuteronomischen Gesetzes (s.o. 5.2.3.) in das biblische Buch
Dtn gibt die Einleitung zum Kommentar Rüterswörden 2006, S. 11-19; ein „Arbeitsmo-
dell" zur Entstehung des Deuteronomismus und des Dtn findet sich bei Finsterbusch 2008,
S. 17-37. Die deuteronomistische ‚Schule' hat in der Folgezeit weitere Bücher der uns
heute vorliegenden hebräischen Bibel in der bis zur Kanonisierung reichenden Entstehungsgeschichte mehr oder weniger umfangreichen Redaktionen, Ergänzungen und Fortschreibungen unterzogen.

[3] Schmid, K. 2008, 119. Dementsprechend rahmt der Deuteronomismus für den Beginn der
Königszeit eine vorhandene positiv wertende Saul-Überlieferung (1. Sam 9-11) mit ge-
genteiligen kritischen Traditionen (s.o. 5.2.1.), denen zufolge vom Königtum von vornherein nichts Sinnvolles zu erwarten war (1.Sam 8; 12).

Deuteronomismus substanziell darin, dass die Könige außen- und innenpolitische Entscheidungen nach einer Opportunität getroffen haben, die religiös an das den zeitgenössischen Mainstream repräsentierende Pantheon gebunden war, und dass sie eben damit nicht auf das Wort und die Verheißungen JHWHs gebaut haben. Zur inhaltlichen Spezifizierung sammelt und bearbeitet man mehrere sagenhafte Traditionen, die bereits in welcher Form auch immer im Umlauf und in einen heilvollen Zusammenhang mit der Gottheit JHWH gestellt waren[1] und interpretiert diese auf der Basis des deuteronomischen Rechts (s.o. 5.2.3.)[2], das auf der Überzeugung gründet, JHWH habe Israel, obwohl es nur „das Kleinste" unter allen Völkern ist, in besonderer Weise „erwählt" (Dtn 7,6-8) und habe mit ihm auf Basis der mosaischen (= deuteronomischen) Gesetzgebung einen ewigen Bund geschlossen (Dtn 7,9-11).

Diese Bundestheologie[3] ist konkreter Ausdruck der Aufgabe, vor die sich der Deuteronomismus gestellt sieht: die mit dem Fall Jerusalems verbundene Krise zu erklären und zu bewältigen[4]. Die *Erklärung* besteht darin, dass auf die Frage: Wie konnte das geschehen? die Antwort erteilt wird: Weil Israel den Bund gebrochen hat[5]. Die *Bewältigung* gelingt mit der Einsicht: Der Bund geht auch durch die von der politischen Klasse zu verantwortende Katastrophe nicht automatisch verloren. Das funktioniert, weil die zur Sicherstellung des Bundes vorgesehenen ‚Sanktionen' (Grundbestand von Dtn 13 und 28) nicht beschreiben, was Israel vorab zu leisten hat, um überhaupt Bundespartner werden zu können, sondern was zu tun ist, um im Bund *bleiben* zu können[6]. JHWH als zugleich Partner und Souverän des Bundes kann diesen in Kraft halten bzw. wieder in Kraft setzen. Als das dem korrelierende richtige Verhalten Israels identifiziert der exilische Deuteronomismus rückblickend die Maßnahmen des Königs Joschija (2.

---

[1]   Befreiung aus Ägypten (Textbestände im jetzigen Buch Exodus), Gesetzgebung durch Mose im Ostjordanland (Textbestände im jetzigen Buch Deuteronomium), Inbesitznahme des Landes (Textbestände im jetzigen Buch Josua).

[2]   Wie viele und welche Anteile des Dtn bereits aus der Zeit vor dem Exil stammen und was daran anschießend erweitert und bearbeitet wurde, ist für unseren Zusammenhang hier nicht erheblich, da es jetzt um die Bewältigung der Exilserfahrung geht.

[3]   Die biblischen Bundesvorstellungen sind seit langem ein vielseitiges Forschungsthema, das hier nicht gebührend vorgestellt werden kann. Zu verweisen ist als pointierte Weiterführung älterer ‚klassischer' Arbeiten zum Thema wie auch als wichtige neue Akzentsetzung auf Krause J.J. 2020 insgesamt, speziell zum Charakter des Bundes im Deuteronomismus S. 111-164.

[4]   Vgl. Krause, J.J. 2020, S. 7 im Anschluss an eine grundlegende Monographie von Lothar Perlitt (Bundestheologie im Alten Testament, 1969).

[5]   Vgl. Krause, J.J. 2020, S. 8 im Anschluss an einen Aufsatz von Matthias Köckert (Gottes „Bund" mit Abraham und die „Erwählung" Israels in Genesis 17, 2015. Wiederabdruck in: Köckert, Von Jakob zu Abraham, Tübingen 2021, S. 193ff). Dahinter steht die Vorstellung des Bundes als eines Vertragsverhältnisses, das in einer hier nicht näher zu spezifizierenden Weise auf Vasallenverträgen des assyrischen Königs Asarhaddon basiert (vgl. Krause, J.J. 2020, S. 117-128).

[6]   Vgl. a.a.O., S. 163.

Kön 22f)[1]: Die Chance zur Bewältigung der Krise, so die Schlussfolgerung, besteht darin, diese Linie konsequent aufzugreifen und umzusetzen. Politisch läuft das auf die „Wiederherstellung des Jerusalemer Staatskultes nach den Normen der Mose-Torah (…) und (…) Wiederherstellung der davidischen Monarchie"[2] hinaus[3].

Insgesamt impliziert diese Programmatik eine strikte Abgrenzungsstrategie[4] gegenüber anderen Völkern und deren Göttern. Der Deuteronomismus will das kulturell relativ homogene, politisch aber vollkommen gescheiterte Israel der babylonischen Golah mit einer sinnstiftenden Erzählung versehen, die sich trotz oder gerade wegen der nachhaltigen politischen Marginalisierung aus einem exklusiven Selbstverständnis speist. Damit sind zugleich dezidiert inklusive Instrumente verbunden, nämlich die erinnerte Befreiungstradition des Exodus und das von Gott gesetzte (deuteronomische) Recht samt seinen inklusiven sozialen Ausgleichsregelungen. Alle gehören dazu, aber eben zu einer spezifischen Community, die sich auf ein exklusives Gottesverhältnis gründet, an dem andere Gruppierungen und religiöse Orientierungen keinen Anteil haben. Nicht an kontingenten sozialen, politischen oder kulturellen Gegebenheiten, sondern speziell an dem von Gott erwählten Volk und seinen Traditionen teilzuhaben – das soll über die Deportation hinaus eine Zukunftsperspektive eröffnen.

Zur identitätsstiftenden Bedeutung gemeinsamer Traditionspflege gibt es aber gerade in der Exilszeit auch andere Akzentsetzungen. Wie bereits erwähnt (s.o. 5.2.2.), teilt das *Ezechielbuch*[5] zwar die deuteronomistische Vorstellung von der politischen Katastrophe als gerechter Strafe. Die von den Deuteronomisten erinnerten Heilstaten JHWHs (Befreiung, Bund, Land) deutet das Profetenbuch aber gerade nicht als Zukunftspotenzial, sondern als endgültig verspielte Geschichte. Damit fällt ein wesentliches Band zum Zusammenhalt der Community weg. Eben deshalb bedarf das Volk eines „neuen Herzens" (Ez 11,17f) und einer neuen Verfassung (Ez 40-48). In der Spätphase der biblischen Traditionsbildung (s.u. 5.2.6.) begegnet diese Vorstellung in der Variante, dass Gott einen „neuen Bund" schließen und sein Gesetz „in die Herzen" schreiben wird (Jer 31,31-34). Diese Vorstellung schließt aber vor allem auch wieder an den Deuteronomismus an, der hier bei der Bearbeitung der Jeremia-Überlieferung tätig ist: Der neue Bund ist gar nicht „neu", sondern die Vollendung des alten, der ein ewiger ist, und der nun

---

[1]   Deshalb erhält dieser König (s.o. 5.2.3.) als einziger eine uneingeschränkt positive Bewertung (2. Kön 23,25).

[2]   Albertz 2001, S. 230f.

[3]   Zur Untermauerung dieser Zielsetzung greifen die Deuteronomisten die alte judäische Staatsideologie vom ewigen Bestand der Davids-Dynastie auf (2. Sam 7) und schließen die Auswertung der monarchischen Epoche mit einer Cliffhanger-Notiz (2. Kön 25,27-30), in der die Begnadigung des bereits 598/597 v.Chr. in die Hauptstadt Babylon verbrachte Ex-König Jojachin als des letzten lebenden Davididen mitgeteilt wird.

[4]   Diese wird z.B. besonders krass in der Zusammenstellung brutaler Eroberungs- und Ausrottungs-Stories in den heutigen Büchern Josua und Richter greifbar.

[5]   Vgl. Schmid, K. 2008, S. 131f und ausführlich Albertz 2001, S. 260-283.

von Gott so konditioniert wird, dass Israel gar nicht anders kann, als entsprechend dem Gottesrecht zu leben[1].

Nochmals einen anderen Weg geht die älteste Fassung der *Überlieferung vom Sinai*[2]. Was bei den Deuteronomisten Bund und Erwählung heißt, ist hier eine Art Deklaration (Ex 24), mit der irgendwo an einem Berg in der Wüste eine Verpflichtung des Volkes auf das geoffenbarte Gesetz begründet wird. Bei diesem handelt es sich nicht etwa um das deuteronomische (Dtn 12-26), sondern um das aus der Königszeit überkommene ältere Bundesbuch (Ex 20-23; s.o. 5.2.3.). Hier deutet sich ein fundamental anderes Teilhabe-Verständnis an, das später in der persischen Epoche (s.u. 5.2.5.) ausgearbeitet wird: Zum Gottesvolk gehören nicht zwingend diejenigen, die ‚das Land' besitzen bzw. in ihm wohnen, sondern alle, die an der Gabe des Gesetzes teilhaben, ganz gleich, wo sie sich befinden mögen. Auch das ist eine Form der Verarbeitung von Fremdheits-Erfahrung.

Die Frage, wer oder was nach dem Verlust der staatlichen Existenz ‚Israel' eigentlich ist, wer daran teilhat, wie bzw. wie weit es sich als Minderheit in einen multiethnischen und multikulturellen Großstaat integriert und in welchem Maß es sich nach außen abgrenzt, um die eigene Identität nicht zu verlieren (s.o. 5.2.1.), wird in der Exilzeit also mit mehreren ursprünglich selbstständigen und voneinander unterschiedenen Konzeptionen beantwortet[3]: Der Deuteronomismus schafft eine Erzählung, die aus den selbst durch die politische Katastrophe nicht verlierbaren göttlichen Gaben (Befreiung, Bund, Land) ein exklusives Erwählungsbewusstsein ableitet, das die Gemeinschaft zusammenschweißt und mit dem sie sich zugleich von allen, die an ihr nicht teilhaben, abgrenzt. Die Vätergeschichte empfiehlt demgegenüber die friedliche Koexistenz mit anderen. Die Josefsgeschichte, die vielleicht schon aus der Zeit nach dem Fall Samarias stammt, geht zu einem so frühen Zeitpunkt bereits noch einen Schritt weiter und baut angesichts einer Diaspora-Erfahrung auf die Integration der kleinen Gemeinschaft in ein größeres Ganzes unter Rezeption der dort herrschenden Spielregeln. Die Teilhabe am Gottesvolk wird von der Sinai-Tradition ausschließlich an die Gabe des Gesetzes und von der Ezechielschule vor allem an einen der Heiligkeit Gottes entsprechenden Kultbetrieb gebunden. Schließlich findet sich speziell unter den

---

[1] Vgl. Krause, J.J. 2020, S. 206.

[2] Zum Folgenden vgl. Albertz 2015 zu Ex 22-24 insgesamt, speziell die beiden Exkurse S. 129f und S. 136f; ansonsten Schmid, K. 2008, S. 126-128. Ob man mit Albertz in der vermuteten ältesten Fassung von Ex 24 nur eine Akzeptanzerklärung des Gesetzes seitens des Volkes erkennen will, die erst durch eine etwas spätere deuteronomistische Redaktion als Bundesschluss analog zu Dtn 7 interpretiert worden ist, fällt für unseren Zusammenhang hier nicht entscheidend ins Gewicht.

[3] Zu dieser enormen Verarbeitungsleistung, welche gebildete und vor allem des Lesens und Schreibens kundige Angehörige verschiedener Interessengruppen in der Exilsepoche erbracht haben, gehören noch weitere literarische Prozesse, die hier zur Vermeidung von Uferlosigkeit außer Betracht bleiben. Zu nennen ist vor allem die Fortschreibung der Jesaja-Profetie (insbesondere Jes 40-55), welche die Aufforderung zur Rückkehr aus dem Exil als neuen Exodus und Werk des einzig existenten Gottes (Monotheismus) interpretiert.

Bedingungen der unter Kriegsfolgen leidenden Provinz Jehud noch ein neues Interesse an der vorexilischen Profetie mit ihrem Akzent auf der Teilhabe der Armen und Geringen an der Gemeinschaft.

Im Rahmen solcher Vielfalt stellt die Errichtung des Zweiten Tempels als *des* Zentralheiligtums der allein legitimen JHWH-Verehrung eine späte Umsetzung des Programms der deuteronomistischen Geschichtsschreibung aus der babylonischen Golah dar. Insbesondere die Profetenbücher Haggai und Sacharja[1] belegen, dass sich mit dem Neubau und der Einsetzung eines obersten Priesters zugleich auch die, allerdings vergebliche und rasch aufgegebene, Hoffnung auf Wiederherstellung der davidischen Dynastie verbindet (z.B. Hag 2,21-23). Im Rahmen der persischen Oberherrschaft (s.o. 5.2.1.) entwickeln sich jedoch lediglich rudimentäre sub-staatliche Institutionen[2]. Umso wichtiger wird mit der Vollendung des Neubaus die Priesterschaft des zentralen Heiligtums, die gegenüber dem persischen Satrapen, welcher rechtlich an die Stelle des judäischen Königs getreten ist, jetzt zugleich „das Element nationaler und religiöser Identität" vertritt[3]. Die so konstituierte Sozialformation gewinnt getreu der deuteronomistischen Programmatik Geschlossenheit durch eine strikte Abgrenzungspolitik, die sich auch gegen Menschen richtet, welche sich Israel zugehörig fühlen und JHWH verehren. Das betrifft nicht nur den Grundsatzkonflikt mit den Samaritanern, sondern wird bspw. auch fassbar in der Forderung, dass „Unreine" nicht am Tempelbau beteiligt sein dürfen (Hag 2,10-14), und dass gegenüber sogenannten Mischehen zwischen Rückkehrenden und Einheimischen das Prinzip der endogamen Eheschließung durchgesetzt werden soll (Esr 9f)[4].

5.2.5. Gesetzesgabe und Heiligkeit

Der vorstehend skizzierte deuteronomisch geprägte biblische Traditionsstrang begreift, zugespitzt formuliert, die Situation eigener Ausgrenzung und Fremdheit als Nötigung zu einer exklusiven, nicht frei von Aggressivität betriebenen Identitätspflege (Bund, Erwählung, Landbesitz). Die Konfrontation der fixierten Identitätsregeln mit abweichendem Verhalten sorgt im Zusammenhang wiedergewonnener (Teil-)Autonomie zu einer ebenfalls tendenziell aggressiven Ausgrenzung dessen, was als fremd, „unrein", nicht-dazugehörig gilt.

---

[1]   Zur Einordnung der Bücher Haggai und Sacharja vgl. Willi-Plein 2007, S. 11-20, S. 51-53 und S. 151f.

[2]   Sie basieren auf den im Exil verfassten Listen der familialen Väterhäuser (s.o. 5.2.2.), die als Gesamtheit der Gemeinschaft (*qahal*) eine Art Volksversammlung bilden können. Die eng begrenzte politische Leitung liegt bei „Ältesten der Juden" (z.B. Esr 5,5). Vgl. dazu Kessler 2006, S. 148-152.

[3]   a.a.O., S. 154. In der späteren hellenistischen Epoche fungiert der oberste Priester des Jerusalemer Tempels dann offiziell als politischer Sprecher der jüdischen Ethnie gegenüber den staatlichen Autoritäten.

[4]   Zur Endogamie-Problematik vgl. den Esra-Kommentar Hieke 2005, S. 139-154.

Dass allerdings in der (späten) persischen Epoche auch eine genau umgekehrte Perspektive denkbar und möglich ist, dokumentiert die neben dem Hiobbuch literarisch vielleicht wertvollste Schrift in der hebräischen Bibel, die offenkundig auf die restriktive Haltung in den Esra-/Nehemia-Büchern reagiert[1]. Sie erzählt, wie aus der Moabiterin *Rut* die Urgroßmutter des Königs David wird. Gleich zu Beginn kommt sie, die Ausländerin, gegenüber ihrer verwitweten israelitischen Schwiegermutter mit der programmatischen Sentenz zu Wort: „Dein Volk ist mein Volk, und dein Gott ist mein Gott" (Rut 1,16b). Hier, wie in dem diesen Grundsatz praktisch entfaltenden Verlauf der Erzählung, dokumentiert sich eine „Anerkennung der Tatsache, dass auch Nicht-Juden zu religiöser Vollkommenheit fähig waren"[2]. Das ist eine neuerliche Spielart des kooperativen Umgangs mit Fremdheit und Ausgrenzung, der bereits in der Väterüberlieferung und in der Josefsgeschichte begegnet (s.o. 5.2.4.). Das signalisiert zugleich: Die religiöse und kulturelle Gemengelage im Rahmen der geschilderten politischen und sozioökonomischen Verwerfungen der Perserzeit samt der Erfahrung, dass unbeschadet einer partiellen Rückkehr aus dem Exil ‚Israel' nun im gesamten Vorderen Orient zwischen Ägypten und dem Eufrat-Tigris-Gebiet vorkommt, verlangt erneut nach einer grundlegenden Neubearbeitung und -beantwortung der Frage, wer oder was Israel ist und wer daran teilhat.

Hier nun ist die sogenannte *Priesterschrift* (P)[3] einzuordnen, die sich als wesentliches biblisches Literaturwerk der persischen Epoche mit hoher Sicherheit aus dem Pentateuch rekonstruieren lässt und auf schriftkundige priesterliche Kreise zurückgeht. Sie setzt den Monotheismus der exilischen Fortschreibungen des Jesajabuches (40-55) und die Kultzentralisation des deuteronomischen Gesetzes voraus, ist ansonsten aber als Gegenentwurf zum Deuteronomismus zu verstehen. P unternimmt es, ein neues Narrativ über die Herkunft, die Anfänge, die Rechtsgrundlagen und den spezifischen Charakter Israels zu schreiben[4]. Da diese bemerkenswerte Kombination aus Listen, Erzählung und Statistik die Grundlage des späteren Pentateuch bildet, wird sie im Folgenden etwas ausführlicher zusammengefasst.

---

[1]   Vgl. Köhlmoos 2010, S. XI-XVII.

[2]   Goodman 2021, S. 123.

[3]   Zu Abgrenzung und Entstehungsgeschichte vgl. Gertz in: Gertz 2010, S. 236-244; zu Inhalt und Interpretation vgl. Crüsemann 1992, S. S. 323-380; Gerstenberger 2005, S. 133-150; Schmid, K. 2008, S. 146-156. Ob P ein ursprünglich selbstständiges Erzählwerk oder (so z.B. die Kommentare Willi-Plein 2011, S. 16-23 und Albertz 2012, S. 19-26) die Bearbeitung einer älteren Grundschrift bzw. älterer Überlieferungsblöcke ist, spielt für unsere Fragestellungen eine untergeordnete Rolle (vgl. dazu Gerstenberger 2005, S. 133f). Wir setzen P als in sich geschlossenes Literaturwerk voraus. Die zweifellos ‚priesterliche' Autorschaft schließt nicht aus, dass es innerhalb dessen, was man priesterliche Kreise nennt, „scharfe Konkurrenzkämpfe zwischen Gruppierungen verschiedener Provenienz" (Gerstenberger 2005, S. 133) gegeben haben kann (Lev 10; Num 16).

[4]   P orientiert und gliedert ihre Darstellung anhand einer Reihe von Abstammungslisten (*toledot*), die mit der Praxis der babylonischen Golah zur Erfassung der familialen Verbünde in genealogischen Listen („Vaterhäuser", s.o. 5.2.1.) verwandt sein dürften.

Die Darstellung beginnt mit einer aus der geistigen Auseinandersetzung mit babylonischen Ursprungsmythen entstandenen Schöpfungsgeschichte (Gen 1,1–2,4a). In ihr ruft der schon zur Zeit des Tohuwabohu einzige Gott (der deshalb hier nur „Gottheit" heißt: *elohim*) die Welt ins Leben und erschafft und segnet das erste Menschenpaar als sein „Ebenbild" (V.27).[1]. Anschließend werden die ersten Speisegebote (V.29f) und die Sabbatruhe (Gen 2,2) begründet, die somit nicht nur exklusive Zeichen einer späteren partikularen Gemeinschaft sind. Eine von Adam zu Noach (Gen 5) gezogene Linie führt die gesamte Menschheit zunächst als Opfer eines Vernichtungsbeschlusses (P-Teile der Sintfluterzählung in Gen 6-9), dann aber als Empfängerin eines *ersten* Bundes vor, mit dem Gott seinen Segen für alle und für immer erneuert (Gen 9,1-17). Die nächste Genealogie führt von den Söhnen Noachs, speziell von Sem zu Terach und dessen Sohn Abram (Gen 10f), wenn man so will: von der ‚ganzen' (noachitischen) zu einer ‚partiellen' (semitischen bzw. abrahamitischen) Menschheit. Ihr schenkt Gott im Zuge der folgenden Wanderungen Abra(ha)ms (P-Bestandteile in Gen 12,1–25,11) einen *zweiten* Bund (Gen 17), mit dem er sich nunmehr unter dem kanaanäischen Gottesnamen *'el-shaddaj* offenbart, um Abraham und den ihm verheißenen Nachkommen den Besitz des ganzen Landes Kanaan zuzusichern. In diesem Zusammenhang wird die Beschneidung eingeführt (V.10-14). Die anschließenden Genealogien (Gen 25) führen von den Abrahamssöhnen Ismael und Isaak zu Esau und Jakob. Dessen Wanderungen (P-Bestandteile in Gen 26,21–35,28) enden in Ägypten (Ex 1,1-5), wo aus seinen Kindern die im Abrahambund verheißene Nachkommenschaft wird (V.7). Sie ist ‚das Volk', das gleich zu Beginn seiner Geschichte in Abhängigkeit gerät (Zwangsarbeit Ex 1,13f), von Gott aber in Konsequenz seiner Bundestreue (Ex 2,23-25) mit einer Rettergestalt namens Mose beschenkt wird (Ex 6,2-8), demgegenüber *'el-shaddaj* sich nunmehr unter dem Namen JHWH zu erkennen gibt. Der Exodus aus Fremdheit und Unterdrückung (P-Teile von Ex 7-14: ägyptische Plagen, Stiftung des Passah-Festes, Auszug aus Ägypten und Errettung am Schilfmeer) führt zum Sinai (Ex 19,1f). Dort wird die ordnungsgemäße JHWH-Verehrung gestiftet (Ex 25-29) und ein transportables Wüstenheiligtum errichtet („Stiftshütte" Ex 40,16f). Zum krönenden Abschluss des Werkes nimmt JHWH[2] in diesem Heiligtum Wohnung.

---

[1] Gottesebenbildlichkeit meint nicht, dass der Mensch ‚an sich' wie Gott ist und diese Ebenbildlichkeit als anthropologisches Attribut oder gar wie ein Besitztum ‚hat', sondern dass Gott sich eine Statue (*zäläm*) seiner selbst in jedem einzelnen Menschen errichtet, sich somit selbst in dem von ihm geschaffenen Menschen wiedererkennt (vgl. Schüle 2009, S. 42-46). Diese Feststellung treffen wir hier nebenbei, weil entgegen einer beliebten ‚diakonischen Nutzanwendung' aus der Gottesebenbildlichkeit mitnichten unmittelbar Menschenrechte und -würden abzuleiten sind. Vielmehr setzt die Ebenbildlichkeit den Menschen in ein Verhältnis zu Gott und eröffnet ihm damit die Perspektive, ‚vor Gott' Klarheit darüber zu gewinnen, was er oder sie ist und soll. (vgl. Schüle 2009, S. 42-46).

[2] Genauer: JHWHs Herrlichkeit (*kebod jhwh*; s.o. 5.2.2. die Ausführungen zum Ezechielbuch).

Hier endet P wahrscheinlich ursprünglich. In ihr kommt eine Konzeption zu Wort, die mit keinem der bereits besprochenen exilischen Versuche zur Bewältigung des Problembündels aus Verlust der staatlichen Ordnung, Gefährdung der Identität, Exilserfahrung und möglichem Neuanfang vergleichbar ist[1], die diese Versuche aber gleichwohl (fast) alle rekapituliert und integriert. Wer oder was Israel ist, wer an den Verheißungen Gottes teilhat, wem sein Bund gilt und wie es mit Israel an seinen verschiedenen Aufenthaltsorten nach dem Ende des Exils weitergehen soll – diesen Grundfragen der Inklusions-/Exklusions-Problematik begegnet P gleich zu Beginn mit der dezidierten Perspektive, dass JHWH der Schöpfer der ganzen Welt ist, der sich in der gesamten Menschheit ein Denkmal setzt. Das ist weit entfernt von den deuteronomistischen Ambitionen zur Restitution der David-Dynastie in Jerusalem. Im Noach-Bund wird die aus der vorexilischen Profetie übernommene Gerichtsansage[2] auf eine ferne Vergangenheit begrenzt und künftig für die gesamte Menschheit ausgeschlossen[3]. In den Abraham-Bund mit seiner Verheißung von Nachkommenschaft und Land sind über die Söhne Ismael (Araber) und Isaak sowie die Enkel Esau (Edomiter) und Jakob auch andere Völker als nur Israel mit hineingenommen. Sabbat und Beschneidung als Zugehörigkeitskennzeichen[4] ordnet P dem Abrahambund zu; sie sind also ‚geschichtstheoretisch‘ längst da, bevor es das Volk Israel überhaupt gibt. Erhard Gerstenberger hat es so formuliert: „Die Weltgeschichte bewegt sich auf Abraham, den Stifter der Beschnittenengemeinde zu, ohne eine grundsätzliche Offenheit für andere Völkerschaften aufzugeben"[5]. Mit dieser Übernahme der auf friedliche Koexistenz insistierenden Vätertradition (s.o. 5.2.4.) vertritt P eine „pazifistische Position", für die Gott „die ganze von ihm erschaffene Welt" beherrscht, „in der die Völker (…) friedvoll auf Dauer zusammenleben"[6] Das ist das Gegenteil der fingierten Ausrottungsfeldzüge bei der Landnahme (Josua-Buch), die der deuteronomistischen Sichtweise entgegenkommen. Aus all dem folgt geradezu logisch, dass die Errichtung des ordnungsgemäßen JHWH-Kultes am Sinai anders als in Dtn (dort am Horeb) *nicht* als Bundesschluss qualifiziert ist. Der Bund ist für P „eine *einseitige* Heilszusage seitens Gottes", die „gerade nicht durch den Gesetzesgehorsam Israels konditioniert"[7] sein soll, weil es „kein Junktim zwischen Gesetz und Bund, sondern vielmehr nur eines zwischen Verheißung und Bund"[8] gibt. Auch realisiert sich die den Stammvätern verheißene Gegenwart JHWHs zumindest theoretisch nicht zwingend in Jerusalem, sondern in einem zentralen Heiligtum, das im Prinzip überall mit hingenommen werden

---

[1] Auch nicht mit dem Ezechielbuch, dem P in manchem sachlich nahesteht.

[2] „Das Ende ist gekommen" aus Am 8,2 in Gen 6,13.

[3] Vgl. Schmid, K. 2008, S. 148.

[4] Sie werden tatsächlich erst in der babylonischen Golah und nicht in grauer Vorzeit eingeführt (s.o. 5.2.1.).

[5] Gerstenberger 2005, S. 138.

[6] Schmid, K. 2008, S. 149.

[7] a.a.O., S. 148; Hervorhebung SKF.

[8] a.a.O., S. 150.

kann, weil Gott strenggenommen weder im Himmel noch im Tempel wohnt, sondern „der Welt alokal gegenüber"[1] steht und nur als „Herrlichkeit" im Kult wohnhaft wird.

Unter solchen Voraussetzungen kann die Frage, wie denn ein entsprechendes menschliches Leben und Zusammenleben auszusehen hat, wohl kaum mit dem Hinweis auf ehemalige und gegebenenfalls wiederherzustellende Gegebenheiten und Institutionen der vorexilischen Staatlichkeit und auch nicht einfach mit der abgrenzenden Identitätspolitik einer in die Fremde verschleppten Minderheit beantwortet werden. Deshalb ist P wohl sehr bald nach Abschluss des Erzählfadens erweitert worden: um umfangreiche Kultgesetze (Lev 1-15), um die Ordnung des Versöhnungstages (*jom kippur*, Lev 16) und um das sogenannte Heiligkeitsgesetz (Lev 17-26; dazu s.o. 4.2. die Ausführungen zur Nächstenliebe)[2]. Dabei werden die bereits vorliegenden umfangreichen Gesetzessammlungen (s.o. 5.2.3.) teils rezipiert, teils modifiziert, teils ergänzt[3]. Die entscheidende Neuerung besteht darin, dass das gesamte Material unter das Kriterium der Heiligkeit JHWHs gestellt wird. Ihr soll die Heiligkeit des Volkes entsprechen: „Ihr sollt heilig sein, denn ich bin heilig, JHWH, euer Gott" (Lev 19,2). Heiligkeit ist in P der „Zentralbegriff, von dem aus die Ordnungen des heiligen Ortes, der heiligen Zeiten und der heiligen Personen, wie Priestern und Leviten, bestimmt werden", weil unbeschadet der Perspektive auf die Teilhabe der ganzen Menschheit „Gott sein Volk durch Aussonderung für sich geheiligt" hat. „Die Heiligkeit ist also zuerst eine von Gott geschenkte Gabe"[4] und nicht der Ausdruck eines exklusiven Selbstbewusstseins. Unter diesem Kriterium sind die an P angehängten Gesetze als kultische und ethische Vorschriften so organisiert, dass sie den unauflösbaren Zusammenhang von Heiligung und praktischer Lebensführung, von religiösen und sozialen Verpflichtungen sicherstellen (s.o. 4.2.)[5]. In diesem Zusammenhang findet sich eine programmatische Umstrukturierung innerhalb des von Gott gesetzten Rechts in Lev 25, wo die Bestimmungen zum Sabbatjahr, d.h. zur siebenjährigen Brache des bebauten Bodens, mit dem alle fünfzig Jahre vorgesehenen Erlassjahr („Jobeljahr") kombiniert werden, zu dem wiederum am Versöhnungstag[6] eine allgemeine Sklavenbefreiung und ein allgemeiner Schuldenerlass nebst Rückgabe von verpfändetem Grundbesitz vorgeschrieben ist. Ob derlei jemals tatsächlich stattgefunden hat, lässt sich weder beweisen noch widerlegen. Das ändert aber nichts daran, dass das *religiöse* Fest des *jom kippur* „zu einem einzigartigen,

---

[1]   ebd.
[2]   Weitere Ergänzungen und Zusätze, die sich vorwiegend im Numeribuch finden, sind vor, während und nach der Zusammenstellung des gesamten Pentateuch hinzugetreten.
[3]   Zu Einzelheiten vgl. immer noch Crüsemann 1992, S. 323-380.
[4]   Crüsemann 1990, S. 89.
[5]   Zum Folgenden vgl. Gerstenberger 2005, S. 146.
[6]   Die Ordnung des Versöhnungstages (Lev 16) ist bewusst unmittelbar vor der Gesetzessammlung Lev 17-26 (Heiligkeitsgesetz) angeordnet; vgl. dazu Hieke 2014, S. 557-611.

vielleicht utopischen Instrument des *sozialen* Ausgleichs"[1] wird. Dass ganz in diesem Sinne aus der Sicht von P der Heiligkeit Gottes seitens des Menschen das Gebot der Nächsten- und Fremdenliebe (Lev 19,18.33f) entspricht, welches deshalb als das Zentrum des gesamten Heiligkeitsgesetzes adressierbar ist, wurde bereits erläutert (s.o. 4.2.).

Von daher ist es folgerichtig, dass das Heiligkeitsgesetz – analog zu den deuteronomischen Bundesbedingungen Dtn 13 und 28 – an seinem Schluss (Lev 26) eine Interpretation des priesterlichen Bundesgedankens vornimmt: Unbeschadet der Aussage, dass der Bund eine einseitige Heilszusage Gottes ohne Vorbedingungen ist (s.o.), gibt es Verhaltensvorschriften, die so disponiert sind, dass Israel an ihnen scheitern kann und wird (V. 1-39), dafür Strafe auf sich nehmen muss (V. 40-43), letztendlich durch die Güte JHWHs aber nicht aus dem Bund herausfallen kann, der mit den Vätern auf ewig geschlossen ist (V. 44f)[2].

Es ist wohl nicht zu viel behauptet, dass die nachexilische Epoche Israels mit der auf den ersten Blick so tabellarisch, formelhaft, ordnungsversessen und spröde daherkommenden Priesterschrift ein Konzept hervorgebracht hat, das in der Tat prinzipiell die Zielsetzung verfolgt: Alle gehören dazu! Insofern ist P geradezu eine Programmschrift der Inklusion. Aus der Gemeinschaft kann man sich zwar durch eigenes Fehlverhalten ausschließen, grundsätzlich gilt die Zusage der Zugehörigkeit aber allem, was Israel ist, den Fremden, die bei ihm wohnen, und der abrahamitischen Völkerwelt im Rahmen des noachitischen Bundes. Die Heiligkeit der konstituierten Kultgemeinde ist der Ausweis einer exemplarischen Existenz, die im Zeichen des vom Weltschöpfer geschenkten Bundes der Menschheit zum Segen dienen soll.

5.2.6. Universalität und Partikularität

Es ist wohl kein Wunder, dass im Rahmen der außenpolitischen Bedrohungen, der gesellschaftlichen Probleme und der massiven sozialen Ausgrenzungsprozesse in der Epoche des Hellenismus eine universalistische Perspektive wie die Konzeption P für ein lokal diversifiziertes Israel eine hohe Bedeutung gewonnen hat, weil sie erlaubt, die Pflege einer spezifischen Identität gewissermaßen ‚in die Welt' einzubringen, auch wenn diese von anders gearteten politischen, sozialen und religiösen Formationen geprägt ist (s.o. 5.2.1.). Ebenso wenig ist es freilich ein Wunder, dass aus eben denselben Gründen P andere Programmatiken nicht einfach verdrängt hat, weil eine exklusive Abgrenzungsstrategie im hellenistischen ‚Melting Pot' nicht weniger plausibel erscheint und die spezifische Identität überhaupt erst begründet. So gesehen kann sich durchaus die Frage stellen, ob,

---

[1] ebd.; Hervorhebung SKF. Dieser fundamentale Zusammenhang ist in bestimmten Spielarten der christlichen Tradition („Ein Lämmlein geht und trägt die Schuld") leider vollkommen verloren gegangen.

[2] Zur priesterlichen Bundestheologie vgl. im Detail Krause, J.J. 2020, S. 49-110.

was von den ursprünglichen Intentionen her weit auseinander liegt, am Ende doch zusammengehört.

Damit werden wir wohl des Hintergrunds dafür habhaft, dass ein Prozess Fahrt aufnimmt, den wir als Kanonwerdung[1] bezeichnen. „Mitglieder einer Konfessionsgemeinschaft müssen auf Unterscheidungsmerkmale hinweisen können, weil das ‚natürliche‘ Sozialkorsett (Familie, Staat usw.) fehlt"[2]. Die babylonische Golah hatte dazu bereits den Sabbat und die Beschneidung eingeführt (s.o. 5.2.1.). Bis zur Mitte des 3. Jhdt. v.Chr. kommt nun die Gesamtheit des Gesetzes (Torah) „als ein bedeutendes Element im System der gültigen Symbole hinzu". Voraussetzung dafür ist die fortschreitende *Verschriftlichung* der Gesetze, die wiederum ihre Ursache in deren *öffentlicher Verlesung* hat. Eine sehr späte Fortschreibung des Nehemia-Buches aus dem 3.oder 2. Jhdt. v.Chr.[3] berichtet, dass die gesamte göttliche „Weisung" (Torah) aus einem Buch vorgelesen[4] und von priesterlichem Personal („Leviten") erklärt wird (Neh 8,2-8). Spätestens zu diesem Zeitpunkt liegt somit das Gesetz in Gestalt des *Pentateuch* vor[5]. Es verdankt sich professioneller Schriftkunde, aber beteiligt sind viele Ohren, Köpfe, Münder und Hände aus unterschiedlichen Schichten, Interessengruppen und Generationen[6].

Das Gerüst bildet die Priesterschrift (s.o. 5.2.5.)[7], die von der Schöpfung bis zur Gottesoffenbarung am Sinai reicht. Ihr ist vor allem eine Fülle an gesammeltem, vorwiegend erzählerischem Material zugewachsen, das in der Perserzeit mehr

---

[1]   Einen jüdischen Kanon im eigentlichen Sinne gibt es nicht vor 70 n. Chr. Sinnvollerweise unterscheidet man zwischen Kanonbildung und Schriftwerdung und versteht Letztere als Prozess von der Verschriftung religiöser Texte über deren Anerkennung zunächst als normative, dann als heilige Texte, die schließlich den Kanon bilden (vgl. dazu Schmid, K. 2008, S. 212-221). Genau dieser Prozess steht hier im Fokus. Es hat Sinn, zwar beim Begriff Kanon um siner Geläufigkeit willen zu bleiben, aber von Kanonwerdung statt von Kanonbildung zu sprechen.

[2]   Gerstenberger 2005, S. 296; das folgende Zitat ebd.

[3]   Vgl. Schmid, K. 2008, S. 218.

[4]   Von einer regelmäßigen Verlesung des Gesetzes spricht auch der Fortschreibungstext Dtn 31, 9-13.

[5]   Der Pentateuch findet sich vollständig in der Septuaginta, einer maßgeblichen Sammlung ‚kanonischer‘ jüdischer Schriften in griechischer Übersetzung, die ab dem 3. Jhdt. v.Chr. in Alexandria/Ägypten begonnen und zu überwiegenden Teilen um 100 v.Chr. fertiggestellt wurde. Vom deuteronomischen Gesetz der späten Königszeit an ist also mit einem langen Wachstumsprozess des Pentateuch zu rechnen. Dass laut Esr 7,12-26 „das Gesetz" von dem Beamten Esra, der als „Schreiber des Gesetzes des Himmelsgottes" (V.12) tituliert wird, auf Veranlassung der persischen Regierung (sogenannte „Reichsautorisation") für die JHWH-Anhänger verbindlich gemacht wurde und so als Gesetz einer Glaubensgemeinschaft zugleich den Rang einer staatlichen Gesetzgebung genossen hätte, dürfte wohl eine spätere Fiktion sein (vgl. Kessler 2006, S. 157).

[6]   Vgl. dazu Gerstenberger 2005, S. 295.

[7]   Zum Folgenden vgl. ausführlich a.a.O., S. 297-322. Das in der Forschung umstrittene Werden des Pentateuch wird hier nur in wenigen Grundlinien vorgeführt.

oder weniger umfänglich unter den leitenden Gesichtspunkten des Deuteronomismus ergänzt und überarbeitet worden ist[1]. Dabei wurde P nicht einfach additiv
ergänzt, sondern an vielen Stellen mit anders akzentuiertem Traditionsstoff zum
jeweils selben Thema verschmolzen. Der Erzählfaden von den Wanderungen der
Väter über die Befreiung aus Ägypten und den Weg durch die Wüste bis an die
Grenze des Kulturlandes wird mittels verklammernder Notizen (Gen 50,24; Ex
32,13; 33,1; Num 32,11 und Dtn 34,4) auf die Verheißung des Landes fokussiert[2].
Das Motiv stammt aus der deuteronomistischen Konzeption, für welche die mit
der Rückkehr aus dem Exil verbundene erneuerte Inbesitznahme des Landes neben der Zentralisation des Kultes eine wichtige Rolle für das partikulare Selbst-
bewusstsein der nachexilischen JHWH-Formation spielt. Dessen ungeachtet ist
dem Erzählfaden aber die universalistische Perspektive der Urgeschichte vorgeschaltet und vor allem die jetzt mit der gesamten Gesetzgebung verknüpfte Gottesoffenbarung am Sinai (federführend P) als Zentrum des Ganzen zugeordnet.

In diesem Zusammenhang muss es von hoher Bedeutung gewesen sein, dass
die in den jeweiligen Traditionssträngen zentralen Bundestheologien, so unterschiedliche Strategien die Überlieferungen auch sonst anbieten mochten, keineswegs weit auseinanderliegen[3]. Stellt die deuteronomistische Konzeption grundsätzlich eher einen sanktionsbewehrten Vertrag und die priesterschriftliche eher
eine einseitige göttliche Gnadenzusage dar, so sind doch beide darin einig, (1)
dass der Bund von Gott geschenkt ist, (2) dass er nach einer menschlichen Antwort verlangt[4], (3) dass der oder die Einzelne, sogar das ganze Volk durch Ver-
stoß gegen die Torah aus diesem Bund herausfallen kann, (4) dass dies aber den
Bund nicht aufhebt, sondern JHWH sein Herr bleibt, der ihn in Kraft hält bzw.
wieder in Kraft setzt. Die Bundestheologie bringt also, um es dem Anliegen der
vorliegenden Arbeit entsprechend zu formulieren, zum Ausdruck, dass ‚eigentlich‘, nämlich gemäß dem von Gott gesetzten Charakter des Bundes, immer alle
dazugehören.

Was leistet nun die Gesamtheit der Kompilation inhaltlich? Die Torah fängt
nicht mit Israel an, sondern mit der Überzeugung, dass die ursprüngliche und
grundlegende Ordnung des Lebens und Zusammenlebens nicht aus den herrschenden hegemonialen politischen Verhältnissen, sondern aus der Überzeugung
abzuleiten ist, dass Gott die ganze Welt geschaffen hat. Diese gute Ordnung kann
durch kein noch so katastrophales menschliches Fehlverhalten zerstört werden
(Sintflut); deshalb schenkt Gott der Menschheit (Noach) einen ewigen Bund. Aus
der Gesamtheit der Völker führt dann eine familiale Linie zu Abraham. Mit ihm,
Isaak und Jakob/Israel wird das Konzept der friedlichen Koexistenz aus der alten

---

[1] Z.B. die nicht-priesterliche Väter- und die Josefgeschichte, ergänzende Gesetzestexte und
    Erzählungen über die Wanderung in der Wüste (zu finden jetzt vor allem im Buch Nu-
    meri), aber auch die nicht-priesterliche Exodustradition einschließlich des Bundesbuches.
[2] Vgl. dazu (unter Hinziehung einer älteren Arbeit von 1999) Schmid, K. 2008, S. 175f.
[3] Das hat Joachim J. Krause gegen den weitgehenden Konsens der (älteren) Forschung ge-
    zeigt. Vgl. insbesondere seine Zusammenfassung Krause, J.J. 2020, S. 207-224.
[4] Joachim J. Krause nennt das „elementares Korrespondenzverhalten" (a.a.O., S. 220).

Vätertradition rezipiert, zugleich aber auch das exklusive deuteronomistische Konzept der Landverheißung verknüpft, unbeschadet derer aber mit der zwischengeschalteten Josefgeschichte daran erinnert wird, dass Israel auch überall zu Hause sein kann. An diesem Punkt schließen die aus der vorexilischen Profetie bekannten, jetzt deuteronomistisch bearbeiteten und mit dem Namen Mose verbundenen Traditionen von Befreiung, Exodus und Bewahrung in der Wüste einschließlich der sozialen und religiösen Gesetzgebung des alten Bundesbuches an. Sie werden als Taten des Gottes deklariert, der sich am Berg in der Wüste offenbart. Dort erfolgt eine Gesetzgebung, die hinsichtlich ihrer Zielsetzung gemäß der deuteronomistischen Programmatik als Gott-Israel-Bund mit Landverheißung gedeutet wird; materialiter handelt es sich dabei aber um das priesterschriftliche Recht, das mit seiner Symbiose aus Kult- und Sozialvorschriften als *die* Gabe JHWHs und als Verpflichtung zur exemplarischen Heiligkeit herausgestellt wird. An der Grenze des Landes wird sodann in Form einer großen rückblickenden Rede die deuteronomische Gesetzgebung nachgetragen, deren zugrunde liegende Konzeption schließlich aber doch wieder insofern relativiert wird, als das verheißene Land am Schluss des Gesamtwerks gar nicht betreten wird. Es erfolgt lediglich eine Erneuerung der Verheißung, weil ‚das Land' für ein Diaspora-Israel, das im persischen Staat auf vielerlei Lebenswelten verteilt ist, entsprechend der priesterlichen Konzeption nicht mehr die entscheidende Rolle spielt[1].

In Summe: Wird also die Frage der sich neu sortierenden nachexilischen Gemeinde, wer sie ist, was sie tun soll und wer dazugehört, deuteronomistisch mit einem spezifischen Erwählungsbewusstsein beantwortet, und von P damit, dass sich Zugehörigkeit über eine exemplarische, sozial verantwortete Heiligkeit definiert, die „allen Geschlechtern der Erde" zum Segen dient, so liegt die besondere Eigenart und Leistung der Torah als Ganzer darin, dass sie, um es auf Schlagworte zu bringen, eine auf Identitätssicherung fokussierte partikularistische Perspektive in eine universalistische einordnet. Eben deshalb kommt ihr als der von Gott im Rahmen eines inklusiv und ewig gedachten Bundesverhältnisses geschenkten Gabe der Rang der maßgeblichen Norm Israels zu.

In diese Norm haben über die eingearbeiteten Rechtskorpora insbesondere auch die umfänglichen sozialen Anliegen der frühen Profetie Eingang gefunden (s.o. 5.2.2.). Dass die profetische Tradition nicht weniger als die deuteronomische und die priesterliche zu der durch die Herausforderungen des Hellenismus erforderlichen Vergewisserung Israels zählt, wird daran evident, dass in dem zur Rede stehenden Zeitraum und unter denselben Bedingungen und Interessenlagen des nachexilischen JHWH-Gemeinwesens auch die *profetischen Überlieferungen* als zweite Komponente der Kanonwerdung gesammelt, verschriftet und, soweit sie bereits schriftlich vorlagen, überarbeitet und fortgeschrieben worden sind[2].

---

[1]   Vgl. Schmid, K. 2008, S. 176.

[2]   Und zwar nicht durchweg, aber zu erheblichen Teilen im Sinne der Intentionen der deuteronomistischen „Geschichtskonstruktion" (Schmid, K. 2008, S. 239). Leitvorstellung ist der oben besprochene deuteronomische Zusammenhang von Bund und Gesetz, bei dem

Dass auch in diesem Prozess eine universalistische Ausweitung der ursprünglichen Perspektiven stattgefunden hat, lässt sich gut an der Erschließung der etwa 400-jährigen Entstehungsgeschichte[1] des *Jesajabuches* skizzieren. Der zwischen Kap. 1-39 und Kap. 40-66 bestehende gedankliche Bruch[2] wird in Kap. 35 („Die Erlösten JHWHs werden wiederkommen nach Zion") insofern überbrückt, als damit ein gedanklicher Ausgleich zwischen dem Weltgericht Kap. 34 („JHWH ist zornig über alle Völker und hat sie zur Schlachtung dahingegeben") und Kap. 40 („Tröstet, tröstet mein Volk, redet freundlich mit Jerusalem") hergestellt wird. Dieser Perspektivwechsel wird mit den drei Rettungs-Erzählungen Kap. 36-39 untermauert[3]. Zusammen mit den noch späteren Fortschreibungen über die zukünftige, *allen Völkern* zum Segen dienende Herrlichkeit Zions (Jes 60-62) erzeugt das abgeschlossene Profetenbuch den Effekt, dass „der Jerusalemer Prophet Jesaja aus dem 8. Jh. v.Chr. zum großen Visionär der Weltgeschichte (wird), der über die eigene Gerichtszeit bis weit zur Neuschöpfung von Himmel und Erde blickt"[4] (dazu auch s.o. 5.2.2. die Ausführungen zu den letzten Fortschreibungen des Jesajabuches).

Eine andere Form der Universalisierung zeigt sich in der wohl erst in der hellenistischen Epoche[5] abgeschlossenen Entstehungs- und Fortschreibungsgeschichte des *Ezechielbuches*[6]. So kompliziert[7] diese im Einzelnen sein mag, so wird man behaupten dürfen, dass bspw. die Endfassung der Vision von einem Feld voller vertrockneter Knochen (Ez 37) wohl nicht einfach ein Bild für die „Wiedergeburt"[8] Israels, sondern eine späte Weiterentwicklung zur apokalyptischen Vorstellung von der Auferweckung der Toten sein dürfte[9]. Und der sogenannte Verfassungsentwurf (Ez 40-48) ist gewiss zunächst ein utopisches Programm für die Restitution Israels nach dem Exil (s.o. 5.2.2), hat aber eine bis in die hellenistische Epoche reichende Fortschreibungsgeschichte gehabt, die ihm

---

der Akzent vom Landverlust als Strafe für Bundesbruch zum Akzent der *Umkehr* des schuldig gewordenen Volkes wechselt (vgl. a.a.O., S. 170f)

[1] So Berges/Beuken 2016, S. 17; zur Fortschreibungsgeschichte vgl. auch Gerstenberger 2005, S. 247-251 und Haag 2003, S. 222.

[2] Jes 1-39 thematisiert das Gericht über das Königtum und zugleich den ewigen Bestand des Zion als Sitz Gottes (vgl. Schmid, K. in: Gertz 2010, S. 336-338), während es in Jes 40-66 um die Allmacht des einzigen Gottes geht, der dem Erzvätervolk nach dem Exil einen neuen Exodus schenkt (vgl. a.a.O., S. 343-346.). Ob man hinter Kap. 40-66 (oder 40-55) eine anonyme Profetengestalt aus dem 6.Jhdt. v.Chr. oder eine sukzessive Fortschreibung der bis zum Exil vorliegenden Jesajaschrift verstehen will, kann hier offenbleiben.

[3] Vgl. Berges/Beuken 2016, S. 122-135.

[4] a.a.O., S. 329.

[5] Vgl. Haag 2003, S. 223.

[6] Zur Fortschreibungsgeschichte vgl. Gerstenberger 2005, S. 259-271.

[7] Das dürfte damit zusammenhängen, dass das Buch schon in der biblischen Zeit selbst umstritten war, weil „der Tempelentwurf in Ez 40-48 in mancher Weise mit der Tora (vgl. Ex 25-40) konkurriert" (Schmid, K. in: Gertz 2010, S. 371), wiewohl das Buch mit seiner Heiligkeitsvorstellung der Priesterschrift durchaus nahesteht.

[8] Gerstenberger 2005, S. 262.

[9] So Haag 2003, S. 223 und Schmid, K. in: Gertz 2010, S. 369.

in den gewalttätigen Auseinandersetzungen und sozialen Verwerfungen der Pto-
lemäer- und Seleukidenzeit die Funktion einer idealen allgemeinen Ordnung des
Friedens und der Gerechtigkeit verleiht, an der alle teilhaben[1].

Spätestens in der ersten Hälfte des 2. Jhdt. v.Chr.[2] liegt eine Sammlung weiterer
profetischer Traditionen als das sogenannte *Zwölfprofetenbuch* der hebräischen
Bibel vor. Auch dieses Buch[3] ist an einer Ausweitung der ursprünglichen Perspektiven interessiert: Es schlägt in seiner Endgestalt einen großen inhaltlichen
Bogen[4] von der heftigen Kritik am Abfall Israels von Jahwe ganz am Anfang
(Hos 1-3) bis zur Verheißung der Wiederkunft des Profeten Elija ganz am Ende
(Mal 3,22-24) und nimmt in dessen literarischer Entwicklung immer wieder „die
spannungsvolle Thematik von Gericht und Heil, Endgericht und Neuschaffung
der Welt"[5] in den Blick.

Zum Abschluss dieser wenigen Grundlinien der Bearbeitung profetischer Tradition in der persischen Epoche ist die Feststellung relevant, dass neben weiteren
Einzelbeobachtungen am Endtext sich mit Jes 1,1 und Hos 1,1 zwei Buchanfänge
sowie mit Jes 66 und Sach 14 zwei Buchschlüsse so genau entsprechen, dass in
der Anordnung der Profetenbücher im hebräischen Kanon (Jesaja – Jeremia –
Ezechiel – Zwölfprofeten) das Jesaja- und das Zwölfprofetenbuch „offenbar sukzessive sachlich und literarisch aufeinander abgestimmt worden sind"[6]. *Profetie
insgesamt* bekommt damit den Charakter einer „weit ausgreifende(n) Zukunfts-
weissagung"[7], die zwar nicht dasselbe ist wie die kritische Kommentierung der
politischen und sozialen Verhältnisse durch die ältesten Profetentraditionen,
diese aber weder überspielt noch bloß konserviert, sondern in einen Gesamtzusammenhang mit ins Universelle zielender Perspektive stellt. Die Gültigkeit der
profetischen Forderung nach Teilhabe bleibt ein Anspruch an Israel, nämlich an
eins, dessen Gott die Welt als Ganze im Blick hat. Dieser Anspruch wird für eine
jeweils neu determinierte Gegenwart ebenso wie für eine noch ausstehende Zukunft reklamiert.

---

[1] Vgl. dazu ausführlich Rudnik in: Pohlmann 2001, S. 527-539.
[2] Im Sirachbuch (49, 10) ist von den „zwölf Profeten" die Rede, die „Jakob getröstet" haben.
[3] Zu ihm gehören elf kleinere profetische Bücher, die sich mehr oder weniger (hier und da
     gar nicht) auf historisch greifbare Profetengestalten aus der vor- und der nachexilischen
     Zeit beziehen, dazu (an fünfter Stelle) das Jonabuch, das keine ,Profetie' im eigentlichen
     Sinne ist, sondern eine Erzählung über einen Profeten, nicht jedoch das ,profetische' Da-
     nielbuch, das mit seinen apokalyptischen Visionen vielleicht das jüngste Buch des hebrä-
     ischen Kanons ist, in dem es deshalb auch nicht zu den „Profeten", sondern zu den „Schrif-
     ten" zählt. Den Zusammenhalt der Einzelschriften gewährleisten bewusst eingefügte
     „Stichwortberührungen zwischen den Rändern der Teilbücher" (Schmid, K. in: Gertz
     2010, S. 374).
[4] Vgl. Gerstenberger 2005, S. 242-246.
[5] a.a.O., S. 245.
[6] Schmid, K. in: Gertz 2010, S. 375.
[7] a.a.O., S. 329.

### 5.2.7.	Zwischenfazit zu den Traditionen der hebräischen Bibel

Unbeschadet der Tatsache, dass die hebräische Bibel bedeutsame weitere Schriften umfasst[1], ist festzuhalten, dass wir wohl etwa um die Wende des 3./2. Jhdts. v.Chr. von einer (Vor-)Form des hebräischen Kanons sprechen können, die dann später im gesamten Neuen Testament als „Torah und Profeten" bekannt ist und dort in der griechisch-sprachigen Fassung der Septuaginta als Heilige Schrift flächendeckend zitiert wird. Die Profetie „etabliert Gott als transzendente Instanz", durch welche „die immanente Welt" mit ihren immer wieder in Ausgrenzung und gesellschaftliche Spaltung führenden politischen, ökonomischen und kulturellen Dominanten grundlegend „in Frage gestellt" wird; die Torah „ist Gottes Wort *in der Welt*, an dem sich Denken und Handeln nun konkret ausrichten können"[2].

Es geht dabei durchweg um die Frage, wer Israel ist, wer an ihm teilhat, was es zu tun und zu lassen hat und was seine Bestimmung ist. Torah und Profeten suchen und finden die Antwort darauf strikt im Fokus der weitergehenden Frage, was der Wille des einen und einzigen Gottes JHWH ist, der die wenig bedeutsame Größe Israel erwählt, zugleich aber die ganze Welt geschaffen hat, deren Mächte in seinem Dienst stehen. Dieses *dialektische Verhältnis von Universalität und Partikularität*[3] wird ermöglicht durch die *Integration unterschiedlicher Traditionen und Programmatiken*, die bewahrt, ausgelegt und weiterentwickelt worden sind. *An der Gemeinschaft hat Teil, wer die Gabe der Torah des einzigen Gottes für sich annimmt.* Zur Torah gehören bestimmte *Identitätsmerkmale* und zugleich bestimmte, primär *soziale Verpflichtungen*, die auch den nicht zur Gemeinschaft zählenden Fremden zugutekommen müssen. Der torah-gemäße heilige Lebenswandel begründet eine exemplarische Existenz, die sich aus dem von Gott gestifteten Bund ableitet, welcher aber zugleich mit der Menschheit geschlossen ist, die *insgesamt* unter dem Segen dieses Gottes steht. In dieser Perspektive bilden die Kritik der alten Profeten wie die Ordnungen des Lebens und des Kultus, der Verlust der politischen Existenz wie die Hoffnungen nach dem Neuanfang, die Erinnerung an die Schöpfung und an die Väter wie die Erwartungen an eine weltweite Neuschöpfung alle gemeinsam und aufeinander bezogen die Vision einer

---

[1]	Diese Literatur wird hier aus Raumgründen leider sträflich vernachlässigt, würde bei näherer Untersuchung aber die hier vertretenen zentralen Thesen durchaus bestätigen, wiewohl es selbstverständlich keinen ‚Generalnenner' für die Gesamtheit des biblischen Schrifttums gibt.

[2]	Schüle 2006, S. 223.

[3]	Goodman 2021 konstatiert für das biblische Judentum „das Fehlen einer kohärenten universalistischen Theologie", das allerdings nicht verhindere, „dass viele Geschichten und Vorstellungen mit universalistischen Implikationen in den (sic!) biblischen Corpus aufgenommen wurden" (S. 123). So gewiss die hebräische Bibel kein Dokument einer durchgehend universalistischen Theologie ist, so gewiss ist diese Formulierung denn aber doch zu harmlos. Der Pentateuch verdankt sich der Verschmelzung zweier hinsichtlich ihrer Perspektive durchaus gegensätzlicher Anschauungen. Der Fortschreibung der Profetie den Zug ins Universelle abzusprechen, dürfte schwerlich möglich sein.

heilvollen, lebensdienlichen Ordnung unter der Herrschaft des einen Gottes, *an der alle Geschöpfe Anteil haben sollen.*

Dass Torah und Profeten mit dem Gedanken der „Gleichwertigkeit als Schöpfungsgabe"[1] beginnen, ist kein Zufall. Die religiöse Grunderfahrung, gesegnet zu sein, der jeder Mensch grundsätzlich ohne Ansehen der Person teilhaftig wird, wird nicht exklusiv Israel, sondern der Menschheit zugesprochen. In diesem Sinne wird sie wohlbedacht bei der Formierung der Torah in der fernen Vergangenheit begründet und bei der Formierung der Profeten für die ferne Zukunft verheißen. Das bedeutet selbstredend nicht, dass einer nivellierenden Weltsicht das Wort geredet würde. Im Gegenteil: Torah und Profeten unterscheiden sorgfältig zwischen kultischer Reinheit und Unreinheit, zwischen Heiligem und Profanem, zwischen Sabbat und Alltag und ganz gewiss zwischen Israel und den Völkern. Vielfalt taugt als Bezugsrahmen für Teilhabe nur, wenn jeweils spezifische Eigenart Bestand hat und nicht verwischt wird. Die zentrale Frage nach Zugehörigkeit, das Problem Exklusion/Inklusion – das ist ein Aushandlungsprozess. Eben dieser hat in der Kanonwerdung der hebräischen Bibel, in Torah und Profeten literarische Gestalt angenommen.

Der einzige wirklich ausgrenzende Sachverhalt in Torah und Profeten ist, dass schuldhaftes Verhalten den Ausschluss aus der Gemeinschaft mit Gott zur Folge haben kann, dem aber Umkehr und Sühne als Weg zur Wiedererlangung der Teilhabe gegenüberstehen[2]. Insgesamt darf man mit Fug und Recht dahingehend zuspitzen, dass Torah und Profeten sich als Weisung dafür verstehen, des von JHWH verheißenen Heils teilhaftig zu werden, was für biblisches Denken stets identisch damit ist, am gelingenden Leben und Zusammenleben der Sozialformation teilzuhaben[3].

Von besonderer Bedeutung dabei ist, dass Israel in Gestalt des sich konstituierenden Judentums unter den herrschenden Rahmenbedingungen bis zur Wende zwischen der vor- und der nachchristlichen Zeitrechnung (s.o. 5.2.1.) sowohl hinsichtlich der globalen geografischen Verteilung als auch bezüglich der klassenmäßigen, ethnischen und kulturellen Zugehörigkeit der einzelnen JHWII-Gläubigen samt den damit jeweils verbundenen spezifischen politischen und ökonomischen Entfaltungsmöglichkeiten bzw. Abhängigkeitsverhältnissen nicht als Staat, höchstens auf dem Boden Judäas als Ethnie und ansonsten ausschließlich

---

[1]   Baltes 2019, S. 36; zum Folgenden vgl. S. 36-49.

[2]   Prägnanten Ausdruck findet dies in Ex 34, einem Text über eine Begegnung zwischen Gott und Mose, der bereits die Verschmelzung priesterlicher und nicht- bzw. vorpriesterlicher Überlegungen dokumentiert (Vgl. Albertz 2015, S. 304-308: die folgende Übersetzung a.a.O., S. 3): „JHWH, JHWH, ein barmherziger und gnädiger Gott, langsam zum Zorn und reich an Güte und Treue, der Tausenden Güte bewahrt, indem er Schuld, Vergehen und Sünde vergibt, er aber wird sie nicht gänzlich ungestraft lassen, indem er die Schuld der Väter an den Söhnen und Enkeln heimsucht, bis ins dritte und vierte Glied" (V.6f).

[3]   Die mögliche Frage, ob und inwieweit es jeweils um Teilhabe an der religiösen, kultischen, geistlichen oder an der politischen, ökonomischen, sozialen Gemeinschaft geht, ist bei der Untersuchung von Einzeltexten gewiss von heuristischer Bedeutung. Im Blick auf den Gesamtzusammenhang geht sie von unrealistischen Alternativen aus.

als Religionssystem fassbar ist[1]. Eben darin besteht die enorme inklusive Leistung von Torah und Profeten. Ihr „wechselseitige(r) Verweisungszusammenhang" ist „ein wesentlicher Beitrag zur Stabilisierung" dieses Systems, das letztendlich nicht in Kult und Ritual, sondern als Buchreligion, als gemeinsam memorierte und ausgelegte Überlieferung[2], ein inklusives Band der Teilhabe und Zusammengehörigkeit zu schaffen vermocht hat. Dies bildet auch für Jesus, für seine Bewegung und für die Frauen und Männer, die in den Schriften des Neuen Testaments zu Wort kommen, die selbstverständliche Voraussetzung ihres Denkens und Handelns. Das Neue Testament bietet, wie die folgenden Abschnitte zeigen werden, keinen ‚universalen' Gegenentwurf zu einem per se ‚partikularen' Judentum. Jesus und die sich ihm Anschließenden sind selbst Teil eines breiten Stroms zeitgenössischer jüdischer Erneuerungsbewegungen und vertreten insofern eine ‚partikulare' Spielart, die dezidiert an die inklusiven und nicht an die exklusiven Traditionen von Torah und Profeten anknüpft. Paulus zieht daraus nach Ostern Konsequenzen, die in den universalen Perspektiven von Torah und Profeten bereits begründet und nicht etwa diesen entgegengesetzt sind. Kaum etwas ist verkehrter als die immer noch verbreitete Gegenüberstellung „Das exklusive Judentum und der inklusive Jesus"[3].

5.2.8. Jesusbewegung

Bevor wir nun die Zeit Jesu in den Blick nehmen, sind zwei Vorbemerkungen angebracht. Zunächst: Die folgenden Ausführungen setzen voraus, dass Jesus als historisch greifbare Gestalt hinter der Überlieferung der biblischen Evangelien und der weiteren neutestamentliche Literatur wenig fassbar ist[4], ähnlich wie das bei den Profetengestalten in den Profetenbüchern der hebräischen Bibel der Fall ist. Sicher ist, weil dies teilweise auch außerbiblische Quellen bezeugen, dass Jesus gelebt hat, von Johannes getauft wurde, im Land umherzog und den Anbruch des Königreichs Gottes ankündigte, eine Bewegung von Gleichgesinnten um sich

---

[1] Wir lassen hier die vorübergehende Erscheinung des mehr oder weniger unabhängigen makkabäischen Staatswesens, auch mit Blick auf die zeitgleiche breite asiatische und ägyptische jüdische Diaspora, außer Betracht.

[2] Vgl. Schüle 2006, S. 227 in Rezeption von Überlegungen Moshe Halbertals.

[3] So der ironische Titel bei Baltes 2019, S. 35.

[4] Die so genannte erste, zweite und dritte Frage danach, was wir von dem „historischen" oder „irdischen" oder „wirklichen" Jesus wissen (vgl. zusammenfassend Theißen/Merz 1996, S. 22-30 und ausführlich Stegemann 2010, S. 73-124), führt nach 250 Jahren Forschung zu keinem anderen Resultat als dem, das Albert Schweitzer bereits 1906 festgestellt hat, nämlich dass der jeweils eruierte ‚Jesus' lediglich ein Spiegelbild des oder der Forschenden darstellt (vgl. Schweitzer 1906/1984, S. 620f). Wolfgang Stegemann gibt deshalb bei der Frage nach Jesus konsequenterweise den Anspruch auf objektiv Erforschbares auf, beschränkt sich auf intrinsische Plausibilität und nimmt damit bewusst Subjektivität in Kauf (vgl. Stegemann 2010, S. 412-433), weil im Prinzip natürlich jeder und jedem etwas anderes als plausibel einleuchten kann (vgl. Wengst 2013).

sammelte („Jünger") und in Jerusalem auf Anordnung der römischen Provinzial-
verwaltung gekreuzigt wurde[1]. Was sich darüber hinaus insbesondere in den drei
synoptischen Evangelien[2] spiegelt, ist das Profil einer um Jesus gescharten und
natürlich von ihm – wenn auch in nicht näher bestimmbarer Weise – geprägten
„Jesusbewegung" (dazu bereits grundsätzlich s.o. 4.3.) als Teil des zeitgenössischen Judentums. An diesen Begriff schließt die zweite Vorbemerkung an: Angesichts der politischen, sozialen und religiösen Verhältnisse in dem von Pompejus neu geordneten syro-palästinischen Raum um die Zeitenwende (s.o. 5.2.1.)
liegt die Frage nahe, inwieweit im 1. Jhdt. n.Chr. überhaupt von ‚dem' Judentum
die Rede sein kann. Ed Parish Sanders[3] hat sie dahingehend beantwortet, dass der
gemeinsame Nenner der diversen Strömungen als „Bundesnomismus"[4] (con-
venantal nomism) zu identifizieren ist. Seine „Struktur" (pattern) setzt sich aus
acht Kennzeichen zusammen: „1) Gott hat Israel erwählt und 2) das Gesetz gegeben. Das Gesetz beinhaltet zweierlei: 3) Gottes Verheißung, an der Erwählung
festzuhalten, und 4) die Forderung, gehorsam zu sein. 5) Gott belohnt Gehorsam

---

[1] So ein konsentierbares Minimum zusammenfassend Wengst 2013. Der immer noch ver-
     breitete Wunsch, christlichen Glauben unbedingt auf möglichst vieles zu gründen, was
     Jesus persönlich ‚gesagt' oder ‚getan' hat, entspringt dem durchaus untheologischen ide-
     alistischen Bedürfnis, als zeitlos geglaubte Wahrheiten unbedingt auf einen ‚großen Mann'
     zurückführen zu wollen. Dagegen macht Wengst 2013 zu Recht den sehr einfachen me-
     thodischen Einwand geltend: „Das ist das Elend aller historischen Jesusforschung, dass sie
     sich ihre Ausgangsbasis hinter ihren Quellen erst selbst konstruieren muss." Dem neuen
     Versuch von Dirk Sawatzki gelingt es immerhin, mit einem sehr differenzierten Instru-
     mentarium von fünf Kriterien (Sawatzki 2022, S. 359-369) und der nicht belletristisch,
     sondern methodisch gestellten Leitfrage, wie es gewesen sein könnte, Jesus als „einer his-
     torischen Person" habhaft zu werden, „die (…) gleichzeitig vom jüdischen Glauben als
     auch vom christlichen Glauben beansprucht werden kann" (a.a.O., S. 373). Damit ist aber
     Wengsts über das Methodische hinausgehende Frage, „was theologisch dazu nötigen
     könnte, historisch nach Jesus zurückzufragen", ebenso wenig erledigt wie die damit ver-
     bundene Gefahr, dass der Glaube „abhängig von historischer Wissenschaft (wird), die (…)
     nur immer wieder wechselnde Hypothesengebilde bietet". – Zur Frage des historisch Er-
     kennbaren vgl. auch schon Sanders 1995 sowie Theißen/Merz 1996, S.73-95.
[2] Wengst 2013 empfiehlt als Konsequenz seiner Ablehnung einer historischen Jesusfor-
     schung mit theologischem Anspruch, den Blick auf das tatsächlich Vorhandene, nämlich
     die Evangelien zu richten. Dem folgt die vorliegende Arbeit, allerdings unter Berücksich-
     tigung der einen Hypothese, dass sich aus den drei synoptischen Evangelien die Spruch-
     quelle Q mit hoher Sicherheit rekonstruieren lässt, die ihrerseits keineswegs zwingend ‚his
     master's voice' aufbewahrt hat, wohl aber als Dokument der von Gerd Theißen identifi-
     zierten „Jesusbewegung" gelten darf.
[3] In seiner bahnbrechenden Untersuchung von 1977 (deutsch 1985) hat Sanders, gestützt
     auf eine breite Analyse der einschlägigen jüdischen Literatur (a.a.O., S. 27-406), nachge-
     wiesen, dass die in der neutestamentlichen Wissenschaft des 20. Jhdt. dominierende These
     vom Frühjudentum als sogenannter ‚Gesetzesreligion' historisch unzutreffend und vor al-
     lem aus dogmatischen Vorurteilen in der Tradition Martin Luthers gespeist ist. Zu den sich
     daraus ergebenden Konsequenzen für die Einordnung des Apostels Paulus s.u. 5.2.7.
[4] Sanders 1977/1985, S. 400, das folgende ausführliche Zitat ebd. Vgl. außerdem grundsätz-
     lich Dunn 1983/2008 sowie zusammenfassend Wright 1997/2010, S. 19-21.

und bestraft Übertretungen. 6) Das Gesetz sieht Sühnmittel vor, und die Sühnung führt 7) zur Aufrechterhaltung bzw. Wiederherstellung des Bundesverhältnisses. 8) All jene, die durch Gehorsam, Sühnung und Gottes Barmherzigkeit innerhalb des Bundes gehalten werden, gehören zur Gruppe derer, die gerettet werden." Daraus folgt unmittelbar, „dass Erwählung und letztliche Errettung nicht als menschliches Werk, sondern als Taten der Barmherzigkeit Gottes verstanden werden". Das entspricht exakt der Verschmelzung deuteronomistischer und priesterschriftlicher Bundestheologie im Rahmen des Wachstumsprozesses der Torah (s.o. 5.2.6.).

Innerhalb dieses religiösen Rahmens lässt sich unter dem Bedingungen der zeitgenössischen fortgeschrittenen Agrargesellschaft (s.o. 5.2.1.) die Jesusbewegung[1], trotz mancher Modifikationen im Einzelnen, nach wie vor mit Gerd Theißen wie folgt charakterisieren: „Am Anfang des Urchristentums standen heimatlose Wandercharismatiker mit einer radikalen Ethik. Sie gehörten zu einer innerjüdischen Erneuerungsbewegung. Deren Entstehung war durch eine Krise der jüdisch-palästinischen Gesellschaft bedingt. Ihre Antwort auf diese Krise war eine Vision von Liebe und Versöhnung."[2] Initiator ist der Bauhandwerker (Mk 6,3) Jesus von Nazaret. Er kommt aus der charismatischen Erneuerungsbewegung des Täufers Johannes, der im Anschluss an profetische Traditionen ein Gottesgericht ankündigt, vor dem nicht das Zughörigkeitsmerkmal der Abrahamskindschaft, sondern das aktive Hervorbringen von Früchten der Umkehr[3] rettet. Von seinem Anhänger Jesus wird ausgesagt, dass er seine Verwurzelung in der Familie, im Dorf und im Beruf aufgibt[4] und sich mit konkurrierenden charismatischen Rollen(erwartungen) in seinem Umfeld auseinandersetzt[5]. Damit entspricht er einem

---

[1] Zu der aus den Parallelüberlieferungen im Matthäus- und Lukasevangelium zu erschließenden sogenannten Logien- oder Spruchquelle Q vgl. als grundlegende Information Schnelle 2011, S. 218-238, zu Einzelheiten und zum Text Hoffmann/Heil 2013. Die Zusammenstellung von Q hat frühestens um 40 n.Chr. durch Angehörige der Jesusbewegung begonnen. Auch das Markusevangelium, das wahrscheinlich vor der Zerstörung des Tempels 70 n.Chr. entstanden ist (vgl. Schnelle 2011, S. 243), kann biologisch noch auf Augenzeugen der ersten Generation zurückgehen. Dass in einem so langen Zeitraum, zumal in den ersten zehn Jahren einer ausschließlich mündlich weitergegebenen Erinnerung, keine ausführlichen Reden und Erörterungen, sondern bestenfalls prägnante Sentenzen bewahrt und später aufgeschrieben werden, versteht sich von selbst. Diese Überlegung liegt den im folgenden herangezogenen Zitaten aus den Evangelien zu Grunde.

[2] Theißen 2004, S. 7.

[3] Vgl. (Q) Mt 3,7-10; Lk 3,7-9.

[4] (Q) Mt 8,20; Lk 9,58: „Die Füchse haben Höhlen und die Vögel des Himmels Nester, der Menschensohn aber hat nichts, wohin er seinen Kopf legen kann." (alle Übersetzungen von Q-Texten gemäß Hoffmann/Heil 2013)

[5] z.B. (Q) Mt 12,41; Lk 11,32: „Die Männer von Ninive … sind auf die Predigt des Jona hin umgekehrt, und siehe, mehr als Jona ist hier."

Verständnis von Charisma als „die Gabe, Autorität auszuüben, ohne sich auf vorgegebene Institutionen und Rollen zu stützen"[1].Zu seiner Bewegung aus einfachen Leuten gehören Angehörige anderer Handwerksberufe[2] und auch eine Reihe Frauen[3]. Für diese „Sekundärcharismatiker"[4] ist charakteristisch, dass sie ebenfalls ihre Arbeit und ihre sozialen Kontexte verlassen[5], sogar bis hin zur radikalen Konsequenz, dass die Berufung in die Gemeinschaft nicht zulässt, vorab den Pietätspflichten gegenüber dem verstorbenen Vater zu genügen[6]. Die Gruppe, die überwiegend ohnehin aus den ärmeren Schichten stammt, ist einer programmatischen Besitzlosigkeit verpflichtet: Für ihre „vagabundierende(n) Lebensweise"[7] gelten Ausrüstungsregeln[8], die den Gebrauch von Geldbeutel, Proviantsack, Sandalen und Wanderstock untersagen. Das Überleben sichern „Tertiärcharismatiker", welche die Rolle von „Sympathisanten als mäzenatische Wohltäter"[9] einnehmen. In ihren Häusern findet Jesus Aufnahme[10] und materielle Unterstützung[11]. Zusammenfassend darf man mit Gerd Theißen sagen, dass die Jesusbewegung geprägt ist von einem „Wanderradikalismus, der sich nur unter extremen und marginalen Lebensbedingungen praktizieren ließ"[12], und mit Ekkehard W. und Wolfgang Stegemann die „Selbststigmatisierung"[13] einer charismatischen Bewegung konstatieren die mit der „Aufgabe der sozioökonomischen Bindungen" zugleich die „Teilhabe am Schicksal der Ärmsten in der jüdischen Gesellschaft" praktiziert[14].

Dieses Format bildet den Bezugsrahmen für das Programm der Bewegung. Jesus entwickelt die Gerichtspredigt Johannes des Täufers weiter zu einer Ankündigung des bevorstehenden Königreichs Gottes (*basileia tou theou*); mit ihm kommt für die Armen, die Hungernden und die Trauernden in Aufnahme der sozialen profetischen Vision in den späten Fortschreibungen des Jesajabuches (Jes

---

[1]   Theißen 2004, S. 33; zum Folgenden vgl. a.a.O., S. 38-46.
[2]   Z.B. Fischer in Mk 1, 16-19.
[3]   Lk 8,1-3.
[4]   Theißen 2004, S. 55.
[5]   (Q) Mt 10,37; Lk 14,26: „Wer den Vater und die Mutter nicht hasst, kann nicht mein Jünger sein."
[6]   (Q) Mt 8,22; Lk 9,60: „Folge mir, und lass die Toten ihre Toten begraben."
[7]   Stegemann/Stegemann 1995, S. 176.
[8]   (Q) Mt 10,9-10a; Lk 10,4.
[9]   Theißen 2004, S. 80; zum Folgenden vgl. a.a.O., weiter bis S. 86.
[10] Lk 10, 38: In einem Dorf „war eine Frau namens Marta, die nahm ihn auf."
[11] Lk 8,2f: Drei namentlich genannte Frauen „und viele andere, die ihnen dienten mit ihrer Habe."
[12] Theißen 2004, S. 79.
[13] So Stegemann/Stegemann 1995, S. 181, im Anschluss an Wolfgang Lipp, Stigma und Charisma. Über soziales Grenzverhalten. Berlin 1985. Das folgende Zitat ebd.
[14] Daran ändert auch die Tatsache nichts, dass mit dem Zollpächter Levi/Matthäus (Mk 2,13-17) ein Mitglied der Oberschicht, allerdings eines mit nur sehr geringem Sozialprestige (Stegemann/Stegemann 1995, S.180), in die Bewegung berufen wird.

61, 1-3, s.o. 5.2.2.) ein Umsturz ihrer bedrückten Lage[1]. Die Botschaft richtet sich an „Schuftende und Belastete"[2]. Sie kritisiert das Vertrauen auf finanzielles Vermögen[3], nicht jedoch den Geldbesitz an sich, da die Bewegung, wie oben gezeigt, auf Unterstützung durch vermögende Sympathisantinnen und Sympathisanten angewiesen ist[4]. Insofern vertritt die Jesusbewegung keinen sozialrevolutionären Umsturz im Sinne des zeitgenössischen Widerstandskampfes[5]. Jedenfalls stehen im Fokus die Opfer der herrschenden Verhältnisse, greifbar auch in sogenannten Wundergeschichten[6], in denen sich ein therapeutisches und exorzistisches Wirken spiegelt[7], das dem Primärcharismatiker zum Ausweis seines Charismas dient[8]. Es richtet sich an Personen, die durch eine für den Mainstream rätselhafte Auffälligkeit oder Behinderung eine ausgegrenzte Existenz führen müssen. Solche Überlieferungen stehen im Kontext einer Torah-Debatte: Von Jesus wird behauptet, dass er aus seiner charismatischen Vollmacht heraus das Ausschlusskriterium der Unterscheidung von Reinheit/Unreinheit (s.o. 5.2.4.)[9] relativieren und damit die Teilhabe gerade der ‚Unreinen' an dem von ihm angekündigten Königreich Gottes herausstellen kann[10]. Dazu gehört aber auch die Erinnerung an soziale Grundregeln der Torah[11]: Besitz zugunsten der Armen aufzugeben[12], Waisenkinder aufzunehmen[13], Schuldner nicht zu bedrücken[14].

---

[1] (Q) Lk 6,20f: „Selig die Armen, euch gehört das Königreich Gottes. Selig die Hungernden, ihr werdet gesättigt werden. Selig die Trauernden, ihr werdet getröstet werden."

[2] So interpretiert Theißen 2004, S. 150 den sogenannten Heilandsruf Mt 11,28-30: „Kommt her zu mir alle, die ihr mühselig und beladen seid."

[3] (Q) Mt 6,24; Lk 16,13: „Keiner kann zwei Herren dienen… Ihr könnt nicht Gott dienen und dem Mammon."

[4] Lk 16,9: „Macht euch Freunde mit dem ungerechten Mammon."

[5] Vgl. dazu Theißen 2004, S. 143f und S. 148 f. Der hier sichtbar werdende, bereits oben (5.2.1.) angeschnittene Stadt-Land-Konflikt wird aber auch von der Jesusbewegung kritisch aufgegriffen: gegenüber den galiläischen Kommunen (Q: Mt 11,21-23a; Lk 10,13-15: Weherufe gegen Chorazin, Betsaida und Kafarnaum) und gegenüber der Metropole (Q: Mt 23,37; Lk 13,34: „Jerusalem, Jerusalem, du tötest die Profeten…").

[6] Dass charismatische Persönlichkeiten mit ‚Wundern' in Verbindung gebracht werden, ist zur Zeit Jesu nichts Ungewöhnliches (vgl. Theißen/Merz 1996, S. 275-279).

[7] In unserem Zusammenhang geht es um die im Markusevangelium gesammelten Exorzismen (‚Besessener' in Kafarnaum Mk 1,21-28; ‚Besessener' aus Gerasa 5,1-20; Mädchen mit ‚unreinem Geist' 7,24-30; epileptischer Junge 9,14-29) und Therapien (Fieber Mk 1,29-31; Aussatz 1,40-44; Gicht 2,1-12; Handverkrüppelung 3,1-6; Blutfluss 5,25-34; Hör- und Sprachbehinderung 7,31-37; Sehbehinderung 8,22-26; 10,46-52), die ausdrücklich zu dem Zweck erzählt werden, die „Vollmacht" des Charismatikers zu unterstreichen.

[8] Vgl. Stegemann/Stegemann 1995, S. 181.

[9] Mk 7,18-23: Alles, was von außen in den Menschen hineingeht, kann ihn nicht unrein machen. Was aus dem Menschen herauskommt, macht ihn unrein.

[10] (Q) Mt 12,28; Lk 11,20: „Wenn ich aber mit dem Finger Gottes die Dämonen austreibe, so ist die Königsherrschaft Gottes schon zu euch gekommen."

[11] Vgl. dazu Stegemann/Stegemann 1995, S. 182f.

[12] Mk 10,21: „Geh hin, verkaufe alles, was du hast, und gib's den Armen."

[13] Mk 9,37: „Wer ein Kind in meinem Namen aufnimmt, der nimmt mich auf."

[14] Vgl. das Gleichnis vom Schalksknecht Mt 18,23-34.

Die Spruchquelle Q fasst das Reden und Handeln mit einer Zitat-Montage aus dem Jesajabuch[1] zusammen (Mt 11,5; Lk 7,22): „Blinde sehen wieder, und Lahme gehen umher, Aussätzige werden rein, und Taube hören, und Tote werden erweckt, und Arme bekommen eine gute Botschaft." Selbstverständlich steht die Jesusbewegung also auf dem Boden von Torah und Profeten und knüpft dezidiert an deren inklusiver Programmatik an: Die im realen Alltag Ausgeschlossenen und Marginalisierten gehören zu dem von Gott geschenkten Bund.

Vor dem Hintergrund dieser grundsätzlichen Überlegung ist die Jesusbewegung ähnlich wie andere zeitgenössische Erneuerungsbewegungen in weitere Debatten verwickelt, in denen es um Interpretationen der Torah geht[2]. Eine solche dreht sich um die Auslegung des Sabbatgebots; sie wird von den Evangelien in mehreren prägnanten Szenen verortet. Eine davon (Mk 2,23-28; Mt 12,1-8; Lk 6,1-5) mündet in dem Bekenntnis der frühen Gemeinde, dass sie ihre Sabbatpraxis am Sabbatverständnis Jesu orientiert[3]. Die Frage, wodurch sich dieses auszeichnet, beantwortet Mt 2,7 mit einem Zitat aus Hos 6,6, welches die Debatte in den Horizont der Barmherzigkeit stellt. Das ältere Markusevangelium (2,27) kennt dazu ein konkretes Jesuswort: „Der Sabbat wurde um des Menschen willen und nicht der Mensch um des Sabbat willen (gemacht)." Unbeschadet der Frage, ob es sich dabei nun um ein ‚echtes' Jesuswort handelt oder nicht, ist auf jeden Fall festzuhalten, dass in der Debatte keineswegs der Sabbat „aufgehoben" oder „überboten" wird, wie eine (immer noch) landläufige Auslegung meint[4]. Die Sentenz „verneint den Schabbat nicht, setzt ihn vielmehr voraus und befördert eine befreite und den Menschen dienende Schabbatpraxis"[5]. Sie knüpft damit an die programmatische Grundentscheidung der ersten Fortschreibung der Priesterschrift (s.o. 5.2.5.) an, in der die zivil- (Lev 24) und sozialrechtlichen (Lev 25) Schutzbestimmungen der Torah mit dem Sabbatgebot eingeleitet werden (Lev 23), welches somit im Dienst des Schutzes der von Gewalt und sozialer Ausgrenzung Bedrohten steht. Jesus argumentiert als „toratreuer Jude (…), der die lebensdienliche und heilschaffende Dimension des Sabbat bekräftigt"[6] und nicht etwa zu seiner Abschaffung aufgerufen hat.

Ähnliches gilt für eine weitere innerjüdische Debatte: Das Gebot der Nächstenliebe (ausführlich s.o. 4.2.) als Zentrum der priesterschriftlichen Gesetzgebung (Lev 19,18) bezieht ausdrücklich den kritischen Dialog mit dem Nächsten (V.17) ein und wird mit Bezug auf die Tradition des eigenen ehemaligen Fremdseins in

---

[1] Jes 26,19; 29,18f; 35,5f; 42,7; 42,18; 61,1. Q nimmt hier lauter Versatzstücke auf, die aus den späten Fortschreibungen des Jesajabuches stammen und im Kontext des nachexilischen Tempelneubaus Front gegen eine im Dienst partikularer Interessen in Kauf genommene Spaltung des Gemeinwesens machen (s.o. 5.2.3).

[2] Näheres bei Theißen 2004, S. 221-230. Vgl. auch Stegemann/Stegemann 1995, S. 185-187.

[3] Mk 2,28; Mt 12,8; Lk 6,5: „Der Menschensohn ist Herr auch über den Sabbat."

[4] Vgl. zum Folgenden das umfangreiche Referat bei Becker 2006, S. 248-276.

[5] Dschulnigg 2007, S. 106.

[6] So zusammenfassend Becker 2006, S. 275.

Ägypten ebenso ausdrücklich und uneingeschränkt auf den ansässigen Fremden ausgedehnt, der wie ein Einheimischer gilt (V.33f). Jesus entwickelt dieses Prinzip weiter, indem er die *Fremden*liebe als *Feindes*liebe auslegt[1] und die Verpflichtung zum Dialog als Verpflichtung zum Gewaltverzicht interpretiert[2]. Die Forderung lautet, „nicht nur aggressives Verhalten (…), sondern auch Gegenwehr gegen Aggression" zu unterlassen. Das schließt ein, auf abwertende Urteile über andere zu verzichten[3]. Mit beidem kommt „eine Tendenz zum Ausgleich und zur Entschärfung von Konflikten zum Ausdruck"[4].

Die Jesusbewegung verfolgt somit insgesamt gegenüber den gesellschaftlichen Zerfallsprozessen ihrer Zeit die Strategie, sich mit einer radikalen Verzichtspraxis auf die Seite der Ausgegrenzten und Benachteiligten zu stellen. Dazu sucht sie aber nicht die gewaltsame Konfrontation mit den herrschenden Verhältnissen, sondern greift die inklusiven sozialen und pazifistischen Traditionen aus Torah und Profeten als Kritik der real bestehenden Verhältnisse auf. Gerd Theißen nennt das eine „Wertrevolution"[5]: Werte der Oberschicht (Liebe, Mildtätigkeit) werden als Verhaltensweisen der Unterschicht zugesprochen und umgekehrt Werte der Unterschicht (Demut, Verzicht) in besonderer Weise aufgewertet, um eine Inklusion der Benachteiligten zu erreichen, die zugleich den Abbau des durch die Benachteiligung generierten Aggressionspotenzials[6] impliziert. Das ist der Grund für den radikalen Ausbau des Nächsten- und Fremden-Liebegebots der Torah zur Feindesliebe. Alltagspraktisch bedeutet dies eine strikte Orientierung „am Prinzip des Lebensdienlichen und Gutestun der Mosetora" mit dem inklusiven Ziel, „das Humanum in Form der Befreiung von Not und der Gewährleistung einer lebenshilfreichen sozialen Praxis zu bewahren"[7].

Als innerjüdische Erneuerungsbewegung ist dieses Konzept gescheitert, und zwar an der übermächtigen Dynamik der „wachsenden Spannungen in der jüdisch-palästinischen Gesellschaft"[8]. Sie „gaben einer friedlichen Bewegung keine Chance"[9]. Anders als andere zeitgenössische Erneuerungsbewegungen ist die Jesusbewegung aber nicht am gewaltsamen Ende ihres Primärcharismatikers zerbrochen. Jesus wird auf Anweisung des römischen Prokurators Pontius Pilatus

---

1   (Q) Mt 5,44; Lk 6,27f: „Liebt eure Feinde, und betet für die, die euch verfolgen."

2   (Q) Mt 5,39b.40; Lk 6,29f: „Dem, der dich auf die Wange schlägt, dem halte auch die andere hin, und dem, der dein Untergewand wegnehmen will, dem lass auch das Obergewand."

3   Theißen 2004, S. 223. Siehe z.B. (Q) Mt 7,1f; Lk 6,37f: „Richtet nicht, damit ihr nicht gerichtet werdet; mit dem Maß, mit dem ihr zumesst, wird euch zugemessen werden."

4   Stegemann/Stegemann 1995, S. 186.

5   Theißen 2004, S. 248; vgl. weiter bis S. 264.

6   Dazu vgl. ausführlich a.a.O., S. 269-289.

7   Becker 2006, S. 275.

8   Theißen 2004, S. 290; vgl. weiter bis S. 293. Die Spannungen führen schließlich in den Krieg gegen die Römer ab 66 n.Chr., der in der Eroberung Jerusalems mit erneuter Tempelzerstörung durch Titus 70 n.Chr. gipfelt und mit dem Fall der Festung Masada 74 n.Chr. endet. Vgl. Oswald/Tilly 2016, S. 140-150.

9   Theißen 2004, S. 293.

ca. 30 n.Chr. fälschlicherweise als Angehöriger einer der gewaltsamen Widerstandsgruppen gekreuzigt. Das war er aber gerade nicht, und so hat „(d)as Charisma der Jesusnachfolge (…) Bestand", weil es in eine personal, sozial und religiös konnotierte „Lebensgemeinschaft des Charismatikers und seiner Gefolgschaft integriert war"[1]. Jesu Tod wird von seinen Kombattanten, wieder unter Aufnahme von Traditionen aus dem Jesajabuch (53, 10-12), als eine erlösende Lebenshingabe interpretiert, mit der für das auf Teilhabe gerichtete Programm der Bewegung eine gewissermaßen ‚zeitlose‘ und allgemeine Gültigkeit („für viele") reklamiert wird[2].

Diese über die historische Einzelperson hinausgehende und ins Universale zielende Tendenz[3] findet sich mit anderer Akzentsetzung auch schon vergleichsweise früh in der Spruchquelle. Sie fasst die oben skizzierte Torah-Interpretation bündig zu der sogenannten Goldenen Regel[4] zusammen: „Und wie ihr wollt, dass euch die Menschen tun, so tut ihr ihnen." Das ist keineswegs spezifisch torahkonform, geschweige denn ‚christlich‘, sondern eine Aussage der „menschlichen Fundamentalethik. Sie erhebt die antizipierte Reversibilität menschlichen Verhaltens zur allgemeinen Norm, macht sie aber vom Urteil über das eigene individuelle Interesse abhängig: Jeder soll so handeln, wie er von anderen behandelt werden will oder wie er das Handeln anderer beurteilt."[5] *Alle ohne Ausnahme* haben einen Anspruch darauf, so behandelt zu werden, dass nicht einer zum Opfer des anderen wird. *Alle* haben dementsprechend die Pflicht, selbst mit dafür zu sorgen, dass es so ist. Die Brisanz einer solchen auf allgemeine Geltung zielenden Maxime wird erst richtig deutlich, wenn man sie in die miteinander konkurrierenden innerjüdischen Konzeptionen (Pharisäer, Sadduzäer, Essener, charismatische Bewegungen, gewaltbereite Zeloten usw.) des 1. Jhdt. n.Chr. einzeichnet[6]. Sie sind in ihrer Vielfalt ja ein Ausdruck dafür, dass eine Ethnie, der nach eigener Überzeugung eine besondere Rolle unter den Völkern zukommt, unter dem Druck einer „politischen und kulturellen Übermacht (…) in eine schwerwiegende Identitätskrise geraten" muss. Das ist die Ursache für die unterschiedlichen Versuche, auf der Grundlage von Torah und Profeten eine normierte Identität zu erhalten oder neu zu gewinnen. Mit James Dunn[7] ist das Halten der Gebote nicht nur als Zeichen der Zugehörigkeit zu dem von Gott geschenkten Bund (*identity marker*), sondern auch als eines der Abgrenzung gegenüber einer feindlichen heidnischen Umwelt (*boundary marker*) zu qualifizieren. Gerade die Vielfalt der

---

[1] Stegemann/Stegemann 1995, S. 188.
[2] Mk 10,45: „Der Menschensohn ist nicht gekommen, dass er sich dienen(?) lasse, sondern dass er diene(?) und sein Leben gebe als Lösegeld für viele." (s.o. 4.1.)
[3] Stegemann/Stegemann 1995, S. 190 nennen das „Ent-Personalisierung des Charismas".
[4] (Q) Mt 7,12; Lk 6,31.
[5] Theißen 2004, S. 264.
[6] Zum Folgenden vgl. a.a.O., S. 239-241, das folgende Zitat S. 239.
[7] Vgl. Dunn 1985/2008, speziell die Definition S. 130: „The law serves both to identify Israel as the people of the convenant and to mark them off as distinct of the (other) nations (…) as identity and boundary marker (…)."

auf solchem Common Sense beruhenden Interpretationen und Erneuerungspro-
grammatiken führt aber „nur noch tiefer in die Krise hinein". Eben weil „mehrere
Erneuerungsbewegungen miteinander konkurrierten", ist letztlich ein „Konsens
über das ‚wahre Israel' (…) nur in einer partikularen Gruppe möglich"[1]. Deshalb
rückt dann aber auch der umgekehrte Schluss in den Bereich des Möglichen:
„Warum sollte nicht grundsätzlich *jeder Mensch* an der privilegierten Rolle des
wahren Israel partizipieren?"[2]

Diese Fragestellungen und Tendenzen erwachsen aus der Interpretation des To-
des Jesu als Heilsereignis. Ihren soziologischen Niederschlag finden sie in der
Tatsache, dass sich mit der Überzeugung von der Messianität des Hingerichteten
neben der zunächst fortbestehenden wandernden Jesusbewegung lokal stabile
„Gemeinden Christi" (Gal 1,22) in Jerusalem und an anderen Orten in Judäa bilden[3]. Sie entwickeln mit der Taufe und dem Herrenmahl spezifische Aufnahme-
und Zugehörigkeitsrituale, organisieren einen gewissen materiellen Ausgleich
zwischen den Gemeindegliedern[4] und erreichen mit ihrer missionarischen Praxis
rasch Bevölkerungsgruppen, die aus dem Diasporajudentum stammen und in erheblichem Maße von der hellenistischen Kultur geprägt sind[5]. Aus all dem ergeben sich programmatische Schlussfolgerungen, die wenig später der Apostel Paulus zieht.

5.2.9. Paulus

Die missionarische Wirkung des Apostels Paulus reicht von Mitte des 4. bis Mitte
des 7. Jahrzehnts des 1. Jhdt. n.Chr. und gehört, soweit sie durch seine Briefe
dokumentiert ist, in die großstädtische Kultur des römischen Reiches (s.o. 5.2.1.).
Menschen, die von Paulus und seinen Mitarbeitenden missioniert werden, sind in
der Regel städtisch sozialisiert und unterschiedlichen Traditionen und Konven-
tionen verpflichtet. Das führt (1) zu Konflikten innerhalb der christlichen Gemeinden, die sich an den Paulusbriefen ablesen lassen[6]. Diese Binnenkonflikte
sind flankiert (2) von diskriminierenden und kriminalisierenden Konflikten mit
dem heidnischen Umfeld sowie (3) von Auseinandersetzungen, die sich zwischen
den entstehenden Christusgemeinden und den vor Ort befindlichen Synagogen
des Diaspora-Judentums abspielen[7].

---

[1]   Theißen 2004, S, 239.
[2]   ebd.; Hervorhebung SKF.
[3]   Stegemann/Stegemann 1995, S. 189-195.
[4]   Die sogenannte Gütergemeinschaft der Urgemeinde (Apg 2,44f; 4,32) ist natürlich eine
      nachträgliche Idealisierung der mehrere Jahrzehnte später geschriebenen Apostelge-
      schichte, dürfte aber doch widerspiegeln, dass die entstehenden lokalen Gemeinden nicht
      mehr wie die ursprüngliche Jesusbewegung von der Hand in den Mund leben.
[5]   Dieser Vorgang steckt z.B. hinter der Erzählung von der Einsetzung der irreführend so
      genannten sieben Diakone in Apg 6, 1-6.
[6]   Vgl. dazu Theißen/Gemünden 2016, S. 99-104.
[7]   Dazu vgl. im einzelnen Stegemann/Stegemann 1995, S. 272-305.

Paulus selbst gehört sozial wohl eher nicht zu den gehobenen Schichten[1]. Ähnliches gilt für die von ihm gegründeten, besuchten und angeschriebenen Gemeinden[2]. Es gibt keine wirklichen „Belege für reiche Christusgläubige". Immerhin „kann nicht ausgeschlossen werden, dass einige Gemeindeglieder in der Funktion von Patronen für ihre Glaubensgenossen tätig waren"[3]. In Summe: Analog zur Zusammensetzung der Jesusbewegung und ihrer Zielgruppen in Galiläa und Judäa (s.o. 5.2.5.) ist auch die paulinische Mission, natürlich unter anderen soziologischen Rahmenbedingungen, eine Botschaft von kleinen Leuten für kleine Leute.

Die Frage nach dem Inhalt dieser Botschaft ist seit der Mitte des 20. Jhdt. wesentlich durch die bedeutenden Arbeiten Rudolf Bultmanns[4] und seiner Schüler[5] geprägt worden. Die Position lässt sich in aller Kürze wie folgt zuspitzen: „Paulus gehört in den hellenistischen Kontext (…), und er ließ die jüdischen Kategorien seines frühen Denkens schnell hinter sich und drückte seine Botschaft sowohl in den Kategorien als auch in der Sprache der griechischen Welt aus. Er stand somit der jüdischen Welt *gegenüber*, in der seine Landsleute dadurch, dass sie sich am Gesetz festklammerten, die von Christus, dem Ende des Gesetzes, angebotene Möglichkeit authentischer Existenz ablehnten."[6] Das dahinter stehende Bild des Judentums als einer ‚starren Gesetzesreligion' hat sich als verfehlt herausgestellt und ist zugunsten des bereits im Zusammenhang mit dem palästinischen Judentum zur Zeit Jesu besprochenen und von Ed Parish Sanders analysierten „Bundesnomismus" (s.o. 5.2.8.) aufzugeben[7]. „Juden halten das Gesetz aus Dankbarkeit, als angemessene Antwort auf die Gnade (…): nicht, um in das Volk Gottes *hineinzugelangen*, sondern um im Volk zu *bleiben*. Zum Volk zu gehören war

---

[1]   Nach der Darstellung der Apostelgeschichte stammt er aus der kleinasiatischen Hafenstadt Tarsus und wird in Jerusalem als Angehöriger der Pharisäerpartei von dem Gelehrten Gamaliel ausgebildet (Apg 22,3), besitzt von Geburt an das römische Bürgerrecht (Apg 22,25-29 u.ö.) und weist alle Merkmale der „lokalen Elite seiner Gesellschaft" (Stegemann/Stegemann 1995, S. 260) auf. Das ist nicht im Einzelnen, wohl aber als Gesamtbild historisch eher unwahrscheinlich (vgl. zur Begründung a.a.O., S. 256-260; nicht wenige, z.B. Haacker 2019, halten allerdings die Angaben der Apostelgeschichte für grundsätzlich historisch zuverlässig). Tatsächlich erwähnt Paulus in seinen Briefen sein römisches Bürgerrecht oder eine irgendwie privilegierte Position nirgendwo. Er geht vielmehr einer schweren handwerklichen Tätigkeit nach (1.Thess 2,9 und mehrfach in beiden Briefen nach Korinth), ist Hunger, Durst und unzureichender Bekleidung ausgesetzt (1.Kor 4,9-13 u.ö.) und auf finanzielle Unterstützung aus seinen Gemeinden angewiesen (2.Kor 11,8f).
[2]   Zu Einzelheiten vgl. Stegemann/Stegemann 1995, S. 251-256.
[3]   a.a.O., S. 260. Ähnlich Lohse 1996, S. 132-137.
[4]   Vgl. eine Vielzahl von einzelnen Vorarbeiten zusammenfassend: Bultmann 1953, S. 183-348.
[5]   Vgl. exemplarisch für eine ganze Reihe von Forschern unterschiedlicher Akzentsetzung Käsemann 1972 und Käsemann 1974.
[6]   Wright 1997/2010, S. 14; Hervorhebung SKF.
[7]   So unlängst grundsätzlich auch Konradt 2022, S. 32, wenn auch unter Aufnahme der kritischen Anmerkungen zu Sanders bei Müller, K. 1999/1, S. 482-485.

von Anfang an Gottes Geschenk"[1] und nicht ein persönliches Verdienst. Die viel-
zitierte und christlicherseits immer wieder als Vorwurf erhobene ‚jüdische Werk-
gerechtigkeit' ist ein realitätsfremdes Phantom[2]. Diese Einsichten, die auf den
oben in 5.2.2.-5.2.7. referierten Forschungen zur hebräischen Bibel basieren, bilden die Grundlage für eine neue Sicht auf Paulus (*The New Perspective on Paul*),
die anstelle der ehemals ‚klassischen', welche erkennbar von der antisemitischen
Sichtweise Martin Luthers geprägt ist, die Missionsbotschaft des Apostels strikt
aus seiner Zugehörigkeit zur jüdischen Religionsgemeinschaft ableitet[3].

Innerhalb dieser Gemeinschaft hat Paulus[4] als Pharisäer auf den ausstehenden
Sieg JHWHs über die feindlichen Völker und die Einlösung der universalen Verheißungen der Profeten (s.o. 5.2.6.) gewartet und war durch „Eifer", d.h. durch
eine konsequente und glaubwürdige Torah-Praxis für diesen Sieg zu leben und
zu arbeiten bestrebt. Unter dieser Voraussetzung hat er eine Erneuerungsbewegung, die eine andere Torah-Praxis vertrat und deren Protagonist hingerichtet
worden war, ursprünglich nur ablehnen und bekämpfen können[5]. Die entscheidende Wende seines Lebens[6] besteht in einer von ihm als gnädiges Geschenk
Gottes[7] begriffenen Einsicht, nämlich:

---

[1]   Wright 1997/2010, S. 20.
[2]   Vgl. dazu auch den Exkurs zu „jüdischem Verständnis des Judentums" in Osten-Sacken
      2019, S. 90-92.
[3]   Die „New Perspective on Paul", die hinter den folgenden Überlegungen steht, ist insbe-
      sondere in der deutschsprachigen Theologie immer noch umstritten. Die englischsprachi-
      gen Protagonisten der New Perspective wie insbesondere Sanders und Dunn leiten aus
      dem von ihnen analysierten jüdischen Background ab, dass im Zentrum der Theologie des
      Paulus das „Sein in Christus" (Röm 5-8) und nicht die Rechtfertigungslehre (Röm 1-4)
      steht, was für ein von Martin Luther geprägtes Vorverständnis biblischer Texte kaum er-
      träglich ist. Die lutherische Brille der Paulusinterpretation, die Zuweisung der Gedanken-
      welt des Apostels an den Hellenismus und die einseitige Herausstellung der Rechtferti-
      gungslehre hat allerdings bereits Albert Schweitzer (vgl. Schweitzer 1930; ihn zusammen-
      fassend Wright 1997/2010, S. 11-13) kritisiert. Inzwischen gibt es im deutschsprachigen
      Raum Vorschläge zur Verbindung der ‚alten' mit der ‚neuen' Perspektive (Maschmeier
      2010; Theißen/Gemünden 2016). Zu Verlauf und Ergebnissen der Diskussion vgl. Masch-
      meier 2010, S. 21-103 und Theißen/Gemünden 2016, S. 27-58. Eine Bestandsaufnahme
      des aktuellen Sachstands der Debatte steht aus; Erwartungen darf man dazu vielleicht an
      die bereits seit mehreren Jahren angekündigte Paulus-Monographie von Ekkehard W. und
      Wolfgang Stegemann (Biblische Enzyklopädie Bd. 11) richten. Sehr instruktiv auch neu-
      erdings Wischmeyer/Becker 2021 (in der aktualisierten 3. Aufl.).
[4]   Auf den folgenden Seiten findet sich eine nur sehr grobe zusammenfassende Skizze der
      wesentlichen Zusammenhänge des paulinischen Denkens. Sie fußt neben den im Litera-
      turverzeichnis genannten einschlägigen Kommentaren zu den paulinischen Briefen in ers-
      ter Linie auf Wright 1997/2010, Maschmeier 2010 und Theißen/Gemünden 2016.
[5]   Paulus beschreibt sich Phil 4,6 als „nach dem Eifer ein Verfolger der Gemeinde, nach der
      Gerechtigkeit, die das Gesetz fordert, untadlig gewesen". Vgl. auch Gal 1,13f.
[6]   Phil 4,7: „Was mir Gewinn war, das habe ich um Christi willen für Schaden erachtet."
[7]   1.Kor 15,10: „Durch Gottes Gnade bin ich, was ich bin. Und seine Gnade an mir ist nicht
      vergeblich gewesen, sondern ich habe viel mehr gearbeitet als alle; (eigentlich) nicht aber
      ich (selbst), sondern Gottes Gnade, die mit mir ist."

Der schimpflich Hingerichtete[1] ist der erwartete Messias Gottes[2], und damit ist das Ziel von Torah und Profeten nicht mehr ausstehend, sondern schon erfüllt[3]. Diese fundamentale Überzeugung teilt Paulus nach seiner Lebenswende mit den Angehörigen der Jesusbewegung, die eben dieses Bekenntnis nach der Kreuzigung zu verbreiten beginnen (s.o. 5.2.8.). Deshalb ist es Paulus wichtig festzustellen, dass er seinen spezifischen Anteil an den Osterfahrungen der Jerusalemer Jesusanhängerschaft hat[4]. Das Osterbekenntnis versteht den Tod Jesu nicht als Scheitern, sondern als Sühne im Rahmen des Bundesnomismus, d.h.: im Sinne der obligatorischen Sühnmittel[5], welche die Torah vorsieht, wenn das durch menschliches Fehlverhalten beschädigte Bundesverhältnis regulativ der Wiederherstellung bedarf (s.o. 5.2.6.)[6]. Mit Kreuzigung und Auferstehung ist für Paulus das von Gott geschenkte Bundesverhältnis ein für alle Mal in Ordnung gebracht[7]. Damit ist das Bestreben, im Bund mittels einer spezifischen Torahfrömmigkeit zu verbleiben, zwar nach wie vor legitim, aber nicht zwingend notwendig. Und das wiederum führt zu dem Schluss, dass die Zugehörigkeit zum Bund und damit die Teilhabe an Gottes gütiger Erwählung für *alle* Menschen Geltung hat.

Eben diesen Schluss hat Paulus mit Nachdruck gezogen[8]. Wenn das Evangelium Juden und Nicht-Juden gleichermaßen gilt, ist das in der Torah gesetzte Bundeszeichen der Beschneidung entbehrlich. Mit dieser Überzeugung beginnt Paulus nach einem kurzen Aufenthalt in Jerusalem 35 n.Chr.[9] eine mehrjährige Missiontätigkeit in Kilikien (Südostkleinasien) und Syrien, bis es 48 n.Chr. in

---

[1] Gal 3,13 (Zitat aus Dtn 21,23): „Verflucht ist jeder, der am Holz hängt."
[2] Programmatisch zu Beginn des Römerbriefs (Röm 1,3f): Jesus, „der geboren ist aus dem Geschlecht Davids nach dem Fleisch", ist „nach dem Geist, der heiligt, eingesetzt als Sohn Gottes in Kraft durch die Auferstehung von den Toten."
[3] 2.Kor 4,6: Gott „hat einen hellen Schein in unsere Herzen gegeben, dass durch uns die Erleuchtung zur Erkenntnis der Herrlichkeit in dem Angesicht Jesu Christi entstünde."
[4] 1.Kor 15,3-8: Christus ist nach der Auferstehung von Kefas, von den Zwölfen, von weiteren Zeugen und „zuletzt von allen ist er auch von mir als einer unzeitigen Geburt gesehen worden". Vgl. auch Gal 1,15.
[5] Röm 3,25f: Gott hat Jesus Christus „zum Sühnmittel bestimmt durch den Glauben an sein Blut zum Beweis seiner Gerechtigkeit, indem er die früheren Verfehlungen in seiner Geduld vergibt, um in unserer Zeit seine Gerechtigkeit zu beweisen, indem er gerecht ist und denjenigen gerecht spricht, der den Glauben an Jesus teilt".
[6] An das bundesnomistische Verständnis von Sühne, das auf die Priesterschrift (s.o. 5.2.5.) zurückgeht, die Frage zu richten, ob Gott ein blutiges Menschenopfer verlange, beruht auf den gedanklichen Voraussetzungen eines neuzeitlichen Humanismus. Die biblische Sühnevorstellung will zum Ausdruck bringen, dass Gottes Güte (*chässäd*) nicht einfach seine Gerechtigkeit (*zedaqa*) zur Disposition stellt.
[7] Für Paulus hat Gott in Christus das realisiert, was Lev 26 (Abschluss des Heiligkeitsgesetzes, s.o. 5.2.5.) verheißen ist: Der Bund ist ein von Gott geschenkter ewiger Bund; man kann aus ihm herausfallen, aber das setzt ihn nicht außer Geltung, sondern Gott selbst hält ihn in Kraft.
[8] Nicht als erster und nicht als einziger. Die nachösterliche Öffnung der Jesusbewegung für Nicht-Juden beginnt bereits in den ersten Christusgemeinden in Judäa (s.o. 5.2.8.).
[9] Zum Folgenden vgl. Gal 1,18–2,10.

Jerusalem zu einer Zusammenkunft mit den führenden Vertretern der dortigen Christusgemeinde kommt. Sie bestätigen Paulus die Gleichwertigkeit seiner Missionspraxis unter den „Unbeschnittenen" mit der ihrigen unter den „Beschnittenen"[1]. Von daher versteht Paulus sich selbst als Apostel für die Nicht-Juden („die Heiden' bzw. ‚die Völker')[2]. Seine zentrale These lautet, dass im Glauben an Jesus Christus alle Völker in Gottes Bund hineingenommen sind. Das greift die in Torah und Profeten bereits eröffnete universale Perspektive (s.o. 5.2.6.) auf. Die Einbeziehung „*aller* Geschlechter der Erde" in den Segen Abrahams (Gen 12,3; zitiert Gal 3,8), die „Völkerwallfahrt zum Zion" (Mi 4,1-5 / Jes 2,1-5; aufgegriffen Röm 11,25f), die Aussage, dass Gott sich finden lässt von denen, die ihn *nicht* suchen (Jes 65,1; zitiert Röm 10,20), oder auch die Verheißung eines David-Nachkommen, auf den *die Völker* hoffen werden (Jes 11,10; zitiert Röm 15,12) – das sind für die Zukunft avisierte Eckpunkte eines inklusiven religiösen Gesellschaftskonzepts, das für Paulus im Glauben an Jesus Christus für Juden und Nicht-Juden bereits real ist. Letztere sind die Hauptadressaten. Erstere sind im Blick, insofern in den paulinischen Gemeinden auch Einzelpersonen und Gruppen zu Wort kommen, die eine andere jüdische Perspektive, nämlich eine andere Interpretation von Torah und Profeten vertreten als Paulus.

Paulus selbst will aus einer, nämlich seiner jüdischen Identität heraus ‚alle Völker' missionieren[3]. Diese globale Zielgruppe ist für ihn vor dem Hintergrund der massiven Klassengegensätze in den urbanen wie in den agrarischen Strukturen des römischen Reiches von religiösem (Röm 1,18-23), individuellem (V.24-27) und gesellschaftlichem (V.28-32) Totalversagen gekennzeichnet. Alle, die darin verstrickt sind, verfallen am Ende aller Tage dem gerechten Gericht Gottes[4]. Das gilt in gleichem Maße wie für ‚die Heiden' auch für Angehörige der jüdischen Glaubensgemeinschaft. Sie kennen zwar aufgrund ihrer besonderen Erwählung im Unterschied zu allen anderen die Torah Gottes, aber sie halten sie nicht[5] und sind deshalb demselben Gericht verfallen wie die nicht-jüdische Welt (Röm 2,17-24). Genauer: Die Torah ist und bleibt die gute Gabe Gottes. Wer sie tut, ist gerecht (Röm 2, 13). Es verhält sich sogar so, dass Nicht-Juden, die die Torah nicht kennen, dennoch von Natur aus tun könnten, was die Torah fordert, wenn nämlich diese in ihrem Herzen präsent ist (Röm 2,14f im Rückgriff auf Jer 31,33). Die Torah ist nicht etwa per se unerfüllbar, sondern wer sie tut, wird gerecht sein

---

[1]   Diese Arbeitsteilung ist nicht frei von Konflikten geblieben (vgl. Gal 2,11-14), ist aber für Paulus' Selbstverständnis von grundlegender Bedeutung.

[2]   Vgl. neben der Absprache Gal 2,7 z.B. auch Röm 1,5.

[3]   Die Ansage, dass alle, die glauben, in den in Kreuz und Auferstehung realisierten Bund Gottes hineingehören, ist *das* Zentrum des paulinischen Programms. Die Auseinandersetzung mit ‚dem Judentum' ist durch jeweils konkrete Vorfälle mit konkreten Personen vor Ort veranlasst und deshalb zwar keineswegs ein Nebenthema, aber nachgeordnet.

[4]   Röm 2,5f: „Weil du starrsinnig bist und dein Herz nicht umkehrst, sammelst du Zorn gegen dich für den Tag des Zornes, den Tag der Offenbarung von Gottes gerechtem Gericht. Er wird jedem vergelten, wie es seine Taten verdienen."

[5]   Das ist nicht als Besonderheit des Judentums zur Zeit des Apostels zu verstehen, sondern ein grundsätzliches Problem, das auch in Lev 26 als solches reflektiert wird.

(Röm 2, 13)[1]. Dieser *prinzipiell* konstatierte Sachverhalt ist aber für Paulus *faktisch* eine „rein theoretische Option"[2]. Das Problem besteht darin, dass ständig gegen die Torah verstoßen wird. Das nennt Paulus „Sünde". Und deshalb kann niemand vor Gott bestehen: die Nicht-Juden ohne Torah und die Juden mit Torah (Röm 2,12); „denn es gibt kein Ansehen der Person vor Gott" (V.11). Vor dem Gericht schützt auch die Beschneidung nicht. Sie nützt nur, wenn man die Torah hält (Röm 2,25). Deshalb gilt ein Nicht-Jude, der sie befolgt, vor Gott als Beschnittener (V.26)[3]. In Summe steht für Paulus also fest, „dass alle unter der Sünde sind" (Röm 3,9). Weil Gott gerecht ist, werden alle dem Gericht verfallen sein. Zugleich sind aber schon alle von eben diesem Gott trotz aller Verfehlungen gerecht gesprochen worden, weil der gerechte Gott der gnädige Gott ist. Das ist die Bedeutung von Kreuz und Auferstehung als ‚Sühnmittel'. Und das ist der Sinn des Bekenntnisses, das Jesus der Christus ist. Darin sind alle eingeschlossen, die dies glauben (Röm 3,21-25).

Matthias Konradt fasst das so zusammen: „Paulus zerreißt in seiner Rechtfertigungslehre den für das Judentum konstitutiven Zusammenhang von Tora und Gottes Gnadenhandeln, wie es sich in Gottes gnadenhafter Stiftung des Bundes mit Israel und seiner Bereitschaft zur Vergebung von Sünden manifestiert, und legt die Option einer Rechtfertigung aufgrund von Werken des Gesetzes faktisch auf die vollkommen fehlerlose Erfüllung der Gebote fest, die niemand vorweisen kann (nach dem üblichen jüdischen Verständnis aber eben auch nicht vorweisen muss!)."[4] Paulus wendet sich also mitnichten gegen ‚das' Torah-Verständnis ‚des' Judentums, sondern gegen „*die* Bereiche der Tora, deren Praktizierung dazu diente, die Abgrenzung zu den übrigen Völkern aufrechtzuerhalten, also um die sogenannten rituellen ‚boundary markers'" (Beschneidung, Speisegebote)[5] und gibt damit das jüdisch mögliche exklusive Verständnis der Torah zugunsten des ebenfalls jüdisch möglichen inklusiven Verständnisses preis.

Die globale Einbeziehung der Völkerschaften in Gottes Bund bedeutet deshalb auch nicht, dass der in Torah und Profeten bezeugte Sinaibund bei Paulus ‚abgeschafft' würde[6]. Im Gegenteil, die besondere Erwählung Israels bleibt bestehen (Röm 9-11)[7]. Sie wird von Paulus eben nur nicht im Sinne sozialer oder kultischer Abgrenzung oder einer exklusiven Interpretation bejaht. Die Torah bleibt in

---

[1] Zu der scheinbar anders akzentuierten Passage Gal 3,10-14 vgl. Maschmeier 2010, S. 203-245.

[2] Konradt 2022, S. 87.

[3] Das entspricht sehr wohl der priesterschriftlichen Vorstellung (Gen 17,10-14), die unter der Beschneidung ein Bundeszeichen (s.o. 5.2.5.) und damit die einzige Bundesbedingung versteht (vgl. Krause, J.J. 2020, S. 61-81 mit dem Nachweis, dass die Beschneidung originär zum Abrahambund gehört). Für Paulus heißt das: Wer die Torah hält – es tut bloß keiner –, ist beschnitten, egal ob Jude oder Nicht-Jude.

[4] Konradt 2022, S. 86.

[5] a.a.O., S. 85.

[6] Vgl. dazu auch a.a.O., S. 87f.

[7] Vgl. Theißen/Gemünden 2016, S. 271-285.

Kraft, und wer auf Gott vertraut, wird wie von jeher ihre Weisungen aus Dankbarkeit befolgen. Insoweit diese jedoch Vorschriften zur Sicherung einer besonderen religiösen oder ethnischen Identität zum Inhalt haben, sind sie für die nicht-jüdischen Glieder des Gottesvolkes entbehrlich[1]. Paulus kritisiert nicht ‚das' Judentum. Er protestiert, wenn in seinen Gemeinden bestimmte Merkmale des Judentums zur Ausschließung nicht-jüdischer Menschen aus der Gottesgemeinschaft herangezogen werden. Das geht nicht, weil der versprochene „neue Bund" (Jer 31,31-34), nämlich der alte als die „ins Herz geschriebene" Torah, von Gott als „Sein in Christus" jetzt schon realisiert worden ist. In ihm schwingt sich keiner zum Lehrer des anderen auf. „Alle" erkennen JHWH, weil „ihnen ihre Verfehlung vergeben" ist[2].

Das ist natürlich eine eschatologische Perspektive. Paulus argumentiert vom Ende her in die Gegenwart[3], weil in Gottes Bund das abschließende Urteil des gerechten Gottes über die menschlichen Verfehlungen von dem gnädigen Gott schon jetzt in Kreuz und Auferstehung für alle vollzogen und damit der glaubende Mensch gerecht gesprochen ist. Das ist eine dezidiert inklusive, keineswegs aber eine sozialrevolutionäre Programmatik. Damit stellt sich die Frage, worin die Zugehörigkeit zum Bund Gottes denn nach dieser Wende konkret greifbar werden soll. Paulus beantwortet sie grundsätzlich zunächst damit, dass die Gemeinschaft des Bundes (*ekklesia*) eine kritische Distanz zu den herrschenden Verhältnissen pflegt[4]. Daraus folgt aber nicht die Missachtung staatlicher Stellen oder die Verweigerung staatlicher Abgaben (Röm 13,1-7). Vielmehr geht es darum, sich dem Alltag im Sinne eines vernunftgemäßen Dienstes an Gott zu stellen (Röm 12,1). An ihm hat jede und jeder gemäß ihren und seinen Gaben und Möglichkeiten und damit zugleich die ganze Gemeinschaft als „Leib Christi" Anteil (Röm 12,3-8). Für das Zusammenleben innerhalb der Ekklesia bedeutet dies: Es wird ein bestimmter, an einer ganzen Reihe von Situationen und sozialen Kommunikationszusammenhängen illustrierter Umgang miteinander gepflegt (12,9-21), der sich im Ganzen wie im Einzelnen aus dem Liebesgebot Lev 19,18 ableitet (Röm 13,8-10). Paulus greift hier die auf Frieden, gerechten Ausgleich und Überwindung des Bösen gerichteten sozialen Traditionen aus Torah und Profeten auf bzw. schreibt diese fort und beansprucht damit für die Christusgemeinde analog zur Erwählung Israels eine exemplarische Existenz[5].

---

[1] Vgl. die Verabredungen zwischen Paulus und den Maßgeblichen der Jerusalemer Gemeinde Gal 2,1-10 (s.o.) und den Konflikt zwischen Paulus und Petrus in Antiochia Gal 2,11-21.

[2] Vgl. 2. Kor 3,4-6; Röm 11,26f.

[3] Paulus dürfte zunächst (1.Thess) mit der baldigen Wiederkunft des Auferstandenen gerechnet und diese Naherwartung mit dem Verstreichen der Zeit bis zu seinen späten Briefen (Phil, Röm) revidiert haben.

[4] Röm 12,2: „Stellt euch nicht dieser Welt gleich." Es gibt keinen Grund, diese Maxime in einem wie auch immer gearteten ‚spirituellen' oder weltflüchtigen Sinn zu verstehen.

[5] Röm 12,1: „Stellt euren Leib Gott zur Verfügung. Er soll ein lebendiges und heiliges Opfer sein, das ihm gefällt."

Das hat dann schließlich für das Leben der Gemeinschaft grundsätzlich zur Konsequenz, dass Konflikte durch wechselseitige Toleranz zu lösen sind[1]. Sowohl aus Anlass eines konkreten Konfliktes in der Gemeinde in Korinth (1.Kor 8,1–11,1) als auch in eher grundsätzlichen Ausführungen an die Gemeinde in Rom (Röm 14,1–15,13) greift Paulus Streitfragen und Unsicherheiten auf: das Verbot bestimmter Speisen, den Umgang mit der Unterscheidung von rein und unrein oder die Beachtung bestimmter heiliger Tage. Paulus spitzt solche Probleme zu als Konflikte zwischen Starken und Schwachen. Die einen sind weiter als die anderen, die einen einflussreicher als die anderen, die einen ihrer Sache sicherer als die anderen. Aber deshalb sind die jeweils Letzteren nicht weniger wert, weil jeweils beide das, was sie tun oder lassen, im Vertrauen auf „den Herrn" und aus Dankbarkeit gegenüber Gott tun oder lassen (Röm 14,1–6). Das sind keine theoretischen Erörterungen, sondern unmittelbarer Reflex auf die bestehenden gesellschaftlichen Verhältnisse in den urbanen Zentren des römischen Reiches, in deren Referenzrahmen die Christusgemeinden für sich konkrete Anpassungs- und Abgrenzungsentscheidungen zu treffen haben (s.o. 5.2.1.). Paulus empfiehlt dafür im Sinne des Torah-Gebotes der Liebe anstelle dogmatischer Dekrete, politischer Imperative und exklusiver Standards die wechselseitige Rücksichtnahme auf unterschiedliche Gewissensentscheidungen (1.Kor 10,23-30). In diesem Sinne würde es zu kurz greifen, den Schlüsselbegriff der *koinonia* bei Paulus im Deutschen einfach nur mit (Glaubens-)Gemeinschaft wiederzugeben[2]. Es geht vielmehr um zwischenmenschliche Relationen, die „durch (gemeinsames) Anteilhaben entstehen und sich als (wechselseitiges) Anteilgeben und Anteilnehmen darstellen"[3]. Das bezieht sich auf das gemeinsame Leben im Glauben, aber ebenso auf ethische Streitfragen und das Verhalten in den, mit den und gegenüber den politischen, wirtschaftlichen, sozialen und kulturellen Gegebenheiten. Insofern darf durchaus von der Zielvorstellung einer inklusiven Gesellschaft die Rede sein, wenngleich diese moderne Begrifflichkeit so bei Paulus natürlich nicht vorkommt.

Dieser Parforce-Ritt durch die Argumentationslinien der Briefe des Apostels hat nun zweifellos vieles stark verkürzt und allerlei wesentliche Überlegungen außer Acht gelassen. Er liefert aber doch wohl gute Gründe, um mit Gerd Theißen und Petra von Gemünden zusammenfassend feststellen: „Die Botschaft des Paulus zielt (…) auf die Verwandlung des *ganzen* Menschen und auf die Öffnung Israels für *alle* Menschen durch den Glauben. Sie zielt damit sowohl auf die Überwindung des individuellen Konflikts zwischen Gott und Mensch als auch auf die Überwindung des sozialen Konflikts zwischen Israel und den Völkern."[4] Ob Paulus aus diesem Grund „ein Pionier der Universalisierung"[5] ist, darf man allerdings

---

[1]   Dazu vgl. Theißen/Gemünden 2016, S. 339-356.
[2]   Zum Folgenden vgl. Hainz 1981.
[3]   a.a.O., Spalte 751.
[4]   a.a.O., S. 18.
[5]   a.a.O., S. 21.

fragen, weil er doch wohl eher die Konsequenzen, allerdings radikale Konsequenzen aus der universalen Perspektive zieht, die bei der Formierung von Torah und Profeten eine wesentliche Rolle spielt. In jedem Fall vertritt er in der Tat eine globale Inklusionsprogrammatik, die sich durchaus auf den Begriff des Titels der vorliegenden Untersuchung bringen lässt: Alle gehören dazu - „nicht mehr Jude oder Grieche, nicht mehr Leibeigener oder freier Mensch, nicht mehr Mann oder Frau seid ihr, sondern ihr seid alle eins durch den Messias Jesus" (Gal 3,28).

5.2.10. Biblischer Kanon

Die paulinische Lösung hinsichtlich der Konsequenzen, die aus dem Bekenntnis zu Jesus als dem Messias für die Öffnung der Vorstellung vom Gottesbund zu ziehen sind, ist in der frühen Christenheit nicht die einzige geblieben. Dazu folgen hier abschließend einige wenige Andeutungen. Das einschneidendste Ereignis für die jüdische Religionsgemeinschaft einschließlich der messianischen Christusgemeinden im „Land Israel" des 1. Jhdt. n.Chr. ist die Eroberung Jerusalems 70 n.Chr. im ersten jüdisch-römischen Krieg[1]. Die damit verbundene Zerstörung des sogenannten „zweiten" oder „herodianischen" Tempels[2] beendet den zentralen Religions- und Opferbetrieb wie auch die Relevanz des Hohenpriesteramtes und des Hohen Rates. In der Folge entwickelt sich das rabbinische Judentum, das, in erster Linie an pharisäische Traditionen anknüpfend, das Torahstudium anstelle des Tempelkults in den Mittelpunkt der Religionsausübung stellt. Der Gottesdienst wird in die Synagogen verlegt. Die Pflege von Identitätsmerkmalen wie Sabbat und Reinheitsvorschriften werden in den familialen Hausgemeinschaften lokalisiert. Das trägt entscheidend dazu bei, „nach dem Verlust staatlicher Eigenständigkeit und der Zerstörung des Tempels ein jüdisches Leben zu ermöglichen" und „die Grundlagen eines sich neu orientierenden Judentums" zu schaffen. Da die sich parallel entwickelnden Christusgemeinden mit unterschiedlichen Akzentsetzungen andere Wege gehen, wird hier der Keim für das bis etwa Mitte des 2. Jhdt. n.Chr. vollzogene Auseinandergehen von Judentum und Christentum gelegt.

Die Gemeinde des wahrscheinlich um 90 n.Chr.[3] verfassten *Matthäusevangeliums* dürfte sich im Sinne der Jesusbewegung als innerjüdische Erneuerungsgruppe verstanden haben[4], welche „dieselbe Tradition, dieselbe Autorität, teilweise gar dieselben ‚Rollen' wie das sich neu formierende Judentum" für sich

---

[1] Zum Folgenden vgl. Stegemann/Stegemann 1995, S. 196-198; die abschließenden Zitate S. 196.

[2] Neubau nach dem Exil im 6. Jhdt. v.Chr. (s.o. 5.2.3.), grundlegende Renovierung unter Herodes dem Großen 21-19 v.Chr.

[3] Vgl. Schnelle 2011, S. 264f.

[4] Vgl. zum Folgenden grundsätzlich die Einleitungen zu den Kommentaren Fiedler 2006, S. 19-36 und Konradt 2015, S.1-24.

beansprucht[1] und sich im Rahmen einer „institutionellen Verfestigung"[2] als eigenständige „Ekklesia" (Mt 16,18 u.ö.) im Unterschied zu „ihren Synagogen" (Mt 10,17 u.ö.) versteht. Die Gemeinde beruft sich auf Jesus als Lehrer der Torah[3] und bezeugt ihn als Davidssohn und Gottessohn. Damit fühlt sie sich mit ihrer Botschaft zugleich an „Israel" und an „die Völker" gewiesen[4]. Alles deutet darauf hin, dass es sich um eine Vereinigung handelt, in der „Juden (,Judäer') mit Nichtjuden auf der Grundlage einer spezifisch akzentuierten und abgestuften Tora-Auslegung Gemeinschaft haben"[5]. Diese Gemeinschaft fühlt sich, anders als Paulus, nicht „einer prinzipiellen Abrogation ,ritueller' Gebote" verpflichtet[6]. Aus der Geschichte Jesu[7] bezieht sie die Weisungen für ihr ethisches Verhalten (Mt 5-7)[8], für ihre missionarische Sendung samt den damit verbundenen Widerständen (Mt 10) und für die Regelung ihres alltäglichen Zusammenlebens (Mt 18). In Konsequenz ihrer offenen Zusammensetzung erwartet die Gemeinde unter Aufnahme von Jes 42,1-4 von der noch ausstehenden Wiederkunft des gekreuzigten und auferstandenen Messias für Israel und die Völker „ein Leben in Gerechtigkeit und Frieden auf der Grundlage der Tora"[9] (Mt 12,15-21). Daraus leitet sie einen nicht allein auf den Referenzrahmen der sich formierenden Synagogengemeinden, sondern auf die Teilhabe „aller Völker" zielenden Lehr-Auftrag[10] ab. Wir halten fest, dass auch ein Verständnis der Torah, welches deren *boundary markers* näher steht als Paulus, schließlich auf die Inklusion aller Völker hinauslaufen kann.

In einer ähnlichen, aber deutlich verschärften Konfliktsituation[11] dürfte das wohl etwas später als das Matthäusevangelium verfasste[12] *Johannesevangelium* angesiedelt sein. Es spiegelt die Situation einer jüdischen Christusgemeinde, deren Trennungsprozess von dem sich nach 70 n.Chr. entwickelnden Mehrheits-

---

[1] Vgl. Stegemann/Stegemann 1995, S. 198.

[2] Vgl. Konradt 2015, S. 19.

[3] Vgl. a.a.O., S. 15-17 und hinsichtlich der ethischen Konsequenzen im Detail ausgeführt jetzt auch in Konradt 2020, S. 267-304.

[4] Vgl. a.a.O., S. 5-11.

[5] Vgl. dazu insgesamt Weidemann 2020; sein Fazit S. 81.

[6] Konradt 2022, S. 298f.

[7] Vgl. zum Folgenden Konradt 2015, S. 2.

[8] Vgl. ausführlich Konradt 2022, S. 304-313. Dass Jesus im Mt zweifellos als ethisches Vorbild und Modell für die Jünger charakterisiert wird, darf nicht kurzschlüssig dahin ausgelegt werden, dass hier Maßstäbe für die Diakonie gelegt würden, dazu s.o. 4.1. und 4.2.

[9] Vgl. Fiedler 2006, S. 36 und S. 251f.

[10] So der Schluss des Evangeliums 28,16-20: „Geht hin und lehrt alle Völker... Lehrt sie alles zu tun, was ich euch geboten habe."

[11] Vgl. zum Folgenden Stegemann/Stegemann 1995, S. 200f und vor allem Wengst 2004, S. 23-39.

[12] Vgl. Schnelle 2011, S. 508-511. Dass immer wieder sorgfältige, nach wie vor aber nicht wirklich überzeugende Versuche einer Frühdatierung unternommen werden, soll nicht verschwiegen werden.

Judentum so weit fortgeschritten ist, dass sie „aus den Synagogen ausgeschlossen" wird (Joh 9,22; 12,42; 16,2). Für die Gemeinde ist damit ein Identitätskonflikt verbunden. Zu seiner Bewältigung unternimmt es das Evangelium, die Geschichte Jesu noch einmal neu (und wesentlich anders als Mk, Mt und Lk) zu schreiben. Jesus ist der Gesandte Gottes, der im ersten Teil (Joh 1,19 – 12,50) mit seinen Reden und Taten stets auf Ablehnung durch „die Juden" stößt (die aufgrund der aktuellen Konfliktsituation der Gemeinde in diesem Evangelium pauschal und in abwertender Absicht so tituliert werden). Im zweiten Teil (13,1 – 20,31)[1] offenbart sich der Gesandte „den Seinen", geht durch Passion und Auferstehung, die als ein zusammenhängender Vorgang der „Erhöhung" verstanden werden, zurück zu dem, der ihn gesandt hat, bleibt aber der Gemeinde durch den „Tröster" (*parakletos*) verbunden. Als Interpretationsanleitung ist dem Evangelium ein Prolog vorgeschaltet (Joh 1,1-18). Er identifiziert Jesus in seinem Wirken und seiner Bedeutung als das vom Anfang aller Zeiten stammende, in ihm Mensch gewordene „Wort" (*logos*) Gottes. Das knüpft an die jüdische Tradition von der personifizierten „Weisheit" Gottes an, die bei den Menschen Wohnung sucht, aber abgewiesen wird[2]. Die Gemeinde wird von der umgebenden jüdischen Mehrheitsgesellschaft als exklusiv wahrgenommen, und zwar mit Recht: Der theologische Ausgangspunkt, dem zufolge „die Sendung des Sohnes in der Liebe Gottes zur Welt gründet"[3], findet sein Ziel darin, dass Gottes Liebe „die Jünger erfasst", und zwar zum einen als Verhalten der Jünger „in ihrer Liebe zu Jesus" und zum andern „in der zwischenmenschlichen Dimension der Liebe"[4], die aber gerade nicht der feindlichen Welt gilt, sondern ausschließlich innerhalb der Gemeinde Geltung beansprucht. Die vorrangige Absicht des Evangeliums zielt auf die Identitätssicherung[5] der sich bedroht fühlenden Gruppe.

Eine ähnlich affirmative Programmatik findet sich auch im *1. Petrusbrief*[6], einem Rundschreiben an mehrere überwiegend heidenchristliche Gemeinden, die ihre Existenz offenkundig nicht der Tätigkeit des Paulus und seiner Schülerschaft verdanken und die sich in einer akuten Verfolgungssituation seitens der örtlichen Behörden befinden. Die konkreten Handlungsweisungen des Schreibens zielen auf eine Art Überlebensstrategie für eine ausgegrenzte und bedrohte Gruppe: Ihre Mitglieder sollen „ihre guten Werke für sich sprechen lassen" und „sie als Chance begreifen, die Kritiker zum Verstummen zu bringen (2, 15)"[7]. Das vorbildliche

---

[1] Kap. 21 ist ein späterer Nachtrag; vgl. a.a.O., S.523f.
[2] In der hebräischen Bibel im Sprüchebuch 8 und in Hiob 28; außerdem in der Septuaginta in den Büchern Jesus Sirach, Weisheit Salomos und Baruch.
[3] Konradt 2022, S. 391 (vgl. Joh 3,16: „Gott hat die Welt so geliebt, dass er seinen eingeborenen Sohn gab"; vgl. dazu auch im Prolog des Evangeliums 1, 10: „Er war in der Welt".
[4] a.a.O., S. 393.
[5] Vgl. dazu auch den abschließenden Satz Joh 20,30: Das Evangelium ist aufgeschrieben, „damit ihr glaubt, dass Jesus der Messias ist, der Sohn Gottes, und damit ihr, weil ihr glaubt, das Leben habt in seinem Namen."
[6] Vgl. summarisch Schnelle 2011, S. 437-452 und Heckel 2019, S. 9-73.
[7] Konradt 2022, S. 460.

Verhalten der christlichen Minderheit ist nicht etwa auf so etwas wie eine Bekehrung der heidnischen Umwelt aus, sondern bezeugt die „Bereitschaft zum Arrangement"[1].

Eine ebenfalls überwiegend heidenchristlich geprägte Gemeindesituation steckt hinter dem Doppelwerk *Lukasevangelium/Apostelgeschichte*[2]. Ausweislich seiner Einleitung ist es für die Unterweisung neu dazugewonnener Gemeindeglieder gedacht. Zu diesem Zweck wird die Geschichte Jesu und der ersten Gemeinden als ein heilsgeschichtliches Konstrukt aufbereitet, das auf die universale Perspektive der Paulusbriefe hinausläuft, ohne dass das Doppelwerk selbst etwas mit paulinischem Denken zu tun hat. Es greift Motive der frühen Wandermissionare insofern auf, als es in besonderer Weise die Teilhabe der Ärmsten der Armen an der Gemeinschaft betont und eine kritische Haltung zum Reichtum entwickelt. Darin spiegelt sich zweifellos eine Gemeinde wider, die zu großen Teilen aus den Benachteiligten innerhalb der römischen Gesellschaft besteht[3], mit denen sich aber reiche und angesehene Christinnen und Christen in eine solidarische Gemeinschaft begeben. Das Interesse des Evangeliums ist darauf gerichtet, dass es zu einem angemessenen Ausgleich der Lebensgüter kommt, um durch Armut und Reichtum verursachte Marginalisierungen und Ausschlüsse zu unterbinden[4].

Die hier schlaglichtartig und nur auswahlweise[5] skizzierten Schriften sollen darauf hinweisen, dass die frühe Christenheit, soweit sie im Neuen Testament zu Wort kommt, ein ziemlich buntes Bild bietet. Die jeweilige Abhängigkeit von der sozialen Situation und vom Grad an politischer und kultureller bzw. religiöser Repressivität, der das gesellschaftliche Umfeld kennzeichnet, ist ausschlaggebend für die Verhältnisbestimmung zur eigenen jüdischen Herkunft wie auch für die Entscheidung, ob das Bekenntnis zu Jesus als dem Christus einer offensiven universalistischen Programmatik oder eher affirmativ der eigenen Identitätsvergewisserung bis hin zur Wagenburgmentalität verpflichtet ist. Das ist deshalb wichtig, weil es für die nachfolgenden Generationen ja durchaus denkbar gewesen wäre, sich speziell nach der vollzogenen Trennung zwischen Judentum und Christentum auf das zu fokussieren, was man für ‚das Wesentliche' hielt oder hätte halten können.

---

[1] Brox 1979, S. 116. Vgl. zum Textzusammenhang der zitierten Stelle im Brief insgesamt a.a.O., S. 116-125.

[2] Vgl. summarisch Schnelle 2011, S. 281-320 und Bovon 1989, S. 13-26 sowie für den sozialgeschichtlichen Hintergrund Stegemann/Stegemann 1995, S. 262f.

[3] Dazu immer noch grundlegend Schottroff/Stegemann 1978, S. 89-153.

[4] Vgl. eingehender das Unterkapitel „Der Besitz als Gabe und das Teilen der Lebensgüter" bei Konradt 2022, S. 357-371.

[5] Außer Betracht geblieben sind z.B. das Markusevangelium, die Briefe der Paulusschule oder auch der Hebräerbrief.

Diese Position hat in besonders ausgeprägter Weise Mitte des 2. Jhdt. n.Chr. Markion aus Sinope/Schwarzmeerküste in der Gemeinde in Rom bezogen[1]. Markion unterscheidet zwischen einem niederen Gott der Gerechtigkeit und der Wiedervergeltung, welcher in der hebräischen Bibel bzw. der Septuaginta bezeugt wird und ins Judentum gehört, und einem höchsten Gott der Güte, welcher der Vater Jesu Christi ist. Deshalb können und sollen Altes und Neues Testament nebeneinander keinen Bestand haben. Auch, so Markion weiter, haben die zwölf Apostel Jesus für den Messias des jüdischen Gottes gehalten und damit missverstanden. Das geht für ihn aus den Paulusbriefen, insbesondere aus dem an die Galater hervor. Insofern ist in der Reihe der Jesusdarstellungen lediglich auf eine von Fehlinterpretationen befreite Version des Lukasevangeliums Verlass, weil dessen Verfasser als Paulusschüler gilt. Markion gibt schließlich eine nach seinen Prinzipien gereinigte Sammlung aus „(Lukas-)Evangelium" und „(Paulus-)Apostolikum" heraus. Er apostrophiert sie als die für die wahre christliche Gemeinde einzig maßgebliche Schriftensammlung. Das ist die erste christliche Bibel.

Im Zusammenhang der vorliegenden Überlegungen[2] ist es vor allem wichtig, dass sich der Ansatz Markions nicht durchgesetzt hat[3]. „Heilige Schrift" und damit nach reformatorischer Überzeugung die maßgebliche Grundlage (dazu Genaueres s.u. 5.3.) ist für den christlichen Glauben eben nicht nur die Vielfalt des Christuszeugnisses der Evangelien, bei Paulus und in den übrigen Briefen, sondern auch die ganze hebräische Bibel.

5.2.11. Zusammenfassung des biblischen Befundes: Teilhabe als zentrale gesamtbiblische Handlungskategorie

Auf die Frage, wer eigentlich ‚dazugehört', wie inklusiv oder exklusiv, wie universal oder partikular, wie innovativ oder affirmativ der Glaube an Gott in den realen Verhältnissen der Lebenswelt wirksam wird, finden sich quer durch die Schrift Antworten, Strategien und Programme, die alle ihren spezifischen Beitrag leisten, wenn es um den Anspruch an das praktische Handeln geht, Teilhabe zu ermöglichen. Dazu hat der Durchgang der Unterabschnitte 5.2.1.-5.2.10. Resultate erbracht, die sich wie folgt zusammenfassen lassen:

---

[1] Zum Folgenden vgl. Metzger S. 96-103. Markions schriftliche Einlassungen, die „Antithesen", sind nicht erhalten, können aber aus den „Fünf Büchern gegen Markion" des lateinisch schreibenden nordafrikanischen Theologen Tertullian (Ende 1. / Anfang 2. Jhdt. n.Chr.) rekonstruiert werden.

[2] Die verzweigte und vielschichtige Geschichte der Entstehung des neutestamentlichen Kanons kann hier natürlich nicht thematisiert werden. Das galt ja auch bereits für die wenigen Andeutungen zur Entstehung von Torah und Profeten (s.o. 5.2.6.).

[3] Das ist umso bemerkenswerter, als die Geschichte der christlichen Kirchen von ihrem Anfang bis hin zu bestimmten Spielarten lutherischer Theologie im 20. Jhdt. immer wieder auch von Versuchen geprägt gewesen ist, das sogenannte Alte Testament (allein schon durch diese Titulierung) hinsichtlich seiner Geltung in Frage zu stellen. Vgl. zusammenfassend Gunneweg 1977, S. 85-145.

Historisch relativ früh wird in Israel und Juda ein als von Gott gesetzt verstandenes *Recht* ausgearbeitet, das an die Sozial- und Kultkritik der vorexilischen *Profeten* anknüpft. Damit wird der Versuch unternommen, aus der inklusiven Kraft des Gottesglaubens für die schwächsten Teile der Gesellschaft ein existenzsicherndes Minimum und eine angemessene Teilhabe am gemeinsamen Wohlergehen abzuleiten. Nach dem Zusammenbruch des politischen Gemeinwesens verfolgt die *deuteronomistische Geschichtsschreibung* das Ziel, mit einer exklusiven Erwählungsperspektive, die in der alleinigen Verehrung des Gottes des Bundes und der Gesetzesgabe die Teilhabe am Gottesvolk gewährleistet, dem im Ausland drohenden Verlust kultureller und religiöser Identität zu begegnen. Die *Josefsgeschichte* macht stattdessen den Vorschlag, das Leben in der Fremde durch eine aktive Integration in externe politische und kulturelle Verhältnisse zu bewältigen. Dem verwandt ist die Überzeugung der *Vätergeschichte* von der Möglichkeit einer gleichberechtigten Koexistenz verschiedener Ethnien auf demselben Boden. Aus der Erfahrung des Exils kann das *Ezechielbuch* sogar ganz auf die Traditionen einer als verloren verstandenen Heilsgeschichte verzichten, und zwar zugunsten der Utopie einer egalitären Gesellschaft, die allein von der ordnungsgemäßen Verehrung der heiligen Gottheit zusammengehalten wird. Demgegenüber setzen nachexilische Restaurationsbestrebungen, die an die vorexilischen Traditionen anknüpfen wollen, in Verbindung mit dem *Tempelneubau* auf die Definition der Gemeinschaft mittels exklusiver Reinheitsbestrebungen. Dem steht in der nachexilische *Fortschreibung der Jesaja-Profetie* die Forderung entgegen, die Gemeinschaft für Ausgegrenzte zu öffnen und das Heiligtum zu einem Bethaus für alle Völker zu machen. Und schließlich unternimmt die *Priesterschrift* den Versuch, die wesentlichen Traditionen der Gemeinschaft noch einmal neu zu schreiben und das kultische, politische und soziale Zusammenleben der nachexilischen Gemeinde auch ohne eine Jerusalemer Kultstätte im Sinne der Heiligkeit Gottes so zu regeln, dass mit der exemplarischen Existenz des Gottesvolkes, dem schon in seinen Ahnen ein ewiger Bund geschenkt worden ist, zugleich eine Perspektive für die gesamte Menschheit gesetzt wird. Die Zusammenführung dieser verschiedenen Konzepte zu einem einzigen Dokument des geoffenbarten Gotteswillens (*Torah und Profeten*) stellt zum einen die herrschenden politischen, ökonomischen und kulturellen Verhältnisse aus der profetischen Perspektive der Transzendenz Gottes in Frage und eröffnet die Hoffnung auf eine partizipative Ordnung des Friedens und der Gerechtigkeit unter der weltweiten Herrschaft des einen Gottes. Zum anderen richtet es zugleich mit der Torah als der Weisung für das Gelingen von Leben und Zusammenleben den Blick auf die Immanenz des Denkens und Handelns in der Welt. Vor diesem Horizont wirkt die charismatische *Jesusbewegung*: Angesichts der unter dem Druck der römischen Herrschaft drohenden Zerfallserscheinungen des jüdisch-palästinischen Gemeinwesens propagiert sie eine gewaltfreie Strategie zur Aufwertung der Opfer und Ausgegrenzten im Sinne einer versöhnten Gesellschaft. Und aus einer konsequent inklusiven Interpretation von Torah und Profeten heraus lebt und erneuert sie eine von der

Liebe zu den Marginalisierten geleitete Praxis. Diese Strategie scheitert als inner-jüdische Erneuerungsbewegung, geht jedoch nicht mit dem Tod Jesu verloren, weil dieser nach Ostern als messianisches Heilsereignis gedeutet wird. Im Licht von Kreuz und Auferstehung entwickelt *Paulus* die in Torah und Profeten ange-legte universale Perspektive weiter: Im Glauben an Jesus Christus hat die gesamte Menschheit am Bund Gottes teil und ist von einer gewaltvollen, unterdrückeri-schen und gnadenlos ausgrenzenden gesellschaftlichen Praxis (Sünde) schon jetzt erlöst. Die bemerkenswerte Leistung der *christlichen Kanonbildung* besteht schließlich darin, dass sie diesen Ansatz neben anders akzentuierte Schriften der ersten Christenheit gestellt und die Gesamtheit der Zeugnisse nicht etwa der heb-räischen Bibel entgegengesetzt, sondern mit dieser zu einer Einheit verbunden hat. Die Frage der Teilhabe des Menschen an Gott und damit zugleich an der jeweiligen wie auch immer gearteten menschlichen Gemeinschaft wird in der Torah, in den Profeten und im vielstimmigen Christuszeugnis immer wieder neu bedacht und im Licht der zentralen Vorstellung des den Menschen von Gott ge-schenkten Bundesverhältnisses beantwortet.

Die vorgeführten Analysen führen daher zu der These, dass die Ermöglichung von Teilhabe *die zentrale gesamtbiblische Handlungskategorie* ist. Damit ist nicht intendiert, man könne die ganze Bibel auf einen einzigen Begriff bringen, wohl aber, dass es eine von wesentlichen und maßgeblichen gesamtbiblischen Traditionssträngen getragene sozialethische und gesellschaftspolitische Leitfrage gibt. Was es in der Schrift hingegen *nicht* gibt, ist *die* für die Kategorie Teilhabe ausschlaggebende biblische Einzeltradition oder gar Textstelle. Was es gibt, so zugespitzt mag es am Schluss gesagt sein, ist der für die gesamte Schrift durch alle Unterscheidungen und Abgrenzungen hindurch leitende Anspruch, dass im Namen des einen Gottes kein Mensch verlorengehen soll und alle dazugehören.

5.3. Ermöglichung von Teilhabe als normative Kategorie (hermeneutische Überlegungen)

5.3.1. Zum Stellenwert der hebräischen Bibel

Die sich nun sofort ergebende Frage lautet natürlich, was damit für die Diako-nie gewonnen ist. Ihrer Beantwortung wird hier zunächst eine methodische Be-merkung darüber vorgeschaltet, warum und in welchem Sinne in den vorliegen-den Überlegungen das in der Alten Kirche abgegrenzte Schriftenkorpus als „ka-nonisch" im oben erläuterten Sinne vorausgesetzt und stets das Ganze der Schrift in den Blick genommen wird. Damit verbunden ist die Frage nach der Zuordnung der beiden Testamente innerhalb dieses Ganzen. Die hebräische Bibel wird (1) nicht als das „Alte" Testament gelesen, das gegenüber dem Neuen einer wie auch immer gearteten Vorläufigkeit oder Zweitklassigkeit unterliegt. Sie wird auch (2) nicht als eine exklusive Auswahl verstanden, welche das Judentum des 1. Jhdts.

n.Chr. in Abgrenzung zum jungen Christentum vor dem Hintergrund des ‚zwischen den Testamenten' entstandenen jüdisch-hellenistischen Schrifttums vorgenommen hätte[1]. Und sie wird (3) nicht dem christlichen Glauben im Sinne einer Enteignung angeeignet. Da es die jüdische Religion gibt, gibt es eine jüdische Schriftauslegung der hebräischen Bibel, die von der christlichen als wertvoll und sinnvoll anzuerkennen ist[2], ohne dass letztere dadurch etwa genötigt wäre, für Christinnen und Christen die Einhaltung der Speisegebote oder die Feier des Sabbat zu fordern[3].

Entgegen diesen Abgrenzungen schließen sich die vorliegenden Überlegungen dem breit begründeten Versuch Frank Crüsemanns[4] an, „(d)as Alte Testament als Wahrheitsraum des Neuen"[5] oder anders: als „die Schrift der Schrift"[6] zu verstehen. Die „Kernthese (…) lautet: Das Alte Testament muss für ChristInnen und die christliche Theologie, ja letztlich für den christlichen Glauben *denselben* theologischen Rang haben, den es im Neuen Testament hat, den es also für Jesus und für die Verfasser und Verfasserinnen der (meisten) neutestamentlichen Schriften hat."[7]

5.3.2. Zum Verständnis des reformatorischen Schriftprinzips

Inwiefern ist einschließlich dieser Voraussetzung der biblische Befund für die Diakonie aber denn nun relevant bzw. normativ? Die erste, zunächst sehr einfache Antwort lautet, dass es für ein christliches Unternehmen, genauer: ein dem evangelischen Verständnis von christlichem Glauben verpflichtetes Unternehmen selbstverständlich eine wesentliche Rolle spielen muss, dass seit dem Abschluss des Kanons für sämtliche Spielarten von Christentum die kanonischen Schriften den Rang der Heiligen Schrift haben und dass diese nach reformatorischem Verständnis die alleinige, hinreichende und keiner weiteren Quellen be-

---

[1]   Zu der damit verbundenen Auseinandersetzung mit der sogenannten Biblischen Theologie Tübinger Provenienz aus den 1970er und 1980er Jahren (Hartmut Gese, Peter Stuhlmacher), die hier nicht vertieft werden kann, vgl. Crüsemann 2011, S. 66-69.

[2]   Vgl. dazu auch Wick in Wick/Cramer 2019, S. 90 (These 9). In ähnlichem Sinne hat Jähnichen formuliert: „Die christliche Rezeption der alttestamentlichen Ethik hat zu bedenken, dass die Tora Israel – und nicht der Kirche – gegeben wurde (Jähnichen 2019/1, S. 147).

[3]   Vgl. dazu exemplarisch – unter dem Aspekt eines theologisch verantworteten Umgangs mit Zeit – die Zusammenfassung der Beziehungen und Unterscheidungen zwischen Sabbat und Sonntag bei Becker 2006, S. 288-291.

[4]   Vgl. insgesamt Crüsemann 2011. Besprechung der bisherigen Modelle zur Zuordnung der beiden Testamente und deren Aporien a.a.O., S. 31-90. Zur Bedeutung des Alten Testaments im Neuen selbst S. 93-151. Zum substanziell Neuen im Neuen Testament S. 152-191. Zur Bedeutung des Gottes Israels für die Völker S. 192-223. Zum Bekenntnis zur Messianität Jesu im Verhältnis zum Gott der jüdischen Bibel S. 227-341.

[5]   So der Titel von Crüsemann 2011.

[6]   a.a.O., S. 341.

[7]   a.a.O., S. 28.

dürftige („sola scriptura") Vermittlung des Evangeliums bietet. Das sind grundlegende Axiome des Protestantismus. Wenn die Diakonie nach ihrem Selbstverständnis, ihren Aufgaben und ihren Zielen fragt, dann fragt sie, wie alle anderen Unternehmen der Sozialwirtschaft, nach geltenden Gesetzen, soziologischer Verortung, politischen Machtverhältnissen, aber außerdem, anders als andere, nach dem, was in der Bibel steht.

Das heißt aber keineswegs, dass aus der Schrift eine Art Generalanweisung zur Ermöglichung von Teilhabe abzuleiten wäre. Die Frage, was im Rahmen einer biblisch eruierbaren zentralen Kategorie des praktischen Handelns aus Glauben und der vorgeführten Vielfalt ihrer Explikationen überhaupt als „schriftgemäß" gelten kann, findet bei Jürgen Ebach die Antwort: Weil „die ‚Schrift' auf manche Fragen mehr als nur *eine* Antwort hat, (ist) (e)ine ‚schriftgemäße' Auslegung (…) gerade dann eine der ‚Schrift' gemäße, wenn sie diese Vielfalt wahrnimmt und sie nicht als Mangel, sondern als Vorzug begreift"[1]. Ganz in diesem Sinne erinnert Traugott Jähnichen daran, dass das Axiom „Allein die Schrift" als hermeneutischer Grundsatz mit Recht „das Auslegungsmonopol eines kirchlichen Lehramts" ebenso wie eine „sich unmittelbar auf das Wirken des Heiligen Geistes berufende" christliche und, so darf man ergänzen, darin eingeschlossen eine mögliche diakonische Willkür kritisiert[2]. Es meint auch etwas anderes als einen naiven Biblizismus, der sich der Diktatur eines (angeblich) wörtlichen Verständnisses der (angeblich) in sich widerspruchsfreien Überlieferung ausliefert und deshalb gezwungen ist, sich in die Gültigkeit einzelner biblischer Sätze zu verbeißen[3].

Der bleibende Wert des Axioms besteht darin, dass es „die Bibel als kritisches Gegenüber zur Kirche"[4] und, so fügen wir in der Logik der vorliegenden Überlegungen hinzu, zur Diakonie und zum jeweiligen gesellschaftspolitischen Status Quo deklariert. Anknüpfend daran ist bezogen auf die Frage, warum und in welchem Sinne die als zentrale biblische Kategorie nachweisbare Teilhabe für die Diakonie maßgeblich ist, eine dreifache Unterscheidung hinsichtlich „der Funktion von Schrift und Schriften" hilfreich, die Jürgen Ebach[5] im Anschluss an den Religionswissenschaftler Jan Assmann beschrieben hat: Biblische Texte wie auch die Bibel als Ganze sind (1) philologisch erschließbare *antike* Texte, welche „die kulturelle Identität einer Epoche oder Gruppe" konstituieren und zu ihrem Verstehen einer bestimmten intellektuellen Fähigkeit bedürfen, (2) *heilige* Texte, die als solche „rezitiert (werden), (…) aber nicht unbedingt gedeutet oder verstanden werden" müssen und einer zur Rezitation berufenen priesterlichen Person bedürfen, sowie (3) *kanonische* Texte. Als solche normieren sie „die Werte einer Gesellschaft". Diese werden durch die Abgrenzung eines Kanons und den damit verbundenen Ausschluss nicht-kanonischer Texte gesetzt. *Normativ ist für ein*

---

[1]   Ebach 2019, S. 22f.
[2]   Jähnichen 2019/2, S. 122.
[3]   Vgl. dazu Ebach 2019, S. 22.
[4]   Crüsemann 2011, S. 74.
[5]   Vgl. zum Folgenden Ebach 1997, S. 101-105, dort die folgenden Zitate.

kanonisches Verständnis nicht der Text an sich, sondern „der als verbindlich verstandene Sinn des Textes. Deshalb bedarf der kanonische Text des Kommentars, der seinen unveränderbaren Wortlaut je neu erschließt und aktualisiert" bzw. „der Interpretationen, die ihn auslegen". Wäre es nicht so, böte der Kanon nur tote Buchstaben.

5.3.3. Zur Interpretation kanonischer Texte

Damit stellt sich die methodische Frage, wer was wie interpretiert. Dazu hält die moderne Hermeneutik-Debatte[1], vereinfacht ausgedrückt, zunächst fest, dass das klassische Konzept einer „universalen Hermeneutik" (Schleiermacher, Dilthey, Heidegger, Gadamer), für die „das Verstehen der Welt und des eigenen Daseins am Paradigma der Textinterpretation orientiert ist", nicht hinreichend berücksichtigt, dass es sich bei Texten stets um *„materielle Artefakte"* handelt, die einer ästhetisch-literarischen Aneignung bzw. einer *„literarischen Hermeneutik"* bedürfen (Peter Szondi im Anschluss bspw. an Jacques Darrida). Das „lenkt den Blick vom Autor und seiner Textproduktion zum Leser und zum Akt des Lesens als Textrezeption". Texte als solche, auch kanonische, die, wie gezeigt, grundsätzlich der Interpretation bedürfen, gewinnen damit eine Form von „Autonomie" (im Anschluss an Roland Barthes und Paul Ricoeur), und zwar nicht nur „gegenüber dem empirischen Autor, sondern auch gegenüber dem empirischen Leser".

In diesen Sachverhalten ist die Ursache dafür zu suchen, dass die hermeneutische Frage, mit welcher Methodik und warum überhaupt biblische Texte bzw. der biblische Kanon von Relevanz für den christlichen Glauben, für die christlichen Kirchen oder, so das Interesse der vorliegenden Arbeit, für die Diakonie sein können und sollen, inzwischen mit einer „Pluralität der gegenwärtigen Auslegungsmethoden"[2] beantwortet wird. Sie können vielfältigen Interessen dienen, die sich wie folgt sortieren lassen: (1) Ein mit historisch-kritischen, sozialgeschichtlichen, historisch-psychologischen oder archäologischen Methoden verfolgtes Interesse an den seinerzeitigen Autorinnen und Autoren und ihrer vergangenen Lebenswelt[3]: Wie war das damals und was war gemeint? (2) Ein mit verschiedenen literarischen und linguistischen Methoden verfolgtes Interesse am Text als solchem[4]: Was will bzw. kann er mit seiner sprachlich-literarischen Gestalt aussagen? (3) Ein wirkungsgeschichtlich oder in aktueller, bspw. befreiungstheologischer oder feministischer Perspektive verfolgtes Interesse an heutigen

---

[1]   Vgl. zum Folgenden die knappe Darstellung bei Körtner 2017, S. 70-72; dort die folgenden Zitate. Zur Bedeutung des sogenannten „linguistic turn" in der Hermeneutik für die Rezeption biblischer Texte vgl. auch Wischmeyer 2004 passim, zusammenfassend S. 195-211.

[2]   Oeming 1998, S. 31. Vgl. eingehend Wischmeyer 2004 mit der Unterscheidung von historischem, rezeptionsgeschichtlichem, sachlichem und textuellem Verstehen.

[3]   Vgl. a.a.O., S. 31-62.

[4]   Vgl. a.a.O., S. 63-88.

Leserinnen und Lesern[1]: Was kann ich mit dem Text anfangen? (4) Ein in dogmatischer, fundamentalistischer oder existenzialistischer Perspektive verfolgtes Interesse an bestimmten grundsätzlichen Fragestellungen[2]: Was trägt der Text zur Erklärung der Welt oder zur Wahrheits- oder Sinnfrage bei?

Jeder einzelne dieser Ansätze zum Heranziehen und Verstehen biblischer Texte hat sein Recht. Außerdem ist, wie Traugott Jähnichen zutreffend betont hat, die Vielfalt letztlich eine Konsequenz des reformatorischen Schriftprinzips selbst, das bei Luther von dem Kriterium, „was Christum treibet", abhängt[3]. Damit verbietet sich methodisch als erstes „(e)ine *unmittelbare Bezugnahme* auf einzelne Aussagen des biblischen Ethos"[4] Sodann darf unbeschadet der literarischen, wirkungsgeschichtlichen oder existenziellen Relevanz und Qualität biblischer Texte von den *historischen Kontexten* einzelner biblischer Traditionen und des biblischen Ethos in der Gänze seiner Vielschichtigkeit nicht einfach abgesehen werden[5], auch wenn diese Kontexte nur mit mehr oder weniger hypothetischer Sicherheit erschließbar sein können. Und schließlich ist zu berücksichtigen, dass die *Generierung von Normen* aus biblischen Traditionen in jedem Einzelfall Rechenschaft darüber ablegen muss, dass bestimmte Weisungen „aus Gründen einer theologischen Sachkritik bzw. aufgrund deutlich veränderter gesellschaftlicher Bedingungen oder neuerer humanwissenschaftlicher Erkenntnisse für die Gegenwart keine Geltung mehr beanspruchen können"[6].

Vor diesem Hintergrund vertritt die vorliegende Arbeit die folgenden hermeneutischen Grundsätze: (1) Solange es in der Diakonie um Sachverhalte geht, die (auch) mit dem Anspruch verbunden sind, eine so oder so geartete Ausprägung des Christentums zu betreffen, hat der biblische Kanon eine wesentliche Bedeutung zur Deutung des jeweiligen Sachverhalts und fordert eine sachgerechte Interpretation. (2) Solche Interpretation kann nicht davon absehen, dass sich der biblische Kanon aus Texten zusammensetzt, die in einem (mehr oder weniger erforschbaren) sozialgeschichtlichen Zusammenhang (mehr oder weniger) bestimmbare Aussageabsichten hatten, die auf den verschiedenen Stufen der bis zur Kanonbildung erfolgten literarischen Wachstumsprozesse eine Rolle gespielt haben und in die Endgestalt der Texte wie des Kanons als Ganzem Eingang gefunden haben. (3) Die Interpretation kann aber den Bezugsrahmen des und der Interpretierenden nicht nur nicht ausblenden, sondern muss in einem Dialog mit den Texten ihre Relevanz an der Frage erweisen, wie und was Diakonie faktisch *ist*, und eben damit zugleich die kritische Funktion des Kanons transportieren: zu fragen, wie und was Diakonie sein *soll*.

---

[1] Vgl. a.a.O., S. 89-139.
[2] Vgl. a.a.O., S. 140-174.
[3] Vgl. Jähnichen 2019/2, zusammenfassend den „Ausblick" S. 130-132.
[4] Jähnichen 2019/1, S. 128. Hervorhebung SKF.
[5] Vgl. a.a.O., S. 131f.
[6] Vgl. a.a.O., S. 132-134, das Zitat S. 133.

5.3.4. Diakonie als Interpretationsgemeinschaft

Allein schon der Anspruch, nicht irgendein, sondern ein christliches Unternehmen der Sozialwirtschaft zu sein, nötigt also die Diakonie zur Rückfrage nach der Bibel. Sie stößt dabei auf eine Fülle von Aussagen, welche die gesamte Breite ihrer auf Individuum und Gesellschaft gerichteten Praxis betreffen. Das gilt bspw. für „das Sozial- und Wirtschaftsrecht" der hebräischen Bibel, dessen „konkrete Regelungen in der heutigen Zeit weder eine theologisch begründbare Geltung beanspruchen können noch aus Gründen der historischen Distanz unmittelbar auf die Gegenwart zu übertragen sind", für die gleichwohl aber „im Blick auf ihre mögliche Vorbildlichkeit (…) zu überlegen ist, inwiefern die Intentionen dieser Regelungen, sofern sie argumentativ einsichtig zu machen sind, unter gegenwärtigen Bedingungen sozial- und wirtschaftspolitisch aufzunehmen und durch heutige Instrumente umzusetzen sind"[1]. Um dieser Aufgabe *im Einzelnen* gerecht werden zu können, haben die voraufgehenden Unterabschnitte 5.2.1.-5.2.11. dieser Arbeit versucht, unter Aufnahme aktuell diskutierter Forschungspositionen zu zentralen und wesentlichen biblischen Traditionssträngen zunächst ein *Gesamtbild* zu modellieren, das neben der Belegung mit (mehr oder weniger gut gesicherten) historischen und literaturwissenschaftlichen Einsichten das Ziel verfolgt, durch innere Plausibilität Überzeugungskraft zu entfalten. Es dürfte sich unbeschadet der Vielfalt der Texte, Traditionen und Positionen jedenfalls wohl kaum bestreiten lassen, dass die Epochen, in denen die biblischen Bücher samt ihren erkenn- und rekonstruierbaren literarischen Vorstufen entstanden sind, wie auch die Prozesse der Schrift- oder Kanonwerdung selbst eine *Abfolge krisenhafter gesellschaftlicher und politischer Entwicklungen* spiegeln, in denen stets um Dazugehörigkeit, Teilhabe, Partizipation, In- und Exklusion gestritten wird. Und eben dies bietet sich, jedenfalls für die Diakonie, als Maßstab für die oben angesprochene Rechenschaftslegung darüber an, was in der Bibel wo und in welcher Weise für sie „Gültigkeit" hat und inwiefern die Auslegung „schriftgemäß" ist. Anders gesagt: Was sich biblisch unter Ermöglichung von Teilhabe subsumieren lässt, ist im Raum der Diakonie und in ihn hinein auszulegen.

Das bedeutet, dass im Rahmen der Reflexion über Aufgaben, Ziele und Praxis der Diakonie der biblischen Überlieferung und ihrer Interpretation eine bestimmte sachliche und methodische Priorität zukommt, die Peter Wick „Das Prä der Schrift"[2] genannt hat. Er versteht darunter „kein wissenschaftliches Axiom, sondern ein Identitätsmerkmal der Kirche und der Theologie"[3] und damit im Sinn der hier vorgetragenen Überlegungen eben auch der Diakonie. Voraussetzung dafür, an diesem Identitätsmerkmal festhalten zu können, ist die Einsicht, dass sich Bibelauslegung dessen bewusst sein muss, dass sie der Schrift „als vor- oder

---

[1] a.a.O., S. 133.
[2] Vgl. Wick in: Wick/Cramer 2019, S. 64-76.
[3] a.a.O., S. 89 (These 2).

übergeordnete(r) Gesprächspartner(in) und zugleich einem zum Widerspruch un-
fähigen Text"[1] begegnet. Schutz vor exegetischer Willkür bietet das „Lesen (als)
ein individueller und ein gemeinschaftlicher Akt", der „zu einer wechselseitigen
Sinnerweiterung und einem gegenseitigen Verstehen" führen und „aus einer
Textrezeption schließlich eine von einer Gemeinschaft getragene Exegese" machen kann[2]. Wick schließt: „Konfessionen sind auch Auslegungsgemeinschaf-
ten."[3] Wir fügen an: Belegschaften christlicher Unternehmen ebenfalls.

Von wesentlicher Bedeutung schließlich ist es, dass der biblische Befund im
Ganzen wie im Einzelnen im jeweiligen historischen Kontext die bereits erörterte
soziologische Einsicht (s.o. 5.1.3.) bestätigt, dass fortschreitende gesellschaftliche Ausdifferenzierung mit fortschreitender Exklusion verbunden ist. Vor diesem
Hintergrund stellt das biblische Religionssystem in seiner jeweiligen Gestalt unter den Vorzeichen des Glaubens an Gott das politische, soziale und kulturelle
Gemeinwesen vor die Frage: Wer gehört dazu? Die Kanonisierung qualifiziert
die verschiedenen auf diese Frage gefundenen Antworten in ihrer Gesamtheit als
etwas, das in der vorliegenden Arbeit als ein über Jahrhunderte währender und
im Kanon Gestalt gewordener Aushandlungsprozess verstanden wird. Es geht
also ganz und gar nicht um die müßige Frage, für welches der vielen biblischen
Teilhabemodelle sich die Diakonie zu ‚entscheiden' habe, um es anschließend
‚anzuwenden'[4], sondern um die Verpflichtung, die *gesamte* eigene Praxis unter
der aus den biblisch bezeugten spannungsvollen Inklusions- und Exklusionser-
fahrungen gespeisten Kategorie Teilhabe als Interpretationsgemeinschaft zu re-
flektieren, weil, so die theologische These der vorliegenden Arbeit, *die Ermöglichung von Teilhabe die politische und soziale Gestalt des Glaubens an den Gott
der Bibel ist*. In diesem Sinne hat dann für die Diakonie als christliches Unternehmen „Teilhabe" in der Tat den Rang einer intrinsischen kritischen und selbst-
kritischen Norm bzw. genauer: einer normativen Kategorie, der sich sodann soziale, ethische, anthropologische und sonstige Werte und Einzelnormen zuordnen
lassen – oder eben nicht. In letzterem Falle wären sie, zumal wenn es sich um
solche handelt, die üblicherweise als Standards betrachtet werden, daraufhin zu
überprüfen, ob sie für die Diakonie überhaupt eine signifikante Relevanz haben
können oder sollen.

5.4. Ermöglichung von Teilhabe: Assistenz – Anwaltschaft – Gerechtigkeit (sozialethische Überlegungen)

Wenn es soziologisch richtig ist, dass die Leistung der Diakonie für andere gesellschaftliche Subsysteme in der Ermöglichung von Teilhabe besteht (s.o. 5.1.),
wenn sich ebendies exegetisch in einem gesamtbiblischen Aushandlungsprozess

---

[1] a.a.O., S. 90 (These 7).
[2] ebd. (These 8).
[3] ebd.
[4] Das wäre nichts anderes, als was beim üblichen Gebrauch von „Nächstenliebe" passiert.

wiederfindet, aus dem die Ermöglichung von Teilhabe als die politische und soziale Gestalt des Glaubens an Gott hervorgeht (s.o. 5.2.) und dies wiederum hermeneutisch in interpretierender Rezeption maßgeblich für Grundlegung und Zielsetzung der Diakonie ist (s.o. 5.3.) – *dann muss das Geschäftsmodell sämtlicher diakonischer Unternehmen darin bestehen, die Ermöglichung von Teilhabe in allen ihren Handlungsfeldern auch tatsächlich zu praktizieren.* Diakonie ‚schafft' nicht gesellschaftliche Teilhabe, sondern hat die Aufgabe, ihre Ressourcen so zu investieren, dass sie zusammen mit Menschen, die – an welcher Stelle, mit welcher Einschränkung und unter welchem Ausschlusskriterium auch immer – nicht an der Gesellschaft partizipieren, deren Teilhabe zu ermöglichen helfen kann.

5.4.1. Zum Begriff des Helfens

Das von der Diakonie zu diesem Zweck anzubietende Instrument ist institutionelle Assistenz. Damit rezipiert sie unter den Anforderungen des Sozialstaats die gesamtbiblisch durchgängige Einsicht, dass den Ausgegrenzten, Marginalisierten und Benachteiligten „zu ihrem Recht verholfen" werden soll. Dazu gehört gewiss die Kritik exkludierender herrschender Verhältnisse, vor allem aber die praktische, konkrete, bedarfsgerechte und fachlich qualifizierte Hilfe – durchaus mit der Einschränkung, dass vielfach nicht Ursachen beseitigt, sondern Nöte ‚nur' gelindert werden. Damit stellt sich die Frage, was in der Diakonie sinnvollerweise unter „Helfen" verstanden werden soll.

Vorab zunächst eine Klarstellung: Wie der Zielbegriff Teilhabe wird auch der Funktionsbegriff Assistenz bzw. Hilfe hier natürlich in einem sehr viel umfassenderen Sinne als dem der eingliedernden Arbeit mit Menschen mit Behinderung verstanden. Diese Zielgruppe ist mit dem 2016 beschlossenen und von 2017-2023 in vier Stufen umzusetzenden BTHG besonders ins Blickfeld getreten. In diesem Zusammenhang hat die Debatte um das sozialpolitische Ziel der Teilhabe und um das Recht gerade auch des unterstützungsbedürftigen Menschen auf Selbstbestimmung neu an Fahrt gewonnen. Den Abschied vom alten paternalistischen ‚wohltätigen Handeln für Hilfesuchende' hat die Diakonie aber im Großen und Ganzen, im Übrigen nicht anders als der Gesetzgeber, für ihre Handlungsfelder wohl seit längerem vollzogen. Dass Hilfe- und Wiedereingliederungspläne quer durch die Zielgruppen und Altersstufen nicht einfach ‚verordnet' oder ‚gemacht', sondern mit den jeweils Betroffenen oder ihren gesetzlichen Vertretungen gemeinsam und einvernehmlich erarbeitet werden, ist jedenfalls rechtlich keine Frage. Dass Beratung nicht entmündigt, sondern nach den Potenzialen der Ratsuchenden fragt, kann ernsthaft niemand bestreiten. Dass Menschen, auf deren jeweils spezifische Situation der ‚normale Alltag' nicht zugeschnitten ist, diesem gerade nicht entzogen und ‚weggesperrt' werden, ist mindestens das Ziel. Dass unbeschadet einer bleibenden Notwendigkeit von Fremdplatzierungen und vollstationärer Unterbringung die in der Lebenswelt der Betroffenen angesiedelten ambulanten Hilfeformen, ganz gleich ob für Minderjährige oder Hochbetagte, jedenfalls prinzipiell Vorrang genießen, wird immer weniger diskutiert. Und dass

Krankenhäuser und Einrichtungen der Altenhilfe ihre professionelle Arbeit bis hin zu schwerst Pflegebedürftigen und Sterbenskranken programmatisch an den Erhalt der Würde des Menschen binden, wird unbeschadet der fraglos bestehenden massiven Probleme in der Pflege und im Gesundheitswesen nicht ernsthaft bestritten werden können.

Gerade all diese pragmatisch erfolgten Anpassungen an ein gewandeltes Menschen- und Gesellschaftsbild rufen die Frage hervor, ob der traditionelle Begriff des „Helfens" überhaupt noch eine sachgemäße Bezeichnung für das in der Diakonie erzeugte Produkt sein kann. Im Zusammenhang seiner bereits angesprochenen Analyse der Erzählung vom barmherzigen Samariter (s.o. 4.2) hat Gerd Theißen[1] darauf aufmerksam gemacht, dass das Helfen kein unmittelbar positiv besetzter Begriff mehr ist, sondern in eine Legitimationskrise geraten ist. Diese Krise lässt sich dreifach differenzieren und ist von Anika Christina Albert[2] eingehend analysiert und diskutiert worden: (1) Helfen ist die Selbstausbeutung eines Helfers oder einer Helferin, der oder die selbst hilflos und überfordert ist (psychologische Kritik)[3]. (2) Helfen ist versteckte Herrschaft, weil die Helferin, die über etwas verfügt, mehr Macht hat als der Hilfebedürftige, der etwas entbehrt (soziologische Kritik)[4]. (3) Helfen ist eine kontraproduktive Störung natürlicher Anpassungs- und Transformationsprozesse (biologische bzw. sozialdarwinistische Kritik)[5]. Angesichts dieser Krise stellt sich die theologische Aufgabe, „eine Theorie des Helfens zu entwickeln – um den Helfern auf diese Weise zu helfen"[6].

Bevor nach der Sinnhaftigkeit eines solchen Vorhabens für die Diakonie[7] gefragt wird, ist daran zu erinnern, dass und wie sich die Formen des Helfens in der Abfolge verschiedener gesellschaftlicher Bedingungen gewandelt haben. Dazu hat Niklas Luhmann 1973 einen grundlegenden Aufsatz veröffentlicht, der „die soziologische Frage nach der Funktion und der sozialen Relevanz des Helfens in

---

[1]   Theißen 1994.

[2]   Albert 2010.

[3]   Vgl. Theißen 1994, S. 377f; weitergeführt durch Albert 2010, S. 118-148.

[4]   Vgl. Theißen 1994, S. 378f, weitergeführt durch Albert 2010, S. 149-186.

[5]   Vgl. Theißen 1994, S. 379f, aufgegriffen durch Albert 2010, S. 187-192.

[6]   Theißen 1994, S. 377. Diese Forderung („zu weit gespannt für diesen Aufsatz und doch notwendig", ebd.) bearbeitet Theißen in seinen knappen Ausführungen, indem er die genannten drei Kritikfelder mit der Analyse der Samariterzählung konfrontiert (a.a.O., S. 381-393) und daraus systematisch (a.a.O., S. 393-401) die sachliche Kongruenz zwischen dem christlichen Menschenbild (Gottebenbildlichkeit) und den allgemeinen Menschenrechten als Ausgangspunkt für eine theologische Ethik des Helfens postuliert, die Christinnen und Nicht-Christen gleichermaßen zugänglich und gerade deshalb für die Diakonie von Relevanz sein soll. Anika Christina Albert baut diesen Impuls in Breite aus und verfolgt das Ziel, „*Grundlagen einer theologischen Theorie des Helfens* zu entwickeln, die das Spannungsfeld von allgemein menschlichen und spezifisch christlichen Aspekten des Hilfehandelns *im interdisziplinären Kontext* beleuchten" (Albert 2010, S. 17f).

[7]   Nur an diesem Teilaspekt ist die vorliegende Arbeit interessiert und nicht daran, das Thema in seiner gesamten Komplexität zu behandeln.

sozialen Systemen"[1] untersucht. Ausgangspunkt ist die Annahme, dass die historisch und ethnologisch nachweisbare Vielfalt der Formen des Helfens jeweils spezifische Lösungen desselben Problems darstellen: „Immer ist wechselseitige Hilfe unter Menschen verknüpft mit dem Problem des zeitlichen Ausgleichs von Bedürfnissen und Kapazitäten."[2] Die Wandlungen dieses Problems stellen sich grundsätzlich wie folgt dar:

(1) *Archaische Gesellschaften*[3] mit ihrer segmentären Clan-Struktur und ihrer geringen funktionalen Komplexität kennen zweierlei Hilfebedürftigkeit: die immer gleichen internen Notlagen im alltäglichen Lebensumfeld und kontingente externe Bedrohungen. Beides generiert ein hohes Maß an Hilfe und Hilfsbereitschaft „als Institution und als normierte Pflicht"[4], weil, wer hilft, jederzeit in die Lage gerät, selbst Hilfe zu benötigen: „Wechselseitige Hilfe ist für den Aufbau archaischer Institutionen von unerlässlicher Bedeutung" und die „Reziprozität" hat unmittelbaren Charakter: Der jeweilige „Beitrag zur Bedürfnisbefriedigung wird in der Situation als Gabe gesehen und konkret erwartet" und löst „ohne Zwischenschaltung des Gedankens eines wechselseitigen Bedingungsverhältnisses der Leistungen, Dankesverpflichtungen aus"[5]. Hilfe ist in der konkreten Situation die „Gabe" einer Person, der eine andere Person Dank schuldet. In der nächsten konkreten Situation kann und wird es sich zwischen denselben Personen genau umgekehrt verhalten. Das macht die „Gegenseitigkeit" aus.

(2) Im Übergang zu *hochkultivierten Gesellschaften*[6] wächst „die Komplexität der Gesellschaft", so dass „mehr Personen mit verschiedenartigen Bedürfnissen koordiniert werden müssen"[7]. Daraus entstehen „Arbeitsteilung und Schichtendifferenzierung", mit denen für das helfende Handeln die archaische „Reversibilität der Lagen" entfällt: „Die Fälle werden seltener und strukturell bedeutungslos, in denen der Helfende hilft, weil er selbst in die Lage dessen kommen kann, dem er hilft."[8] An die Stelle der für die archaische Gesellschaft konstitutiven wechselseitigen Hilfe tritt Hilfe als „gute Tat". Sie ist zwar prinzipiell freiwillig, erfolgt aber zugleich auf einen gesellschaftlich akzeptierten moralischen Druck hin und ist entsprechend der weiter entwickelten sozialen Schichtung „von oben nach unten gerichtet" (prototypisch im „Almosen")[9]. Das Moment der Wechselseitigkeit („Reziprozität") wird nicht mehr „in der Form einer erwartba-

---

[1] Luhmann 1973, S. 168.
[2] ebd.
[3] Vgl. a.a.O., S. 170-172.
[4] a.a.O., S. 170.
[5] a.a.O., S. 171.
[6] Vgl. Luhmann 1973, S. 173-176.
[7] a.a.O., S. 172.
[8] a.a.O., S. 173.
[9] ebd.

ren Gegenleistung" manifest, sondern als Anerkennung der Statusdifferenz: „ritterliche Freigebigkeit und aristokratische Fürsorge für die Armen und Siechen"[1] stabilisieren die soziale Schichtung.

(3) Im Übergang zur *modernen Gesellschaft*[2] gerät „die Almosenpraxis des Mittelalters (...) in verschärften Konflikt mit den Erfordernissen wirtschaftlicher Kapitalbildung"; damit reduziert sich die Deckung der Bedürfnisse „auf ein Problem der Geldverteilung", und „(d)ie Armenpflege geht an den Staat über"[3]. In der ausgebildeten modernen Gesellschaft mit ihrer funktionalen Differenzierung hat dies zur Folge, dass das Helfen „auf Organisationen verlagert" wird: Statt unmittelbarer „Hilfs- und Dankeserwartungen" der archaischen Gesellschaft und der „schichtenmäßig geordneten Erwartungsstruktur" der hochkultivierten Gesellschaften konstituiert die moderne Gesellschaft „eine Umwelt, in der sich organisierte Sozialsysteme bilden können, die sich aufs Helfen spezialisieren. Damit wird Hilfe in nie zuvor erreichter Weise eine erwartbare Leistung"[4]. Das Helfen bindet sich damit an „Organisierbarkeit und Programmierbarkeit", die zugleich mit dem Mehr an Effizienz „als *selektive Faktoren*" wirksam werden, „deren Wirkungsverstärkung zugleich Effekte *selektiver Nichtbeachtung*"[5] verursachen. Es gibt individuellen Hilfebedarf, der durch's Netz fällt, weil er quer zu System und Programm auftritt und trotz der enorm hohen Erwartbarkeit, bedient zu werden, eben nicht bedient wird, es sei denn, dass eine systemwidrige Hilfeleistung dazwischentritt.

Für das Verständnis dessen, was unter Helfen zu verstehen ist, haben die von Luhmann analysierten Wandlungsprozesse damit letztendlich dazu geführt, dass „spontanes Hilfehandeln zum Störfaktor in einem organisierten Hilfesystem werden könnte"[6]. Luhmann versteht diese Konsequenz allerdings keineswegs als das „Ende des persönlichen Helfens als sozialer Form", nur kann man es anders als in vergangenen Gesellschaftsformationen „tun oder man kann es lassen"[7]. Oder umgekehrt: man kann es erwarten, aber die Erwartung kann enttäuscht werden. Es gibt also durchaus weiterhin, wie Anika Christina Albert konstatiert, Hilfeformen, die als „Gabe und Gegenseitigkeit" ausweisbar sind. „Diese betreffen dann allerdings den zwischenmenschlichen Bereich und beruhen auf individuellen

---

[1]   a.a.O., S. 174.
[2]   a.a.O., S. 176-180.
[3]   a.a.O., S. 175.
[4]   a.a.O., S. 176f.
[5]   a.a.O., S. 178.
[6]   Albert 2010, S. 155. Dazu am Rande der Hinweis, dass ungeachtet der üblichen Sonntagsreden zum Lob der Freiwilligkeit von solchen Störfaktoren alle diejenigen ein Lied singen können, die in diakonischen Organisationen für das Zusammenwirken von Haupt- und Ehrenamt verantwortlich sind. Ehrenamtliche Hilfe, so wertvoll sie im Einzelfall sein mag, ist nicht *automatisch* eine sinnvolle Ergänzung professioneller Hilfesysteme. Eben deshalb dürfen professionelle Hilfesysteme, und mag die Finanzierung noch so eng werden, nicht der Versuchung erliegen, mit ehrenamtlich Tätigen Lücken stopfen zu wollen.
[7]   Luhmann 1973, S. 181.

Überzeugungen und Entscheidungen, sind also nicht als gesellschaftlich erwart-
bar anzusehen und dementsprechend nicht systemtheoretisch zu erfassen."[1]

Dies dürfte wohl der Punkt sein, an dem sich der Einwand erhebt, „dass Hilfe
letztlich nicht funktional begründet werden kann. Denn Hilfsadressaten sind nicht
Systeme, sondern konkrete Menschen. Helfen wir ihnen nur unter der Bedingung,
dass unsere Hilfe zur Funktion (von) (…) Systeme(n) beiträgt, so verfehlen wir
(…) die grundlegende Überzeugung, dass jeder Mensch einen Wert in sich selbst
hat"[2]. Eben diesem Einwand ist Alberts Versuch geschuldet, „Gabe und Gegenseitigkeit" für eine umfassende theologische Theorie des Helfens zu retten, die,
da Helfen immer zugleich ein allgemein menschliches Phänomen ist[3], auch für
Nicht-Christinnen und -Christen anschlussfähig sein soll. Dieser Versuch steht
und fällt damit, ob man mit der vorliegenden Arbeit die Theorie sozialer Systeme
für eine zutreffende Analyse der gesellschaftlichen Funktion der Diakonie hält
und damit die Diakonie als ein soziales Subsystem, nämlich als Exklusionsdurch-
brechungssystem begreift. Albert diskutiert die damit verbundenen Fragen[4] und
verweist schließlich auf ein exemplarisch von Sylvia Staub-Bernasconi vertrete-
nes Konzept der Bedürfnisorientierung[5]. „Im Rahmen dieser Theorietradition
sind menschliche Bedürfnisse von Kindern, Jugendlichen und Erwachsenen sowie die unterschiedlichen Chancen zu ihrer Befriedigung im Rahmen gesellschaftlicher Kontexte theoretischer und praktischer Ausgangs- und Angelpunkt
sozialer Arbeit."[6] Folglich „steht nicht als Erstes im Vordergrund, wie die Gesellschaft beschaffen ist, sondern Ausgangspunkt sind die Adressaten", welche vor
allem anderen als „Individuen in ihrer jeweiligen Begrenztheit als ‚vulnerable
people', also verletzliche Menschen" wahrzunehmen sind"[7].

Diese abstrakt-anthropologische Sichtweise verkennt (1) zunächst, dass nicht
alle, aber doch erhebliche Verletzlichkeiten aus gesellschaftlichen bzw. sozial-
systemischen Ursachen resultieren, die man bei der Wahrnehmung tunlichst nicht
außer Acht lassen sollte. Der damit verbundene einseitige Ansatz sozialer Arbeit
beim Individuum verkennt (2) des Weiteren, dass die Bedürfnisbefriedigung der
Einen stets an die Grenze der Bedürfnisbefriedigung des Anderen stößt. Und
schließlich kommt der Ansatz (3) nicht darum herum, dass letztlich, wenn auch
gewiss im Rahmen eines engen Vertrauensverhältnisses zur hilfebedürftigen Per-

---

[1]   Albert 2010, S. 155.
[2]   Theißen 1974, S. 381.
[3]   So Theißen ausdrücklich bereits einleitend a.a.O., S. 377, ebenso Albert 2010, S. 16 u.ö.
[4]   Vgl. Albert 2010, S. 156-163.
[5]   Vgl. a.a.O., S. 182-186. Albert vertritt in diesem Zusammenhang die These, dass ein un-
      aufgelöster Gegensatz zwischen Funktionsorientierung und Bedürfnisorientierung auch
      der Tatsache geschuldet sei, dass letztere ein frauenspezifischer Ansatz in der Theoriebil-
      dung sozialer Arbeit sei (S. 184f). Dieser Aspekt bleibt im Rahmen der vorliegenden Ar-
      beit unerörtert, soll aber natürlich nicht verschwiegen werden.
[6]   Staub-Bernasconi, zit. a.a.O., S. 182.
[7]   a.a.O., S. 183.

son, letztinstanzlich die Sozialarbeiterin „wahrnimmt", worin die Bedürfnisse bestehen. Das kann sie mittels einer auf Empathie und Fachwissen gegründeten Professionalität[1]. Nicht minder professionell ist aber prinzipiell der jeweils zuständige Vertreter der Kostenträgerseite aufgestellt, der allein schon um einer dem Gleichheitsgrundsatz entsprechenden Fallbearbeitung willen primär nach Vorschrift agiert und agieren muss, weil Bedürfnisse außerhalb des Rahmens privater Zuwendung (im doppelten Wortsinn) eben nicht individuell, also hier so und dort so befriedigt werden und auch gar nicht werden dürfen.

Jenseits persönlicher Dispositionen auf beiden Seiten der wie auch immer beschaffenen Reziprozität ist, wie Luhmann richtig betont hat, das Helfen stets mit einem erforderlichen Ausgleich verbunden, der, wenn er nicht durch Zufall oder über das Faustrecht geregelt werden soll, gar nicht anders als durch Gesetzgebung, Politik, Gesundheits- und Sozialwesen, kurzum: durch Systeme herbeigeführt werden kann. Und eine Diakonie, deren Instrumentarium aus refinanzierten gesetzlich normierten Assistenzleistungen besteht, kann ebenfalls gar nicht anders, als ihren „Ausgangs- und Angelpunkt" in der Tatsache zu nehmen, dass die Menschen, mit denen sie zu tun bekommt, Bürgerinnen und Bürger sind, die aufgrund ihrer durch die Verfassung geschützten Würde und nicht wegen persönlicher Befindlichkeiten bestimmte gesetzlich normierte Ansprüche haben. So und nur so kann die freie Entfaltung der Persönlichkeit nicht nur für das jeweilige, sondern für jedes Individuum gewähreistet werden und der Sozialstaat ein Rechtsstaat bleiben. Die Hilfe der Diakonie ist nichts weiter als funktional und hat mit einem Verständnis von Gabe und Gegenseitigkeit, das in letzter Konsequenz nur die unmittelbare Reziprozität archaischer Gesellschaften repristiniert, nichts zu tun[2]. Gegenseitigkeit wird in der Diakonie vielmehr dadurch manifest, dass Verfassung und Gesetzgebung auch in dem denkbar vulnerabelsten Menschen ein selbstständiges Subjekt sehen, dessen Würde und dessen Freiheit die höchsten geschützten Güter sind. Das ist umso wichtiger, als die Gabe derer, die als Beschäftigte der Diakonie anderen helfen, immer darauf beruht, dass sie etwas

---

[1] Im Rahmen einer Analyse der Professionalisierungsdebatte innerhalb der sozialen Arbeit (vgl. a.a.O., S. 167-175) legt Albert Wert auf die Einsicht, dass „seitens der professionellen Hilfe (…) allgemeines Fachwissen und individuelles Fallverstehen in einem ausgewogenen Verhältnis zueinander stehen und angemessen reflektiert werden" (S. 171). Aber sind das nicht am Ende nur Appelle?

[2] Das ist selbstverständlich kein Einwand gegen die umfängliche Studie von Albert 2010 insgesamt, die vor allem Erhebliches zu einer theologischen Durchdringung des Hilfe-Begriffs beiträgt, der für das Selbstverständnis des oder der einzelnen Helfenden von hoher Bedeutung sein kann. Es ist auch unstrittig, dass es in der Diakonie Beschäftigte geben kann und soll, die ihre Arbeit für und mit den Klientinnen und Klienten persönlich als ein jeweils individuell konturiertes Vertrauensverhältnis erleben oder anstreben, welches von Gabe und Gegenseitigkeit gekennzeichnet ist. Das kann man aber keineswegs verbindlich vorschreiben, und insofern ist Alberts verdienstvolle Theorie für die Diakonie bzw. für deren Belegschaften (‚die Helfenden') als Ganze nicht die Hilfe, die Theißen 1974 gefordert hat (s.o.).

wissen und können, was der oder die beeinträchtige und ausgegrenzte Hilfebedürftige nicht kann und nicht weiß. Statt des nach wie vor unscharfen Begriffs
der Hilfe ist es daher angemessener, in Aufnahme der neueren Diskussion um die
Eingliederungshilfe die Tätigkeit diakonischer Mitarbeiterinnen und Mitarbeiter
als Assistenz zu bezeichnen, welche die eigenen Qualitäten, die durchaus mächtig
sein können, in den Dienst der legitimen Ansprüche anderer Menschen stellt, die
durchaus ohnmächtig sein können.

Eben dies signalisiert den einleitend zu den vorstehenden Ausführungen bereits
angesprochenen Abschied vom paternalistischen Hilfeverständnis, der sich bspw.
in der Fülle der im Internet greifbaren diakonischen Leitbilder findet. Der naheliegende Einwand lautet natürlich, dass das viel Papier ist. Er ist berechtigt, solange er nicht zu der Behauptung mutiert, dass es *nur* Papier sei. Es gibt weder
auf Seiten der Politik einschließlich des Gesetzgebers noch auf Seiten der diakonischen Leistungserbringerinnen ein *Erkenntnis*problem hinsichtlich der Forderung, dass soziale Arbeit so weit wie möglich partizipativ und grundsätzlich partizipatorisch zu sein hat. Inwieweit das *Gelingen* im einzelnen Fall dann immer
so weit begrenzt ist, wie es die jeweils gegebenen politischen und finanziellen
Verhältnisse zulassen, auch wenn das Rechtssystem als solches einen sehr viel
umfassenderen Teilhabeanspruch begründet – das ist die große Frage.

5.4.2. Zum Begriff der Anwaltschaft

An dieser Stelle greifen wir noch einmal auf Luhmanns Systemtheorie zurück. In
Konsequenz der bis hier vorgeführten Überlegungen verhält sich die Diakonie
mit ihren Assistenzleistungen selbstverständlich systemkonform. Das muss sie
auch, weil andernfalls ihre Vernetzung mit einzelnen gesellschaftlichen Subsystemen an nicht-sinnhafter, irritierender Kommunikation[1] scheitern würde. Diakonie kann ihre teilhabefördernden Assistenzleistungen nicht unwirtschaftlich erzeugen und muss daher nach außen gemäß den Codes des Wirtschaftssystems
kommunizieren können. Gleiches gilt für die Codes des Rechtssystems, weil Diakonie ihre Leistung nicht entgegen den geltenden Gesetzen distribuieren kann,
und für die Codes des Politiksystems, weil Diakonie ihre Leistung nicht ohne den
Aufbau von Durchsetzungsmacht an die Frau und an den Mann bringen kann.
Diakonie „orientiert sich (…) an den Kommunikationsgrenzen des Systems und
nicht an dessen institutioneller Ausgestaltung"[2]. Wäre es anders, verlöre sie ihre
Strategie- und Operationsfähigkeit.

Die Frage ist, ob sie mit all dem (noch) als Ausdifferenzierung des Teilsystems
Religion fungiert oder, weiter gefasst: ob die Luhmann'sche Systemtheorie samt
der ihr inhärenten Religionssoziologie (Stand 2000) zur Einordnung dessen, was

---

[1]   Zum Folgenden vgl. Starnitzke 1996, S. 245-251.-193.
[2]   a.a.O., S. 245 in Aufnahme einer Erläuterung zum Systembegriff, die Luhmann 1986
(Ökologische Kommunikation. Opladen: Westdeutscher Verlag) vorgenommen hat.

aktuell Diakonie ist, nicht an ihre Grenze stößt. Es ist ja gewiss richtig, dass Diakonie mit den von Luhmann dem Religionssystem zugewiesenen und schon einmal erwähnten (s.o. 5.1.) „Zuständigkeiten für ‚Restprobleme' (…), die in anderen Funktionssystemen erzeugt, aber nicht behandelt werden", zu tun hat[1]. Das
gilt aber für jedwede Form von Linderung der Not bzw. von sozialer Dienstleistung bzw. von sozialwirtschaftlicher Leistungsproduktion. Somit könnte man
etwa auch die anderen Wohlfahrtsverbände und inzwischen natürlich auch die
doch wohl dem Teilsystem Wirtschaft zuzurechnenden gewinnorientierten privaten Sozialunternehmen in diesen Begriff einordnen. Sie wären dann unsinniger-
weise im Religionssystem zu verorten. Peter Dabrock hat daran erinnert, dass der
späte Luhmann 1998 (Die Gesellschaft der Gesellschaft) sich für ein „neues, se-
kundäres Funktionssystem" ausgesprochen hat, das auf der Ebene der Entwicklungshilfe (international) und der Sozialhilfe (national) anzusiedeln sei[2]. Es
spricht daher viel dafür, das in der vorliegenden Untersuchung vertretene Verständnis einer Diakonie ohne Kirche angesichts der Entwicklung der zurückliegenden zwanzig Jahre systemtheoretisch einem für den späten Luhmann noch
„im Entstehen" befindlichen „Exklusionsverhinderungssystem"[3] zuzuordnen.

Das verleiht dem für die Diakonie reklamierten Selbstverständnis, nicht bei der
angesprochenen „stellvertretenden Inklusion" (s.o. 5.1.4) stehenzubleiben, gesamtgesellschaftliche Plausibilität. Es geht darum, mindestens den Versuch zu
machen, andere Systeme, insbesondere die Politik und das Wirtschafts- oder auch
das Bildungssystem dem Anspruch auszusetzen, anstelle der von ihnen verursachten Ausgrenzung jeweils selbst (wieder) Teilhabe zu ermöglichen. Das der
Polarität von Anspruch und Wirklichkeit ausgesetzte Kriterium der Teilhabe bildet den Referenzrahmen dafür, dass neben die oben mit dem Begriff der Assistenz etikettierte systemkonforme Bedeutung der Diakonie eine kritische Funktion
tritt. Auch diese ist durchaus systemkonform und keineswegs mit einer ideologisch lupenreinen, aber wirkungslosen Außenposition, die sich nicht ‚vereinnahmen' lassen will, zu verwechseln. Zu ihrer Bezeichnung bietet sich vielmehr immer noch oder vielleicht wieder neu das an, was man traditionell die anwaltschaftliche Rolle der Diakonie nennt.

Die aus dem alten korporatistischen Verständnis von Wohlfahrtspflege stammende Vorstellung, der hilfebedürftige Mensch erteile, indem er oder sie sich an
einen diakonischen Dienst zur Behebung der Notlage wendet, eine Art anwaltschaftlichen Auftrag, ist spätestens mit der Vermarktlichung der Sozialwirtschaft
obsolet[4]. Der damit häufig verbundene Vorwurf, „(u)nter dem Deckmantel der
Anwaltschaft für andere würden Diakonie und Caritas oftmals nur ihre eigenen
Interessen, nämlich den institutionellen Selbsterhalt durch Bindung der eigenen

---

[1]   Luhmann 1977, S. 58.
[2]   Vgl. Dabrock 2006, S. 139.
[3]   ebd. unter Rückgriff auf Luhmann 1998, S. 634.
[4]   Vgl. zum Folgenden insgesamt Eurich/Maaser 2013, S. 122-139.

Klientel, verfolgen"[1], zieht allerdings nicht: Zum einen haben auch andere öffentlich bezuschusste und im Wettbewerb zu einander stehende Organisationen wie
z.B. Sportvereine oder politische Parteien, indem sie den Leistungs- und Breiten-
sport oder die politische Willensbildung fördern, zugleich das Ziel, sich selbst zu
erhalten. Andernfalls würde sich sofort die groteske Frage stellen, wie man jemandem bei einem vernünftigen Umgang mit Schulden und beim Erwerb einer
erfolgreichen Fußballtechnik oder einer reflektierten politischen Meinung assistieren soll, wenn einem der Erhalt der eigenen Organisation egal ist. Zum andern
lebt ein solcher Vorwurf von der romantischen Vorstellung, es habe vor der Vermarktlichung einen karitativen oder diakonischen Urzustand der Unschuld gegeben, in dem die reine Nächstenliebe bar jeden institutionellen Eigeninteresses
praktiziert worden sei. Das liegt alles auf der Hand. Unbeschadet dessen ist aber
mit Recht, wie Wolfgang Eurich betont, „das Prinzip der Sozialanwaltschaft aufgrund seiner paternalistischen Elemente (…) in die Kritik geraten"[2], weil es im
Dienst eines unhinterfragten Handelns *für die* statt *mit den* Betroffenen ein ange-
maßtes Mandat zum stellvertretenden Handeln aus selbstlosen Motiven suggeriert. Ein solches aber hat es in der Realität niemals gegeben.

Eine andere Bedeutung gewinnt der Begriff hingegen, wenn man ihn auf den
hier diskutierten Widerspruch zwischen Anspruch und Wirklichkeit der sozialstaatlichen Selbstverpflichtungen und das aus verweigerter gesellschaftlicher
Teilhabe resultierende Konfliktpotenzial anwendet. Bei der Ermöglichung von
Teilhabe als dem Geschäftsmodell der Diakonie geht es mit Dierk Starnitzke
„nicht einfach um Barmherzigkeit gegenüber Hilfebedürftigen, sondern um die
Qualität unserer Gesellschaft insgesamt. Wo Menschen aufgrund bestimmter Ei-
genschaften (…) nicht als selbständige und selbstbestimmte Individuen voll akzeptiert werden und angemessen in der Ausübung ihrer Selbständigkeit unterstützt werden, da disqualifiziert sich unsere Gesellschaft selbst"[3]. Es ist nicht nur
eine zufällige, sondern in der zunehmend exklusiven Gesellschaft eine in den
Systemen selbst begründete Möglichkeit, dass im Zuge gesellschaftlicher Ausdifferenzierung derselbe Staat, der entsprechend seinen sozialrechtlichen Verpflichtungen Leistungen zur Teilhabe garantiert und bei der Diakonie gegen Geld
bestellt, durch sein eigenes gesetzgeberisches, administratives oder politisches
Handeln nicht nur die Wirksamkeit, sondern sogar den Sinn des sozialen Handelns konterkarieren kann. Unter diesem Gesichtspunkt wird man mit Johannes
Eurich feststellen, dass „(d)ie Bedeutung der sozialanwaltschaftlichen Funktion
(…) durch eine nähere Betrachtung der Auswirkung der neuen Steuerungsinstrumente auf die Klienten bzw. Kunden sozialer Dienstleistungen" geradezu „unter-
strichen" wird[4]. Der gern herbeikonstruierte Gegensatz zwischen der pragmatischen Rolle der Diakonie als Erfüllungsgehilfin der staatlichen Sozialpolitik und

---

[1] a.a.O., S. 129.
[2] a.a.O., S. 80.
[3] Starnitzke 2011, S. 169.
[4] Eurich/Maaser 2013, S. 83.

ihrer ideologischen als Kritikerin eben derselben ist keiner! Tatsächlich ist es die Aufgabe der Diakonie, *sowohl* kranken, behinderten, pflegebedürftigen, erwerbslosen, verarmten, sozial gefährdeten oder geflüchteten Menschen bei der konkreten Ermöglichung von Teilhabe zu assistieren, *als auch* um der Zielsetzung einer inklusiven Gesellschaft willen die jeweils aktuelle Gesundheits-, Arbeitsmarkt-, Sozial- oder Zuwanderungspolitik zu kritisieren, wenn der Grundsatz „Alle gehören dazu" dem Selbstverständnis des Sozialstaats zum Trotz durch Gesetzgebung oder administratives Handeln aufzuweichen und gesamtgesellschaftlich nicht mehr durchsetzbar zu werden droht. Wer effizient hilft, tut das in einem ökonomisierten Sozialstaat nicht kostenlos, aber auch nicht als blindes Rädchen im Getriebe. Wer kritisiert, hat das Recht dazu keineswegs deshalb verwirkt, weil er für geleistete Hilfe bezahlt und von ihm erwartet wird, dass diese effizient ist. Zugespitzt kann man eine daraus resultierende Praxis mit Benjamin Benz im Konfliktfall gegebenenfalls als „Hilfe unter Protest"[1] bezeichnen. Dass genau dies kein theoretisches Konstrukt ist, sondern der Realität entspricht, lässt sich an zahllosen Alltagsbeispielen erweisen. Damit rezipiert die Diakonie die gesamtbiblisch durchgängige Einsicht, dass nicht nur die aus der Notwehr gegen Ausgrenzung resultierenden exklusiven Identitätskonzepte, sondern genauso die Strategien zur Ermöglichung von Teilhabe stets immanent in den bestehenden Verhältnissen und transzendent in kritischer Distanz zu ihnen lokalisiert sind.

5.4.3. Zum Begriff der Gerechtigkeit (Amartya Sen, Peter Dabrock)

Mit ihren assistierenden Leistungen unterstützt die Diakonie den einzelnen Menschen bei der Durchsetzung seiner aus den Sozialgesetzbüchern resultierenden Rechtsansprüche. Eben damit ist sie der biblischen Kategorie der Teilhabe verpflichtet. Aus derselben Verpflichtung resultiert ihre anwaltschaftliche Funktion. Sie reflektiert zum einen, inwieweit Rechtsansprüche gegebenenfalls in ungerechtfertigter Weise nicht rechtskonform befriedigt werden, und zum anderen, inwieweit gemessen am Verfassungsziel der Teilhabe das geltende Recht selbst ungerecht und damit reformbedürftig sein kann. Mit Assistenz und Anwaltschaft im Dienst der Ermöglichung von Teilhabe hat das Diakoniesystem eine Schnittstelle zum Rechtssystem; ihre Kommunikation in den Codes von Recht und Unrecht ist auf Gerechtigkeit aus.

Damit ist ein schillernder Begriff genannt, der natürlich der Präzisierung bedarf. Traugott Jähnichen und Klaus-Dieter Kottnik haben dazu 2004 den Vorschlag entwickelt, verschiedene Begriffe und Vorstellungen von Gerechtigkeit zu einem sogenannten „Haus der Gerechtigkeit" zusammenzudenken[2], dessen Fundament von der Teilhabe-, der Bedarfs- und der Befähigungsgerechtigkeit gebil-

---

[1] Benz 2018. Dass dies „auch systemtheoretisch nachvollziehbar" erscheint, zeigt Dabrock 2006, S. 129 im Anschluss an Luhmann 1998, S. 14.

[2] Vgl. Jähnichen/Kottnik 2004.

det ist, denen die Tauschgerechtigkeit als dynamisches Prinzip und die Mitwelt-
gerechtigkeit als Dach an die Seite treten. So schön dieses Bild ist, so nahe liegt
doch der Einwand, dass, um im Bild zu bleiben, die einzelnen Etagen aus unterschiedlichen Baumaterialien konstruiert sein und überdies ohne Treppenhaus und
Verbindungstüren neben- und übereinander liegen könnten. Dem sucht man zu
entgehen, indem die Barmherzigkeit als Motor und innovative Kraft der Gerechtigkeit reklamiert wird. Auch das klingt gut, aber es klingt nur so. Der biblische
Begriff der Barmherzigkeit meint etwas anderes als der juristische Topos, demgemäß in Ausnahmefällen gegebenenfalls „Gnade vor Recht" ergehen kann. Er
gehört nicht in die Codierung des Rechtssystems und führt in diesem nicht zu
sinnvoller Kommunikation. Und selbst wenn man sich weigern würde, dieses
systemtheoretische Argument anzuerkennen, so muss doch mindestens berücksichtigt werden, dass die Koppelung von Gerechtigkeit und Barmherzigkeit zwar
gewiss ein biblisch zentrales ethisches Postulat ist, jedoch für das Gesamtsystem
und das heißt auch: gesellschaftspolitisch solange irrelevant bleibt, wie es keine
Kommunikation im politischen System hinsichtlich der entsprechenden Durchsetzungsmacht gibt. Der Sozialstaat kennt jedenfalls eine verfassungsmäßige
Verpflichtung zur Barmherzigkeit ebenso wenig wie eine zur Nächstenliebe.

Zwei Jahre später hat Peter Dabrock[1] gezeigt, dass der Begriff der Gerechtigkeit
unter Rückgriff auf die Systemtheorie für die Diakonie aber sehr wohl in einer
bestimmten Weise fruchtbar zu machen ist. Er nimmt seinen Ausgangspunkt bei
„(p)rekäre(n) Kopplungen zwischen Religion, Moral und Gesellschaft", die in der
Gefahr stehen, in dem zu versinken, was Luhmann „Sondergruppensemantik"
und „Appellitis" genannt hat[2]. Vor diesem Hintergrund erinnert Dabrock kritisch
an die breite Rezeption, welche die Gerechtigkeitstheorie des US-amerikanischen
Philosophen John Rawls (1921-2002) in Kirche und Theologie gefunden hat. In
dessen Grundsatz, dass bestehende Ungleichheiten den größten Vorteil für die
am wenigsten begünstigten Angehörigen der Gesellschaft bringen müssen (sogenanntes „Differenzprinzip"), glaubt man eine Bestätigung der vorrangigen Option für die Armen, Schwachen und Benachteiligten zu erkennen[3]. Der damit verbundene egalitäre Gerechtigkeitsbegriff ist jedoch seit Mitte der 1990er Jahre im
Zuge der Entwicklungen, die oben unter der Thematik der Transformationsprozesse des Sozialstaats (s.o. 3.2.) und seiner Ökonomisierung (s.o. 3.3.) dargestellt
worden sind, in die Krise geraten. Die Forderung des Egalitarismus, Gerechtigkeit müsse *vor allem* den *am stärksten* benachteiligten Gruppen zugutekommen[4],
muss sich den Vorwurf gefallen lassen, nicht zwischen den Folgen unverdienter
Umstände und denen freier Entscheidungen zu differenzieren. Der Gegenvorwurf
lautet, man beschränke mit dieser Differenzierung Gerechtigkeit auf einen men-
schenrechtlich approbierten Minimalstandard; darüber hinaus seien dann statt der

---

[1] Vgl. zum Folgenden insgesamt Dabrock 2006.
[2] a.a.O., S. 129.
[3] Vgl. a.a.O., S.131f; zur Rawls-Rezeption in der Theologie vgl. Bedford-Strohm 1993.
[4] Rawls spricht von „least advantaged".

Gesellschaft nur noch das Individuum selbst oder kontingent auszuhandelnde politische Solidarisierungsprozesse haftbar zu machen.

Dabrock stellt angesichts dieser Alternative zunächst die pragmatische Frage, „ob nicht bei Erreichen bestimmter Wohlstandslevels ein *cut-off point* in das Differenzprinzip einzuzeichnen ist"[1]. Damit gewinnt er den Ausgangspunkt zur Bearbeitung der Grundsatzfrage, wie sich überhaupt noch eine plausible Verhältnisbestimmung zwischen Freiheit und Gleichheit vornehmen lässt, und bringt an dieser Stelle Luhmanns bereits angeschnittene Unterscheidung von Inklusion und Exklusion ins Spiel[2]: Die mit fortschreitender funktionaler Ausdifferenzierung verbundene Tendenz, dass der Ausschluss aus einem Funktionssystem den aus anderen nach sich zieht, erzeugt eine „Spirale nach unten"[3], der jedoch das Religionssystem, die Familie sowie Entwicklungs- und Sozialhilfe mit inklusiven Unterbrechungen begegnen können (s.o. 5.1.). Dabrock zieht daraus die Schlussfolgerung, dass mit der Inklusions-/Exklusionsunterscheidung die Diskussion über soziale Gerechtigkeit davon entlastet wird, dem „Ziel einer *Vollinklusion* in die Gesellschaft hinterher eilen zu müssen"[4]. Es geht vielmehr darum, Personen, die tendenziell aus einem System nach dem anderen ausgeschlossen werden, dazu zu verhelfen, an den mit den einzelnen Systemen verbundenen Kommunikationen wieder teilnehmen zu können, so dass „das gerechtigkeitstheoretische Level der Inklusionsförderung formal zumindest als ‚Hilfe zur Selbsthilfe' zu bestimmen" ist[5]. Diese Überlegung hat Dabrock sodann zunächst in einem Aufsatz[6] und zwei Jahre darauf in monographischer Breite[7] zu der These ausgebaut, dass der Begriff der „Befähigungsgerechtigkeit als Ermöglichung gesellschaftlicher Inklusion"[8] „den entscheidenden Schlüssel für ein begründungs- und anwendungsfähiges Verständnis sozialer Gerechtigkeit"[9] liefert, weil er gleichermaßen „die beiden Zentralfragen des aktuellen Diskurses zur sozialen Gerechtigkeit ‚why equality?' und ‚equality of what?' und ihr wechselseitiges Verhältnis berücksichtigen kann"[10]. Dabrock greift die Analysen der US-amerikanischen Philosophin Martha Nussbaum (Frontiers of Justice, 2006, deutsch: Die Grenzen der Gerechtigkeit, 2014)[11] zum „Capability Approach"[12] auf und bezieht sich damit zugleich auf den

---

[1]   Zur Krise des Egalitarismus vgl. Dabrock 2006, S. 132-134; das Zitat S. 133. Einem versierten Gemeindemitglied fällt vielleicht sofort ein, dass sogar die Kirche Entsprechendes mit dem Instrument der Kappung der Kirchensteuer vorsieht.
[2]   Vgl. Dabrock 2006, S. 134-140.
[3]   Luhmann 2000, S. 243.
[4]   Dabrock 2006, S. 140.
[5]   a.a.O., S. 141 im Anschluss an Luhmann 1998, S. 634.
[6]   Dabrock 2010.
[7]   Dabrock 2012.
[8]   So der Titel des Aufsatzes Dabrock 2010, S. 17.
[9]   ebd.
[10]   a.a.O., S. 18.
[11]   Vgl. Dabrock 2012, S. 149-189
[12]   Der Befähigungsansatz ist in Deutschland insbesondere in der auf die Frage der Teilhabechancen von Minderjährigen („Empowerment") fokussierten Partizipationsforschung

Urheber der mit diesem Begriff verbundenen Überlegungen, den indischen Ökonomen Amartya Sen[1].

Sens Zielsetzung wird aus dem englischen Titel seines Buches „Development as Freedom"[2] deutlicher als aus dem deutschen („Ökonomie für den Menschen"): Das Mittel zur Bekämpfung der weltweit in den unterschiedlichsten Formen auftretenden Ungerechtigkeit ist die Entwicklung und Verwirklichung von individueller Handlungs- und Entscheidungsfreiheit. Unter Freiheit versteht Sen die für jede und jeden einzelnen herbeizuführende Chance, seine oder ihre Fähigkeiten (Capabilities) zu verwirklichen. Individuelle Freiheit ist von daher gerade nicht durch Gerechtigkeit im Sinne des Gleichheitsideals begrenzt, sondern gehört zu ihren Grundlagen[3], weil aus dem Mangel an Verwirklichungschancen die Armut und damit der Zustand höchster Ungerechtigkeit resultiert[4]. Die über ökonomische Fragen hinausreichende ethische Relevanz dieses Ansatzes wird sichtbar in ihren Abgrenzungen[5]: Sen wendet sich (1) gegen ein utilitaristisches Verständnis, das lediglich nach dem größtmöglichen Nutzen für möglichst viele (Jeremy Bentham, John Stuart Mill) fragt, (2) gegen einen Liberalismus, der unter Freiheit nur ein abstraktes Postulat versteht, (3) gegen die traditionelle Güter- oder Strebensethik, die das „Glück" bzw. das „gute Leben" des Einzelnen – darum geht es auch Sen – auf beschreib- oder messbare Werte verengt und in ihrer neuzeitlichen volkswirtschaftlichen Spielart das Glück letztendlich in der Steigerung des Bruttoinlandsprodukts sucht, und (4) in diesem Zusammenhang auch gegen John Rawls, der bei aller Betonung fairer Chancengleichheit (s.o.) letztlich nur die Güter möglichst gerecht verteilen will. Sen hat seinen Ansatz ein Jahrzehnt später in eine umfassende Theorie der Gerechtigkeit überführt[6], die dezidiert nicht nach dem „Wesen" von Gerechtigkeit fragen, sondern der praktischen Vernunft dienen will.

Das greift Dabrock 2012 auf, insofern er den Sen-Nussbaum'schen Capabilities Approach ausdrücklich für eine „konkrete"[7] Ethik fruchtbar macht. Im Sinne des

---

fruchtbar gemacht worden (vgl. Moser 2010, S. 71-74; Oelkers/Otto/Ziegler 2010; Grundmann 2010); Dabrock hat ihn zu einem Gesamtkonzept theologischer Ethik ausgebaut, die als theoretische Grundlage diakonischen Handelns wichtig und wertvoll ist.

[1]   Sens Œuvre ist seit den 1970er Jahren umfangreich angewachsen und kann im Rahmen dieser Arbeit nicht angemessen berücksichtigt werden. Die folgenden, äußerst knappen Hinweise beziehen sich grundlegend auf Sen 1999/2000 und nutzen auch die Zusammenfassung Neuhäuser 2013. Für Dabrock 2012 ist ferner Sen 2009/2010 von zentraler Bedeutung.

[2]   Die deutsche Ausgabe erschien unter dem Titel „Ökonomie für den Menschen", was wohl bestimmte Assoziationen erzeugen soll, gegenüber dem umfassenden ökonomischen, anthropologischen, philosophischen und sozialethischen Anliege Sens aber eine Engführung darstellt.

[3]   Vgl. Sen 1999/2000, S. 71-109.

[4]   Vgl. a.a.O., S. 110-138

[5]   Zum Folgenden vgl. zusammenfassend auch Neuhäuser 2013.

[6]   Sen 2009/2010.

[7]   So der Untertitel von Dabrock 2012.

Verzichts auf einen gewissermaßen allumfassenden Gerechtigkeitsbegriffs betont er mit Luhmann (s.o. 5.1.3) die Eigenlogik der einzelnen gesellschaftlichen
Systeme[1], reklamiert aber gegen Luhmann die systemübergreifende Bedeutung
einer konkreten Ethik, die semantische Hilfestellung bei der Entscheidung über
gesellschaftliche Strukturen geben kann[2]. Diese ihre Kompetenz bezieht die Ethik
für Dabrock nicht nur, aber auch aus den überkommen religiösen Traditionen[3],
mit deren „Wiederkehr" er im Gespräch mit Jürgen Habermas[4] für die postsäku-
lare Gesellschaft die Chance zur Überwindung des Antagonismus von Glauben
und Wissen sieht[5]. Diese Überlegungen sind deshalb wichtig, weil Dabrock vor
ihrem Hintergrund den ethischen Code gut/böse auf den empirischen „Sinn für
Ungerechtigkeit" beziehen kann, der sich beispielhaft in der biblischen Tradition,
namentlich der Profetie, findet[6]. Und um die daraus resultierenden Konsequenzen
für die gesellschaftlichen Diskurse ziehen zu können, bietet sich schließlich die
„Befähigungsgerechtigkeit als Ermöglichung gesellschaftlicher Inklusion" geradezu an, weil es bei dem darin steckende Gerechtigkeitsbegriff, so die abschließende Definition, um „*Befähigung* zur Teilnahme an gesellschaftlichen Kommunikationen" geht[7].

Eine Diakonie, die sich diesem pragmatischen Gerechtigkeitsbegriff anschließt,
rezipiert zugleich die durchgängige biblische Aussage, dass in einem absoluten
Sinne ‚gerecht' nur und ausschließlich Gott ist, aus dessen gerechter und gütiger
Zuwendung zu den bzw. allen Menschen dann freilich Standards eines gerechten
Miteinanders erwachsen. Auf diese haben alle Anspruch, weil alle dazugehören.
Und für ihre Er- und Einhaltung setzen sich deshalb der und die Einzelne ebenso
wie die Gemeinschaft ein. Für die Diakonie resultiert daraus, dass sie gerade damit, dass sie „der wachsenden Exklusionsverstärkung entgegentritt", ihre „gerechtigkeitstheoretische Pointe" gewinnt, weil ihr Gerechtigkeitsbegriff nicht
„gesellschaftlich oder funktionssystemisch abstrakt formuliert"[8] ist. Diakonie hat
die Chance und die Aufgabe, Gerechtigkeit zu fördern und zu fordern, wenn und
weil sie mit assistierenden Leistungen und anwaltschaftlicher Kommunikation an
der Schnittstelle zu anderen Teilsystemen Menschen aus Fleisch und Blut[9] in konkreten Situationen befähigt, die Exklusionsspiralen zu durchbrechen.

---

[1] a.a.O., S. 32-40.
[2] a.a.O., S. 40-50.
[3] a.a.O., s. 50-64. Darauf beruft sich auch Sen 2009/2010 passim.
[4] Dabrock 2012, S. 64-72.
[5] Habermas selbst hat sieben Jahre nach Dabrocks Buch in seinem monumentalem Spätwerk
     (2019) den Diskurs von Glauben und Wissen unter der Überschrift vernunftgeleiteter Frei-
     heit zum Thema gemacht.
[6] Dabrock 2012, S.107-132.
[7] a.a.O., S. 214.
[8] So bereits Dabrock 2006, S.142.
[9] Dabrock 2006, S. 136 betont zu Recht, dass das etwas anderes ist als die Luhmann'schen
     „Personen", die entsprechend der Inklusions-/Exklusions-Terminologie innerhalb des Sys-
     tems nur als kommunikativ adressierbar oder nicht adressierbar im Blick sind.

6. Zusammenfassung – Abgrenzungen – Konsequenzen

Die bisher vorgetragenen Überlegungen bieten zunächst
A. einen theoretischer Rahmen für die gesellschaftliche Funktion der Diakonie und
B. eine intrinsische Referenz für ihr Handeln, nämlich die Ermöglichung von Teilhabe.
Dieser Begriff lässt sich anschließend
C. definitorisch abgrenzen,
D. auf Praxis hin aufschlüsseln und
E. in eine darauf bezogene Liste von politischen Grundforderungen entfalten.
Es wird sich zeigen, dass damit auch mancherlei Gesichtspunkte, die schon längst oder schon immer als wesentlich für die Diakonie benannt worden sind, nicht zu Leerformeln erstarren müssen, sondern Plausibilität und Relevanz überhaupt erst im Rahmen eines übergreifenden Kriteriums gewinnen.

A. Als Resultat der angestellten Überlegungen zur Empirie der verfassten Kirche, zum Sozialstaat, zur Ökonomisierung und zur systemtheoretischen Funktion der Diakonie lässt sich ihre gesellschaftliche Funktion unter Berücksichtigung ihres Selbstverständnisses als christliches Unternehmen wie folgt zusammenfassen: Das Geschäftsmodell der Diakonie ist die Ermöglichung von Teilhabe an der Gesellschaft für alle an ihr in irgendeiner Weise Beteiligten. Diakonische Unternehmen wenden sich deshalb an Menschen, die so oder so in solcher Teilhabe eingeschränkt oder von ihr ausgeschlossen sind, obwohl sie einen Anspruch darauf haben. An diese Zielgruppe sind christliche Sozialunternehmen nicht nur systemisch, sondern zugleich auch intrinsisch grundsätzlich durch die Bibel gewiesen; denn diese verortet die sozialen und politischen Konsequenzen des christlichen Glaubens im Rahmen der Konfliktpotenziale zwischen Exklusion und Inklusion. Mit dieser Zielsetzung und im Rahmen dieser Konfliktpotenziale verdient die Diakonie ihr Geld. Das tut sie legitimerweise; denn die öffentlichen Kostenträger finanzieren die Ermöglichung von Teilhabe seitens der Diakonie, weil deren Geschäftsziel im Grundsatz identisch mit der Praxis der spannungsvollen Zuordnung des Freiheits- und des Gleichheitsziels des Grundgesetzes ist. Diese Zuordnung verpflichtet den Staat mittels des Sozialstaatsgebots der Verfassung prinzipiell, um der Freiheit des und der Einzelnen wie des Gemeinwesens insgesamt willen dafür zu sorgen, dass niemand von der Teilhabe ausgeschlossen ist.

Deshalb steht die Diakonie von ihrem biblischen Referenzrahmen her mitnichten in einem widersprüchlichen Verhältnis zu ihrer sozialstaatlichen Determinierung und zur ökonomischen Rationalität. Dieser Widerspruch entsteht erst durch schillernde einzelne Begrifflichkeiten der kirchlichen bzw. theologischen Tradition. Tatsächlich ist die Diakonie ebenso wenig wie der Staat verpflichtet, die Umsetzung der Nächstenliebe zu finanzieren oder eine spezielle Option für die Armen durchzusetzen. Das schließt nicht aus, dass Menschen, die bei der Diakonie arbeiten, ihr Handeln im Sinne der Nächstenliebe verstehen oder dass umgekehrt ihr Handeln von ihren Zielgruppen oder von außenstehenden Dritten als Nächstenliebe identifiziert wird. Das schließt auch nicht aus, dass die verfasste Kirche und ihre Repräsentantinnen und Repräsentanten am Maßstab eines so oder so gearteten Verständnisses von Nächstenliebe das Handeln der Diakonie messen und dann gegebenenfalls wohlwollend oder kritisch bewerten. Auch kann, wer mag, die fachliche Arbeit mit Erwerbslosen, Verschuldeten und anderen Ausgegrenzten als Option für die Armen bezeichnen. Das sind theologische Diskussionen, die einen theoretischen und praktischen Wert haben können, dies aber nur für das Selbstverständnis der Kirche wie auch jeweils für einzelne Glaubende. Im normativen Management eines christlichen Sozialunternehmens haben sie hingegen nichts zu suchen. Es gibt jenseits von Sozialstaat und Sozialökonomie keine ‚theologische' Diakonie, welche die real existierende Diakonie überhaupt erst zur legitimen Diakonie machen würde. Es gibt nur eine Diakonie, die entsprechend ihrer funktionalen Ausdifferenzierung als Teil des gesellschaftlichen Exklusionsverhinderungssystems agiert. Sie hat die Aufgabe, Gerechtigkeit zu fördern und zu fordern, aber auch dies nicht abstrakt, sondern indem sie als effiziente sozialwirtschaftliche Dienstleistungsorganisation ebenso wie als kritische sozialpolitische Akteurin ausgehend von den Befähigungen des und der Einzelnen die systemisch verursachten Exklusionsspiralen durchbricht und an der gesamtgesellschaftlichen Aufgabe der Ermöglichung von Teilhabe mitwirkt. Dabei und damit orientiert sie sich an der zentralen normativen Kategorie, die in der Bibel die Praxis des Glaubens durchwaltet. Das allein ist relevant für die Erkennbarkeit, für das sogenannte Profil und für die Glaubwürdigkeit ihres Tuns und Lassens.

B. Dieser biblische Referenzrahmen bedarf im Licht der angestellten hermeneutischen Überlegungen um der Identität der Diakonie willen der Auslegung innerhalb der Diakonie selbst und in ihr Handeln hinein. Bezüglich ihrer sozialstaatlichen Praxis kann sie auf diesem Wege eine Reihe von Einsichten zur konkreten Ausrichtung ihres Handelns gewinnen:
(1) Personen und Personengruppen, die auf welche Weise auch immer aus einem wie auch immer gearteten Mainstream ausgegrenzt sind oder werden, sehen sich grundsätzlich gezwungen, die Frage ihrer Identität zu klären. Die Bibel, so vor allem in der deuteronomistischen Geschichtsschreibung, aber auch aus Anlass des Tempelneubaus und im Esra-Nehemia-Buch, gibt in diesem Zusammenhang wesentliche Hinweise darauf, dass mit

Identität ein exklusives, gegebenenfalls sogar aggressives Gruppenbewusstsein mit entsprechenden Gruppenstandards verbunden sein kann. Das verweist die Diakonie auf die Frage, ob dies gegenüber der Mehrheitsgesellschaft eine (begrenzt) notwendige Überlebensstrategie darstellen kann und/oder inwieweit es zum Aufbau von inklusionsfeindlichen Parallelgesellschaften führt, die es zu überwinden, möglicherweise aber auch begrenzt hinzunehmen gilt. Die Diakonie wird hier eine Mehrzahl von begründbaren sozialpolitischen Positionen zulassen und diskursfähig halten müssen.

(2) Das gilt umso mehr, als die Bibel auch die umgekehrte Option vertritt: Ausgegrenzte Personen und Personengruppen können und sollen, so die Josefsgeschichte, versuchen, sich selbst aktiv in einen umgebenden Mainstream zu integrieren oder, so die Vätergeschichte, eine gleichberechtigte Koexistenz verschiedenartiger Formationen im selben Bezugsrahmen anstreben. Das verweist die Diakonie auf die Frage, in welchen sozialen Zusammenhängen dies eine realistische Teilhabeperspektive für Ausgegrenzte darstellt und welche Anforderungen diese Perspektive an die jeweilige Mehrheit stellt: Die Josefsgeschichte imaginiert eine ägyptische Gesellschaft, die so offen ist, dass der Ausländer Premierminister werden kann, und die Patriarchen der Vätergeschichte können sich in fremdem Land durchschlagen, weil sie durchweg auf Gastfreundschaft treffen.

(3) Dass ein exklusives Gemeinschafts- oder Gruppenbewusstein, welches sich gegenüber anderen abgrenzt und von einer zentralen Leitvorstellung zusammengehalten wird, innerhalb der Gemeinschaft oder Gruppe durchaus im Dienst eines herrschaftsfreien egalitären Anspruchs stehen kann, ist ein Hinweis des Ezechielbuches. Die Diakonie wird damit auf die Frage verwiesen, ob und wo es soziale Konstellationen gibt, in denen die Ausgegrenzten eine möglicherweise glaubwürdigere Praxis zentraler gesamtgesellschaftlicher Werte leben als der Mainstream. Inwieweit es dann so etwas wie eine partielle Inklusion der Mehrheit in die Minderheit gibt oder geben muss, wäre zu überlegen. Dass, noch grundsätzlicher, ein exklusives Gemeinschafts- oder Gruppenbewusstein sogar zwar ab-, aber nicht ausgrenzend sein kann, ist die Intention der Priesterschrift. Sie geht davon aus, dass ein solches Bewusstsein Ausdruck einer exemplarischen Existenz ist, die gerade im Dienst einer inklusiven Perspektive steht, welche für außerhalb der Gemeinschaft oder Gruppe Stehende von positiver Relevanz sein soll. Das verweist die Diakonie auf die Frage, ob und wo es partikulare gesellschaftliche Formationen gibt, die vorleben, fordern und fördern, was für die Gesamtgesellschaft gelten soll: Rechtschaffenheit, Bereitschaft zum Tun des Guten, gerechter Ausgleich zwischen Bevor- und Benachteiligten, Schutz der Schwachen, und das alles unter dem Kriterium der solidarisch-kritischen Liebe zum nahen und zum fernen Menschen. Gerade die priesterliche Unterscheidung zwischen dem Heiligen

und dem Profanen befördert hier für das menschliche Leben und Zusammenleben einen Begriff von Gleichheit, der sich ‚von Gott her‘ versteht, sehr wohl aber eine sozialpraktische Affinität zum Gleichheitsgrundsatz der Verfassung aufweist, mag dieser historisch auch aus der französischen Revolution bezogen sein.

(4) Der differenzierte gesamtbiblische Umgang mit der Frage nach dem Verhältnis zwischen Gruppe und Mainstream sowie der damit verbundenen Praxis von Inklusion und Exklusion lässt sich nun dahingehend zusammenfassen, dass eine Mehrheit eine ausgegrenzte Gruppe nicht ohne weiteres integrieren und für eine auf ihre Identität bedachte Minderheit nicht ohne weiteres die gesellschaftliche Teilhabe hergestellt werden kann. Diese Erkenntnis steht Pate bei einem Grundsatz der abgeschlossenen Fassung des Jesajabuches: Eine größere Gemeinschaft, die Gruppen ‚nach unten‘ ausgrenzt, und eine Gruppe, die sich gegen eine größere Gemeinschaft ‚nach oben‘ abgrenzt, müssen beide ihre Standards öffnen, wenn den Ausgegrenzten ein Zugang zur Teilhabe der Gemeinschaft und der Mehrheit ein Zugang zu den Werten der ausgegrenzten Gruppe ermöglicht werden soll.

(5) Damit wird die Diakonie darauf hingewiesen, dass das Bemühen um Öffnung und Teilhabe bezüglich der Gestaltung des Lebens und Zusammenlebens grundsätzlich immer eine wechselseitige Toleranz zwischen differenten Personen und Gruppen zur Voraussetzung hat. Das ist die Antwort des Apostels Paulus auf die Frage, wie sich in seiner universalistischen Perspektive des Heils für alle Völker in einer Gemeinschaft die Starken zu den Schwachen verhalten sollen. Für Paulus ist diese Antwort zugleich die Vorwegnahme einer versöhnten Gesellschaft trotz noch bestehender Benachteiligung, Aus- und Abgrenzung. Das wiederum stellt die Diakonie vor die Aufgabe, dass bestehende Benachteiligung, Aus- und Abgrenzung mindestens so weit konkret beseitigt werden müssen, dass für alle ohne Ausnahme ein existenzsicherndes Minimum und eine angemessene Teilhabe am gemeinsamen Wohlergehen gewährleistet ist. Damit macht sie die zentrale Forderung der Rechtsbücher und der Profeten für ihre Praxis fruchtbar.

(6) Eben dies tut auch die Überlieferung von Jesus und seiner Bewegung. Sie stammt selbst aus dem ausgegrenzten Teil einer gespaltenen Gesellschaft und sucht deren Erneuerung in einer aus Torah und Profeten gespeisten Praxis, die auf die konsequente Aufwertung der Marginalisierten und Ausgegrenzten zielt. Die Diakonie wird damit darauf verwiesen, dass eine versöhnte, inklusive Gesellschaft zur Voraussetzung hat, dass die geltenden Normen so interpretiert und angewendet werden müssen, dass sie für die Einzelnen praktisch lebensdienlich sind und eben daraus das Gelingen des gemeinsamen Lebens resultiert.

Will man den vorstehenden Katalog zum biblischen Referenzrahmen der Diakonie und dessen Bedeutung für ihre sozial- und gesellschaftspolitische

Positionierung im Sinne des einen Kanons nun abschließend auch noch auf eine systemtheoretische Begrifflichkeit bringen, so mag diese lauten: Unter der Voraussetzung der Öffnung in sich geschlossener Identitäten impliziert der Begriff der Teilhabe, dass ihre Realisierung innerhalb der konkret bestehenden gesellschaftlichen Verhältnisse ‚immanent' angestrebt und zugleich diese Verhältnisse aus einer ‚transzendenten' Perspektive immer wieder einer kritischen Revision unterzogen werden.

C. Die bis hier vorgetragenen Resultate der vorangegangenen Analysen nötigen nun in einem sehr kurzen Zwischenschritt zu einer doppelten *definitorischen Abgrenzung*:

(1) Wenn hier von Ermöglichung von Teilhabe die Rede ist, so geht es im Grundsatz nicht um „Identität" im Sinne der Prinzipien der sogenannten Identitätspolitik, soweit diese die klassen- bzw. schichtenspezifisch erhebbaren Ursachen-Wirkungs-Zusammenhänge durch befindlichkeits- oder milieutypische Kriterien ersetzen will[1]. Identität spielt im Rahmen der Ermöglichung von Teilhabe aber doch insofern eine Rolle, als ausgegrenzte Personen und Gruppen sich notgedrungen eine Identität schaffen müssen. Diese bedarf aber zur wirklichen Überwindung der Ausgrenzung nicht nur einer entsprechenden Öffnung der Mainstream-Identität, sondern auch einer eigenen Transformationsfähigkeit, weil sie sonst sektiererisch wird[2].

(2) Und das Zweite: Bei der Ermöglichung von Teilhabe geht es im Grundsatz nicht um „Integration", weil diese stets eine einseitige Assimilation suggeriert. Integration spielt aber doch insofern eine Rolle, als ausgegrenzte Personen und Gruppen sich erst dann in die Werte und Normen des Mainstreams integrieren können, wenn dieser umgekehrt Werte und Normen der Ausgegrenzten übernimmt[3].

D. Im Rahmen dieser Abgrenzungen lässt sich unter den Gesichtspunkten der für die Diakonie maßgeblichen Sozialgesetzgebung für den biblisch begründeten Anspruch auf Teilhabe nunmehr die folgende politische *Aufschlüsselung* der Rahmenziele auflisten:

---

[1] Zur Problematik vgl. grundsätzlich Fukuyama 2018/2019, der allerdings die fatale Konsequenz zieht, einer nationalen Identität zur Wiederauferstehung verhelfen zu wollen.

[2] Zur Zweischneidigkeit der einerseits emanzipatorischen, andererseits fundamentalistisch-segregatorischen Auswirkungen der Identitätspolitik diskriminierter Gruppen vgl. zusammenfassend bereits Klimke im Lexikon zur Soziologie 2010, S. 293.

[3] Zum Problem eines naiven Integrationsbegriffs und der Wechselwirkung von Integrationsbemühungen und Konfliktpotenzialen vgl. insgesamt El-Mafaalani 2018. Vgl. zu den entsprechenden Grundsätzen der Methodik und der Begrifflichkeit schon Luhmann 2000, S. 234, der zur soziologischen Qualifizierung von Freiheit, Gleichheit und Gerechtigkeit das Codepaar Inklusion/Exklusion dezidiert anstelle des (ungeeigneten) Sozialintegrations-Begriffs verwendet; vgl. dazu Dabrock 2006, S. 134f.

(1) Jede und jeder kann im Rahmen der persönlichen physischen und psychischen Fähigkeiten den Lebensunterhalt aus eigener Kraft gewährleisten.

(2) Jede und jeder kann bei unverschuldetem Fehlen entsprechender eigener Ressourcen garantierte öffentliche Leistungen zur Gewährleistung des Lebensunterhalts in Anspruch nehmen.

(3) Jede und jeder kann politische Entscheidungsprozesse mitgestalten.

(4) Jede und jeder kann in allen Lebensphasen Bildungsangebote in Anspruch nehmen.

(5) Jede und jeder kann sich in allen Lebensphasen aktiv und passiv am kulturellen und gesellschaftlichen Leben auf den verschiedenen Ebenen des Gemeinwesens beteiligen.

(6) Jede und jeder kann in allen Lebensphasen im Rahmen der persönlichen physischen und psychischen Fähigkeiten die eigene Lebensführung selbstbestimmt gestalten, soweit damit nicht das selbstbestimmte Gestaltungsrecht anderer zu Schaden kommt.

Will man analog zu der oben vorgenommenen Zusammenfassung des biblischen Befundes auch diese politischen Kriterien auf einen einzigen Begriff bringen, so umfasst die Ermöglichung von Teilhabe im Sinne eines konkretpraktischen Begriffs von Gerechtigkeit sämtliche Faktoren und Maßnahmen, „die Personen dazu befähigen, ihr Leben selbst in die Hand zu nehmen und ihre Lebensverhältnisse aktiv zu gestalten"[1].

E.   Ein dieser Zielsetzung verpflichtetes assistierendes und befähigendes Handeln muss dann logischerweise für sich als Voraussetzung anerkennen, dass es in einem der Freiheit jedes und jeder Einzelnen verpflichteten demokratischen Rechtsstaat mindestens vier *grundlegende soziale Ansprüche* gibt, die politisch zu fordern und praktisch durchzusetzen sind. Es handelt sich um den Anspruch

(1) auf die Erlangung eines auskömmlichen und angemessenen Lebensunterhalts[2],

(2) auf politische Mitsprache und Mitentscheidung,

(3) auf Bildung und Erziehung,

(4) auf Zugang zu den Institutionen des kulturellen und gesellschaftlichen Zusammenlebens.

Von ihrer biblischen Kategorie her muss die Diakonie darauf bestehen, dass diese Ansprüche „für alle" gelten und dass dieses „alle" entsprechend dem Gebot der Nächsten- und Fremdenliebe bedeutet: „Alle, die da sind". Unter Berücksichtigung gruppenspezifischer Schwerpunkte, die in Torah und Profeten wie in der Praxis der Jesusbewegung zutage treten, hat die Diakonie

---

[1]   Grundmann 2010, S. 132 (in Aufnahme von Grundmann/Hurrelmann/Walper 2007).

[2]   Angesichts der bereits begonnenen und vor grundlegenden (einschließlich grundstürzenden) Veränderungen stehenden Transformation der Arbeitsgesellschaft dürfte der hier vorgeschlagene Begriff, der auch das Recht einschließt, nicht in Armut leben zu müssen, zukunftsfester als die traditionelle Rede vom „Recht auf Arbeit" sein.

innerhalb dieser umfassenden Perspektive Anlass, sich in besonderer Weise gebunden zu fühlen an das Ergehen von Minderjährigen, von Menschen mit Handicaps, von zugereisten Fremden und von kranken und pflegebedürftigen Menschen.

Dieser Katalog führt die Diakonie geradewegs in die Widersprüchlichkeiten zwischen dem kodifizierten Sozialrecht sowie den dieses leitenden Verfassungsprinzipien einerseits und der sozialpolitischen Praxis andererseits. Die Widersprüche resultieren aus einer wachsenden Spaltung der Gesellschaft, die im nächstfolgenden Abschnitt erörtert wird. Neben allfälligen sozio-ökonomischen Ursachen bildet sich diese Spaltung, wie Michael Sandel insbesondere am Beispiel der USA und insgesamt für die westlichen Demokratien gezeigt hat[1], ideologisch in der Überzeugung ab, dass sich gesellschaftlicher Aufstieg, finanzielle, kulturelle und soziale Ressourcen einschließlich der Teilhabe an den politischen Entscheidungsprozessen angeblich der persönlichen Tüchtigkeit und Einsatzbereitschaft verdanken[2]. Je akkumulierter die persönlichen Privilegien auftreten, desto resistenter erweist sich die meritokratische Ideologie, der zufolge die gesellschaftliche Spaltung in Gewinner und Verlierer legitim sei und einen allein an Leistung, Erfolg und Vermögen orientierten gesellschaftlichen Ausleseapparat[3] rechtfertige. Aus der Sicht eines christlichen Unternehmens, das sich mit der Wegweisung des Kanons auseinandersetzt, ist gerechtfertigt jedoch nur der vor Gott schuldige Menschen, der durch die Güte desselben Gottes gerecht gesprochen wird. Eben daraus resultiert der Anspruch auf die Teilhabe aller, der die Diakonie an eine kritische Funktionalität als Teil des Sozialstaats und damit zugleich an eine selbstkritische Reflexion ihrer eigener Praxis verweist.

---

[1]   Nach zahlreichen Vorarbeiten ausführlich und resümierend Sandel 2020.
[2]   Vgl. Sandel 2020, S. 53-94.
[3]   Vgl. a.a.O., 247-312.

7. EXEMPLARISCHE KONKRETIONEN

7.1. Analytische Überlegungen
zu aktuellen gesellschaftlichen Herausforderungen

Bringt man die vorstehend zusammengefassten Untersuchungsresultate als heuristisches Instrument für die ökonomischen, politischen und sozio-kulturellen Verhältnisse der Bundesrepublik Deutschland in Anwendung, so stößt man auf das Phänomen, dass nicht nur gesetzgeberisch, sondern auch im Bereich der politischen Willensbekundungen von Parteien, Verbänden und Institutionen die Forderung nach Inklusion bzw. nach gesellschaftlicher Teilhabe zwar gewissermaßen zum guten Ton gehört, damit aber zugleich häufig abstrakt wird und jede praktische Veränderung unter den Vorbehalt von Sachzwängen und finanziellen Spielräumen stellt[1].

7.1.1. Langlebige gesellschaftliche Spaltungen

Das erklärt, warum sich wenig bis nichts an der Vielzahl gesellschaftlicher Spaltungstendenzen[2] ändert. Sie haben nach den Krisen der Jahrhundertwende die kurzfristig gepflegte Illusion von der Wiedergewinnung eines „im Innern geeinte(n), das heißt kulturell relativ homogenisierte(n) und sozial integrierte(n) Gemeinwesen(s)"[3] platzen lassen. Das hat zugleich die rückblickende Einsicht befördert, dass das staats- und gesellschaftspolitische Ideal der sogenannten Wirtschaftswunderzeit – „zwar kapitalistisch, aber doch sozial, zwar nicht von materieller Gleichheit geprägt, aber doch mittelschichtszentriert, zwar nicht wirklich partizipatorisch, aber doch und immerhin solide demokratisch"[4] – einer vergangenen Historie angehört. Diese kehrt allein schon deshalb nicht zurück, weil ihr

---

1 Darauf macht Becker 2016 im Zusammenhang der Debatte über die seit 2009 bundesgesetzlich verankerte Umsetzung der UN-Behindertenrechtskonvention aufmerksam; vgl. zusammenfassend im Vorwort S. 8-11.

2 Zum Folgenden vgl. Lessenich/Nullmeier in: Lessenich/Nullmeier 2006, S. 7-27. Die Autorinnen und Autoren des Aufsatzbandes untersuchen immerhin deren 17: arm-reich, beschäftigt-arbeitslos, sicher-prekär, Kapital-Arbeit, alt-jung, Frauen-Männer, Eltern-Kinderlose, gebildet-ungebildet, Elite-Masse, Ost-West, Nord-Süd, Stadt-Land, Deutsche-Ausländer, gläubig-ungläubig, links-rechts, beweglich-unbeweglich, Gewinner-Verlierer. Vgl. außerdem durchweg und grundlegend Kronauer 2002.

3 Diese Illusion wurde kurzzeitig und letztmals flächendeckend im Gefolge des ersten großkoalitionären Kabinetts Merkel 2005 als Hoffnung auf einen gesamtgesellschaftlichen Aufbruch gepflegt, massenhaft sicht-, fühl- und erfahrbar z.B. während der Fußballweltmeisterschaft 2006, die man mit unbeabsichtigter Hellsichtigkeit als Sommer-„Märchen" titulierte.

4 Lessenich/Nullmeier in: Lessenich/Nullmeier 2006, S. 10.

traditioneller Bezugsrahmen, nämlich der klassische Nationalstaat, mehr und mehr der Europäisierung und Globalisierung weicht[1], und die wirtschaftlich potenten, gut ausgebildeten und in jeder Hinsicht mobilen Teile der Gesellschaft ihre sozio-kulturelle Verortung fortschreitend in transnationalen Zusammenhängen finden.

Letzteres gilt aber nur für solche, die sich das leisten können. Für andere, erhebliche Teile der Gesellschaft gilt „das politisch-kulturelle Konstrukt der Nationalgesellschaft nach wie vor als Rahmen bedeutsamer materieller und symbolischer Berechtigungs-, Verteilungs- und Umverteilungsprozesse"[2]. So wichtig es daher für eine zukunftsfähige Diakonie ist, sich noch viel mehr, als es bereits geschieht, auf europäische Wirtschaftsverflechtungen und europäisches Sozialrecht zu fokussieren, so sehr hat sie zugleich Anlass, an dem rechtlich nach wie vor verankerten und politisch zu fordernden „Bild der integrierten und inkludierenden Gesellschaftseinheit ‚Deutschland' festzuhalten"[3]. Dabei trifft die Diakonie auf „drei Sozialfiguren der gesellschaftlichen Abspaltung (...): die ‚Überflüssigen', die ‚Abweichenden' und die ‚Unsichtbaren'"[4].

(1) Erhebliche Teile der Gesellschaft gelten insofern faktisch als ‚überflüssig', als sie im Mainstream-Bewusstsein für die Erzeugung wirtschaftlicher Werte oder die Stabilität sozialer Zusammenhänge nicht mehr gebraucht werden. Das sind keineswegs nur Obdachlose, Verarmte oder langfristig Gesundheitsgeschädigte, sondern z.B. auch ältere Menschen ohne Berufsperspektive, jüngere Menschen ohne oder mit nur schlechter Ausbildung und viele Menschen mit Migrationshintergrund. Zugleich mangelt es, was in der Coronakrise offenkundig geworden, aber schon längst Realität ist, an allen Ecken und Enden an Arbeitskräften. Das hat mit Blick auf die ‚Überflüssigen' bislang aber zu keinem identifizierbaren Wandel geführt.

(2) Von diesen ausgesonderten Gliedern der Gesellschaft zu unterscheiden sind Personen mit ‚abweichendem' Verhalten. Sie erfüllen nicht die Standards und Normen, die der Sozialstaat als Eintrittskarten für „Markt-, Transfer-, Dienstleistungs- und also Lebenschancen"[5] vorsieht. Das gilt aus verschiedenen Ursachen seit über dreißig Jahren für einen Teil der Bürgerinnen und Bürger der östlichen Bundesländer, die seinerzeit zu den Konditionen der Bonner Bundesrepublik dieser beigetreten sind und seitdem ihre spezifischen Werte und Normen, egal ob zu Recht oder zu Unrecht, als unberücksichtigt erleben. Das gilt aber z.B. auch für Langzeiterwerbslose, die sich aus welchen Gründen auch immer sanktionsbe-

---

[1] Die pikanterweise rechts- wie linksaußen gepflegten Überlegungen zu einer neuen nationalen Identität wiederholen nur das Drama als Farce. Wohin man mit dem neuen Nationalismus kommt, illustriert aktuell auf besonders verstörende Weise der russische Angriffskrieg gegen die Ukraine.

[2] Lessenich/Nullmeier in: Lessenich/Nullmeier 2006, S. 11.

[3] a.a.O., S. 10.

[4] a.a.O., S. 12; zum Folgenden vgl. S. 12-15.

[5] a.a.O., S. 13.

wehrten Verhaltensregeln der Jobcenter widersetzen. Und das dürfte auch für jenen Teil der mit der Corona-Pandemie sichtbar gewordenen sogenannten Querdenker gelten, die nicht aus rechtradikalen Motiven, sondern aus anderen Gründen dem Staat so sehr misstrauen, dass sie lieber noch so abstrusen Verschwörungstheorien anhängen und dubiose Bündnispartner in Kauf nehmen.

(3) ‚Unsichtbar' Ausgegrenzte schließlich sind „die nicht Organisierten, nicht Vernetzten, nicht einmal mehr die Wahllokale Aufsuchenden", die sich „politisch nicht vertreten fühlen"[1]. Aktuell muss man sicher hinzufügen, dass mindestens Teile dieser ‚Unsichtbaren' ebenso wie der ‚Abweichenden' inzwischen als rechtsradikal bzw. rechtspopulistisch adressierbare Wählerinnen und Wähler nur allzu sichtbar in Erscheinung treten, seit sie einen parlamentarischen Arm haben oder zu haben glauben. Das politische Establishment scheint nicht in der Lage zu sein, daran auch nur das Geringste zu ändern.

Die Sprengung des nationalstaatlichen Referenzrahmens, die Ausgrenzung von ‚Überflüssigen', die Abgrenzung von ‚Abweichlern' und der Ausschluss von ‚Unsichtbaren' sind die konkreten Parameter einer fortschreitenden Zerklüftung der Gesellschaft insgesamt. Sie beruht wie in jeder Gesellschaftsformation der Vergangenheit primär auf ökonomischen Ursachen[2] bzw. folgt aus der Frage, wer in welcher Lage was und wieviel vom Kuchen abbekommt. Ob nun die Bedeutung historischer Klassenschranken schwinden und die Relevanz von Lebenswelten und Milieus wachsen mag – die Gesellschaft ist von einer „Allgegenwart der Konkurrenz"[3] dominiert. Diese wird auf den verschiedenen kleinteiligen gesellschaftlichen Handlungsfeldern so different und so multivalent ausgetragen, dass die Bedeutung des persönlichen Prestiges und der gesellschaftlichen Position sowie umgekehrt die Angst vor Abstieg und Versagen enorm zunehmen. „In diesem Spiel können zudem auch immer offener Urteile über andere soziale Gruppen (aus)gesprochen werden"[4]: Die inzwischen übliche Verächtlichmachung des alten Begriffs der Political Correctness oder auch die fortschreitende Enttabuisierung der Sprache und des (gewaltsamen) Agierens gegenüber Minderheiten aller Art signalisieren den schleichenden Abschied von der Vorstellung, alle Bürgerinnen und Bürger seien die verantwortlichen Veranstalterinnen und Veranstalter des Gemeinwesens. Stattdessen erfolgt eine „Verengung des Bürgerschaftlichen auf das Bürgerliche"[5], das mit seiner Verabsolutierung des Letzteren weite, nicht dezidiert bürgerliche Kreise von den politischen Willensbildungs- und damit den gesellschaftlichen Teilhabeprozessen fernhält. Das kann rasch eine demokratiegefährdende Sprengkraft entfalten.

---

[1] a.a.O., S. 14.
[2] Vgl. zum Folgenden a.a.O., S. 15-21.
[3] Hartmut Rosa, zitiert a.a.O., S. 17.
[4] a.a.O., S. 22; vgl. zum Folgenden S. 21-27.
[5] a.a.O., S. 23.

7.1.2. Zur kritischen Funktion der Diakonie gegenüber der Politik

Eine Diakonie, die sich der Ermöglichung von Teilhabe als des Kriteriums ihres unternehmerischen Handelns verpflichtet weiß, wird sich also nicht damit begnügen können, ihre klassischen Sparten ausschließlich unter dem Gesichtspunkt der wirtschaftlichen und fachlichen Optimierung zu betrachten. Das allein ist, so wichtig und wesentlich es für ein Unternehmen der Sozialwirtschaft ist, einfach nicht mehr zukunftsfähig. Sie muss vielmehr die hier knapp skizzierten Prozesse zur Kenntnis nehmen, auswerten und die Resultate für die alltägliche Praxis ihres strategischen und operativen Managements genauso fruchtbar machen wie Budgetplanung und Qualitätsstandards. Vorstände von Jugend- oder Altenhilfeeinrichtungen, die ihre wesentliche Tätigkeit in Finanzierungsverhandlungen erblicken und die politische Positionierung zu gesellschaftspolitischen Makro- und Mikroprozessen entweder für eine Privatangelegenheit halten oder sie beim Spitzenverband ansiedeln, dem man dann im Zweifelsfall betriebswirtschaftliche Unbedarftheit vorhalten kann, werden trotz aller kaufmännischen Sorgfalt ihre Unternehmen schneller ruinieren, als sie denken.

Damit wird nachdrücklich die Position vertreten, dass *jedes einzelne* diakonische Unternehmen als Akteur einer der Teilhabe verpflichteten Gesellschaft auch eine dezidiert politische Aufgabe hat. Diese schließt ein, dass sich die geschäftsführend Verantwortlichen vor dem Hintergrund des biblisch vermittelten Verständnisses von Teilhabe klarmachen, welche widersprüchlichen Konnotationen der Inklusionsbegriff in der aktuellen gesellschaftspolitischen Diskussionslage angenommen hat[1]. Versteht man mit Uwe Becker Inklusion als ein Ziel, das als „Stachel des Andersseins (…) die Realität sozusagen von außen" angreift, so wird man im gleichen Atemzug feststellen, dass viel an kritischer und an verändernder Kraft verloren geht, „sobald Parteien oder gar der Staat sich als Vollzugsorgan einer Utopie begreifen"[2].

Die wesentliche Problematik besteht darin, dass nur vordergründig ein breiter Konsens darüber besteht, dass ‚die' Gesellschaft ‚inklusiv' zu sein hat. „Alle sollen mitmachen"[3] – aber die Frage, was „(b)ei so viel Aufruf zum Aktionismus" *die Politik selbst*, welche „diesen aktivierenden Appell an die Zivilgesellschaft richtet"[4], eigentlich zur konkreten Umsetzung beiträgt, bleibt weitgehend unbeantwortet. Das hängt ursächlich damit zusammen, dass im transformierten Sozialstaat (s.o. 3.2.) gerade auch die sozialpolitischen Konsense stets unter einem

---

[1] Vgl. zum Folgenden die grundsätzlichen, auf die Teilhabe von Menschen mit Behinderung fokussierten, aber darüber hinaus gesamtgesellschaftlich relevanten Untersuchungen bei Becker 2016.

[2] a.a.O., S. 8.

[3] a.a.O., S. 43. Becker exemplifiziert das am Nationalen Aktionsplan der Bundesregierung zur Umsetzung der UN-Behindertenrechtskonvention von 2011, wo Inklusion von der Ladentheke über den Arbeitsplatz bis zur Wohneinrichtung überall verortet wird und auf sämtlichen Ebenen entsprechende Aktionspläne gefordert werden.

[4] ebd.

Finanzierungsvorbehalt[1] stehen, der sich allgemein-politischen Prioritätensetzungen verdankt[2]. Die politische Einlösung des Anspruchs, dass aus dem Freiheits- und dem Gleichheitsgrundsatz der Verfassung ein individuelles Recht auf gestalterische wie auf abgesicherte Teilhabe am Leben der Gesellschaft resultiert, lässt infolgedessen in der Regel zu wünschen übrig: „Appelle an die Gesellschaft klingen gut und kosten nichts."[3] Dass solcherart politisches Versagen nicht etwa nur ein reparables Versehen ist, sondern tiefere Ursachen hat, springt sofort ins Auge, sobald man sich klarmacht, dass in wesentlichen gesellschaftlichen Sektoren ‚Normalität' immer noch vordefiniert ist. Wie ein ‚bildungsfähiger' junger Mensch zu sein hat[4] oder wie ein ‚normales' Erwerbsleben verläuft[5] (im Übrigen bspw. auch, was unter einem ‚altersgerechten' Wohnen zu verstehen ist): Das alles unterliegt allgemein üblich gewordenen Standards und ist bei weitem nicht so durchlässig, wie es etwa beim Familienbegriff oder bei der sexuellen Orientierung inzwischen der Fall ist. Dieses bemerkenswerte Phänomen generiert die verkürzte Vorstellung, bei der Ermöglichung von Teilhabe gehe es um die Überwindung eines simplen dichotomischen Drinnen und Draußen bzw. um die „gesellschaftliche Einbindung" der Ausgegrenzten[6]. Tatsächlich besteht zwischen Ausgrenzung und Teilhabe aber ein mehrdimensionales wechselseitiges Verhältnis[7], das sich am Beispiel von Langzeitarbeitslosen so illustrieren lässt: Sie sind „einerseits von der Arbeitswelt ausgegrenzt, sie sind Menschen *ohne* Arbeit." Zugleich sind sie aber just infolge „dieser negativen und defizitären Definition" einem vorgeblich ‚normalen' Begriff von Arbeit unterworfen: „Sie sind Menschen ohne *Arbeit*."[8]

Die Diakonie hat die Pflicht, dem politisch forcierten dichotomischen Inklusionsbegriff, der in der Praxis Teilhabe oft eher verhindert als befördert, politisch etwas entgegenzusetzen. Sie ist der gesamtbiblischen Tradition verpflichtet, der zufolge Teilhabe ein gesellschaftlicher Aushandlungsprozess ist. Der exegetische Teil der vorliegenden Überlegungen belegt, dass in diesem Aushandlungsprozess inklusive und exklusive Positionen in bestimmten Kontexten wirksam werden, die unbeschadet ihrer jeweiligen Spezifität stets mit Transformationen zu tun haben, die immer beides betreffen: sowohl die Minderheit, das Randständige, das Abweichende – als auch die Mehrheit, den Mainstream, das Reguläre. Teilhabe als Kriterium der Diakonie meint daher „nicht den ‚Einschluss' in Bestehendes,

---

[1]   Vgl. dazu die „Inklusionskollisionen" a.a.O., S. 182-184.

[2]   Das lässt sich z.B. an der mit der internationalen Finanzkrise 2008 verbundenen Bankenrettung zeigen (vgl. a.a.O., S. 177-182), die bis heute keineswegs zu einem wirklichen Paradigmenwechsel bezüglich des Verhältnisses zwischen Freiheit und Regulierung im Bankensektor geführt hat.

[3]   a.a.O., S. 44.

[4]   Vgl. ausführlich a.a.O., S. 125-157.

[5]   Vgl. ausführlich a.a.O., S. 77-123.

[6]   a.a.O., S. 69.

[7]   Vgl. a.a.O., S. 71-76. Grundlegend dazu vor allem bereits Kronauer 2002 passim.

[8]   a.a.O., S. 72.

sondern den Zusammenschluss von Vielfalt"; damit sind zugleich „auch Veränderungen des gesellschaftlichen Gefüges und der zentralen ökonomischen Funktionslogik der Gesellschaft"[1] gesetzt.

7.1.3. Konsequenz: Lebensdienlichkeit und Nachhaltigkeit

Dies bedeutet für eine biblisch fundierte Diakonie als Teil der (Sozial-)Wirtschaft, dass sie die ökonomischen Mechanismen, denen sie selbstverständlich unterliegt, nicht naturgesetzlich, sondern geschichtlich versteht[2]: „Die ‚Objektivität' (der) Zwänge", denen sie unterliegt, ist „prinzipiell von anderer Art als die Objektivität der Naturgesetze, eben keine von Menschen unabhängig entstandene, sondern eine durch ihn gewordene"[3]. Wirtschaft ist dann sachgemäß, wenn sie menschengerecht[4] ist, und deshalb muss Diakonie als Teil der Wirtschaft nach „Kriterien des Menschengerechten"[5] und insbesondere danach fragen, wie sich die notwendige Effizienz des Wirtschaftens zu einem menschengerechten Wirtschaften unter dem Aspekt der Partizipation im Dienst der Befriedigung der menschlichen Grundbedürfnisse verhält[6]. „In dem Maße (wie) die Wirtschaft diesen Grundbedürfnissen gerecht wird, (…) in dem Maße hat sie für den Menschen Sinn. Und in dem Maße (wie) sie das nicht tut, (…) in dem Maße wird sie sinnlos werden, dem Absurden verfallen."[7] Für die Diakonie resultiert daraus, dass sie im Dienst ihres Geschäfts, also der Ermöglichung von Teilhabe, ihr eigenes Wirtschaften wie auch ihre Interaktion und Kommunikation mit den sie umgebenden politischen, rechtlichen und ökonomischen Systemen an jener Lebensdienlichkeit zu messen hat, für die der Sabbat um des Menschen willen gemacht ist und nicht umgekehrt (s.o. 5.2.8.).

Etwas Entscheidendes kommt hinzu. Viel zu spät ist in der Breite der Gesellschaft ins Bewusstsein getreten, dass sämtliche skizzierten Sachverhalte und Problemstellungen einschließlich ihrer Verschärfung oder hoffentlich Bewältigung nicht mehr bearbeitbar oder gar gänzlich obsolet werden, wenn es der aktuell dominanten Generation (nicht erst der nächsten!) nicht gelingt, die Klimakrise sofort (nicht erst in der nächsten Jahrhunderthälfte!) zu stoppen und Gesellschaft und Wirtschaft am Maßstab der Nachhaltigkeit grundlegend zu transformieren. Entgegen üblicher Wahlkampfrhetorik stürzt dies die Gesellschaft in ökonomisch, politisch und sozial noch weitgehend offene Zukunftsprozesse, auf die man sich gewiss nicht ungeplant oder ungestaltet, aber wegen der vorlaufenden Zeitversäumnisse doch ziemlich auf Gedeih und Verderb einlassen muss.

---

[1] a.a.O., S. 17.
[2] Vgl. dazu grundsätzlich Rich 1984, S. 76-82.
[3] a.a.O., S. 77; zitiert auch bei Becker 2006, S. 280.
[4] Das steht natürlich in einem kongenialen Verhältnis zu den Überlegungen Amartya Sens (s.o. 5.4.3).
[5] So der Titel von Kap. 7 bei Rich 1984; zu Einzelheiten vgl. S. 173-200.
[6] Vgl. dazu Rich 1990, S. 139-162.
[7] a.a.O. S. 19; zitiert auch bei Becker 2016, S. 188.

Die damit verbundenen Ängste und Risiken stellen gerade für die ausgegrenzten oder an den Rand gedrängten Teile der Gesellschaft eine zusätzliche Hypothek dar. Die inzwischen von allen demokratischen politischen Parteien in unterschiedlicher Nuancierung gepflegte Rhetorik zur ‚Versöhnung‘ oder ‚Vereinbarkeit‘ von Ökologie- und Sozialpolitik bedarf offensichtlich eines langen konzeptionellen, politischen und gesetzgeberischen Atems. Die Diakonie hat die Aufgabe, aus ihrer sozialen Expertise wie aus ihrem biblischen Bezugsrahmen heraus an dieser gesellschaftspolitisch entscheidenden Schnittstelle im Dienst von Konkretion und Praxistauglichkeit tätig zu sein.

7.2. Strategische Überlegungen zu ausgewählten Handlungsbereichen

7.2.1. Ökologische Verantwortung

Entsprechend dem letztgenannten Aspekt zur grundsätzlichen Bewertung der aktuellen Herausforderungen setzen die nun folgenden Überlegungen zu ausgewählten Handlungsfeldern[1] der Diakonie bewusst nicht mit einem Klassiker wie Krankenhaus, Altenhilfe oder Arbeitsmarkt, sondern mit der Feststellung ein, dass es keine einzige unternehmerische Entscheidung mehr gibt, die nicht vor Beschlussfassung und Umsetzung auf ihre ökologischen Konsequenzen für das Unternehmen und den umgebenden Sozialraum überprüft werden muss. Dabei geht es entgegen der einen oder anderen offiziösen Verlautbarung[2] nicht primär um den eigenen kleinen ökologischen Fußabdruck, frei nach dem Motto: Umweltschutz fängt zu Hause an. Auch die üblichen rhetorischen Pflichtleistungen zur „Bewahrung der Schöpfung" sind durchaus entbehrlich[3]. Ökologische Verantwortung ist einfach ein Resultat des Selbsterhaltungstriebs und bedarf als solches keiner spezifisch biblischen Legitimation. Infolgedessen ist es keine schöpfungstheologisch begründete Verpflichtung, sondern ein Zeichen betriebswirtschaftlicher Vernunft, die Umrüstung der Fahrzeugflotte nicht auf den Zeitpunkt zu verschieben, an dem der letzte Verbrenner vom Band rollt. Der Beginn und nicht erst das Ende einer gesetzlich geregelten dynamischen CO_2-Bepreisung sollte den Austausch der Heizungsanlage veranlassen. Und die Umstellung des gesamten Unternehmens auf Nachhaltigkeit wird bestimmt besonders teuer, wenn man zu den letzten Nachzüglern gehört.

Zusätzlich ist eigene politische Handlungsfähigkeit vonnöten, um die „widersinnige Situation, dass es für Sozialunternehmen ökonomisch sinnvoll(er) sein

---

[1]   Vgl. zum Folgenden durchweg auch die Überlegungen zu den Implikationen sozialer Leitbegriffe im unternehmerischen Handeln bei Haas/Ploß 2021.

[2]   Vgl. z.B. Evangelisches Werk für Diakonie und Entwicklung 2016.

[3]   Dies allein schon deshalb, weil – was hier nicht vertieft werden kann – diese beliebte Formel wohl gar nicht biblisch begründbar ist. In der Urgeschichte (Noach-Erzählung) ist es jedenfalls Gott selbst, der die Schöpfung vor ihrer als Strafe für menschliche Hoffart hereinbrechenden Vernichtung bewahrt.

kann, Strom aus fossilen Energieträgern zu beziehen"[1], nicht bis zur nächsten Koalitionsverhandlung hinzunehmen, sondern *jetzt* entsprechende Finanzierungsinstrumente mit den Kostenträgerinnen auszuhandeln. Dazu gehört auch eine Kommunikationsfähigkeit, welche die Folgen ausbleibender Resultate für das Gemeinwesen öffentlich thematisiert. Der Einwand, dass man mit Umweltschutz kein Geld verdienen kann, muss in der Diakonie endgültig verschwinden. Ohne den Einbau nachhaltiger Klimaverträglichkeit in sämtliche Felder der Unternehmensstrategie verdient man demnächst gar keins mehr.

Dass diese hier nur holzschnittartig vorgeführten Überlegungen täglich an Aktualität gewinnen, lehrt die im Gefolge des russischen Kriegs gegen die Ukraine ausgebrochene (strenggenommen: schon länger schwelende, jetzt evident werdende) Energiekrise, die – so sieht es jedenfalls aus – in der Wirtschaft die notwendigen ökologischen Transformationsprozesse schneller vorantreibt, als die Politik hinterherkommt. Es hat, wenn nicht alles täuscht, (endlich) ein gesamtgesellschaftlicher Diskurs um Zukunftsentscheidungen begonnen, angesichts dessen die Diakonie die Frage, wer eigentlich daran teilhat, wohl auch an sich selbst stellen sollte.

7.2.2. Einwanderungspolitik

Ein zweiter zukunftsentscheidender Fokus, der auf den ersten Blick ein nur relativ kleines diakonisches Handlungsfeld zu betreffen scheint, richtet sich auf die Einwanderungspolitik[2]. Dass Deutschland ein Einwanderungsland ist und bleibt[3], ergibt sich zwingend allein schon daraus, dass es sich „von Generation zu Generation zu weniger als zwei Dritteln" reproduziert und sich ohne Zuwanderung „die Wertschöpfung des Landes und die Lebensqualität seiner Einwohner drastisch verringern würden"[4]. Die Diakonie muss sich daher im Interesse der Funktionsfähigkeit der Gesellschaft wie auch der ihrer eigenen Belegschaften für einen Neuansatz beim Staatsbürgerschaftsrecht[5] einsetzen. Anstelle der bestehenden legislativen Flickschusterei ist ein einfaches und exekutierbares Einwanderungsge-

---

[1]   Diakonie-Präsident Ulrich Lilie am 18.08.2021 im epd-Gespräch:
      https://www.evangelisch.de/inhalte/189649/18-08-2021/diakoniechef-fordert-mehr-
      foerderung-fuer-oekologisches-wirtschaften (Zugriff: 05.10.2021. 15:30 Uhr MESZ).
[2]   Zum Folgenden wie auch zu den anschließenden Ausführungen zur Flucht vgl. insgesamt
      Thränhardt in: Lessenich/Nullmeier 2006, S. 273-294 und Boeckh in: Hus-
      ter/Boeckh/Mogge-Grotjahn 2018, S. 539-571. Grundsätzlich außerdem Graumann 2017
      und unlängst Müller, A. 2022; bei letzterer steht der politische Protest gegen die Asylge-
      setzgebung und -praxis des Bundes und der Länder, also eine eher verbandspolitische Auf-
      gabe, allerdings so signifikant im Vordergrund, dass der Titel „Christliche Soziale Arbeit
      mit Geflüchteten" (Hervorhebung SKF) ein wenig verloren wirkt.
[3]   Vgl. grundsätzlich die Agenda einer Kommission aus Expertinnen und Experten der Fried-
      rich-Ebert-Stiftung: Molthagen 2013.
[4]   Thränhardt in: Lessenich/Nullmeier 2006, S. 289.
[5]   Vgl. dazu Özügüs in Haas/Ploß 2021, S. 214-216.

setz vonnöten, welches die verschiedenen einschlägigen Rechtsfragen so eindeutig klärt, dass für alle, die in Deutschland leben und arbeiten, in sämtlichen Bereichen des wirtschaftlichen, politischen und gesellschaftlichen Lebens dieselben Rechte und Pflichten gelten und auch praktisch durchsetzbar sind[1].

Diese Prinzipien muss ein diakonisches Unternehmen, das sein Fachkräfteproblem in den Griff bekommen will, auch schon jetzt auf seine eigenen Belegschaften anwenden. Diese müssen ebenso multiethnisch und multikulturell zusammengesetzt sein wie die Gesamtgesellschaft und die einzelnen Zielgruppen[2]. Wie sonst soll die soziale Arbeit auf Dauer effektiv und kundenorientiert sein? Konfessionelle Zugangsbeschränkungen müssen infolgedessen gar nicht erst wegen höchstrichterlicher Rechtsprechung, sondern schon aus Eigeninteresse abgeschafft werden. Gegenstand der Unternehmensloyalität ist ausschließlich die aktive Bejahung des aus der Bibel begründeten Unternehmensziels der Teilhabe aller am Gemeinwesen. Dazu muss man nicht einer christlichen Kirche angehören[3]. Und das nützt dem Unternehmen mehr als jede Loyalitätsrichtlinie der EKD, weil eine Muslima, die partizipativ und partizipatorisch mit Kindern unterschiedlicher Herkunft arbeitet, in der Diakonie deutlich mehr zu suchen hat als ein notorischer AfD-Wähler, der Mitglied einer evangelischen Kirchengemeinde ist.

Im Zusammenhang eines überfälligen Einwanderungsrechts ist natürlich auch die unsinnige Unterscheidung von Arbeitsmigration, Armutsmigration[4] und fluchtbedingter Migration jedenfalls insoweit aufzugeben, als aus dieser Unterscheidung, eben mangels funktionierender Gesetzgebung, Kriterien für ein sogenanntes ‚legales‘ Bleiben gewonnen werden sollen[5]. Die Arbeit mit Geflüchteten[6] setzt voraus, dass Flucht als Ursache für Einwanderung nie freiwilliger Natur, gleichwohl aber, weil in aller Regel mit dem Wunsch nach einer Bleibeperspektive verbunden, auch Einwanderung ist. Es ist eine Aufgabe teilhabeorientierter

---

[1] In einem klassischen Einwanderungsland wie Kanada funktioniert das; vgl. Braune 2018.

[2] Damit ist keineswegs gemeint, dass Mitarbeitende mit eigenem Zuwanderungshintergrund automatisch die beste Expertise zur Arbeit mit zugewanderten Klientinnen und Klienten haben, aber sehr wohl, dass eine Belegschaft sich als divers zusammengesetzte Lerngemeinschaft verstehen muss, wenn sie kompetent auf die Diversität ihrer Zielgruppen reagieren will und soll.

[3] Tendenziell ähnlich, aber zurückhaltender Thorsten Moos in: Moos 2018, S. 186-199.

[4] In diesem Zusammenhang bedarf die von sämtlichen relevanten Akteuren geteilte Hilf- und Konzeptionslosigkeit gegenüber der armutsbedingten EU-Binnenzuwanderung, speziell aus Südosteuropa, einer besonderen Betrachtung; vgl. Staubach 2018.

[5] Diese Sachverhalte gewinnen aktuell nochmals eine erhöhte Bedeutung, wenn unversehens zwischen einzelnen Gruppen von Geflüchteten Klassifizierungen vorgenommen werden. Becker 2022 zeigt (S. 239-247), wie rasch sich angesichts des russischen Überfalls auf die Ukraine in der digital und als Print publizierten öffentlichen Meinung aktuell eine Unterscheidung zwischen „guten“ und „schlechten“ bzw. willkommenen = teilhabeberechtigten und weniger willkommenen = abschiebungsrelevanten Flüchtlingen einschleicht; vgl. die Belege zum Aufweis von „Facetten eines Narrativs (…), das besonders die Unterschiedlichkeit der Fluchtsituation dieses Krieges gegenüber dem ‚Sommer der Migration‘ [2015, SKF] hervorhebt" (S. 242).

[6] Vgl. Diakonie RWL 2017.

Diakonie, gerade wegen der hinter jedem Einzelfall steckenden Schicksale dagegen anzugehen, dass die politische Debatte von Mitleidsmoral („Alle aufnehmen!") auf der einen und vorurteilsgesteuerten Ressentiments auf der anderen Seite („Alle kriminell!") bestimmt wird. Sigrid Graumann[1] hat gezeigt, dass hier sowohl die Forderung nach „Verteidigung fester Grenzen" als auch die nach „transnationaler Bewegungsfreiheit" fehlgeht. Dass alle kommen und bleiben sollen, ist genauso unsinnig wie die liturgisch repetierte Forderung nach konsequenterer Abschiebung. Beides signalisiert lediglich, dass fehlende Rechtssicherheit durch moralische Geschmacksurteile substituiert wird, und beides hat nichts mit Teilhabe zu tun. Jenseits falscher Alternativen darf für diakonische Flüchtlingsberatungsstellen angesichts der biblischen Inklusions-/Exklusionsstrategien, die sich direkt oder unmittelbar aus den Traditionen von Exodus und Exil sowie der Verheißung des Heils für alle Völker speisen, das Recht auf Asyl nicht zur Disposition stehen, auch nicht, wenn es sich ‚nur' um Aufweichungstendenzen handelt. Die Diakonie muss davon ausgehen[2], dass Geflüchtete „Rechtssubjekte" sind, dass sie auf jeden Fall und unabhängig von der Bleibeperspektive eine „Nothilfe" benötigen und dass sie bei dauerhaftem Verbleib ein Recht auf Einbürgerung haben. Also muss die Diakonie praktisch und politisch darauf hinarbeiten, (1) dass Menschen auf der Flucht in Deutschland zunächst einmal „ankommen"[3] können, statt dass man eine Reform der uneinheitlichen EU-Regularien zur Flüchtlingspolitik abwartet[4], (2) dass jedes Anerkennungsverfahren so schnell wie möglich positiv oder negativ abgeschlossen wird, (3) dass die sinnlose Debatte um Abschiebungen als ‚Strafe' für sogenanntes ‚verletztes Gastrecht' beendet und durch eine Sicherheits- und Ordnungspolitik nach rechtsstaatlichen Kriterien abgelöst wird[5], sowie (4) dass die Gebietskörperschaften vor Ort nach Kräften bei der Aufnahme, bei einer zunächst vorläufigen Integration[6] und im Anerkennungsfall bei einer raschen vollständigen Inklusion Geflüchteter unterstützt werden[7].

---

[1] Graumann 2017, S. 66-69.

[2] Vgl. zum Folgenden a.a.O., S. 70-76.

[3] Vgl. dazu und zu den höchst unterschiedlichen und ungerechten Möglichkeiten des Ankommens in 75 Jahren bundesdeutscher Nachkriegs-Einwanderungsgeschichte Pries 2017.

[4] Vgl. dazu Just 2017.

[5] Vgl. dazu Bartels 2017. Dazu gehört im Übrigen auch, dass sich die Diakonie die Forderung nach quantitativ und qualitativ (!) angemessener Ausstattung von Polizei und Justizvollzugsanstalten zu eigen machen muss.

[6] Dazu gehören, so lange die Asylverfahren so lange dauern, wie sie dauern, mindestens Spracherwerb und das Angebot einer wie auch immer gearteten sinnvollen Beschäftigung.

[7] Vgl. dazu Kiepe-Fahrenholz 2017. Insbesondere der sub (4) benannte Aspekt, der unmittelbar die Praxis der auf Kooperation mit den kommunalen Behörden angewiesenen lokalen Beratungsstellen für Geflüchtete betrifft, fällt bspw. bei Müller, A. 2022 leider nahezu vollständig unter den Tisch.

7.2.3. Sicherung des Lebensunterhalts

Die mit den skizzierten politischen, strategischen und operativen Zielen ange-sprochenen Desiderate der Migrationspolitik haben unter anderem zur Folge, dass Zuwandernde und Zugewanderte aller Art „ein überproportionales Armuts- und soziales Ausgrenzungsrisiko" tragen[1] Diese Feststellung leitet über zum Hand-lungsfeld der Sicherung des Lebensunterhalts[2], das hier deshalb so bezeichnet wird, weil das populäre Theorem vom ‚Recht auf Arbeit' mittlerweile nicht mehr greifen dürfte. Gewiss ist nach wie vor „Arbeit eine zentrale Vergesellschaftungs-instanz, und zwar sowohl unter der Perspektive der Sicherung des Lebensunter-halts als auch unter Gesichtspunkten sozialer Integration"[3]. Daraus lässt sich aber nicht mehr die simple Forderung ableiten, ‚man' (wer? der Staat? die Wirtschaft?) müsse einfach Arbeit für alle schaffen, um die wesentlichen gesellschaftlichen Exklusionsursachen zu beseitigen. Dahinter steckt die nach wie vor virulente Auffassung einer „auf Erwerbsarbeit zentrierten Gesellschaft", es gebe „fast kei-nen Status, fast keine biographische Passage, fast keine Lebenssituation, die nicht direkt oder indirekt durch Arbeit definiert, betroffen oder auch qualifiziert wird"[4]. Tatsächlich wird damit aber viel zu wenig berücksichtigt, dass sich die Qualität von Arbeit und damit der Arbeitsmarkt in vielfältiger Hinsicht gewandelt haben. Zur Illustration drei signifikante Entwicklungen:

(1) Die weltweiten Leitindustrien[5] sind andere als früher, wenngleich ausge-rechnet das hochindustrialisierte Deutschland diese Entwicklung bislang ver-schlafen hat. Amazon, Apple, Facebook, Google und Microsoft in Summe haben etwa den gleichen Wert wie die Gesamtheit der börsennotierten deutschen Unter-nehmen und sind mehr wert als das deutsche Bruttosozialprodukt. Aber auch in Deutschland ist die romantische Vorstellung von einer weit überwiegenden Mehrheit der schuftenden Industriearbeiter, die von einer Handvoll White-Collar-People verwaltet werden, längst obsolet.

(2) Damit steigt die Nachfrage nach neuen beruflichen Kompetenzen[6] steil an. Sie kann aber vom Arbeitsmarkt und erst recht aus der Reservearmee der mittel- und langfristig Erwerbslosen sowie der prekär/geringfügig Beschäftigten nicht ohne weiteres bedient werden.

(3) Die quantitative Verlagerung der Arbeitsprozesse aus der Produktion in den Dienstleistungssektor und die qualitative Veränderung von der Handarbeit hin zur Digitalisierung und Automatisierung verändern den Arbeitsbegriff: Befristete

---

[1]   Boeckh in: Huster/Boeckh/Mogge-Grotjahn 2018, S. 540.
[2]   Zum Folgenden vgl. Bonß in: Lessenich/Nullmeier 2006, S. 53-72; Bäcker/Neubauer in: Huster/Boeckh/
      Mogge-Grotjahn 2018, S. 396-414; Heilmann/Hinzen in: Haas/ Ploß 2021, S. 11-34.
[3]   Bonß in: Lessenich/Nullmeier 2006, S. 53.
[4]   Becker 2016, S. 77.
[5]   Vgl. Heilmann in: Haas/ Ploß 2021, S. 14-16.
[6]   Vgl. a.a.O., S. 16f.

und teilzeitige Arbeitsplätze sowie flexible Arbeitszeiten sind nicht so sehr spar-
samer Unternehmerwillkür, sondern sowohl der Kundennachfrage als auch den
Wünschen von Arbeitnehmerinnen und -nehmern geschuldet. Klassische Er-
werbsbiographien[1] sind einem drastischen Wandel unterworfen.

Das alles hat zur Folge, dass für Personen auf qualifizierten Arbeitsplätzen gegenüber der traditionellen ‚Maloche' die Bedeutung der Arbeit für die eigene Zu-
friedenheit und Selbstverwirklichung steigt[2], während prekäre Beschäftigungsverhältnisse trotz Tarifautonomie und steuerpolitischer Eingriffe noch nicht einmal armutsfest sind[3]. In diesem Zusammenhang ist es besonders fatal, dass sogar
„die Unterstützungssysteme bei Arbeitslosigkeit *(Arbeitslosenversicherung nach*
SGB III und Grundsicherung nach SGB II; SKF) nur unzureichend vor Armut
schützen und (nicht) in der Lage sind, Armut zu bekämpfen"[4]. Der erste Effekt
der Hartz-IV-Gesetzgebung von 2005, nämlich die Senkung der Erwerbslosigkeit
um 1,6 Millionen Menschen bis 2008, ist längst verpufft[5]. Die relativ hohe Be-
schäftigungsquote in Deutschland bis zum Beginn der Corona-Krise 2020 hat
vielfältige Ursachen (z.B. Niedrigzins-Politik, Konjunktur, auch Zuwanderung)
und ist mit einer Zunahme qualitativ schlechter Arbeit, mittelfristig stagnierenden
Reallöhnen und einem wachsenden Niedriglohnsektor erkauft[6]. So unausweich-
lich eine grundlegende Hartz-IV-Reform oder besser die Ersetzung des Systems
durch ein anderes inzwischen ist[7], so ernsthaft ist damit zu rechnen, dass trotz
(Fach-)Arbeitskräftemangels die Ausgrenzung eines durchaus relevanten Teils
der Bevölkerung aus dem Arbeitsmarkt (samt prekärer Arbeit) ein Dauerzustand
bleibt, erst recht, wenn die aktuelle Inflation auf diesen durchschlagen sollte. Das
beweist allein schon die Tatsache, dass die politisch quer durch die Lager kontrovers diskutierte und schon vor etlichen Jahren erhobene Forderung nach einem
garantierten Grundeinkommen[8] immer mal wieder aufflammt.

Die Diakonie muss aus den skizzierten Sachverhalten eine ganze Reihe von
Konsequenzen ziehen. Zunächst geht es um ihre eigene Rolle als Arbeitgeberin.
Diakonische Unternehmen halten schon immer viele gut bezahlte Arbeitsplätze
vor. Wenn sie das weiter tun wollen, werden sie sich, allein schon wegen des
herrschenden Mangels an Fachkräften, für eine bessere Bezahlung vor allem im
Bereich der Kindertageseinrichtungen und der Pflege stark machen und ihre eigenen Ausbildungskapazitäten entsprechend ausbauen müssen. Sich davon aus

---

[1]   Vgl. schon 2006 Bonß in: Lessenich/Nullmeier 2006, S. 59-68.
[2]   Vgl. Heilmann in: Haas/ Ploß 2021, S. 11-14.
[3]   Vgl. Boeckh in: Huster/Boeckh/Mogge-Grotjahn 2018, S. 372-382.
[4]   Bäcker/Neubauer in: Huster/Boeckh/Mogge-Grotjahn 2018, S. 395. Für den Zusammen-
      hang von Arbeitslosigkeit und Armut vgl. außerdem die Hinweise s.o. 5.1.2.
[5]   Vgl. Weber 2019.
[6]   Vgl. Diekmann 2017.
[7]   Vgl. Diekmann 2018. Was das neue Bürgergeld der Ampel-Koalition diesbezüglich be-
      deutet, muss man wohl noch ein wenig abwarten.
[8]   Vgl. Bonß in: Lessenich/Nullmeier 2006, S. 54; Boeckh in: Huster/Boeckh/Mogge-Grot-
      jahn 2018, S. 390f.

Gründen der Wirtschaftlichkeit zu verabschieden, weil natürlich zu wenig Geld im System ist, ist keine Alternative zu dem mühsamen Weg, politisch gegenüber Bund, Ländern und Kommunen sowie strategisch gegenüber den Kostenträgern für eine gute Bezahlung guter Arbeitsplätze zu streiten. Wenn das glaubwürdig sein soll, führt außerdem kein Weg daran vorbei, den sogenannten Dritten Weg zu verlassen und mit den Gewerkschaften branchenspezifische Tarifabschlüsse auszuhandeln[1]. Sämtliche dagegen vorzubringenden Argumente kommen auf Sicht nicht dagegen an, dass es, will man einen weiteren Ausbau der staatlichen Gängelung der Sozialwirtschaft stoppen, darauf ankommt, eine echte Tarifpartnerschaft zu stärken. Dass auf diesem Wege Diakonie und Caritas dem enorm rückläufigen Mitgliederbestand bei ver.di eine Frischzellenkur verschaffen würden, ist kein Grund zur Klage. Gerade im Sozialsektor müssen Arbeitgeberinnen und -geber im Gegenteil ein Interesse daran haben, dass die zuständige Gewerkschaft wieder stärker, wieder kompetenter, endlich verhandlungs- und kompromissfähig und vor allem sozialpolitisch wieder eine Partnerin zur Ermöglichung von Teilhabe wird, statt sich ausschließlich als Lohnerhöhungsmaschine für Arbeitsplatzinhabende zu verstehen. Voraussetzung dafür ist eine strikte arbeitsrechtliche Abkopplung von der Kirche. Für letztere mag vielleicht gelten, dass man Gott nicht bestreiken kann. Für ein Unternehmen der Sozialwirtschaft ist diese Aussage irrelevant.

Eine nur mittelbar auf die Arbeitsplätze im Unternehmen, primär auf die staatlichen Hilfe- und Sicherungssysteme gerichtete Schlüsselaufgabe der Diakonie besteht in der Beratungs- und Qualifizierungsarbeit für erwerbslose und benachteiligte Personen zur Wiedereingliederung in den Arbeitsmarkt. Dass in dieser Hinsicht durchaus Beeindruckendes geschieht, hat unlängst Traugott Jähnichen noch einmal summarisch zusammengefasst[2]. Es ist allerdings nicht damit getan, sich allein auf eine Art Fitnesstraining festlegen zu lassen. Es ist genauso wichtig, denen, die es aus den verschiedensten Gründen nicht in den Arbeitsmarkt schaffen, zu einer objektiv und vor allem in ihren eigenen Augen sinnvollen Beschäftigung zu verhelfen. Wenn Menschen aus verschiedenen Gründen den Anforderungen nicht ‚gewachsen‘ sind, ist das in mancherlei Fällen *auch*, aber in allen Fällen keineswegs *nur* ihr eigenes Problem, sondern auch das des Arbeitsmarktes und seiner Normierungen. Schon 2005 war der verschiedentlich erhobene Einwand, Diakonie dürfe sich nicht an der operativen Umsetzung der Hartz-IV-Gesetzgebung beteiligen, weil diese mit unverantwortlichen Eingriffen in das persönliche Selbstbestimmungsrecht verbunden sei, abstrakt, weil es immer auch darum ging, dass Menschen mit dem, was sie sind und haben (Capabilities!), sinnvoll tätig sein können. Dasselbe gilt für den bis heute gelegentlich noch erhobenen Vorwurf, die Durchführung von Beschäftigungsmaßnahmen verhindere, dass Menschen eine ‚richtige‘ Arbeit aufnehmen. Es ist eine wesentliche Inklusionsaufgabe, die gesellschaftliche Teilhabe von Personen, die am Arbeitsmarkt nicht

---

[1] Zur Begründung auch s.o. 3.1.6.
[2] Vgl. Jähnichen 2022, S. 518.

Fuß fassen, auch außerhalb des Ersten Arbeitsmarkts und gegebenenfalls *gegen*
Bundes- und Landespolitik *zusammen mit* Kommunalpolitik und -verwaltung zu
fördern, und es ist nicht wahr, dass die Jobcenter vor Ort wegen enger politischer
Handlungsvorgaben darauf prinzipiell nicht ansprechbar wären[1].

Dieser Aspekt gilt insbesondere mit Blick auf Langzeiterwerbslose. Jähnichen
erinnert daran, dass „die Diakonie Deutschland (…) zuletzt im April 2018 mit
Bezug auf die Koalitionsvereinbarung der (damaligen) Bundesregierung eine
nachhaltige Bekämpfung der Langzeitarbeitslosigkeit gefordert und Positionen
vertreten (hat), die in vielen Aspekten in das Teilhabechancengesetz eingegangen
sind"[2]. Dieses Resultat verdankt sich einer an Teilhabe orientierten Kritik des
politischen Status Quo, die nicht trotz, sondern gerade wegen und zugleich mit
den ‚systemstabilisierenden' praktischen Diensten der Diakonie zum Erfolg geführt hat. Das wird sich angesichts der absehbaren Entwicklung des deutschen
Arbeitsmarktes, die sich im Gefolge des russischen Angriffskriegs auf die Ukraine unter den Vorzeichen von Rezession und Inflation vollzieht, in nächster Zukunft möglicherweise wieder als ganz wichtig erweisen.

7.2.4. Altenhilfe

In der ambulanten wie der stationären Altenhilfe hat die Corona-Krise die Einrichtungen der Diakonie und nicht nur sie natürlich vor besondere Herausforderungen gestellt[3]. Die damit verbundene Debatte, wie sich die gebotene Schutz-
verpflichtung gegenüber den vulnerablen Klientinnen und Klienten zu der nicht
minder gebotenen Wahrung ihrer Freiheits- und Persönlichkeitsrechte verhält –
nicht selten flankiert mit einem emphatischen und eben nicht empathischen „Nie
wieder!" – dürfte inzwischen Allgemeingut sein. Das ist alles sehr verständlich.
Gleichwohl sind Lehrerformulierungen wie, dass für Bewohnerinnen und Bewohner stationärer Altenhilfeeinrichtungen „die pauschale und umfassende Einschränkung ihrer Rechte zukünftig äußerst sorgfältig abgewogen werden"[4]
müsse, wenig hilfreich. Sie unterstellen, von März bis Mai 2020 sei durch die
Bank nicht sorgfältig abgewogen worden. Die Erinnerung daran, dass die Träger

---

[1]   In Duisburg hat die Diakonie, obwohl sie als größter Anbieter von Maßnahmen im Bereich
      Arbeit und Ausbildung stark von Zahlungen aus dem Wiedereingliederungstitel abhängig
      ist, in 2010 mit der öffentlichen Kampagne „Ich will arbeiten" die Akteure der Arbeits-
      markt- und Sozialpolitik ein Jahr lang förmlich vor sich hergetrieben und damit rückbli-
      ckend vor Ort zumindest einen nachhaltigen Bewusstseinswandel hinsichtlich der Bedeu-
      tung des sogenannten zweiten und dritten Arbeitsmarktes für das Funktionieren der Stadt-
      gesellschaft herbeigeführt.
[2]   Jähnichen 2022, S. 518. Eine solche Vorreiter-Rolle hat die Diakonie auch schon früher
      für die sozialstaatliche Entwicklung der noch jungen Bundesrepublik gehabt (s.o. 3.2.1).
[3]   Die folgenden Ausführungen beschränken sich auf die mit der Pandemie zu Tage getrete-
      nen aktuellen Herausforderungen. Zu den relevanten Sachverhalten der diakonischen Pfle-
      gebranche insgesamt vgl. Remmers 2022.
[4]   Heide in: Haas/Ploß 2021, S. 229.

von einem planlos agierenden Bund-Länder-Apparat völlig im Stich gelassen wurden und angesichts fehlender Schutzausrüstung, fehlender Tests, infizierten Personals und um sich greifender Sterbefälle aus purer Notwehr die Häuser zum Teil schon vor den entsprechenden behördlichen Anordnungen zusperren mussten, droht in Vergessenheit zu geraten. Das gilt auch für die unverzeihlichen[1] Fehler von Politik und Administration in den anschließenden Wellen der Pandemie. Die Diakonie muss sich klar machen, dass es offensichtlich in einer fundamentalen Krise unversehens um die Frage gehen kann, inwieweit Vorschriften und Erlasse ungewollt zu einem fahrlässigen Umgang mit dem Schutz von Menschenleben führen. Dann ist es mit der operativen Fachlichkeit allein nicht mehr getan. Gefragt sind normative Unternehmensentscheidungen, die nicht nur unpopulär, sondern schlimmstenfalls auch bußgeldbewehrt sein könnten.

Jenseits solcher Grundsatzfragen wird die diakonische Altenhilfe sich neben den beherrschenden Themen wie dem Fachkräftemangel, den unzureichenden Pflegesätzen und diffusen Qualitätskriterien viel stärker als bisher mit der Tatsache auseinandersetzen müssen, dass die Kombination aus demographischer Entwicklung und immer wieder aufgeschobenen Reformen der sozialen Sicherungssysteme in wenigen Jahren zu einem massiven Anstieg der Altersarmut führen wird[2]. Das wird die ohnehin strukturell eingeschränkten Chancen älterer Menschen auf Teilhabe an der Gesellschaft[3] weiter verschlechtern[4]. In dieser Perspektive müssen sich diakonische Unternehmen der Altenhilfe verstärkt mit der „Bedeutung des Sozialraums für Gesundheitschancen und autonome Lebensgestaltung sozial benachteiligter Älterer"[5] auseinandersetzen. Konkret dürfte es sinnvoll sein, angesichts immer mehr immer älter werdender Menschen das ambulante, teil- und vollstationäre Portfolio durch einen breiten Unterbau der „Offenen Altenhilfe" zu ergänzen. Er hat keineswegs nur den Zweck, möglichst früh an die künftige Kundschaft heranzukommen. Vielmehr geht es darum, alternde und alte Menschen durch eine ortsnahe niederschwellige Beratungs-, Bildungs- und Begegnungsarbeit dabei zu unterstützen, ein möglichst hohes Maß an politischer Beteiligung und sozio-kultureller Teilhabe pflegen zu können. Diakonie soll und kann das, was man früher Altenstube oder später Seniorenbegegnungsstätte nannte, zeitgemäß und weit über einen bloßen Mensch-ärgere-dich-nicht-Treff hinaus entwickeln, professionell organisieren und in funktionsfähige Trägerstrukturen einbinden. Das wird ein wesentlicher Beitrag zur gesellschaftlichen

---

[1] Zur ethischen Relevanz des Begriffs der Unverzeihlichkeit vgl. Dabrock 2021 mit dem Spitzensatz „Manches ist schiefgelaufen, manches richtig versemmelt worden und einiges unwiederbringlich kaputtgegangen."

[2] Vgl. dazu Bäcker/Schmitz in: Vogel/Motel-Klingebiel 2013, S. 25-55.

[3] Vgl. dazu Kümpers/Alisch in: Huster/Boeckh/Mogge-Grotjahn 2018, S. 597-618.

[4] Einzelmaßnahmen wie die - nicht zuletzt als Wahlkampfschlager fungierende - Mütterrente beseitigen eine punktuelle Ungerechtigkeit, ändern aber nichts an der Labilität des Gesamtsystems.

[5] Kümpers/Falk in: Vogel/Motel-Klingebiel 2013, S. 81-98. Zur über die Altenhilfe hinausgehenden Bedeutung sozialräumlicher diakonischer Präsenz s.u. 7.4.

Partizipation einer immer größer werdenden, schleichend ausgegrenzten Bevölkerungsgruppe sein[1].

Zu Recht macht schließlich neuerdings Hartmut Remmers noch einmal darauf aufmerksam, dass „Erkenntnisse der entwicklungsbezogenen Persönlichkeitspsychologie" zu „Alternsprozesse(n,) aber auch Verarbeitungsprozesse(n) schwerer Erkrankungen" Pflegeeinrichtungen in evangelischer und katholischer Trägerschaft dazu herausfordern, „eine kulturelle Infrastruktur (…), die den spirituellen Bedürfnissen pflegebedürftiger Personen in unterschiedlicher Weise entgegenkommt"[2], aufzubauen. Gerade weil in dieser Hinsicht bei diakonischen Trägern durchaus viel geschieht, gehört zur Wahrheit allerdings auch, dass sich dergleichen nicht in Pflegesätze hineinverhandeln lässt, was spätestens dann zum Problem wird, wenn einschlägige Funktionspfarrstellen bei Kirchenkreisen und Dekanaten dem Rotstift zum Opfern fallen.

7.2.5. Digitalisierung

Ob es um Arbeit und Qualifizierung oder ‚nur' um eine sinnvolle und sinnstiftende Beschäftigung geht, ob Einwandernde oder alte und pflegebedürftige Menschen im Fokus stehen – alles, was die Diakonie auf diesen und ihren sämtlichen anderen Handlungsfeldern tun kann und tun muss, wird sich ohne weiteren Verzug an die Konsequenzen der fortschreitenden Digitalisierung[3] anpassen müssen. Die Breite der hier tatsächlich bestehenden Herausforderungen fächern Johannes Landstorfer und Roland Schöttler[4] auf: Es geht zunächst (1) um die entstehende Vielfalt von „Assistenzsysteme(n) im ambulanten oder stationären Kontext, Beratungs- und Bildungsangebote(n) oder Unterstützung in Entscheidungssituationen", die sich zusammen mit anderen Innovationen als „Digitalisierung sozialer Dienstleistungen" subsumieren lassen. Es geht ferner und, wenn man so will, in Umkehrung des Blickwinkels nach innen (2) um „Digitalisierung interner Prozesse", genauer: innerhalb des Betriebes „neben vernetzter Kommunikation insbesondere um eine optimierte Informationsversorgung" – man könnte von digitalisiertem Wissensmanagement sprechen – „in arbeitsteiligen Prozessen und die Unterstützung in Entscheidungssituationen". Und es geht (3) um „(n)eue Anbieter und Geschäftsmodelle", z.B. Online-Plattformen, die sich „zwischen Anbieter und Adressatinnen sozialer Dienstleistungen" platzieren. Sie „verändern den Zugang zur eigenen Zielgruppe".

---

[1] In Duisburg funktioniert so etwas im Zusammenspiel zwischen den Wohlfahrtsverbänden, der Sozialverwaltung, den ambulanten Pflegediensten und vielfältigen Kultureinrichtungen seit zwanzig Jahren.

[2] Remmers 2022, S. 611.

[3] Vgl. zum Folgenden Witting in: Huster/Boeckh/Mogge-Grotjahn 2018, S. 457-477, und Landstorfer/Schöttler 2022

[4] Vgl. zum Folgenden Landstorfer/Schöttler 2022, S. 365f. Die Zitate dort.

Beim Stichwort Digitalisierung geht es also um wesentlich mehr als nur um die inzwischen, nicht immer ohne Zähneknirschen, hingenommene kostspielige Notwendigkeit einer regelmäßig zu modernisierenden vernetzten IT-Ausstattung samt aufwändiger Datensicherheit. Digitalisierung ist der auf unabsehbare Zeit intensivste und schnellste gesamtgesellschaftliche Innovationsschub. Das hat man in Deutschland („Digital Failed State") noch immer nicht richtig begriffen. Auch für diakonische Unternehmen dürfte vermutlich noch zu häufig gelten, was Sascha Lobo mit der Parole ironisiert: „Hauptsache, es funktioniert für mich. Solange alles läuft wie gewohnt, gilt jede Veränderung als potenzielle Bedrohung"[1]. Vorstände und Geschäftsführende müssen hier nicht nur grundlegend umsteuern, sondern auch absehbare branchenspezifische Innovationen beizeiten strategisch und operativ antizipieren[2].

Dies gilt umso mehr, wenn man eine vierte Dimension der Digitalisierung in den Blick nimmt, die im Zusammenhang der vorliegenden Arbeit von besonderer Bedeutung ist und von Landstorfer und Schöttler als das Problem der *„(d)igitale(n) Teilhabe"* bezeichnet wird[3]. Dahinter steckt die paradoxe Tatsache, dass Digitalisierung auf der einen Seite ein enormer Inklusionstreiber ist, weil inzwischen fast jede und jeder ein Smartphone besitzt, und auf der anderen Seite ebenso enorme Ausgrenzungsprozesse verursacht. Die Corona-Krise hat speziell im Schulwesen die bis dahin ignorierte Tatsache ans Licht gebracht, dass trotz der breiten (privaten!) Ausstattung mit digitalen Endgeräten aller Art nach wie vor erhebliche qualitative Unterschiede beim Zugang zum Internet bestehen. Das hat nicht nur mit der Hardware, sondern auch mit den intellektuellen Fähigkeiten der Nutzerinnen und Nutzer (einschließlich des pädagogischen Personals) zu tun. Und das gilt genauso für die andere Seite der Alterspyramide. Es wird ein Problem grundsätzlicher Art sichtbar, wenn während endloser Lockdowns durchaus der Wille und die Mittel da sind, um Pflegeheime mit Screens und Tablets auszustatten, dann aber anschließend erst noch mühsam die (wenigen) Mitarbeitenden „identifiziert werden (müssen), die nicht nur über Zeit, sondern auch über die entsprechenden medialen Erfahrungen verfüg(t)en"[4]. Der Erwerb umfassender digitaler Kompetenz ist für Beschäftigte in allen diakonischen Unternehmen ebenso unaufschiebbar wie die nächste branchenspezifische Fachfortbildung. Um des Ziels der Ermöglichung von Teilhabe willen steht es der Diakonie gut an, hier Vorreiter zu sein, durchaus und gerade auch gegenüber den staatlichen Stellen des Sozialwesens[5].

---

[1]   Lobo 2020.

[2]   Zu den damit verbundenen Herausforderungen vgl. Landstorfer/Schöttler 2022, S. 367.

[3]   a.a.O., S. 365.

[4]   Vgl. Heide in: Haas/ Ploß 2021, S. 229f.

[5]   Der konservative Kolumnist Nikolaus Blome spottet im Zusammenhang der Pandemie nicht ohne Grund über „die dampfbetriebenen kommunalen Gesundheitsämter (...), (...) die nicht mehr mit dem Faxen ihrer Strichlisten hinterherkamen" (https://www.spiegel.de/politik/deutschland/reisechaos-schaemen-fuer-deutschland-kolumne-a-42f57276-8a79-4ecc-9069-88222b3585df. Stand: 04.07.2022. Zugriff: 05.07. 2022).

Ein abschließender Hinweis gilt einem weiteren, vielleicht dem wichtigsten exkludierenden Effekt der Digitalisierung, der in einer der Teilhabe verpflichteten Diakonie wohl noch gar nicht so recht wahrgenommenen wird: den psychischen wie politischen, gegen Individuen wie gegen Gruppen gerichteten anonymen Vernichtungsfeldzügen, die sich unter dem Schutz unregulierter werbefinanzierter Wirtschaftsgiganten über virtuelle User- und Follower-Ansammlungen in Windeseile im Netz verbreiten. Es geht dabei um mehr als nur „Fake News", nämlich um „Hass und Hetze und das Sich-Berauschen an der eigenen ‚Stärke'", die über die Absicht zur persönlichen Beschädigung hinaus „auf die Zerstörung von Demokratie" gerichtet sind[1]. Es hat keinen Sinn, solche Phänomene mit der Forderung nach ‚Abschaffung' bekämpfen zu wollen oder sie zu ignorieren. Diakonie muss sich auf dieses Feld begeben und hat dort die Aufgabe, (1) sich sachkundig an den laufenden Debatten zur Regulierung der sogenannten neuen Medien zu beteiligen, (2) Unterstützungs- und Hilfeformen für die Opfer von diskriminierenden Internetkampagnen zu entwickeln und (3) Qualifizierungs- und Fortbildungsangebote zu einem sachgemäßen und kritischen Umgang mit der netzbasierten Information und Desinformation anzubieten.

7.2.6. Kurze Hinweise zu weiteren Geschäftsfeldern

Die letztgenannten Gesichtspunkte führen bereits in das umfassende und die vorliegende Arbeit bei weitem sprengende Gebiet der *Bildung*[2]. Dazu auch wieder nur ganz wenige Andeutungen, die speziell für die Diakonie in diesem Bereich von Relevanz sein dürften. Ausgangspunkt aller Überlegungen ist die nicht länger zu leugnende Tatsache, dass es in der bundesdeutschen Gesellschaft kein Subsystem gibt, dass so massiv vom Sozialstatus der Eltern abhängt und so eklatant lebenslange ausgrenzende Effekte bei Minderjährigen hervorbringt wie das Schul- und Bildungswesen[3]. Für diese Erkenntnis hat es nicht erst des konfusen Handelns der zuständigen Landesministerien in der Corona-Pandemie bedurft. Da das weltweit so nur in Deutschland gepflegte System von Selektion und Allokation (Benotungen, Klassenabstufungen, erzwungene Schulwechsel)[4] bereits in der Grundschule beginnt, kommt der frühkindlichen Erziehung und Bildung in Kindertageseinrichtungen eine wesentliche Rolle bei der Verbesserung kindlicher

---

[1]   Mogge-Grotjahn 2022, S. 8.
[2]   Aus der Flut der Literatur zum Zusammenhang von sozialer Herkunft, Bildungschancen und gesellschaftlicher Ausgrenzung vgl. Solga/Powell in: Lessenich/Nullmeier 2006, S. 175-190; Kuhlmann in: Huster/Boeckh/ Mogge-Grotjahn 2018, S. 431-456; zusammenfassend: Beer 2018.
[3]   Vgl. dazu neuerdings grundlegend und gestützt auf eine qualitative Datenanalyse Fahrenholz 2020 sowie zusammenfassend zum Systemversagen und potenziellen Gegenstrategien Fahrenholz 2021. Zu den Selektionsmechanismen eines strukturell inklusionsfeindlichen Bildungssystems vgl. auch Becker 2016, S. 126-157.
[4]   Vgl. Fahrenholz 2021, S. 27-47.

Entwicklungschancen und bei der Stärkung benachteiligter Elternhäuser zu[1]. Eine auf Ermöglichung von Teilhabe zielende Diakonie wird hier für sich ein bislang noch reichlich brach liegendes Geschäftsfeld besetzen müssen, in dem es nicht darum geht, mindestens als Nebenprodukt den Nachwuchs für Kirchengemeinden zu generieren, sondern um die Bekämpfung von gesellschaftlich hingenommenen, sogar gewollten Exklusionsprozessen. Ein weiterer wesentlicher Beitrag zur Teilhabe ist es, wenn die Diakonie verstärkt als Trägerin einer von der Schulbürokratie unabhängigen Schulsozialarbeit[2] und als Betreiberin oder Kombattantin von integrierten Familienzentren in Kindertagesstätten und Grundschulen tätig wird. Das sind Orte, an denen die innerfamilialen Rahmenbedingungen der „Problemkinder des Bildungssystems"[3] am ehesten sichtbar werde. Dort können sie so zur Sprache kommen, dass sich die Chance eröffnet, strukturell als ‚verzichtbar' behandelte Eltern und Kinder nicht einfach nur zu beraten, sondern tatsächlich zu befähigen.

Eine gründliche Untersuchung zu Anspruch und Wirklichkeit von Teilhabe, die den Rahmen dieser Arbeit sprengen würde, verdient das *Gesundheitswesen*[4]. Dass es hier nicht einfach nur um Gesundheitsversorgung, sondern in einem spezifisch qualifizierten Sinn um das Ziel sozialer Inklusion geht, hat Peter Dabrock gezeigt[5]. Von besonderer Aktualität ist die nicht krisenfeste Finanzierung des Systems, die während der Corona-Pandemie plötzlich die realistische Möglichkeit von Selektionsprozessen mit Todesfolge ins öffentliche Bewusstsein hat treten lassen.

Deutlich zu kurz gekommen ist in der vorliegenden Untersuchung auch die *Kinder- und Jugendhilfe*, der sich die Diakonie künftig viel stärker als bisher unter dem Fokus der Generationengerechtigkeit[6] wird widmen müssen, dies auch deshalb, weil der Mechanismus der Sozialversicherung als wesentliches Instrument einer solidarischen Teilhabegesellschaft zusehends bröckelt.

---

[1] Vgl. a.a.O., S. 79-93.
[2] In Duisburg geschieht dies seit vielen Jahren im Zusammenspiel zwischen den Jugendhilfe-Abteilungen der Wohlfahrtsverbände und dem Jugendamt der Stadt; die Finanzierung erfolgt über das Bildungs- und Teilhabepaket.
[3] Fahrenholz 2020, S. 235-256.
[4] Zur Problemanzeige vgl. Haverkamp in: Huster/Boeckh/Mogge-Grotjahn 2018, S. 479-502. Vgl. außerdem die Bemerkungen zum Gesundheitswesen oben in Abschnitt 5.1.1. Es ist kein Zufall, dass, ausgelöst durch die Überlastung der Kliniken während der Pandemie, die Bundesärztekammer und die Deutsche Krankenhausgesellschaft mit neuem Nachdruck „einen grundsätzlichen Kurswechsel in der Krankenhauspolitik", nämlich eine Reform der fast ausschließlich leistungsbezogenen Finanzierung fordern, um die „Versorgung in der Fläche und Spitzenmedizin in spezialisierten Zentren" zu gewährleisten (Redaktionsnetzwerk Deutschland Online: https://www.rnd.de/politik/ampel-koalition-aerztekammer-und-krankenhausgesellschaft-fordern-klinikreform-2RMCPOVGMVAHLCWPF-WGC7UYG4Q.html). Zugriff: 04.11.2021, 18:45 Uhr MEZ.
[5] Vgl. Dabrock 2012, S. 263-286.
[6] Zur Problemanzeige vgl. bereits Kohli in: Lessenich/Nullmeier 2006, S. 115-135, sodann grundlegend Dabrock 2012, S. 287-338, und als aktuelles Schlaglicht Lobo 2021.

Mehr als nur einen Satz wäre auch die *Wohnungslosenhilfe* wert, die angesichts des inzwischen sichtbaren strukturellen Wohnraummangels weniger als partikulares Problem und mehr als bisher in einem größeren gesellschaftlichen Zusammenhang zu sehen sein dürfte; das reicht bis hin zu der Frage, ob die Diakonie selbst im Dienst der Teilhabe aller an angemessenem Wohnraum investiv und operativ in den Wohnungsbau einsteigt.

Besonderer Aufmerksamkeit bedürfte schließlich die *Eingliederungshilfe*, die man als den partikularen Ursprungsbereich der gesamtgesellschaftlichen Diskussion um Ausgrenzung und Teilhabe bezeichnen darf. In ihrem Bezugsrahmen wird sowohl gesetzgeberisch als auch praktisch einiges für eine umfassende Partizipation speziell gehandicapter Menschen getan. Abzuwarten und mitzugestalten bleibt, ob und wie sich die tatsächliche Handhabung des BTHG in echte Fortschritte bei der Inklusion umsetzen wird, statt unter den allfälligen Finanzierungsvorbehalten nur eine „Inklusionslüge"[1] zu befördern.

Alle angesprochenen Perspektiven zur Ermöglichung von Teilhabe sind ohne massive Verbesserungen der entsprechenden *Finanzierung* natürlich nicht zu haben. Sowohl die, jedenfalls prinzipiell, an einer Output-orientierten Mittelvergabe interessierten öffentlichen Kostenträger und -trägerinnen als auch die an einer nachhaltigen Finanzierung ihrer auf Teilhabe gerichteten Leistungen interessierte Diakonie stehen dabei seit geraumer Zeit vor einem Dilemma: Die mit der Ökonomisierung des Sozialen verbundene „Umsteuerung (…) leidet darunter, dass kaum konkrete Vorstellungen oder Modelle existieren, die die Wirksamkeit oder, anders gesagt, Ergebnisse der Arbeit eines Anbieters zum Bezugspunkt der Finanzierung seiner Arbeit machen. Deshalb bleibt es im Ergebnis oft bei einer Finanzierung, die dem Selbstkostendeckungsprinzip folgt, auch wenn formal prospektive Entgelte vereinbart werden."[2] Damit besteht jederzeit die Gefahr, dass seitens der Kostenträger und -trägerinnen ebenso wie im öffentlichen Bewusstsein und in der öffentlichen Meinung die Frage, was die Diakonie zur gesellschaftlichen Teilhabe beiträgt, durch die pauschale Aussage konterkariert wird, dass sie zu teuer sei. Das ist keine Neuigkeit. Es wird hier allein aus dem Grund angesprochen, weil die Zeiten, da die Diakonie schlicht und ergreifend mehr Geld für's Soziale fordern und sich hinsichtlich der Frage, wo es herkommen soll, für unzuständig erklären konnte, vorbei sind[3]. Staat, Wirtschaft und Gesellschaft müssen so schnell wie möglich gigantische Investitionen in die Klimawende und die Digitalisierung stemmen, den Umbau der Industriegesellschaft sozial abfedern und die einkommensschwachen Haushalte finanziell deutlich besser ausstatten[4]. Das können die Steuer- und Beitragszahlenden allein bei weitem

---

[1]   So der Titel der einschlägigen Untersuchung Becker 2016, die 2015 (1. Aufl.) vor der Verabschiedung des BTHG 2016 erschienen ist.

[2]   Bernzen 2022, S. 459.

[3]   Zur Problemanzeige vgl. Müller, H. 2021.

[4]   Das alles gilt auch ohne die durch den russischen Überfall auf die Ukraine ausgelöste Krise.

nicht finanzieren, auch wenn in Wahlkämpfen das Gegenteil behauptet wird. Zugleich fällt kein Wirtschaftswachstum dieser Welt üppig genug aus, um dem Staat eine sogenannte Null-Schulden-Politik zu gestatten, auch wenn wiederum in Wahlkämpfen das Gegenteil behauptet wird. Allerdings haben mittelfristig sinnvolle öffentliche Kreditaufnahmen natürlich Obergrenzen der Beherrschbarkeit. Nicht nur als Folge der Corona-Pandemie, sondern angesichts so noch nie dagewesener Zukunftsaufgaben geraten diverse einander ausschließende volkswirtschaftliche Theorien offenbar gerade an ihre Tauglichkeitsgrenze. Für die Diakonie bedeutet das: Sie muss lernen, Positionen zur allgemeinen staatlichen Finanz- und Wirtschaftspolitik zu entwickeln und im öffentlichen Diskurs zu vertreten. Andernfalls riskiert sie, dass ihre Systemfunktion der Ermöglichung von Teilhabe gegen Klimaschutz und Digitalisierung ausgespielt wird. Die Diakonie ist natürlich nicht die Kombattantin einer Spielart von Wirtschaftspolitik, deren einziges soziales Accessoire in dem unbeirrbaren Glauben an den Trickle-Down-Effekt besteht. Sie kann aber auch nicht einfach den unveränderten Erhalt sozialer Sicherungssysteme verteidigen, ohne nach Generationengerechtigkeit zu fragen und ohne zu der Frage, woher das Geld kommen soll, eine systemisch anschlussfähige Position zu vertreten[1].

7.2.7. Geschlechtergerechtigkeit

Zum gar nicht guten Schluss muss unter dem Motto „Alle gehören dazu" zwingend die Tatsache angesprochen werden, dass etwas mehr als die Hälfte der bundesdeutschen Gesamtbevölkerung seit jeher und bis heute von gleichen Arbeitsbedingungen, gleichem Lohn und gleichen beruflichen und gesellschaftlichen Aufstiegsmöglichkeiten ausgeschlossen ist[2]. Die Wahrnehmung der Ausgrenzung von Frauen spielt in der Diakonie, auch wenn man das nicht gerne sagt und hört, eine untergeordnete Rolle. Das mag daran liegen, dass die diakonischen Unternehmen, übrigens auch im Bereich des Ehrenamts, von vielen sogenannten ‚klassischen Frauenberufen' geprägt sind und deshalb entsprechend viele Frauen beschäftigen. Im Rahmen des „Dritten Weges", der den Tarifvertrag des öffentlichen Dienstes rezipiert, welcher sich wiederum den leitenden Prinzipien des Beamtenrechts verpflichtet weiß, ist die ökonomische Gleichbehandlung von Frauen in der Diakonie, anders als in vielen anderen Branchen und Berufsgruppen, tariflich garantiert.

Schaut man allerdings in die Vorstände und Geschäftsführungen, auch in die Aufsichtsgremien, zumindest was deren Vorsitze betrifft, sieht die Welt anders

---

[1] Im Rahmen der vorliegenden Arbeit sind die Ausführungen zur Finanzierung ausschließlich an diesem wenig beachteten, aber wichtigen Aspekt interessiert. Zur Einführung in die Grundzüge und die aktuellen Fragestellungen der Finanzierung diakonischer Leistungen allgemein vgl. Bernzen 2022.

[2] Zur Problemanzeige vgl. Wimbauer in: Lessenich/Nullmeier 2006, S. 136-157; Mogge-Grotjahn 2018 sowie dieselbe in: Huster/Boeckh/Mogge-Grotjahn 2018, S. 523-538.

aus[1], und dass diakonische Unternehmen hier deutlich mehr tun müssen als Lippenbekenntnisse zu formulieren und bedauernd die Schultern zu zucken, dürfte keiner besonderen Begründung bedürfen. Ähnlich wie bei der Anwendung des kirchlichen Arbeitsrechts pflegt die Diakonie auch bei der Frage nach Frauen in Führungspositionen eine exkludierende Praxis, die keineswegs nebensächlich, sondern mindestens peinlich und sehr wohl geeignet ist, die eigenen sozialpolitischen Grundsätze zu korrumpieren.

7.3. Aufgaben der Verbandsarbeit

Die skizzierte, sich aus dem Kriterium der Teilhabe ergebende praktische Agenda, die vorstehend nur mit exemplarischen Schlaglichtern angerissen wurde, kann nun natürlich nicht oder wenn, dann nur in begrenztem Rahmen von jedem einzelnen diakonischen Unternehmen in die verschiedenen gesetzgeberischen, politischen und administrativen Ebenen des föderal verfassten Staates eingebracht werden. Damit stellt sich die Frage nach der Zukunft dessen, was man üblicherweise Verbandsarbeit nennt. Auch sie erfordert ziemlich dringend eine gesonderte Untersuchung, die hier nicht vorgelegt, sondern nur vorgeschlagen wird. Dazu einige wenige vorläufige Bemerkungen.

Zur Bearbeitung der zentralen Themen und Aufgaben, deren gesamtgesellschaftliche Bearbeitung überwiegend auf *Bundesebene* entschieden wird, braucht die Diakonie eine unternehmensübergreifende Strategie, mit der beantwortet wird, wie sie ihre Ziele und gesamtgesellschaftlichen Beiträge kommunizieren und erreichen will[2]. Solche Ziele entwickelt die Diakonie Deutschland als strukturell mit der EKD verbundener Spitzenverband der Freien Wohlfahrtspflege, aber längst auch der Verband diakonischer Dienstgeber in Deutschland e.V. (VdDD) als Arbeitgeberorganisation. Dieser ist gemäß seinem Selbstverständnis einem „klaren christlichen und unternehmerischen Profil" und nicht einer wie auch immer gearteten Zugehörigkeit zur Kirche verpflichtet. „Er vertritt die Interessen von mehr als 180 diakonischen Trägern und Einrichtungen sowie sieben Regionalverbänden mit rund 500.000 Beschäftigten." Er setzt sich für „die friedliche und konsensorientierte Gestaltung der Arbeitsbedingungen mit einem fairen Interessensausgleich – wie sie der Dritte Weg bietet – ein", ist aber keineswegs,

---

[1]   Der Vorstand des Verbandes diakonischer Dienstgeber in Deutschland (VdDD), dem ca. 180 Unternehmen mit rund 500.000 Beschäftigten angehören, umfasst mit der Wahl vom 06.05.2021 insgesamt 15 Mitglieder, davon vier Frauen (https://www.v3d.de/startseite/unsere-veroeffentlichungen/aktuelles/newsdetail/news/pressemitteilung-vddd-mitgliederversammlung-vorstand-neu-gewaehlt/. Zugriff: 02.09.2022, 15:15 Uhr MESZ). Von 13 theologischen Vorständen, die in Hofmann/Montag 2018 zu Wort kommen, sind zwei Frauen, und das bestimmt nicht, weil es den beiden Herausgeberinnen nicht aufgefallen wäre, sondern weil es keine gibt.

[2]   Zum Stand der Strategieentwicklung des Bundesverbandes vgl. das Infoportal „#zugehört. Die Zukunft des Sozialen. Strategische Ziele der Diakonie Deutschland 2021-2025" (https://www.diakonie.de/strategie-der-diakonie). Zugriff: 03.02.2022, 16:05 Uhr MEZ.

wie man daraus schließen könnte, nur ein arbeitsrechtlicher Interessenverband, sondern kümmert sich um gesellschaftspolitische und sozialunternehmerische Grundsatzfragen wie den demographischen Wandel, das Stadt-Land-Gefälle, die Digitalisierung (insbesondere in der Pflege), Wettbewerbsfragen auf dem deutschen und dem europäischen Markt oder die Finanzierung der Sozialsysteme[1]. Das stellt insgesamt eine klassische Parallelstruktur zur Diakonie Deutschland dar. Die erfolgte Ausgründung einer V3D GmbH[2] ist keine Lösung des Problems, sondern dessen Anzeige. Sie ist als ‚Krücke‘ dem Festhalten am Dritten Weg geschuldet, der aber für diakonische Unternehmen keine Zukunft hat.

Auf Ebene der *Bundesländer* bedürfen diakonische Unternehmen einer politischen Kommunikation entsprechend den föderalen Aufgabenverteilungen. Auch hier herrschen Parallelstrukturen, die sich am Beispiel des größten Landesverbandes, der Diakonie RWL, mehrfach illustrieren lassen: Zuständigkeiten für bildungsrelevante Geschäftsfelder etwa liegen sowohl beim Verband als auch bei den Landeskirchen. Zur Vertretung im Pflegebereich hat sich neben dem Landesverband und unabhängig von ihm ein wachsender Zusammenschluss von Trägern gebildet[3], der eine deutlich intensivere Form von Öffentlichkeitsarbeit und politischer Einflussnahme verfolgt. Neben dem Diakonischen Werk RWL gibt es schließlich noch in den an ihm beteiligten Landeskirchen separate Diakonie-Dezernate, deren praktische Relevanz eher unklar bleibt.

Auf Ebene der *Gebietskörperschaften* ist eine echte Teilnahme am politischen Diskurs, insbesondere angesichts der in Deutschland fortschreitenden Kommunalisierung sozialer Aufgaben, durchweg schwach aufgestellt. Das liegt strukturell vor allem an der Doppelrolle der lokalen bzw. regionalen diakonischen Gliederungen: Diakonische Werke vor Ort sollen oder müssen in kommunalen Gremien beständig den unmöglichen Spagat zwischen ihren wirtschaftlichen Eigeninteressen und den politischen Interessen der lokalen Gesamtdiakonie und der dazu gehörigen Einzelunternehmen hinbekommen. Als gemeinsame Vertretung im Sinne eines örtlichen Unternehmerverbandes können sie daher von der Gesamtheit der diakonischen Träger in der Region natürlich nicht wirklich anerkannt werden. Lippenbekenntnisse und faktische Interessenlagen sprechen da durchaus nicht dieselbe Sprache.

Zu diesen Widersprüchlichkeiten der Verbandsarbeit auf den föderalen Ebenen tritt die grundsätzliche Differenz, die in der vorliegenden Arbeit entfaltet wurde: Die Evangelische Kirche in Deutschland, die einzelnen Landeskirchen und die

---

[1] Fundorte: (1) https://www.v3d.de/unser-verband/; (2) https://www.v3d.de/unsere-positionen/hintergruende/ und (3) https://www.v3d.de/unsere-positionen/positionen/. Zugriff: 15.10. 2021, 13:00 Uhr MESZ.

[2] Vgl. https://www.v3d.de/unser-verband/partner/. Zugriff: 15.10.2021, 13:20 MESZ.

[3] Die Ende 2018 gegründete „Ruhrgebietskonferenz Pflege", die als „Arbeitgeber-Initiative (…) mit eigenen Mitteln und aus eigener Kraft" bereits zum Start eine überregionale Interessenvertretung für 28 Pflege-Unternehmen mit 15.000 Beschäftigten abbildete (https://ruhrgebietskonferenz-pflege.de/wir-gemeinsam/;. Zugriff: 15.10.2021, 13:55 Uhr MESZ).

Regionalkörperschaften und Gemeinden vor Ort sind nach sämtlichen Kirchen-
ordnungen „Schrift und Bekenntnis" verpflichtet. Christliche Unternehmen hingegen sind als solche in dem oben entfalteten Sinne der Schrift (s.o. 5.3.), aber
keineswegs dem Bekenntnis verpflichtet und primär an das Handels-, das Ver-
eins-, das Stiftungs-, das Sozialrecht und dergleichen gebunden. Dass die für die
normative, strategische und operative Unternehmensführung Verantwortlichen
sowie schrumpfende Teile der diakonischen Belegschaften Kirchen evangelischen Bekenntnisses angehören müssen oder sollen, tut dieser Aussage keinen
Abbruch. Jenseits traditioneller Sprachregelungen besteht die reale und relevante
Beziehung zwischen kirchlichen Gliederungen und christlichen Unternehmen darin, dass Letztere Eigentum der Ersteren sind. ‚Die Kirche' besitzt diakonische
Unternehmen, die jedoch den Gesetzen des Staates und des Marktes folgen (müssen und wollen) und sich im Interesse ihres biblisch begründeten Geschäftsmo-
dells in spezifischer und keineswegs per se ‚kirchlicher' Weise in gesellschaftliche Konflikte und Debatten einbringen. Die konkrete Aufgabe der Eigentümerin
besteht darin, die aufsichtlichen Gremien so zu besetzen, dass diese zum Wohl
und im Interesse des Unternehmens tätig sein können, und zwar ausschließlich –
und nicht etwa in einer unklaren Symbiose mit unternehmensfremden Sonderin-
teressen, mögen diese auch noch so kirchenspezifisch sein. Eine wesentliche Aufgabe der Verbandsarbeit auf allen Ebenen besteht daher darin, eine klare Unterscheidung zwischen diakonischen Unternehmensinteressen und innerkirchlichen
Interessen zu pflegen und nicht etwa, diese zu verschleiern.

Über das hinaus, was es selbst nach innen und außen in einem distinkten Zusammenspiel von Leitung und Aufsicht leisten kann, benötigt das einzelne diakonische Unternehmen dann vor allem Unterstützung bei der fachlichen Weiterentwicklung, politische Lobbyarbeit, Rechtsberatung sowie transformations- und
innovationsorientierte Unternehmensberatung. Soweit dies nicht sinnvollerweise
als professionelle Fremdleistung eingekauft wird, sind das alles klassische Ar-
beitgeberverbandsaufgaben. Kirchliche Diakonische Werke sind aber keine Ar-
beitgeberverbände. Die Diakonie insgesamt befindet sich über ihre mitglied-
schafts- und zuordnungsrechtlichen Regelungen als Ganze immer noch in dem
Zwitterzustand, der durch ihre Geschichte nach 1945 verursacht ist. Er wird in
der Verbandsarbeit auf allen Ebenen als Fatalität manifest. Parallelstrukturen sind
unproduktiv, ressourcenverschlingend und schädlich für die Handlungsfähigkeit.
Entweder wird die bisherige Verbandsstruktur in Bund, Land und Kommune zu
einer echten Arbeitgeberorganisation umgebaut oder durch eine solche ersetzt.
So oder so lautet die Konsequenz, dass diakonische Verbandsarbeit dann künftig
nicht mehr aus Mitteln der Kirche kofinanziert wird, sondern das leistet und leisten kann, was es den Mitglieds-Unternehmen in Euro und Cent wert ist.

7.4. Kleinräumige diakonische Präsenz (Sozialraumorientierung)

Eine wirkliche politische und strategische Interessenvertretung der Diakonie ist nun insbesondere auf Ebene der Gebietskörperschaften in der Regel schwach aufgestellt. Das hängt nicht nur mit den soeben erwähnten strukturellen Rollenkonflikten der örtlichen Diakonischen Werke zusammen, sondern auch damit, dass sich das Geschäftsfeld großer diakonischer Unternehmen, insbesondere der Komplexträger, in der Regel nicht auf eine einzelne Kommune oder einen Kreis, oft nicht einmal allein auf eine größere Region bezieht.

Wie bereits im Zusammenhang der Altenhilfe kurz angemerkt (s.o. 7.2.4), ist aber für die weit überwiegende Mehrzahl der Menschen, welche Dienste der Diakonie in Anspruch nehmen, neben dem Arbeitsplatz, sofern man einen hat, der Sozialraum, konkret: das Quartier, in dem man wohnt, einkauft, mit Nachbarn kommuniziert und Alltagskonflikte austrägt, der reale Ort, aus dem die alltäglichen lebenspraktischen Ressourcen geschöpft werden[1]. Die Diakonie hat deshalb allen Grund, sich der Quantität und Qualität ihrer kleinräumigen Präsenz zu vergewissern. Dies gilt umso mehr, als in Folge der Ökonomisierung des Sozialen die Tendenz zur Bildung von Konzernen oder zumindest größerer operativer Verbünde weiter fortschreiten wird. Im Sinne der Wirtschaftlichkeit und der Fachlichkeit ist das auch sinnvoll. Krankenhausgesellschaften und Einrichtungen der Behindertenhilfe haben neben der Nahversorgung längst hochspezialisierte Kliniken, Fachbereiche oder Werkstätten, die auf einen überregionalen Einzugsbereich fokussiert sind. Stationäre Einrichtungen der Altenhilfe und große Teile der Jugendhilfe haben, vor allem in den kreisfreien Städten[2], im Ganzen die Gebietskörperschaft und nur bedingt den Stadtteil im Blick. Letzteres ist eigentlich nur noch in den Kindertageseinrichtungen der Fall. Ambulante Dienste, deren Abrechnungsfähigkeit an eng getakteten Einsatzplänen hängt, können einen primär auf die einzelne pflegende oder sozialarbeiterische Vertrauensperson fokussierten Lokalbezug praktisch nicht mehr abbilden.

Trotzdem wird eine der gesellschaftlichen Teilhabe verpflichtete Diakonie in den sozialgesetzbuchlich definierten Hilfebedarf das „Arbeitsprinzip Gemeinwesenarbeit" einbauen müssen, welches „seinen zentralen Aspekt in der Aktivierung der Menschen in ihrer Lebenswelt" sieht, damit sie „zu Subjekten aktiven politi-

---

[1] Auch in diesem Zusammenhang wird es nötig sein, einmal gründlich zu untersuchen, ob bzw. inwieweit diese Feststellung durch die zunehmende Verlagerung von Kommunikation ins Internet zu modifizieren ist.

[2] Der Fokus liegt hier und im Folgenden auf städtischen Gegebenheiten. Der ländliche Raum bleibt außer Betracht. Dass dort zum Teil erheblich andere Bedingungen herrschen und andere Gesichtspunkte theoretisch wie praktisch zu berücksichtigen sind, versteht sich und soll hier wenigstens erwähnt sein.

schen Handelns und Lernens werden und zunehmend Kontrolle über ihre Lebensverhältnisse gewinnen"[1]. Das ist umso wichtiger, als allein schon der demografi-
sche Wandel samt der fortschreitenden Alterung der Gesamtbevölkerung, die
(noch) nicht durch Zuwanderung kompensiert wird, laufende Veränderungen generiert. Mit ihnen destabilisiert sich die Zusammensetzung der Bevölkerung
ebenso wie ehedem ausbalancierte soziale Verhältnisse. Konkret bestehen solche
Veränderungen insbesondere (1) großräumig in einer „Polarisierung der Städte
und Regionen", (2) regional und kommunal in einer zunehmenden „Segregation
in schrumpfenden und wachsenden Städten und Regionen" sowie in Verbindung
damit (3) in Auseinandersetzungen um „(s)inkende Lebensstandards" und „Ge-
nerationenkonflikte", die auch unmittelbar vor Ort ausgetragen werden[2]. Von hoher Bedeutung sind in diesem Zusammenhang die „Kontexts- und Nachbar-
schaftseffekte" sozialräumlicher Segregation. In ihnen spiegelt sich der Versuch,
„gesellschaftlich und makroökonomisch strukturiert(e)" Phänomene „auf der lokalen Ebene von Quartieren" zu bearbeiten[3]. Das alles hat selbstverständlich ur-
sächliche Auswirkungen auf die vielfältigen konkreten Formen des Assistenzbe-
darfs benachteiligter oder eingeschränkter Individuen, Gruppen und Schichten.
Und so kommt die Diakonie gar nicht umhin, „wesentliche Beiträge zur Erweite-
rung der individuellen und kollektiven Handlungsfähigkeit der Menschen, zur
aktiven Teilhabe am politischen und gesellschaftlichen Leben und zur Verbesserung der Lebensbedingungen in den Stadtteilen (zu) leisten"[4], was ohne eine
nachhaltige Präsenz im Quartier gewiss nicht funktioniert.
  Eine beliebte diesbezügliche Empfehlung lautet, diakonische Unternehmen
sollten sich mit dem vorhandenen kleinräumigen Kommunikations- und Präsenz-
apparat der örtlichen evangelischen Kirchengemeinde verbünden. Bereits die Ar-
mutsdenkschrift der EKD von 2006, die der Kirche insgesamt und vor Ort, was
die Überwindung von Benachteiligung und die Schaffung einer solidarischen Gesellschaft anbelangt, noch Erhebliches zutraut, räumt allerdings ein: „Ärmere
Menschen sind in vielen christlichen Gemeinden in Deutschland wenig oder gar
nicht sichtbar" und führt dies zu Recht auf die bestehenden „erheblichen emotio-
nalen, kulturellen und sozialen Distanzen" zurück[5]. Weil sich diese Problematik
in den Folgejahren stetig verschärft hat, pflegt eine Veröffentlichung des Sozialwissenschaftlichen Instituts der EKD von 2014 unter dem immer noch ziemlich
vollmundigen Titel „Solidarische Kirchengemeinde" deutliche Zurückhaltung:
Das (offenbar bis dato nicht stattfindende!) „Wahrnehmen" des Sozialraums[6] hinsichtlich benachteiligter und ausgegrenzter Menschen soll zu einer „Ansprache"

---

[1]   Oelschlägel 2007, S. 30.
[2]   Vgl. dazu Göschel 2007.
[3]   Alisch in: Huster/Boeckh/Mogge-Grotjahn 2018, S. 510-512.
[4]   Oelschlägel 2007, S. 35.
[5]   Evangelische Kirche in Deutschland 2006/ 2, S. 75.
[6]   Vgl. Albrecht/Giesler 2014, S. 12.

führen, welche von den Adressatinnen und Adressaten als „Begegnung auf Augenhöhe"[1] erlebt wird und schließlich in einer „Teilhabe" mündet, die im Wesentlichen aus Kulanz bei Kindergartenbeiträgen, tunlichst kostenlosen Begegnungsmöglichkeiten und mehr Kinderbetreuung für ehrenamtlich Engagierte bestehen soll[2]. Dass die zur Wahrnehmung, Ansprache und Organisation von Teilhabe notwendigen personellen, finanziellen und, ganz wichtig: fachlichen Ressourcen[3] in der Gemeinde vor Ort vorhanden sind, wird schlicht vorausgesetzt. Eben diese Voraussetzung aber ist falsch und wird mit den oben in Kap. 3.1 ausführlich vorgestellten Entwicklungen hinsichtlich der Mitgliedschaft, der mobilen und immobilen Potenziale und des rasanten Relevanzverlustes der Kirche künftig noch viel falscher werden. Insofern scheitert auch der theoretisch plausible Versuch, aus den ja tatsächlich vorhandenen sozialsensiblen Wahrnehmungsfähigkeiten der in einer Kirchengemeinde versammelten Christenmenschen „Sozialkapital" zu generieren[4]. Er scheitert deshalb, weil für die Bildung sozialen Kapitals nicht anders als für ökonomisches Kapital die institutionalisierbare Akkumulationsfähigkeit zwingend erforderlich ist[5] – und die ist in einer Volkskirche einfach nicht mehr vorhanden, welche mit dem Traditionsabbruch inzwischen ein bis zwei komplette Generationen verloren hat und deshalb hinsichtlich ihrer realen wie symbolischen Manifestationen von der Hand in den Mund wirtschaftet bzw. um im Bild zu bleiben: ihr Kapital verzehrt.

Nun ändert diese Einschätzung gewiss nichts daran, dass die den genannten Konzepten – es sind eher Appelle – hinterlegten Analysen durchaus zutreffend sind. Aus den einleitend bereits genannten Gründen stellt auch in dieser Hinsicht die Entwicklung der kommunalen Sozialräume eine erhebliche „Herausforderung an diakonisches Handeln im Gemeinwesen"[6] dar. Nur handelt es sich eben schon jetzt und künftig um eine Herausforderung, der sich die diakonischen Unternehmen *selbst* stellen müssen. Dabei müssen sie sich von vornherein der Tatsache bewusst sein, dass die finanziellen Spielräume der Kommunen, die speziell in Krisenregionen zur Auszehrung ganzer Stadtteile führen, kontraproduktiv zu dem Anspruch jedes quartiersbezogenen Ansatzes stehen, ,nahe bei den Menschen' sein zu wollen. Sozialräume befinden sich in der Regel im Spannungsfeld „zwischen Erosion und Projektion"[7]; Sozialraumorientierung ist daher nicht ,gut' an sich, sofern sie nämlich auch illusionäre Inklusionsperspektiven generieren kann.

---

[1] a.a.O., S. 13.
[2] Vgl. a.a.O., S. 16f.
[3] Wer soll z.B. mit längerfristig ausgegrenzten und sozial benachteiligten Menschen das Gespräch auf Augenhöhe führen? Etwa die Pfarrerin oder der Pfarrer? Die Frauenhilfsvorsitzende? Und kann die Kirchengemeinde im Interesse der praktischen Ermöglichung von Teilhabe tatsächlich auf die Kindergartenbeiträge „verzichten", wenn die Zahlungsunfähigkeit nicht nur hier und da auftritt, sondern, sagen wir: 50% des Kinderbestandes betrifft? Der kommunale Kostenträger wird sich bedanken.
[4] Das wollen Horstmann/Park 2014.
[5] Vgl. Bourdieu 1983.
[6] Diakonisches Werk der EKD 2007, S. 12.
[7] Vgl. im einzelnen Becker 2016, S. 159-169.

Die erste Aufgabe der Diakonie zur Realisierung von Präsenz vor Ort dürfte sein, Formen der zugehenden Ansprache zu finden. Personen, die in irgendeiner Weise ausgegrenzt oder randständig sind bzw. einer wie auch immer gearteten Assistenz bedürfen, sollen nicht nur theoretisch, sondern praktisch als Subjekte ernstgenommen werden. Deshalb muss sich ihnen eine nicht bloß zufällige Möglichkeit eröffnen, über ihre Situation zu sprechen. Die gängige Aussage „Betroffene sind Experten"[1] ist in dieser allzu griffigen Form natürlich eher romantisch, aber dass „Betroffene", auch wenn sie selbst die Ursachen und Perspektiven ihrer persönlichen Lage mangels Distanz in aller Regel nur teilweise zutreffend einordnen können, auf jeden Fall Wesentliches zur Wahrnehmung und Bearbeitung ihrer Lebenssituation beizutragen haben, ist eine Binsenweisheit. Zum Glück hat diese sich in Hilfeplangesprächen und Pflegebegutachtungen zumindest grundsätzlich einigermaßen durchgesetzt; sie gilt aber auch für die sehr viel niederschwelligeren anamnetischen Gesprächssituationen im Sozialraum. Diese dürften allein schon dadurch beeinträchtigt sein, dass benachteiligte Menschen vor Ort es in aller Regel nicht gewohnt sind, außer ‚von Amts wegen' überhaupt auf ihre Situation angesprochen zu werden. Eine weitere wichtige Rolle spielt die Milieufremdheit, die von außen kommenden Angehörigen helfender Berufe nun einmal eigen ist. Die Frage, wie man die für die notwendige Präsenz im Quartier erforderlichen zugehenden Maßnahmen (Streetwork, Interview, Hausbesuch usw.) so hinbekommt, dass sie vertrauensbildend wirken, verlangt ein hohes und zeitraubendes Maß an Planung und Vorbereitung[2]. Haupt- und ehrenamtlich Mitarbeitende von Kirchengemeinden können dabei möglicherweise helfen und gegebenenfalls Türen öffnen; man sollte sich aber hüten zu erwarten, dass sie dazu gewissermaßen von Natur aus in der Lage seien.

Diese keineswegs neuen Überlegungen werden hier zur Sprache gebracht, weil ohne sie eine ‚Anlaufstelle im Quartier', die vor allem eine Komm-Struktur bedient, voraussichtlich scheitern wird. Das ist deshalb von Relevanz, weil es bei Kostenträgern, selbst bei Kommunen unter Haushaltsaufsicht, gar nicht automatisch am Willen, auch nicht immer und nicht grundsätzlich an den monetären Spielräumen mangelt, solche Quartierpräsenzen überhaupt zu finanzieren oder zu bezuschussen. Was aber immer fehlt, sind Möglichkeiten, für unbedingt notwendige flankierende und verstetigende Komponenten noch etwas abzuzweigen. Aufsuchende Arbeit etwa muss dann, wenn es geht, über Vernetzung mit bestehenden ambulanten Strukturen generiert werden, und wenn es sich bei diesen um Mitarbeitende des kommunalen Jugendhilfe- oder Sozialhilfeträgers handelt, ist es mit den vertrauensbildenden Maßnahmen aus naheliegenden strukturellen Gründen schnell vorbei.

---

[1] Albrecht/Giesler (2014), S. 13

[2] Als Beispiel dafür, wie es gelingen kann und welche Voraussetzungen dafür in den Blick genommen werden müssen, vgl. den Prozess, mit Schulverweigerern und Bildungsverlierern sowie deren Elternhäusern vor Ort in biographische Gesprächsprozesse zu kommen und daraus gemeinsame Situationsanalysen zu entwickeln, bei Fahrenholz 2020, S. 33-73, S. 106-137, S. 153-178 und S. 190-216.

Eben dies ist ein wesentlicher Grund dafür, warum der erforderliche deutliche Ausbau sozialräumlich orientierter diakonischer Arbeit in erster Linie eine Aufgabe *großer* diakonischer Komplexträger oder entsprechend dimensionierter lokaler und regionaler diakonischer Unternehmen ist. Sie verfügen über eine multidisziplinäre Belegschaft und über ein entsprechendes Back-Office, und sie bringen die notwendigen Synergie- und Netzwerkkapazitäten bereits innerhalb ihrer eigenen Holding- oder Konzernstruktur mit. Die von Natur aus in jeder Beziehung ‚kleinteilige‘ Gemeinwesenarbeit ist in einer ‚kleinen‘ Trägerschaft gerade nicht besser aufgehoben als in einer ‚großen‘. Das merken bspw. kleine auf den Kreis oder die Kommune beschränkte Diakonische Werke spätestens dann, wenn die traditionell aus Kirchensteuermitteln finanzierte „Offene Sozialarbeit“, oder wie immer das Kind heißen mag, aus den oben in Kap. 3.1.4. erörterten Gründen immer weiter eingeschmolzen werden muss.

Die genannten Ressourcen sind bei entsprechend potenten Trägern natürlich auch nicht einfach ‚da‘, sondern in aller Regel an Pflegesätze, Fachleistungsstunden, Delegationsverträge und ähnliche rechtlich verbindliche Vereinbarungen gebunden. Trotzdem bestehen operative und innovative Spielräume. Sie eröffnen sich bereits mit der Frage, ob, erst recht unter dem Gesichtspunkt digitaler Mobilität, wirklich alle Mitglieder eines Teams ihren Haupteinsatzort in ein und derselben Zentrale haben müssen. Die über solche alltagspraktischen Erwägungen hinausgehende wesentliche strategische Entscheidung lautet: Mit Politik, Interessenverbänden, lokalen Akteuren und Kostenträgern muss ein Diskurs über die Frage eröffnet werden, ob das in sämtlichen sozialen Leistungsbereichen spukende Gespenst der Ambulantisierung ein Papiertiger oder eine Drohkulisse zum Aufbau von Kostendruck auf stationäre Einrichtungen ist – oder ob daraus ein gemeinsam gesteuerter und gewollter Prozess werden kann, um neben der ‚Versorgung‘ auch Interessen und Bedarfe zu erkunden, lokale Ressourcen zu heben und strukturelle Defizite zu beseitigen[1].

Angesichts der in Deutschland durchweg unzureichenden Ausstattung der sozialen Finanzierungssysteme, die je nach Bundesland auf mindestens drei, einschließlich der EU-Fördertöpfe sogar mindestens vier administrativen Ebenen angesiedelt sind, bedarf Gemeinwesenarbeit in Trägerschaft diakonischer Unternehmen ferner der Bereitschaft, sich auf teilweise abenteuerliche Mischfinanzierungen einzulassen. Diese sind, was Beantragung und Leistungsnachweise betrifft, mit einem erheblichen eigenen Verwaltungsmehraufwand verbunden. Am Ende läuft es immer auf die simple Frage hinaus, was einem die Sache wert ist. Die Sache – das ist in diesem Fall keineswegs nur die im ideellen Bereich angesiedelte Stärkung der Glaubwürdigkeit des teilhabefokussierten Selbstverständnisses, sondern die Chance, dass unmittelbar zugängliche dezentrale Betriebseinheiten geschaffen werden, die als Unterfütterung der bestehenden ambulanten und stationären Geschäftsbereiche von Relevanz für mittelfristige Kundenbindungen und etwa auch für personalwirtschaftliche Entscheidungen sind.

---

[1] Vgl. Dietz 2018, S. 419.

In Duisburg, einer Kommune, die seit zwei Jahrzehnten unter Haushaltsaufsicht steht und in sämtlichen wichtigen bundesdeutschen Sozial-Rankings traditionell auf den allerletzten Plätzen zu finden ist, sind vor dem Hintergrund der skizzierten Überlegungen über Jahre hinweg, jeweils in Kooperation mittelgroßer Träger aus mehreren Verbänden, verschiedene quartiers-, stadtteil- oder bezirksbezogene Strukturen und Einrichtungen entstanden: (1) Beratungs- und Begegnungszentren für ältere Bürgerinnen und Bürger, die fachlichen Rat zu allen Fragen von Alter und Pflege, zwischenmenschliche Begegnung und kulturelle Aktivitäten einschließlich aufsuchender Krisenintervention unter einem Dach bündeln. (2) Demenzcafés als niederschwellige Anlauf- und Beratungsstellen für Betroffene und deren Angehörige. (3) „Familienhilfe sofort vor Ort" zur Bündelung und Vermittlung von Kinder- und Jugendarbeit, Jugendhilfe und Familienhilfe aus einer Hand. (4) Dezentrale Beratungsstellen für zugewanderte oder geflüchtete Personen, die den Crossover zwischen den zahlreichen zuständigen städtischen Ämtern und den Diensten frei-gemeinnütziger Träger mit dem Ziel ‚kurzer Wege' intensivieren und wenigstens einen Teil der notwendigen und gesetzlich gebotenen Assistenz- und Beratungsleistungen direkt vor Ort zugänglich machen.

Wirtschaftlich haben die beteiligten Träger dafür jeweils eine Finanzierung in Kauf genommen, die zu nicht unwesentlichen Teilen aus Projekt- und sonstigen befristeten Mitteln besteht und daher zumindest vorerst nicht nachhaltig ist bzw. mit regelmäßig wiederkehrenden Beantragungen und Verhandlungen gesichert werden muss. Umgekehrt ist es gelungen, mit der klammen Kommune beachtliche Zuschüsse auszuhandeln, die als durchweg nicht-pflichtige Leistungen aus einem Haushaltssicherungsetat alles andere als selbstverständlich sind. Dass die Finanzierung nicht völlig auskömmlich, sondern zusätzlich auf einen Rest an unternehmensinternen Quersubventionierungen angewiesen ist, soll nicht verschwiegen werden. Das liegt auch daran, dass eine wichtige Voraussetzung für solche sozialräumlichen Geschäftsbereiche der systematische Einsatz von Case-Management[1] ist, für das Mitarbeitende entsprechend geschult und dann auch entsprechend vergütet werden müssen. Was außer Zweifel steht, ist: Es wird deutlich mehr *mit* Betroffenen kommuniziert als über sie, und es kommt zu einer ebenfalls deutlich verbesserten Aktivierung der individuellen lebensweltlichen Ressourcen. Dass dies ein Beitrag zur Ermöglichung gesellschaftlicher Teilhabe im Sinne von Befähigungsgerechtigkeit ist, bedarf keiner Erwähnung.

Die Schilderung dieses spezifischen Beispiels, das wie alle Beispiele natürlich nicht einfach übertragbar ist, sich so oder anders akzentuiert aber auch anderswo findet, soll untermauern, dass der Ausbau quartiersbezogener Diakonie nicht nur erforderlich, sondern auch machbar ist. Dazu gehört zum guten Schluss die Fähigkeit und die Bereitschaft, Kooperationen mit Partnerorganisationen einzugehen. Zu diesen *kann* selbstverständlich die Kirchengemeinde vor Ort gehören. Sie kann Beiträge im Bereich vertrauensbildender Maßnahmen oder beim Einsatz

---

[1] Vgl. Deutsche Gesellschaft für Care und Case Management: Was ist Case Management? (https://www.dgcc.de/case-management/). Zugriff: 14.10.2021, 16:45 Uhr MESZ.

flankierender ehrenamtlicher Tätigkeit leisten. Vielleicht kann sie das nur für be-grenzte Zeit. Vielleicht kann sie es gar nicht. Es kommt darauf an, die jeweiligen Potenziale realistisch einzuschätzen und nicht darauf, wer ‚zuständig' ist oder sich dafür hält. Diakonie im Quartier ist kein Reparaturbetrieb für die schwin-dende Reputation lokaler Institutionen. Sie gelingt auf Dauer gerade nicht in Sinne einer gleichberechtigten Teilhaberschaft („Kirche und Diakonie Hand in Hand"). Damit wird nur etwas vorgespielt, was die Kirche nicht gewährleisten kann, und allzu leicht entsteht der fatale Eindruck, es gehe weniger um die Ver-besserung der gesellschaftlichen Teilhabe als um Imagepflege.

7.5. Kommunikationsstrategie und Führungsverständnis

Die beispielhaften Skizzen zu einzelnen Handlungsfeldern (7.2.), die Notwen-digkeit eines prinzipiell veränderten Verständnisses von Verbandsarbeit (7.3.) und die intensivierte Fokussierung auf den Sozialraum (7.4.) verstehen sich, auch wenn das alles durchweg apodiktisch formuliert ist, nun nicht einfach als soge-nannte ‚Forderungen', die man in die Welt setzt, sondern laufen auf *klärungsbe-dürftige Fragen und notwendige Debatten* hinaus, die innerhalb wie außerhalb eines diakonischen Unternehmens bzw. der Diakonie als Ganzer zu führen sind. Das ist kein Zufall. Wenn die Gesamtheit der biblischen Überlieferung einen Aushandlungsprozess über die Ermöglichung von Teilhabe (und nicht etwa ein Dekret) abbildet, so korreliert dies ja mit der systemtheoretischen Überlegung, dass eine in den Codes Inklusion/Exklusion kommunizierende Diakonie als Teil des gesellschaftlichen Hilfesystems sinnvoll mit anders codierten Teilsystemen kommunizieren muss, wenn sie Exklusionsspiralen durchbrechen will. Das wie-derum impliziert umgekehrt, dass eine im politischen, wirtschaftlichen, rechtli-chen und kulturellen Raum sinnvoll kommunizierende und handelnde Diakonie ihre damit jeweils verbundene Fachlichkeit in ein Verhältnis zu ihrem Selbstver-ständnis setzt. Das Gelingen dieser beiden Bewegungen nach innen und nach au-ßen setzt voraus, dass die zentrale Aufgabe des normativen Managements in dia-konischen Unternehmen darin besteht, nach innen und außen sinnvolle Kommu-nikation zu stiften.

7.5.1. Kommunikatives Handeln (Jürgen Habermas)

Diese These impliziert einen Vorschlag zur Rezeption der Theorie des kommu-nikativen Handelns von Jürgen Habermas und der damit verbundenen Diskurs-ethik[1] für die Struktur normativen diakonischen Managements[2]. Zur Grundlegung in äußerster Kürze das Folgende: Habermas' Ausgangspunkt, den er bereits sehr

---

[1] Habermas 1981 und Habermas 1991.
[2] Auch dieses Vorhaben bedürfte eigentlich einer eigenen Untersuchung.

früh in Auseinandersetzung mit Luhmanns Systemtheorie (s.o. 5.1.3.) formuliert[1], besteht in der Überlegung, die rein *funktionale* Erklärung der Wirkungsweise selbstreferentieller sozialer Systeme nehme die gesellschaftlichen Realitäten und Zwänge kritiklos hin. Sie sei daher ideologisch und müsse durch eine *Handlungs*theorie ergänzt werden, in der mit den Instrumenten sprachlicher Verständigung über die *Legitimität und ethische Vertretbarkeit* gesellschaftlicher Entwicklungen entschieden werde[2]. Luhmanns prinzipieller Einwand dagegen[3] lautet, dass es ideale Kommunikationssituationen, in denen über Geltungsfragen zu entscheiden wäre, nicht gebe (dazu s.u.). Das gesellschaftlich als vernünftig Anerkannte sei ausschließlich in den systemimmanent bestehenden Regeln begründbar. Dagegen entwickelt Habermas in seinem soziologischen Hauptwerk von 1981[4] eine Handlungstheorie[5], die im Fokus gesellschaftlich relevanter Rationalität davon ausgeht[6], dass zweckrational handelnde Personen stets das „Eintreten eines erwünschten Zustandes in der Welt" herbeiführen wollen, „der in einer gegebenen Situation durch zielgerichtetes Tun oder Unterlassen bewirkt werden kann". Dazu stehen zunächst zwei Optionen offen: Handeln ist (1) „*instrumentell*", wenn es unter „Befolgung technischer Handlungsregeln" in einen „Zusammenhang von Zuständen und Ereignissen" interveniert, und (2) „*strategisch*", wenn es unter „Befolgung von Regeln rationaler Wahl" die „Entscheidungen eines rationalen Gegenspielers" einseitig beeinflussen will. „Hingegen" spricht Habermas (3) „von *kommunikativen* Handlungen, wenn die Handlungspläne der beteiligten Aktoren nicht über egozentrische Erfolgskalküle, sondern über Akte der Verständigung koordiniert werden"[7]. Die Besonderheit sozialen Handelns als kommunikativem Handeln besteht darin, dass es anders als das strategische nicht einfach nur das eigene Ziel erreichen, sondern ein Einverständnis zwischen den an der Kommunikation Beteiligten und ihren jeweiligen Zielen herstellen will: „Sprache ist ein Kommunikationsmedium, das der Verständigung dient, während Aktoren, indem sie sich verständigen, um ihre Handlungen zu koordinieren, jeweils bestimmte Ziele verfolgen."[8] Damit das funktioniert, sucht der oder die Sprechende das Einverständnis mit einem Gegenüber. Das geschieht, indem er oder sie einen *Geltungsanspruch* für seine oder ihre Aussage erhebt, und zwar, weil diese (1) unter bestehenden Normen „richtig" ist, insofern sie auf die „*Welt* legitimer Ordnungen Bezug nimmt", (2) unter akzeptierten Voraussetzungen „wahr" ist, insofern sie auf die „*Welt* existierender Sachverhalte Bezug nimmt", und (3) unter bestimmten Erlebnissen und Erfahrungen „wahrhaftig" ist, insofern

---

[1]   Habermas/Luhmann 1971/1990.
[2]   Vgl. dazu insbesondere Habermas a.a.O., S. 239-270.
[3]   Vgl. dazu insbesondere Luhmann a.a.O., S. 378-398.
[4]   Vgl. insgesamt zusammenfassend auch Müller-Jentsch 2014.
[5]   Dazu vgl. insbesondere die „Erste Zwischenbetrachtung" in Habermas 1981, Bd. 1, S. 367-452.
[6]   Zum Folgenden vgl. die Tabelle a.a.O., S. 384.
[7]   a.a.O., S. 385.
[8]   a.a.O., S. 158.

sie auf die dem oder der Sprechenden „privilegiert zugängliche(n) subjektive(n) *Welt* Bezug nimmt"[1]. Wo solche Geltungsansprüche wechselseitig akzeptiert werden, entsteht *Verständigung.*

Werden Geltungsansprüche hingegen bestritten, entstehen *Diskurse.* Habermas unterscheidet[2] analog zu den vorgeführten drei Welten (1) praktische Diskurse über die *Richtigkeit von Handlungen,* (2) theoretische Diskurse über die *Wahrheit von Aussagen* und (3) Kontroversen über die *Wahrhaftigkeit subjektiven Handelns.* Die naheliegende Frage, woher die Diskursteilnehmerinnen und -teilnehmer ihr vorlaufendes Wissen nehmen, generiert den Schlüsselbegriff der „Lebenswelt". Habermas führt ihn als die der kommunikativen Handlungsrationalität entsprechende gesellschaftstheoretische Kategorie ein[3]. Sie ist einem rein funktional verstandenen Systembegriff nicht nur ergänzend zu-, sondern insofern sogar vorgeordnet, als jeder beliebige Sachverhalt bzw. einzelne Umstand zunächst „nur im Modus einer *lebensweltlichen Selbstverständlichkeit* gegeben (ist), mit der der Betroffene intuitiv vertraut ist, ohne mit der Möglichkeit einer Problematisierung zu rechnen"[4]. Kommunikation hat deshalb zur Voraussetzung, dass aus der Lebenswelt bezogene „Situationsdefinitionen (…) sich, gemessen am aktuellen Verständigungsbedarf, hinreichend überlappen müssen"[5]. Das geschieht durch Bestätigung, Modifikation und teilweise oder völlige Infragestellung. Nur so können überhaupt „Inhalte" zur objektiven, zur sozialen und zur subjektiven „Welt" zugeordnet werden[6]. Die aus solchen Zuordnungen resultierenden Diskurse sind der Motor zur Reproduktion der Lebenswelt. Kommunikatives Handeln dient unter seinen jeweiligen Aspekten „der Tradition und der Erneuerung kulturellen Wissens (…), der sozialen Integration und der Herstellung von Solidarität (…), (sowie) der Ausbildung von personalen Identitäten"[7]. Eben deshalb ist aber in einer Zirkelbewegung die Lebenswelt umgekehrt in der Lage, kommunikatives Handeln immer wieder mit den für sein Gelingen entscheidenden Ressourcen zu versorgen: *„Kultur"* als Summe der Interpretationsmöglichkeiten, mit denen Kommunikationsteilnehmer und -teilnehmerinnen ihre Verständigungsprozesse füttern, *„Gesellschaft"* als Summe der Regularien, mit denen sie ihre solidarische Gruppenzugehörigkeit sichern, und *„Persönlichkeit"* als Summe der Kompetenzen, mit denen sie ihre Identität, Sprach- und Handlungsfähigkeit gewährleisten[8].

Aus diesen lebensweltlichen Gesetzmäßigkeiten differenzieren sich funktionale Systeme *sekundär* und erst im geschichtlichen Prozess heraus. Eben deshalb

---

[1]   a.a.O., S. 413.
[2]   Vgl. zum Folgenden a.a.O., S. 447f.
[3]   Dazu vgl. insbesondere die „Zweite Zwischenbetrachtung" in Habermas 1981, Bd. 2, S. 171-293.
[4]   a.a.O., S. 189.
[5]   a.a.O., S. 185.
[6]   a.a.O., S. 186.
[7]   a.a.O., S. 208.
[8]   a.a.O., S. 209.

können in den jeweils immanenten Kommunikationsregeln der Teilsysteme (Luhmanns „Codes") bei Habermas überhaupt erst Solidarität, Integration, Sozialisation und persönliche Identität[1] als dynamische Faktoren der Reproduktion der Gesellschaft wirksam werden.

Der Haupteinwand gegen dieses Habermas'sche Theoriegebäude hat von Anfang an[2] gelautet, dass er Kommunikation in lediglich idealtypischen Situationen verorte[3] und der Konsensfähigkeit rationaler Diskurse eine Potenz zutraue, die ihnen in einer von Machtinteressen und Irrationalitäten geprägten Gesellschaft nicht zukämen. Habermas hat dazu 1986 im Rückgriff auf 1971 Macht als „die Fähigkeit, andere Individuen oder Gruppen daran zu hindern, ihre Interessen wahrzunehmen", definiert und konstatiert: „Sobald sich Macht mit rechtlich-normativen Geltungsansprüchen verbindet, dringt sie in Strukturen verständigungsorientierten Handelns ein"[4]. Das ändert für ihn aber nichts an der 1991[5] noch einmal summarisch vorgenommenen Feststellung: *„Niemand kann ernsthaft in eine Argumentation eintreten, wenn er nicht eine Gesprächssituation voraussetzt, die im Prinzip Öffentlichkeit des Zugangs, gleichberechtigte Teilnahme, Wahrhaftigkeit der Teilnehmer, Zwanglosigkeit der Stellungnahme usw. garantiert. Die Beteiligten können einander nur überzeugen wollen, wenn sie pragmatisch unterstellen, dass sie ihr ,Ja' und ,Nein' einzig durch den Zwang des besseren Arguments bestimmen lassen."* Ein ergänzendes Bonmot: Es gibt keinen Grund, Maßnahmen zur Rettung des Waldes zu unterlassen, weil der Borkenkäfer offenbar unaufhaltsam vordringt.

7.5.2. Stiftung sinnvoller Kommunikation – eine diakonische Managementaufgabe

Daraus leitet sich für die vorliegende Untersuchung nun die These ab, dass die eingangs dieses Abschnitts postulierte Führungsaufgabe, nach innen und nach außen sinnvolle Kommunikation zu stiften, entsprechend der skizzierten kommunikativen Handlungstheorie in diakonischen Unternehmen *gestaltet* werden kann und soll. Das gilt zunächst für die politische Außenkommunikation. Natürlich sind etwa in der Sozialgesetzgebung, in der Sozialpolitik und in der kommunalen

---

[1]   ,Persönliche Identität' ist etwas anderes als die ,adressierbaren Personen' bei Luhmann.

[2]   So schon Luhmann in Habermas/Luhmann 1971. Die damit verbundenen philosophischen und soziologischen Grundsatzfragen (vgl. bereits Honneth/Joas 1986) werden hier nicht erörtert; vgl. aber Habermas' „Entgegnung" a.a.O., S. 327-405, insbesondere die Zurückweisung des Vorwurfs, Habermas trenne das verständigungsorientierte kommunikative Handeln von der Welt der realen Interessenverfolgung S. 373-377.

[3]   Vgl. die bei Müller-Doohm 2015, S. 297-300 referierten ersten Reaktionen auf das Erscheinen der Theorie des kommunikativen Handelns, z.B. Karl Markus Michel im SPIEGEL vom 22.03.1982: „Nun sprecht mal schön".

[4]   Habermas in: Honneth/Joas 1986, S. 372.

[5]   In den „Erläuterungen zur Diskursethik" in: Habermas 1991, S. 119-226; das folgende Zitat S. 132; Hervorhebung SKF.

Formung des Gemeinwesens vor Ort normative Geltungsansprüche immer auch mit Machtfragen verbunden. Macht kann sogar prinzipiell den Rechts- und Sozialstaat abschaffen oder mindestens faktisch zur Disposition stellen. In diesem Fall wäre freilich die sozialstaatlich determinierte und sozialwirtschaftlich agierende Diakonie genötigt, statt kommunikativ zu handeln, ihre eigene Existenzberechtigung in Frage zu stellen. Solange dies nicht der Fall ist, gelten die rechts- und sozialstaatlichen Ansprüche normativ, und man würde den für Gesetzgebung, Politik und Verwaltung zuständigen Instanzen und Personen wirklich Unrecht tun, wollte man ihnen unterstellen, sie seien nicht willens und nicht in der Lage, zu den Handlungskonsequenzen, die sich für Individuum und Gesellschaft aus dem Recht auf Teilhabe ergeben, verständigungsorientierte Diskurse zu führen. Eben diese muss die Diakonie mit aller Entschiedenheit stets (und nicht nur in kritischen Ausnahmesituationen!) auf allen föderalen Ebenen suchen und führen. Das Kriterium der Teilhabe ist dabei für sie eine „lebensweltliche Selbstverständlichkeit" (s.o.), die im verständigungsorientierten Diskurs (1) „richtig" ist, weil sie mit dem Recht auf Teilhabe auf eine legitime Ordnung Bezug nimmt, die (2) „wahr" ist, weil sie auf den existierenden Sachverhalt der Ausgrenzung Bezug nimmt, und die (3) „wahrhaftig" ist, weil sie auf die subjektive Anerkennung der Bibel als Weisung zur Ermöglichung von Teilhabe Bezug nimmt.

Insgesamt dürften nun allerdings die tatsächlichen Kommunikationsstrategien diakonischer Unternehmen bezüglich der vorgetragenen Gesichtspunkte ein höchst heterogenes Bild bieten, sofern sie nicht ohnehin eher zufallsgesteuert sind. Nicht nur jeder Vorstand und jede Geschäftsführerin, sondern auch die Funktionärsebene der Landesverbände wären wohl gut beraten, sich zu fragen, inwieweit ihre Kommunikation mit Ministerinnen, Staatssekretären, Oberbürgermeisterinnen, Amtsleitern, anderen Verbands- und Interessenvertretungen und der Öffentlichkeit den skizzierten Kriterien entspricht oder eine wie große Rolle stattdessen Ritual, Klischee, Konvention, Taktik und last but not least Vorurteile spielen, und ob das alles tatsächlich als unabänderlich hinzunehmen ist.

Analoges gilt für Finanzierungsverhandlungen. Natürlich spielt auch hier Macht eine einschränkende Rolle, in besonderer Weise dadurch, dass die Kostenträgerin stets über mehr real wirksames Wissen verfügt als der Betriebsträger. Trotzdem ist es falsch zu unterstellen, dass am Ende immer nur zähle, Zuschüsse, Förderungen und Refinanzierungen möglichst gering zu halten. So häufig dies der Fall sein mag, so sicher gelten gesetzlich geregelte Qualitätsstandards, Personalbemessungsgrößen und selbst der so oft geschmähte ‚messbare Output' für beide Seiten. Es wäre der Mühe wert zu untersuchen, wie oft das gegenüber der Konkurrenz magere Ergebnis der Pflegesatzverhandlung tatsächlich auf systemische Ursachen und wie oft bloß auf eine verfehlte Kommunikationsstrategie zurückzuführen ist, die den Fokus von vornherein auf die eigene Unterlegenheit statt auf Verständigung richtet. Vorurteile, auch sogenannte erfahrungsgesättigte, und persönliche Ressentiments haben jedenfalls nichts mit dem „Zwang des besseren Arguments" zu tun. Auch das gilt für beide Seiten.

Mindestens ebenso wichtig, wenn nicht wichtiger, ist die Praktizierung verstän-
digungsorientierter Diskurse in der Binnenkommunikation eines diakonischen
Unternehmens. Das gilt für die fachlichen und ökonomischen Entscheidungen
des strategischen und operativen Managements und natürlich auch für das normative Management. Konsequenzen, die sich aus dem biblischen Kriterium der
Teilhabe ergeben, haben in der Tat Gegenstand eines permanenten Kommunika-
tionsprozesses zu sein. Und in diesem Zusammenhang lässt sich nun eine auf den
ersten Blick vielleicht abenteuerlich klingende, aber aus allem Gesagten heraus
doch durchaus plausible Forderung aufstellen: Die Beschäftigung mit biblischen
Traditionszusammenhängen[1] muss im Unternehmensalltag quantitativ und qualitativ den gleichen Stellenwert haben wie die Beschäftigung mit den Sozialgesetzbüchern, mit Wahlprogrammen politischer Parteien, mit der Kontaktliste städti-
scher Ämter und mit der Pflegebuchführungsverordnung[2]. An dieser Stelle ist
tatsächlich Theologie im Unternehmen gefragt, aber nicht eine, die nur aus einem
Bauchladen von Maximen („Die Schwachen schützen") und Reminiszenzen
(„Wichern hat gesagt") besteht. Vielmehr geht es um die Kompetenz, exegetische
und hermeneutische Expertise in gemeinsame Lektüreprozesse einzubringen. Die
Maximen mögen sich dann daraus ergeben und die Reminiszenzen darauf beziehen – oder auch nicht. Solche Lektüreprozesse müssen den Kriterien von „Öffentlichkeit des Zugangs, gleichberechtigter Teilnahme, Wahrhaftigkeit der Teilnehmer und Zwanglosigkeit der Stellungnahme" (s.o.) entsprechen; das heißt: (1)
Die Teilnehmerinnen und Teilnehmer müssen zwingend weder Christinnen und
Christen noch Kirchenmitglieder sein und sollen auch nicht nachträglich dazu
gemacht werden. Sie müssen lediglich wissen, dass aktive Teilnahme in einem
diakonischen Unternehmen ebenso obligatorisch ist wie Supervision und Fortbil-
dung. Es muss (2) jemand teilnehmen, der oder die sich in der Bibel und ihrer
sachgemäßen Auslegung auskennt[3], aber keineswegs die ‚richtige' Lektüre im
Sinne eines autoritären Lehramts festzulegen hat. Und schließlich muss (3) der
Lektüreprozess so strukturiert sein, dass die Teilnehmenden mit ihren jeweils
spezifischen lebensweltlichen Ressourcen und Erfahrungen durch „Bestätigung,
Modifikation und Infragestellung" (s.o.) eine Verständigung über handlungsrele-
vante Sachverhalte im Dienst der Ermöglichung von Teilhabe erzielen können.

---

[1] Das ist etwas ganz anderes als die beliebte (oder unbeliebte) Andacht über eine angeblich
    besonders diakonierelevante Bibelstelle. Das ist auch nicht naiv-biblizistisch gemeint,
    sondern versteht sich im Sinne der oben 5.3. angestellten hermeneutischen Überlegungen.

[2] Richtig ist natürlich, dass „Unternehmen der Diakonie nicht primär innere Diskursge-
    meinschaften" sind. Dass in ihnen alltäglich „vor allem gepflegt, assistiert, ausgebildet,
    medizinisch behandelt, beraten und so weiter" wird, ist aber kein Grund dafür, die Frage
    des Warum, Wozu und Wie bloß für „Krisenfälle" zu reservieren. „(D)amit die gemein-
    same Sache eine gültige Referenz ist, muss sie im Alltag präsent gehalten werden." Vgl.
    dazu grundsätzlich Moos 2019; die Zitate S. 15.

[3] Dass solche Personen unbedingt theologischer Vorstand oder theologische Geschäftsfüh-
    rerin sein müssen, ist zu bestreiten; das wird in der Regel sinnvoll sein und wird im Ein-
    zelfall konkret von der Tradition und/oder den aktuellen Gegebenheiten im Unternehmen
    oder auch von der notwendigen Akzeptanz in der Belegschaft abhängen.

Das wäre dann die in den hermeneutischen Überlegungen (s.o. 5.3.4.) in den Blick genommene „Diakonie als Interpretationsgemeinschaft".

Es ist eine Aufgabe der Unternehmensleitung, dafür zu sorgen, dass solche Prozesse nicht nur hier und da oder als ein besonderes ‚Angebot', sondern im Rahmen von Mitarbeitenden- und Fachbereichsversammlungen, von Leitungskonferenzen der mittleren Ebene, von In-House-Schulungen und Team-Building-Maßnahmen fest integriert sind. Zur Verortung gehören übrigens auch die Zusammenkünfte der Aufsichtsgremien, in denen die Vertreterinnen der kirchlichen Stakeholder als sachkundige Gesprächspartner zur Verfügung stehen und nicht einfach bloß qua Amt zur Abhaltung einer Andacht eingeteilt sind. Biblische Lektüreprozesse sind nicht nur ein diakonie-gemäßes Instrument, sondern geradezu dafür geschaffen, dass sich individuelle „Situationsdefinitionen" so „hinreichend überlappen" (s.o.) können, dass daraus sinnvolle Kommunikation entsteht[1]. Biblische Lektüreprozesse im vorgeschlagenen Sinne haben insgesamt den Zweck, dass sich das Unternehmen (selbst-)kritisch, geregelt und kontinuierlich der Korrelation zwischen seiner intrinsischen Handlungskategorie und seiner sozialstaatlichen Beauftragung vergewissert, und zwar in Form rationaler Diskurse, in welche alle Beteiligten ihre lebensweltlichen Ressourcen einbringen können. Dann wird der Lektüreprozess selbst zur Realisierung von Teilhabe.

In diesem Sinne betrifft die Ermöglichung von Teilhabe zum guten Schluss das grundsätzliche Führungsverständnis der Unternehmensleitung gegenüber der Belegschaft insgesamt. Auch hier geht es natürlich, vielleicht für den oder die Einzelnen sogar besonders unmittelbar, um Macht und Ohnmacht. Das kann bis dahin reichen, dass Diskurse nur noch „strategisch" im Habermas'schen Sinne, also mit dem Ziel der Überwindung der ‚anderen' Position geführt werden und dann logischerweise vor dem Arbeitsgericht oder vergleichbaren Instanzen landen. Das gehört dazu. Aber auch das dispensiert nicht von partizipativen Aushandlungsprozessen und vom „Zwang des besseren Arguments". Ein so verstandenes Führungskonzept basiert auf den drei Prinzipien: Leiten durch Ziele – Leiten durch Delegation – Leiten durch Teilhabe. Damit werden die Entscheidungsbefugnisse innerhalb des Unternehmens gerade nicht durch die Worthülse vom sogenannten partnerschaftlichen Führungsstil verwischt. Wohl aber werden sie auf das Ziel gelingender Verständigungsprozesse konditioniert. In der innerbetrieblichen Praxis wird das zu einer wesentlichen Reduzierung einer bloß auf Befindlichkeitsaustausch beruhenden Konfliktbearbeitung und zu einem Gewinn an Rationalität führen.

---

[1] Das ist im Übrigen auch eine praktische Konsequenz aus dem Nachweis der Relevanz biblischer Traditionen für den auf Befähigung gerichteten Gerechtigkeitsbegriff bei Dabrock 20212, S. 107-131.

7.5.3. Ein kurzer Appendix: Netzkommunikation

Signifikant mit dem Aufkommen der AfD, aber natürlich aus diversen und unterschiedlich zu bewertenden Gründen und zuletzt mit den sogenannten Querdenkern im Rahmen der Corona-Pandemie ist in der bundedeutschen Öffentlichkeit der Anteil irrationaler Kommunikation angewachsen. Sie entspricht bewusst oder unbewusst gerade nicht den Regeln von Richtigkeit, Wahrheit und Wahrhaftigkeit. Und sie hat ein Ausmaß angenommen, dass sich die Kommunikationswissenschaft noch vor Kurzem nicht hätte träumen lassen. Das gilt insbesondere für die web-basierte Kommunikation, die im Unternehmen schon jetzt für Produktvertrieb, Personalrecruiting, öffentliche Intervention und Image Building von einer überragenden Bedeutung ist, die sich noch weiter steigern wird. Das ist in der Diakonie auf's Ganze gesehen ein bisher sträflich unbeackertes Feld. Ohne den Anspruch, dazu etwas Grundlegendes beisteuern zu können, hier ganz wenige Hinweise zur ungefähren Richtung:

(1) *Grundsätzlich* gilt es sich klarzumachen, dass die Kriterien von „Öffentlichkeit des Zugangs" und „gleichberechtigter Teilnahme" auch für Netzdebatten gegeben sind und in diesen naturgemäß sogar noch viel breiter und egalitärer realisiert werden als in physischen Kommunikationssituationen. Auch in der virtuellen Welt gibt es legitime Ordnungen, existierende Sachverhalte und individuelle Zugänge, und auch für sie gilt, dass jeder einzelne Zustand der jeweils betroffenen Person zunächst intuitiv vertraut ist, bevor er durch Problematisierung und Diskurs als „Inhalt" der objektiven, sozialen und subjektiven „Welt" im Habermas'schen Sinne zugeordnet werden kann. Fragen und untersuchen muss man aber, welchen Einfluss die deutlich anonymere Kommunikationsposition der zahlreichen Teilnehmenden auf deren jeweilige „Wahrhaftigkeit" hat, und wie es hinsichtlich der „Zwanglosigkeit der Stellungnahme" um den potenziellen Gruppendruck einer nach Tausenden zählenden virtuellen Gefolgschaft steht[1].

(2) *Der Web-Auftritt* eines Unternehmens ist schon bei der Erstellung nicht viel wert, wenn er nur präsentieren und nicht kommunizieren soll und man daher auf

---

[1]   Jürgen Habermas selbst hat dazu erst vor Kurzem „Überlegungen und Hypothesen zu einem erneuten Strukturwandel der Öffentlichkeit" vorgelegt (Habermas 2021), Sie sind Teil eines Diskussionsprozesses über die aktuellen Wandlungen von Öffentlichkeit und Kommunikation (vgl. die zahlreichen Beiträge in Seeliger/Sevignani 2021). Für Habermas' Position lässt sich zusammenfassend sagen, „dass die neuen digitalen Werkzeuge, die doch eigentlich durch mehr Kommunikation, mehr Austausch und mehr Autorschaft einzelner Individuen zu mehr Demokratie führen müssten, vielmehr eine anarchische und tribalistische Halböffentlichkeit schufen, bei der es weniger um rationalen demokratischen Fortschritt geht" (El-Ouassil 2021). Ob man diesen Pessimismus teilen oder besser die Aufmerksamkeit offensiv auf „(d)ie journalistische Kraft vieler Teilnehmer dieser ‚neuen' politischen Öffentlichkeit" lenken sollte (ebd.), ist die Frage. Jedenfalls ist „(f)ür die Sozialwissenschaften (…) theoretisch noch nicht geklärt, wie nun eine Gesellschaft funktioniert, in der politische Kommunikation – und auch Propaganda, Hass und Fake News – zu einem großen Teil über digitale Plattformen und soziale Netzwerke geschieht" (ebd.).

ein leicht auffindbares, leicht zu nutzendes Tool für Anfragen, Kommentare, Lob und Kritik der Userinnen und User verzichten zu können glaubt; das Tool selbst ist nicht viel wert, wenn nicht sämtliche eingehenden Rückmeldungen zeitnah und kompetent bearbeitet werden.

(3) *Die Kommunikationsplattformen im Netz* sind weder von einem gütigen Schicksal noch vom Teufel erschaffen worden. Sie bieten unbeschadet der Notwendigkeit grundrechtsschützender Regularien einen unzensierten und unbegrenzten Kommunikationsraum. In ihm gehören, jedenfalls prinzipiell, tatsächlich „alle" dazu. Eben deshalb sind in diesem Raum aber auch der Irrationalität Tür und Tor geöffnet, weil die grundlegende Bedingung rationaler Diskurse, nämlich: dass alle Beteiligten vernünftig und konsensorientiert kommunizieren wollen und können, weder herstellbar noch kontrollierbar ist. Für diakonische Unternehmen heißt das ganz praktisch: Sie müssen, gegebenenfalls auch trotz schlechter Erfahrungen, noch deutlich mehr als bisher auf diesen Plattformen aktiv sein und sich zugleich so schnell wie möglich einen professionellen Umgang mit Shitstorms und Hatespeech aneignen. Dafür gibt es teure Profis, um deren Dienste man nicht herumkommen wird.

7.5.4. Zwei Schlussbemerkungen zum Führungsverständnis in der Diakonie

Die Überlegungen zu Kommunikationsstrategie und Führungsverständnis schließen mit der Abgrenzung zu zwei damit nicht grundsätzlich unvereinbaren, aber deutlich anders akzentuierten Konzepten.

Es geht – erstens – um etwas anderes als um das, was in manchen Fällen unter der bereits erwähnten sogenannten „Theologie für Diakonie-Unternehmen[1] verstanden wird. Diese läuft leider durchweg auf ein dekretierendes Führungsverständnis hinaus, das inner- wie außerbetrieblich weitgehend bloß bedrucktes Papier ist und eher der Selbstbespiegelung der leitenden Personen dient. Aufgabe von Theologinnen und Theologen in den Vorständen und Geschäftsführungen diakonischer Unternehmen[2] ist es (1) eben *nicht*, „in einer Einrichtung eine kirchlich-diakonische Profilbildung zu befördern", *sondern* die Ermöglichung von Teilhabe als Einlösung des biblischen Anspruchs gemeinsam mit den anderen Führungsverantwortlichen und der Belegschaft zu operationalisieren, auch (2) *nicht*, „die Kommunikationsfähigkeit in/mit kirchlichen Strukturen", *sondern* Kommunikationsfähigkeit in den sozialstaatlichen Strukturen mit den sozialwirtschaftlichen Akteurinnen und Akteuren einzuüben, und (3) erst recht *nicht*, „die Fähigkeit, Theologie als Management-Rationalität in die Prozesse einzutragen", weil die Ermöglichung von Teilhabe sowohl als sozialstaatlicher wie als biblischer Anspruch den Prozessen vorgeschaltet ist und eine Theologie, die nachträglich in laufende Prozesse eingetragen wird, bloß ihre eigene Fragwürdigkeit de-

---

[1] Vgl. Hofmann/Montag 2018.
[2] Die folgenden Zitate: Heine-Göttelmann in: Hofmann/Montag 2018, S. 11.

monstriert. Überdies wird speziell mit der Klassifizierung der Theologie als Management-Rationalität implizit eine theoretische Zweitklassigkeit kaufmännischer Kompetenz vorausgesetzt, die, würde sie tatsächlich gelebt, Insolvenzen in Fülle hervorriefe. Theologie als Management-Rationalität ist so etwas wie der Oberbegriff für diverse Führungskonzepte, die nahezu allesamt ausdrücklich oder im Hintergrund theologische Unternehmensleitung als Multirationalität verstehen[1]. Sie setzen voraus, dass die Theologin bzw. der Theologe in der Führungsposition selbstverständlich (warum eigentlich?) in der Lage ist, diese Multirationalität mit ihren und seinen Fähigkeiten abzubilden und praktisch umzusetzen. Christian Dopheide fasst diese Fatalität mit der Feststellung zusammen, er kenne „keine zweite Profession auf dieser Welt, die in solcher Verwegenheit einen Kessel Buntes anrührt und das Gemenge dann als Kompetenz verkauft"[2]. Positiv aus der Rolle fällt in diesem Konzert Dierk Starnitzke, der in der Logik seines systemtheoretischen Ansatzes die Rolle der Theologie ausdrücklich innerhalb einer funktional differenzierten Leitung sucht und sie in der Moderation von innerbetrieblichen Prozessen findet, die nicht zwingend einer bzw. nicht allein einer theologisch qualifizierten Person zugeordnet sein müssen[3].

Es geht – zweitens – um etwas anderes als um die Suche nach „wertegeleiteter Unternehmensführung"[4]. Die hierzu kürzlich von Martin Büscher, Jens Rannenberg und Dierk Starnitzke vorgelegte verdienstvolle empirische Studie an 25 nicht-diakonischen und diakonischen Unternehmen offenbart auf Schritt und Tritt, dass die Werte mehr oder weniger senkrecht vom Himmel fallen[5]. Sie sagen viel über das Selbstverständnis von Führungskräften und wenig über die Akzeptanz in Belegschaften aus und stehen so gut wie nie in einem erkennbaren, geschweige denn bearbeitungsfähigen Verhältnis zu innerbetrieblichen Zielkonflikten. Ihren am besten sichtbaren Platz dürften sie in dem haben, was Teile der Literatur als besonders profilrelevant für die Diakonie empfehlen, nämlich die Pflege von kirchlichen Ritualen wie z.B. Andachten, Weihnachtsfeiern, Betriebsjubiläen und die firmeninterne Begleitung persönlicher Widerfahrnisse im Spektrum von Freud' und Leid. Das alles, mit Ausnahme regelmäßiger Andachten, gibt es aber, nur ohne Pastor und Kronenkreuz, auch in der freien Wirtschaft[6]. Hüben

---

[1] Vgl Brink in: Hofmann/Montag 2018, S. 186-188.
[2] Hofmann/Montag 2018, S. 79. Das erinnert mich an ein – gottseidank ironisch-selbstkritisches – Bonmot, das mich seit meiner Studienzeit begleitet: „Wir haben ja Theologie gelernt, weil wir alles andere können."
[3] Starnitzke in: Hofmann/Montag 2018, S. 33-42.
[4] Vgl. Büscher/Rannenberg/Starnitzke 2020.
[5] Vgl. allein schon die analytischen Beobachtungen der Herausgeber a.a.O., S. 176-197.
[6] Aus eigener Anschauung weiß ich zufällig, dass sich von dem, was diesbezüglich bspw. in einer bestimmten großen Wirtschaftsprüfungsgesellschaft üblich ist, viele diakonische Unternehmen durchaus eine Scheibe abschneiden können.

wie drüben dürfte es doch wohl eher so sein, dass „Werte" einem ständigen „Prozess im gesellschaftlichen Wandel" unterworfen sind[1], den man kaum durch monologische Rituale, die alles andere als rationale Diskurse sind, steuern kann, auch wenn sie vordergründig noch so profilrelevant zu sein scheinen.

Diese kritischen Anfragen liefern zugleich den Grund dafür, warum man den Großteil der mit ‚theologischer Leitung' verbundenen Werte, Ziele und ethischen Normen genauso gut und im Einzelfall sogar besser den Feuilletons der Süddeutschen, der Frankfurter Allgemeinen, der WELT, des SPIEGEL oder der TAZ entnehmen könnte. Und in diesem Zusammenhang ist es ebenso interessant wie auffallend, dass sich in einer über vier Druckseiten erstreckten Tabelle von Werten[2] nicht ein einziges Mal das Wort Teilhabe findet. Man wird dies nicht dahingehend deuten dürfen, dass es für 25 befragte Vorstände nicht gar so wichtig sein könnte, wohl aber so, dass Folgendes intuitiv richtig erkannt worden ist:

Teilhabe ist *kein* Wert unter anderen. Sie ist *die* handlungsleitenden Kategorie der Diakonie. Deshalb muss sich die Diskussion um Werte in sie ein- und unterordnen. Daraus entsteht dann im Zuge gelingender Kommunikation vielleicht statt eines Sammelsuriums von Werten ein plausibles Gefüge. Und vieles, vielleicht mehr als man denkt, wird sich aussortieren lassen, ohne dass ein Schaden entsteht.

---

[1] So Büscher/Rannenberg/Starnitzke 2020, S. 195 in ihrem Zwischenfazit als eine von zehn Beobachtungen.

[2] Vgl. a.a.O., S. 189-193.

8. Zwölf zusammenfassende Thesen

1. Was unter Diakonie zu verstehen ist, wird traditionell im Rahmen ihrer Bindung an die verfasste Volkskirche bedacht. Diese ist aber in den vergangenen drei Jahrzehnten schrittweise in eine so fundamentale Krise geraten, dass der Anspruch, Diakonie sei eine Wesens- und Lebensäußerung der Kirche, hinfällig geworden ist.

2. Die Reste des helfenden Handelns der Kirche vor Ort sind als eine Form der Gemeindearbeit nicht länger mit Diakonie zu verwechseln. Kirche ist nicht Diakonie.

3. Diakonie ist eine Bezeichnung für christliche Unternehmen der Sozialwirtschaft. Diakonie ist nicht Kirche.

4. Christliche Unternehmen der Sozialwirtschaft sind durch den demokratischen Wohlfahrtsstaat determiniert, zu dessen Zielen sie eine vorlaufende Affinität aufweisen. Deshalb beteiligt sich Diakonie an deren Umsetzung und muss sich zugleich mit den laufenden Transformationsprozessen auseinandersetzen.

5. Dabei wirkt sich die politisch gewollte Ökonomisierung des Sozialen zwar positiv auf Effizienz und Transparenz diakonischen Handelns aus, stellt aber zugleich die Diakonie vor die Frage, worin ihre spezifische Identität besteht.

6. Der dazu entwickelte Vorschlag, diakonische Unternehmen als hybride Organisationen zu verstehen, löst das Problem ebenso wenig wie die zum (Selbst-)Verständnis der Diakonie traditionell eingesetzten Begriffe wie „Dienst', „Nächstenliebe" oder „Option für die Armen".

7. Stattdessen ist als das sachgemäße normative Kriterium der Diakonie die Ermöglichung von gesellschaftlicher Teilhabe zu definieren. Es korreliert mit einem wesentlichen Aspekt des Sozialstaats. Es lässt sich systemtheoretisch zeigen (Luhmann), dass die Funktion der Diakonie als Teil eines gesellschaftlichen Subsystems in der Chance besteht, Exklusionsprozesse zu unterbrechen.

8. Damit schließt Diakonie zugleich unmittelbar an ihre christliche Besonderheit an: Ermöglichung von Teilhabe lässt sich exegetisch in der gesamten Bibel als die politische und soziale Gestalt des Glaubens an Gott nachweisen.

9. Deshalb kann und soll die Bibel als christlicher Kanon im Raum der Diakonie und in ihn hinein ausgelegt und hermeneutisch als Grundlegung für das Geschäftsmodell der Diakonie fruchtbar gemacht werden, nämlich: Menschen bei der Durchsetzung ihrer Ansprüche auf Teilhabe praktisch zu assistieren, sich laufenden Ausgrenzungstendenzen politisch zu widersetzen und mit dem Ansatz bei der Befähigung des und der Einzelnen ihren Beitrag zu Freiheit und Gerechtigkeit zu leisten (Amartya Sen).

10. Aus der Entdeckung, dass sich das Kriterium der Teilhabe in der Gesamtheit der Bibel als Frucht eines mehrdimensionalen Aushandlungsprozesses ergibt, resultiert für die Diakonie, dass sie gegenwärtig real bestehende gesellschaftliche Spaltungstendenzen (selbst-)kritisch wahrnimmt, dass sie im Spannungsfeld von Anspruch und Wirklichkeit des Sozialstaats einen politisch verkürzten Inklusionsbegriff aufdeckt und dass sie dem gegenüber ein teilhabeförderndes Handeln und Fordern entwickelt, das sich an den Aspekten der Lebensdienlichkeit und der Nachhaltigkeit ausrichtet.

11. Daraus erwachsen praktische Konsequenzen für die diakonischen Handlungsfelder, die eine bestimmte strategische und politische Orientierung des einzelnen diakonischen Unternehmens, einen Unternehmensverband als überregionale Interessenvertretung und eine sozialräumliche Fokussierung erfordern.

12. Zur Umsetzung dieser Perspektiven bietet sich eine Kommunikationsstrategie an, die sich von einer spezifischen Theologie für Diakonie-Unternehmen ebenso wie von einer sogenannten wertegeleiteten Unternehmensführung verabschiedet und stattdessen auf rationale Diskurse (Habermas) nach innen und außen setzt.

LITERATUR

Abbing, Pieter Johan Roscam (1981): Lexikalisches Stichwort „Diakonie II. Theologische Grundprobleme der Diakonie". In: Theologische Realenzyklopädie. Bd. 8. Hrsg.: G. Krause; G. Müller. Berlin / New York: de Gruyter 1981

Albert, Anika Christina (2010): Helfen als Gabe und Gegenseitigkeit. Perspektiven einer Theologie des Helfens im interdisziplinären Diskurs. Heidelberg: Universitätsverlag Winter 2010 (= Veröffentlichungen des Diakoniewissenschaftlichen Instituts an der Universität Heidelberg Bd. 42)

Albertz, Rainer (1992): Religionsgeschichte Israels in alttestamentlicher Zeit. 2 Bände. Göttingen: Vandenhoeck & Ruprecht 1992 (= Grundrisse zum Alten Testament Bd. 8/1 und 8/2)

Albertz, Rainer (2001): Die Exilszeit. 6. Jahrhundert v. Chr. Stuttgart: W. Kohlhammer 2001 (= Biblische Enzyklopädie Bd. 7)

Albertz, Rainer (2012): Exodus, Band I: Ex 1-18. Zürich: TVZ 2012 (= Zürcher Bibelkommentare. AT Bd. 2.1)

Albertz, Rainer (2015): Exodus, Band II: Ex 19-40. Zürich: TVZ 2015 (= Zürcher Bibelkommentare. AT Bd. 2.2)

Albrecht, Franziska; Giesler, Renate (2014): Solidarische Kirchengemeinde. Eine Arbeitshilfe zum Thema Armut. Hrsg.: Sozialwissenschaftliches Institut der EKD, Hannover (Text-Datei, Stand 2014). Internet: https://www.siekd.de/wp-content/uploads/2018/06/Solidarische_Kirchengemeinde.pdf (Zugriff: 13.10.2021, 15:05 Uhr MESZ)

Baltes, Guido (2019): Das exklusive Judentum und der inklusive Jesus. Inklusion in der Welt des Neuen Testaments (Text-Datei, Stand: 2019). Internet: http://www.steffiundguido.de/Medien/PDF/Guido_Baltes_-_Das_exklusive_Judentum_und_der_inklusive_Jesus.pdf (Zugriff: 11.08.2021, 16:10 Uhr MESZ)

Bartels, Elke (2017): Migration und Sicherheitsaspekte aus polizeilicher Sicht. In: Geflüchtete in Deutschland. Ansichten – Allianzen – Anstöße. Hrsg.: G.K. Schäfer u.a. Göttingen: Vandenhoeck & Ruprecht 2017, S. 140-154

Bauer, Thomas K. (2018): Erwerbsarmut. In: „Arme habt ihr immer bei euch". Armut und soziale Ausgrenzung wahrnehmen, reduzieren, überwinden. Hrsg.: G.K. Schäfer u.a. Göttingen: Vandenhoeck & Ruprecht 2018, S. 127-137

Becker, Uwe (2006): Sabbat und Sonntag. Plädoyer für eine sabbattheologisch begründete kirchliche Zeitpolitik. Neukirchen-Vluyn: Neukirchener Verlagsgesellschaft 2006

Becker, Uwe (Hrsg.) (2011): Perspektiven der Diakonie im gesellschaftlichen Wandel. Eine Expertise im Auftrag der Diakonischen Konferenz des Diakonischen Werks der Evangelischen Kirche in Deutschland. Neukirchen-Vluyn: Neukirchener Verlagsgesellschaft 2011

Becker, Uwe (2016): Die Inklusionslüge. Behinderung im flexiblen Kapitalismus. 2., unveränderte Aufl. (1. Aufl. 2015) Bielefeld: transcript Verlag 2016

Becker, Uwe (2022): Deutschland und seine Flüchtlinge. Das Wechselbad der Diskurse im langen Sommer der Flucht 2015. Bielefeld: transcript Verlag 2022

Beckmayer, Sonja; Mulia, Christian (Hrsg.) (2021): Volkskirche in postsäkularer Zeit. Erkundungsgänge und theologische Perspektiven. Stuttgart: W. Kohlhammer 2021 (= Praktische Theologie heute Bd. 180)

Bedford-Strohm, Heinrich (1993): Vorrang für die Armen. Auf dem Weg zu einer theologischen Theorie der Gerechtigkeit. Gütersloh: Chr. Kaiser / Gütersloher Verlagshaus 1993 (= Öffentliche Theologie Bd. 4. Neudruck Leipzig: Evangelische Verlagsanstalt 2018)

Bedford-Strohm, Heinrich; Jung, Volker (Hrsg.) (2015): Vernetzte Vielfalt. Kirche angesichts von Individualisierung und Säkularisierung. Die fünfte EKD-Erhebung über Kirchenmitgliedschaft. Gütersloh: Gütersloher Verlagshaus 2015

Beer, Sigrid (2018): Soziale Ungleichheit, Armut und Bildung. In: „Arme habt ihr immer bei euch". Armut und soziale Ausgrenzung wahrnehmen, reduzieren, überwinden. Hrsg.: G.K. Schäfer u.a. Göttingen: Vandenhoeck & Ruprecht 2018, S. 163-173

Beese, Dieter (2020): „Dienstgemeinschaft" Leitbild kirchlicher Arbeit (?). Eine Einführung für Studierende der Theologie. Vorlesung Wintersemester 2019/ 2020. Achte Vorlesung – Januar 2020. Kritischer Kommentar (Text-Datei. Stand: 28.05.2020) Internet: https://www.dieter-beese.de/.cm4all/uproc.php/0/imported/Fazit%20der%20Vorlesung%20WiSe%202019-20.pdf?_=178509a 41f0&cdp=a (Zugriff: 27.06.2022. 19:15 Uhr MESZ)

Beese, Dieter (2021): Das Denkschema ‚alles oder nichts' ist kein besonders intelligentes. Günter Brakelmanns „Plädoyer für einen 'Vierten Weg'" im kirchlichen Arbeitsrecht. In: Priorität für die Arbeit. Profile kirchlicher Präsenz in der Arbeitswelt gestern und heute. Festschrift für Günter Brakelmann zum 90. Geburtstag. Hrsg.: T. Jähnichen; R. Pelikan u.a. Berlin: LIT-Verlag 2021 (= Schriften des Netzwerks zur Erforschung des Sozialen Protestantismus Bd. 1), S. 263-274.

Behrendt-Raith, Nina; Schäfer, Gerhard K. (2022): Diakonie in der Ortsgemeinde. In: Ökumenisches Kompendium Caritas und Diakonie. Hrsg.: A. Lob-Hüdepohl, Andreas; G.K. Schäfer. Göttingen: Vandenhoeck & Ruprecht 2022, S. 375-394

Benedict, Hans-Jürgen (2000): Beruht der Anspruch der evangelischen Diakonie auf einer Missinterpretation der antiken Quellen? John N. Collins Untersuchung „Diakonia". Wiederabdruck in: Studienbuch Diakonik. Bd. 1: Biblische, historische und theologische Zugänge zur Diakonie. Hrsg.: V. Herrmann; M. Horstmann. Neukirchen-Vluyn: Neukirchener Verlagsgesellschaft 2006, S. 117-133

Benedict, Hans-Jürgen (2011): Die Ausgegrenzten. Wie die Gesellschaft sich mit der sozialen Spaltung und Massenarmut abfindet, Kirche und Diakonie das aber nicht dürfen (WWW-Datei. 2011. 2013. Stand: 15.10.2018). Internet: https://journals.ub.uni-heidelberg.de/index.php/dwijb/article/view/53144/46786 (Zugriff: 11.06.2021, 18:30 Uhr MESZ)

Benz, Benjamin (2018): Hilfe unter Protest – begrenzte Handlungsmöglichkeiten nutzen. In: „Arme habt ihr immer bei euch". Armut und soziale Ausgrenzung wahrnehmen, reduzieren, überwinden. Hrsg.: G.K. Schäfer u.a. Göttingen: Vandenhoeck & Ruprecht 2018, S. 429-445

Berges, Ulrich; Beuken, Willem A.M. (2016): Das Buch Jesaja. Eine Einführung. Göttingen: Vandenhoeck & Ruprecht 2016

Bernzen, Christian (2022): Finanzen und Finanzierung. In: Ökumenisches Kompendium Caritas und Diakonie. Hrsg.: A. Lob-Hüdepohl, Andreas; G.K. Schäfer. Göttingen: Vandenhoeck & Ruprecht 2022, S. 455-463

Bertram, Jan; Huster, Ernst-Ulrich (2018): Armut in Deutschland – Begriffe, Betroffenheit und Perspektiven im Spiegel der Sozialberichterstattung. In: „Arme habt ihr immer bei euch". Armut und soziale Ausgrenzung wahrnehmen, reduzieren, überwinden. Hrsg.: G.K. Schäfer u.a. Göttingen: Vandenhoeck & Ruprecht 2018, S. 42-55

Blum, Erhard (1984): Die Komposition der Vätergeschichte. Neukirchen-Vluyn: Neukirchener Verlagsgesellschaft 1984 (= Wissenschaftliche Monographien zum Alten und Neuen Testament Bd. 57)

Blum, Erhard (1990): Studien zur Komposition des Pentateuch. Berlin / New York: de Gruyter 1990 (= Beihefte zur Zeitschrift für die alttestamentliche Wissenschaft Bd. 189)

Boeckh, Jürgen; Huster, Ernst-Ulrich; Benz, Benjamin (2011): Sozialpolitik in Deutschland. Eine systematische Einführung. Wiesbaden: Springer VS 2011

Boeßenecker, Karl-Heinz; Vilain, Michael (2013): Spitzenverbände der Freien Wohlfahrtspflege. Eine Einführung in Organisationsstrukturen und Handlungsfelder sozialwirtschaftlicher Akteure in Deutschland. 2., überarbeitete Aufl. Weinheim / München: Beltz Juventa 2013

Bourdieu, Pierre (1983): Ökonomisches Kapital, kulturelles Kapital, soziales Kapital. In: Soziale Ungleichheiten. Hrsg. R. Kreckel. Göttingen: Schwartz 1983 (= Die soziale Welt. Sonderheft Nr. 2)

Bovon, François (1989): Das Evangelium nach Lukas. 1. Teilband Lk 1,1 – 9,50. Zürich und Düsseldorf: Benziger Verlag / Neukirchen-Vluyn: Neukirchener Verlagsgesellschaft 1989 (= Evangelisch-Katholischer Kommentar zum Neuen Testament Bd. III/1)

Bovon, François (1996): Das Evangelium nach Lukas. 2. Teilband Lk 9,51 – 14,35. Zürich und Düsseldorf: Benziger Verlag / Neukirchen-Vluyn: Neukirchener Verlagsgesellschaft 1996 (= Evangelisch-Katholischer Kommentar zum Neuen Testament Bd. III/2)

Bovon, François (2001): Das Evangelium nach Lukas. 3. Teilband Lk 15,1 – 19,27. Zürich und Düsseldorf: Benziger Verlag / Neukirchen-Vluyn: Neukirchener Verlagsgesellschaft 2001 (= Evangelisch-Katholischer Kommentar zum Neuen Testament Bd. III/3)

Bovon, François (2009): Das Evangelium nach Lukas. 4. Teilband Lk 19,28 – 24,53. Zürich und Düsseldorf: Benziger Verlag / Neukirchen-Vluyn: Neukirchener Verlagsgesellschaft 2009 (= Evangelisch-Katholischer Kommentar zum Neuen Testament Bd. III/4)

Brakelmann, Günter (1991): Plädoyer für einen „Vierten Weg". In: Beyer, Heinrich; Nutzinger Hans G. (unter Mitarbeit von Fischer, Holger): Erwerbsarbeit und Dienstgemeinschaft. Arbeitsbeziehungen in kirchlichen Einrichtungen. Eine empirische Untersuchung. Mit einem Nachwort von Günter Brakelmann. Hrsg.: Hans-Böckler-Stiftung. Bochum: SWI-Verlag. Selbstverlag des Sozialwissenschaftlichen Instituts der Evangelischen Kirche in Deutschland 1991, S. 327-334

Braune, Gerd (2018): Vorbild Kanada – wie Einwanderung gut funktionieren kann. In: Der Tagesspiegel. Online-Ausgabe (WWW-Datei. Stand: 07.08.2018). Internet: https://www.tagesspiegel.de/politik/punktesystem-vorbild-kanada-wie-einwanderung-gut-funktionieren-kann/22881938.html (Zugriff: 07.10.2021, 11:05 Uhr MESZ)

Braune-Krickau, Tobias (2017): Diakonik. In: Praktische Theologie. Ein Lehrbuch. Hrsg.: K. Fechtner u.a. Stuttgart: W. Kohlhammer 2017 (= Theologische Wissenschaft. Bd. 15). S. 222-242

Brox, Norbert (1979): Der erste Petrusbrief. Zürich, Einsiedeln und Köln: Benziger Verlag / Neukirchen-Vluyn: Neukirchener Verlagsgesellschaft 1979 (= Evangelisch-Katholischer Kommentar zum Neuen Testament Bd. XXI)

Büscher, Martin; Hofmann, Beate (2017): Multirationales Management in diakonischen Unternehmen – Hermeneutische Grundlegung eines diakoniewissenschaftlichen Paradigmas. In: Diakonische Unternehmen multirational führen. Grundlagen – Kontroversen – Potentiale. Hrsg.: B. Hofmann; M. Büscher. Baden-Baden: Nomos 2017 (= Diakoniewissenschaft/Diakoniemanagement Bd. 10). S. 19-46

Büscher, Martin; Rannenberg, Jens; Starnitzke, Dierk (2020): Wertegeleitete Unternehmensführung. Empirie und Theorie diakonischer und privatwirtschaftlicher Unternehmen. Baden-Baden: Nomos 2020 (= Diakoniewissenschaft/Diakoniemanagement Bd. 15)

Bultmann, Rudolf (1953): Theologie des Neuen Testaments. Tübingen: Mohr Siebeck 1953

Bundschuh-Schramm, Christiane (2020): Der Gott von gestern. In: Publik-Forum online (WWW-Datei. Stand: 10.07.2020). Internet: https://www.publik-forum.de/Religion-Kirchen/der-gott-von-gestern?Danke=true (Zugriff: 27.07. 2021, 10:15 Uhr MESZ)

Campenhausen, Hans Freiherr von (1977): Die Entstehung der christlichen Bibel. 2. Aufl. (1. Aufl. 1968) Berlin: Evangelische Verlagsanstalt 1977

Cardenal, Ernesto (1991): Das Evangelium der Bauern von Solentiname. Gesamtausgabe. Wuppertal: Peter Hammer 1991 (= Neuausgabe von Bd. I 1976 und Bd. II 1978)

Chaniotis, Angelos (2019): Die Öffnung der Welt. Eine Globalgeschichte des Hellenismus. Aus dem Englischen übersetzt von Martin Hallmannsecker. Darmstadt: Wissenschaftliche Buchgesellschaft (wbg Theiss) 2019

Crüsemann, Frank (1978): Der Widerstand gegen das Königtum. Die antiköniglichen Texte des Alten Testaments und der Kampf um den frühen israelitischen Staat. Neukirchen-Vluyn: Neukirchener Verlagsgesellschaft 1978 (= Wissenschaftliche Monographien zum Alten und Neuen Testament Bd. 49)

Crüsemann, Frank (1990): Das Alte Testament als Grundlage der Diakonie. Wiederabdruck in: Studienbuch Diakonik. Bd. 1: Biblische, historische und theologische Zugänge zur Diakonie. Hrsg.: V. Herrmann; M. Horstmann. Neukirchen-Vluyn: Neukirchener Verlagsgesellschaft 2006, S. 58-87

Crüsemann, Frank (1992): Die Tora. Theologie und Sozialgeschichte des alttestamentlichen Gesetzes. München: Chr. Kaiser 1992

Crüsemann, Frank (2011): Das Alte Testament als Wahrheitsraum des Neuen. Die neue Sicht der christlichen Bibel. Gütersloh: Gütersloher Verlagshaus 2011

Dabrock, Peter (2006): Inklusion und soziale Gerechtigkeit. Zur theologisch-ethischen Deutung einer Luhmann'schen Theoriefigur und ihrer Bedeutung für den aktuellen Gerechtigkeitsdiskurs. In: Luhmann und die Theologie. Hrsg.: G. Thomas; A. Schüle. Darmstadt: Wissenschaftliche Buchgesellschaft 2006, S. 129-145

Dabrock, Peter (2010): Befähigungsgerechtigkeit als Ermöglichung gesellschaftlicher Inklusion. In: Capabilities – Handlungsbefähigung und Verwirklichungschancen in der Erziehungswissenschaft. Hrsg.: H.U. Otto; H. Ziegler. 2. Aufl. (1. Aufl. 2008) Wiesbaden: Springer VS 2010, S. 17-53

Dabrock, Peter (2012): Befähigungsgerechtigkeit. Ein Grundkonzept konkreter Ethik in fundamentaltheologischer Perspektive. Unter Mitarbeit von Ruth Denkhaus. Gütersloh: Gütersloher Verlagshaus 2012

Dabrock, Peter (2021): Wir werden uns manches nicht verzeihen können. In: SPIEGEL Online (WWW-Datei. Stand: 05.05.2021). Internet: https://www.spiegel.de/psychologie/corona-massnahmen-wir-werden-uns-manches-nicht-verzeihen-koennen-a-ad1a3426-f354-4d6c-9730-0d9648f9d141 (Zugriff: 08.10.2021, 18:20 Uhr MESZ)

Daiber, Karl-Fritz (1992): Diakonie und kirchliche Identität. Studien zu einer diakonischen Praxis in einer Volkskirche. 2. Aufl. Hannover: Lutherisches Verlagshaus 1992

Degen, Johannes (1985): Diakonie im Widerspruch. Zur Politik der Barmherzigkeit im Sozialstaat. München: Chr. Kaiser 1985

Degen, Johannes (2005): Diakonie als Unternehmen. In: Diakonisches Kompendium. Hrsg.: G. Ruddat; G.K. Schäfer. Göttingen: Vandenhoeck & Ruprecht 2005, S. 228-240

Diakonisches Werk der Evangelischen Kirche in Deutschland e.V. (Hrsg.) (2007): Handlungsoption Gemeinwesendiakonie. Die Gemeinschaftsinitiative Soziale Stadt als Herausforderung und Chance für Kirche und Diakonie. Diakonie Texte Positionspapier 12.2007. Stuttgart: Diakonisches Werk der Evangelischen Kirche in Deutschland 2007

Diakonisches Werk Rheinland-Westfalen-Lippe e.V. – Diakonie RWL (Hrsg.) (2017): Geflüchtete schützen – Teilhabe fördern. Positionen der Diakonie RWL. Düsseldorf/Münster: Diakonie RWL 2017

Diekmann, Florian (2017): Was ist dran am deutschen Jobwunder? In: SPIEGEL Online (WWW-Datei. Stand: 28.08.2017). Internet: https://www.spiegel.de/wirtschaft/soziales/arbeitsmarkt-was-ist-dran-am-deutschen-jobwunder-a-1163804.html (Zugriff: 06.10.2021, 14:15 Uhr MESZ)

Diekmann, Florian (2018): Was an Hartz IV wirklich abgeschafft gehört. In: SPIEGEL On-line (WWW-Datei. Stand: 16.04.2018). Internet: https://www.spiegel.de/wirtschaft/soziales/was-an-hartz-iv-wirklich-abgeschafft-gehoert-a-1202763.html (Zugriff: 06.10.2021, 14:25 Uhr MESZ)

Dietrich, Walter (1997): Die frühe Königszeit in Israel. 10. Jahrhundert v. Chr. Stuttgart: W. Kohlhammer 1997 (= Biblische Enzyklopädie Bd. 3)

Dietz, Alexander (2018): Armut – Gemeinde – Sozialraum. In: „Arme habt ihr immer bei euch". Armut und soziale Ausgrenzung wahrnehmen, reduzieren, überwinden. Hrsg.: G.K. Schäfer u.a. Göttingen: Vandenhoeck & Ruprecht 2018, S. 413-421

Dinkel, Christoph; Schäfer, Gerhard K. (2004): Diakonie und Gemeinde. In: Theologie und Diakonie. Hrsg.: M. Schibilsky; R. Zitt. Gütersloh: Gütersloher Verlagshaus 2004 (= Veröffentlichungen der Wissenschaftlichen Gesellschaft für Theologie. Bd. 25). S. 401-418

Dschulnigg, Peter (2007): Das Markusevangelium. Stuttgart: W. Kohlhammer 2007 (= Theologischer Kommentar zum Neue Testament Bd. 2)

Dunn, James D. G. (1983/2008): The New Perspective on Paul. Wiederabdruck in: Dunn, James D. G. (2005): The New Perspective on Paul. Revised Edition (1. Aufl. Tübingen: Mohr Siebeck 2005). Grand Rapids, Michigan / Cambridge, United Kingdom: William B. Eerdmans Publishing Company 2008, S. 99-120

Dunn, James D. G. (1985/2008): Works of the Law and the Curse of the Law (Gal. 3,10-14). Wiederabdruck in: Dunn, James D. G. (2005): The New Perspective on Paul. Revised Edition (1. Aufl. Tübingen: Mohr Siebeck 2005). Grand Rapids, Michigan / Cambridge, United Kingdom: William B. Eerdmans Publishing Company 2008, S. 121-140

Ebach, Jürgen (1997): Die Bibel beginnt mit „b". In: J. Ebach: Gott im Wort. Drei Studien zur biblischen Exegese und Hermeneutik. Neukirchen-Vluyn: Neukirchener Verlagsgesellschaft 1997, S. 85-114

Ebach, Jürgen (2007): Genesis 37-50. Herders Theologischer Kommentar zum Alten Testament. Freiburg im Breisgau: Herder 2007

Ebach, Jürgen (2019): Alttestamentliche Ethik aus Erinnerung – alttestamentliche Ethik als Erinnerung. In: Hermeneutik. Fundamentaltheologische Abwägungen – materialethische Konsequenzen. Hrsg.: C. Wustmans; M. Schell. Berlin: LIT-Verlag 2019 (= Entwürfe zur christlichen Gesellschaftswissenschaft Bd. 39), S. 12-36

Ebner, Martin (2012): Die Stadt als Lebensraum der ersten Christen. Das Urchristentum in seiner Umwelt I. Göttingen: Vandenhoeck & Ruprecht 2012 (= Grundrisse zum Neuen Testament Bd. 1.1)

El-Mafaalani, Aladin (2018): Das Integrationsparadox. Warum gelungene Integration zu mehr Konflikten führt. Köln: Kiepenheuer & Witsch 2018

El-Ouassil, Samira (2021): Habermas und die Demokratie 2.0. In: SPIEGEL Online (WWW-Datei. Stand: 28.10.2021). Internet: https://www.spiegel.de/kultur/juergen-habermas-strukturwandel-der-oeffentlichkeit-in-der-2-0-version-a-2e683f52-3ccd-4985-a750-5e1a1823ad08 (Zugriff: 03.11.2021, 16:05 Uhr MEZ)

Eurich, Johannes (2011): Kirchen aktiv gegen Armut und Ausgrenzung. Einleitende Überlegungen. In: Kirchen aktiv gegen Armut und Ausgrenzung. Theologische Grundlagen und praktische Ansätze für Diakonie und Gemeinde. Hrsg.: J. Eurich u.a. Stuttgart: W. Kohlhammer 2011, S. 9-18

Eurich, Johannes; Maaser, Wolfgang (2013): Diakonie in der Sozialökonomie. Studien zu Folgen der neuen Wohlfahrtspolitik. Leipzig: Evangelische Verlagsanstalt 2010 (= Veröffentlichungen des Diakoniewissenschaftlichen Instituts an der Universität Heidelberg Bd. 47)

Eurich, Johannes; Schmidt, Heinz (Hrsg.) (2016): Diakonie. Grundlagen – Konzeptionen – Diskurse. Göttingen: Vandenhoeck & Ruprecht 2016

Evangelische Kirche im Rheinland (Hrsg.) (2010): Missionarisch Volkskirche sein. Zur Entwicklung und Umsetzung einer Leitvorstellung. Düsseldorf: Evangelische Kirche im Rheinland 2010

Evangelische Kirche im Rheinland (Hrsg.) (2019): Fünf diakonietheologische Thesen zur Diakoniesynode der Evangelischen Kirche im Rheinland (Text-Datei. Stand: 11.11.2019). Internet: https://landessynode.ekir.de/wp-content/uploads/sites/2/2019/12/LS2020_73-Impuls-DiakonieThesen.pdf (Zugriff: 29.04.2021, 11:45 Uhr MESZ)

Evangelische Kirche in Deutschland (Hrsg.) (1998): Herz und Mund und Tat und Leben. EKD-Denkschrift Nr. 143 (WWW-Datei. Stand: 1998). Internet: https://www.ekd.de/Herz-und-Mund-und-Tat-und-Leben-591.htm (Zugriff: 17.05.2021. 14:20 Uhr MESZ)

Evangelische Kirche in Deutschland (Hrsg.) (2006/1): Kirche der Freiheit. Perspektiven für die evangelische Kirche im 21. Jahrhundert. Ein Impulspapier des Rates der EKD. Hannover: Evangelische Kirche in Deutschland 2006

Evangelische Kirche in Deutschland (Hrsg.) (2006/2): Gerechte Teilhabe – Befähigung zu Eigenverantwortung und Solidarität. Eine Denkschrift des Rates der EKD zur Armut in Deutschland (Text-Datei. Stand: Juli 2006) Internet: https://www.ekd.de/ekd_de/ds_doc/gerechte_teilhabe_2006.pdf (Zugriff: 13.10.2021. 13:10 Uhr MESZ)

Evangelische Kirche in Deutschland (Hrsg.) (2014): Engagement und Indifferenz. Kirchenmitgliedschaft als soziale Praxis. V. EKD-Erhebung über Kirchenmitgliedschaft. Hannover: Evangelische Kirche in Deutschland 2014

Evangelische Kirche in Deutschland (Hrsg.) (2015): Es ist normal, verschieden zu sein. Inklusion leben in Kirche und Gesellschaft. Eine Orientierungshilfe des Rates der EKD (WWW-Datei. Stand: 2015) Internet: https://www.ekd.de/Vorwort-421.htm (Zugriff: 11.08.2021. 16:00 Uhr MESZ)

Evangelische Kirche in Deutschland (Hrsg.) (2019): Kirche im Umbruch. Zwischen demografischem Wandel und nachlassender Kirchenverbundenheit. Eine langfristige Projektion der Kirchenmitglieder und des Kirchensteueraufkommens der Universität Freiburg in Verbindung mit der EKD. Hannover: Evangelische Kirche in Deutschland 2019

Evangelische Kirche in Deutschland (Hrsg.) (2021): Hinaus ins Weite. Kirche auf gutem Grund. Zwölf Leitsätze zur Zukunft einer aufgeschlossenen Kirche. Hannover: Evangelische Kirche in Deutschland 2021

Evangelisches Werk für Diakonie und Entwicklung (Hrsg.) (2016): Aktualisierte Umwelterklärung 2016 (Text-Datei. Stand: 2017). Internet: https://www.diakonie.de/fileadmin/user_upload/EWDE_Umwelterklaerung_2016.pdf (Zugriff: 05.10.2021. 15:15 Uhr MESZ)

Fahrenholz, Christa (2020): Die Innerfamiliale Komponente. Bildungserfolge und -misserfolge von Kindern aus niedrigen Sozialschichten und/oder mit einem Migrationshintergrund. Berlin: LIT-Verlag 2020 (= Erziehungswissenschaft Bd. 92)

Fahrenholz, Christa (2021): Niedrige Bildungserfolge und soziale Herkunft. Hinweise zur Relation von Bildungssystem und Elternhaus. Berlin: LIT-Verlag 2021 (= Erziehungswissenschaft Bd. 94)

Falterbaum, Johannes (2000): Caritas und Diakonie. Struktur und Rechtsfragen. Neuwied / Kriftel / Berlin: Luchterhand 2000

Fichtmüller, Matthias (2019): Diakonie ist Kirche. Zur Notwendigkeit der Genese einer Diakoniekirche. Baden-Baden: Nomos 2019 (= Diakoniewissenschaft/Diakoniemanagement Bd. 14)

Fiedler, Peter (2006): Das Matthäusevangelium. Stuttgart: W. Kohlhammer 2006 (= Theologischer Kommentar zum Neue Testament Bd. 1)

Finkelstein, Israel (2014): Das vergessene Königreich. Israel und die verborgenen Ursprünge der Bibel. München: C.H. Beck 2014

Finsterbusch, Karin (2012): Deuteronomium. Eine Einführung. Göttingen: Vandenhoeck & Ruprecht 2012

Frevel, Christian (2017): Die Klagelieder. Stuttgart: Verlag Katholisches Bibelwerk 2017 (= Neuer Stuttgarter Kommentar Altes Testament. Bd. 20.1)

Fritz, Volkmar (1996): Die Entstehung Israels im 12. und 11. Jhdt. v. Chr. Stuttgart: W. Kohlhammer 1996 (= Biblische Enzyklopädie Bd. 2)

Fuchs, Ernst (1968): Marburger Hermeneutik. Tübingen: Mohr Siebeck 1968 (= Hermeneutische Untersuchungen zur Theologie Bd. 9)

Fukuyama, Francis (2018/2019): Identität. Wie der Verlust der Würde unsere Demokratie gefährdet (englisches Original: Identity: The Demand for Dignity and the Politics of Resentment. London: Profile Books 2018). Hamburg: Hoffmann & Campe 2019

Gabriel, Karl (2007): Caritas und Sozialstaat unter Veränderungsdruck. Analysen und Perspektiven. Berlin: LIT-Verlag 2007

Gerstenberger, Erhard S. (1993): Das dritte Buch Mose. Leviticus. Göttingen: Vandenhoeck & Ruprecht 1993 (= Das Alte Testament Deutsch Bd. 6)

Gerstenberger, Erhard S. (2005): Israel in der Perserzeit. 5. und 4. Jahrhundert v. Chr. Stuttgart: W. Kohlhammer 2005 (= Biblische Enzyklopädie Bd. 8)

Gertz, Jan Christian (Hrsg.) (2010): Grundinformation Altes Testament. Eine Einführung in Literatur, Religion und Geschichte des Alten Testaments. 4. Aufl. (1. Aufl. 2006). Göttingen: Vandenhoeck & Ruprecht 2010

Ghaderi, Cinur (2017): Begleitung traumatisierter Flüchtlinge. In: Geflüchtete in Deutschland. Ansichten – Allianzen – Anstöße. Hrsg.: G.K. Schäfer u.a. Göttingen: Vandenhoeck & Ruprecht 2017, S. 267-277

Goodman, Martin (2021): Die Geschichte des Judentums. Glaube, Kult, Gesellschaft (englisches Original: A History of Judaism. London: Random House 2017). 2. Aufl. (1. Aufl. 2020) Stuttgart: Klett-Cotta 2021

Göschel, Albrecht (2007): Demographischer Wandel: Konsequenzen für die Stadt und das Zusammenleben. In: Nachbarschaften und Stadtteile im Umbruch. Kreative Antworten der Gemeinwesenarbeit auf aktuelle Herausforderungen Hrsg.: S. Gillich. Gelnhausen: TRIGA 2007, S. 20-29

Graumann, Sigrid (2017): Überlegungen zu einer ethisch vertretbaren Flüchtlingspolitik. In: Geflüchtete in Deutschland. Ansichten – Allianzen – Anstöße. Hrsg.: G.K. Schäfer u.a. Göttingen: Vandenhoeck & Ruprecht 2017, S. 64-77

Greschat, Martin (2010): Der Protestantismus in der Bundesrepublik Deutschland (1945-2005). Leipzig: Evangelische Verlagsanstalt 2010 (= Kirchengeschichte in Einzeldarstellungen. Bd. IV/2)

Griep, Heinrich; Renn, Heribert (2011): Das Recht der Freien Wohlfahrtspflege. Grundlagen und Perspektiven. Freiburg im Breisgau: Lambertus-Verlag 2011

Grundmann, Matthias (2010). Handlungsbefähigung – eine sozialisationstheoretische Perspektive. In: Capabilities – Handlungsbefähigung und Verwirklichungschancen in der Erziehungswissenschaft. Hrsg.: H.U. Otto; H. Ziegler. 2. Aufl. (1. Aufl. 2008) Wiesbaden: Springer VS 2010, S. 131-142

Gunneweg, Antonius H. J. (1977): Vom Verstehen des Alten Testaments. Eine Hermeneutik. Göttingen: Vandenhoeck & Ruprecht 1977 (= Grundrisse zum Alten Testament Bd. 5)

Gutiérrez, Gustavo (1973): Theologie der Befreiung. München: Matthias Grünewald 1973

Haacker, Klaus (2019): Die Apostelgeschichte. Stuttgart: W. Kohlhammer 2019 (= Theologischer Kommentar zum Neue Testament Bd. 5)

Haag, Ernst (2003): Das hellenistische Zeitalter. Israel und die Bibel im 4. bis 1. Jahrhundert v. Chr. Stuttgart: W. Kohlhammer 2003 (= Biblische Enzyklopädie Bd. 9)

Haas, Hanns-Stephan (2010): Theologie und Ökonomie. Management-Modelle – Theologisch-ökonomische Grundlegung – Diskurspartnerschaft. Stuttgart: W. Kohlhammer 2010 (= Diakonie. Bildung – Gestaltung – Organisation. Bd. 9)

Haas, Hanns-Stephan; Ploß, Christoph (Hrsg.) (2021): Chancen begreifen. Soziale Leitbegriffe im Gespräch zwischen Politik und Sozialwirtschaft. Stuttgart: W. Kohlhammer 2019 (= Diakonie. Bildung – Gestaltung – Organisation. Bd. 23)

Haas, Hanns-Stephan; Starnitzke, Dierk (2019): Gelebte Identität. Zur Praxis von Unternehmen in Caritas und Diakonie. Stuttgart: W. Kohlhammer 2019 (= Diakonie. Bildung – Gestaltung – Organisation. Bd. 19)

Habermas, Jürgen (1981): Theorie des kommunikativen Handelns. Bd. 1: Handlungsrationalität und gesellschaftliche Rationalisierung. Bd. 2: Zur Kritik der funktionalistischen Vernunft. Frankfurt am Main: Suhrkamp 1981

Habermas, Jürgen (1991): Erläuterungen zur Diskursethik. Frankfurt am Main: Suhrkamp 1991

Habermas, Jürgen (2019): Auch eine Geschichte der Philosophie. Bd. 1: Die okzidentale Konstellation von Glauben und Wissen. Bd. 2: Vernünftige Freiheit. Spuren des Diskurses über Glauben und Wissen. Berlin: Suhrkamp 2019

Habermas, Jürgen (2021): Überlegungen und Hypothesen zu einem erneuten Strukturwandel der politischen Öffentlichkeit. In: Ein neuer Strukturwandel der Öffentlichkeit? Hrsg.: M. Seeliger; S. Sevignani. Baden-Baden: Nomos 2021 (= Leviathan. Berliner Zeitschrift für Sozialwissenschaft. Sonderband 37), S. 470-500

Habermas, Jürgen; Luhmann, Niklas (1971/1990): Theorie der Gesellschaft oder Sozialtechnologie: Was leistet die Systemforschung? 10. Aufl. (1.Aufl. 1971) Frankfurt am Main: Suhrkamp 1990

Hainz, Josef (1981): Lexikalisches Stichwort „koinonia" usw. In: Exegetisches Wörterbuch zum Neuen Testament. Bd. 2, Lieferung 5/6. Hrsg.: H. Balz; G. Schneider. Stuttgart: W. Kohlhammer 1981, Spalte 749-755

Hammer, Georg-Hinrich (2013): Geschichte der Diakonie in Deutschland. Stuttgart: W. Kohlhammer 2013

Hanselmann, Johannes; Hild, Helmut; Lohse, Eduard (Hrsg.) (1984): Was wird aus der Kirche? Ergebnisse der zweiten EKD-Umfrage über Kirchenmitgliedschaft. Gütersloh: Gütersloher Verlagshaus 1984

Haslinger, Herbert (2009): Diakonie. Grundlagen für die soziale Arbeit der Kirche. Paderborn / München / Wien / Zürich: Ferdinand Schöningh 2009

Hauschildt, Eberhard; Pohl-Patalong, Uta (2013): Kirche. Gütersloh: Gütersloher Verlagshaus 2013 (= Lehrbuch Praktische Theologie Bd. 4)

Heckel, Theo K. (2019): Die Briefe des Jakobus, Petrus, Johannes und Judas. Göttingen: Vandenhoeck & Ruprecht 2019 (= Das Neue Testament Deutsch Bd. 10)

Hengel, Martin (1988): Judentum und Hellenismus. Studien zu ihrer Begegnung unter besonderer Berücksichtigung Palästinas bis zur Mitte des 2. Jh.s v.Chr. 3., durchgesehene Aufl. (1. Aufl. 1969). Tübingen: Mohr Siebeck 1988 (= Wissenschaftliche Untersuchungen zum Neuen Testament Bd. 10)

Hentschel, Anni (2007): Diakonia im Neuen Testament. Studien zur Semantik unter besonderer Berücksichtigung der Rolle von Frauen. Tübingen: Mohr Siebeck 2007 (= Wissenschaftliche Untersuchungen zum Neuen Testament 2. Reihe Bd. 226)

Hieke, Thomas (2005): Die Bücher Esra und Nehemia. Stuttgart: Verlag Katholisches Bibelwerk 2006 (= Neuer Stuttgarter Kommentar Altes Testament. Bd. 9.2)

Hieke, Thomas (2014): Levitikus. Zweiter Teilband: 16-27. Herders Theologischer Kommentar zum Alten Testament. Freiburg im Breisgau: Herder 2014

Höhne, Florian (2019): Unterscheiden. Übersetzen. Überraschen. Zur öffentlichen Dimension hermeneutischer Praxis und Theorie. In: Hermeneutik. Fundamentaltheologische Abwägungen – materialethische Konsequenzen. Hrsg.: C. Wustmans; M. Schell. Berlin: LIT-Verlag 2019 (= Entwürfe zur christlichen Gesellschaftswissenschaft Bd. 39), S. 66-80

Höroldt, Hans; König, Volker (Hrsg.) (2011): Gemeinde & Diakonie: erleben - verstehen – gestalten. Düsseldorf: Medienverband der Evangelischen Kirche im Rheinland 2011

Hoffmann, Paul; Heil, Christoph (Hrsg.) (2013): Die Spruchquelle Q. Studienausgabe Griechisch und Deutsch. 4. Aufl. (= Nachdruck der 3. überarbeiteten und erweiterten Auflage 2009) Darmstadt: Wissenschaftliche Buchgesellschaft 2013

Hofmann, Beate (2017): Diakonisch Kirche sein im Resonanzraum des Evangeliums. Überlegungen zur „Kirchlichkeit" der Diakonie aus systemischer, ekklesiologischer und juristischer Perspektive. In: Diakonische Unternehmen multirational führen. Grundlagen – Kontroversen – Potentiale. Hrsg.: B. Hofmann; M. Büscher. Baden-Baden: Nomos 2017 (= Diakoniewissenschaft/Diakoniemanagement Bd. 10). S. 155-172

Hofmann, Beate; Montag, Barbara (Hrsg.) (2018): Theologie für Diakonie-Unternehmen. Funktionen – Rollen – Positionen. Stuttgart: W. Kohlhammer 2018 (= Diakonie. Bildung – Gestaltung – Organisation Bd. 18)

Holum, Kenneth (1995): Lexikalisches Stichwort „Palästina". In: Theologische Realenzyklopädie. Bd. 25. Hrsg.: G. Krause; G. Müller. Berlin / New York: de Gruyter 1995

Honneth, Axel; Joas, Hans (Hrsg.) (1986): Kommunikatives Handeln. Beiträge zu Jürgen Habermas' „Theorie des kommunikativen Handelns". Frankfurt am Main: Suhrkamp 1986

Horstmann, Martin; Park, Heike (2014): Gott im Gemeinwesen. Sozialkapitalbildung in Kirchengemeinden. Berlin: LIT-Verlag 2014 (= Sozialwissenschaftliches Institut der EKD, SI-Konkret Bd. 6)

Hossfeld, Frank-Lothar; Zenger, Erich (2002): Die Psalmen II. Psalm 51-100. Würzburg: Echter Verlag 2002

Huster, Ernst-Ulrich; Boeckh, Jürgen; Mogge-Grotjahn, Hildegard. (Hrsg.) (2018): Handbuch Armut und soziale Ausgrenzung. 3. aktualisierte und erweiterte Aufl. (1. Aufl. 2008). Wiesbaden: Springer VS 2018

Jäger, Alfred (1993): Diakonie als christliches Unternehmen. Theologische Wirtschaftsethik im Kontext diakonischer Unternehmenspolitik. 4. Aufl. (1. Aufl. 1986) Gütersloh: Gütersloher Verlagshaus 1993

Jäger, Alfred (1997): Diakonie als eigenständige Gestalt von Kirche. Wege zum Menschen, Göttingen: Vandenhoeck & Ruprecht. 49. Jahrgang (1997), S. 340-373

Jähnichen, Traugott (2017): Vom Leistungsträger im Sozialstaat zum Wettbewerber auf dem Sozialmarkt – Diakonie unter veränderten wohlfahrtsstaatlichen Bedingungen. Zeitschrift für evangelisches Kirchenrecht, Tübingen: Mohr Siebeck. 62. Jahrgang (2017), S. 197-210

Jähnichen, Traugott (2019/1): Biblisches Wirtschaftsethos und moderne Wirtschaftskultur. Anmerkungen zur biblischen Hermeneutik aus wirtschaftsethischer Perspektive. In: Hermeneutik. Fundamentaltheologische Abwägungen – materialethische Konsequenzen. Hrsg.: C. Wustmans; M. Schell. Berlin: LIT-Verlag 2019 (= Entwürfe zur christlichen Gesellschafts-wissenschaft Bd. 39), S- 125-147

Jähnichen, Traugott (2019/2): Sola Scriptura. Eine reformatorische Lösung, ihre Problemkonstellation und ihre wegweisenden Perspektiven. In: Allein die Schrift? Neue Perspektiven auf eine Hermeneutik für Kirche und Gesellschaft. Hrsg.: P. Wick; M. Cramer. Stuttgart: W. Kohlhammer 2019

Jähnichen, Traugott (2022): Hilfen für arbeitslose Menschen. In: Ökumenisches Kompendium Caritas und Diakonie. Hrsg.: A. Lob-Hüdepohl, Andreas; G.K. Schäfer. Göttingen: Vandenhoeck & Ruprecht 2022, S. 511-519

Jähnichen, Traugott; Kottnik, Klaus-Dieter (2004): Gerechtigkeit in Theologie und Diakonie. In: Theologie und Diakonie. Hrsg.: M. Schibilsky; R. Zitt. Gütersloh: Gütersloher Verlagshaus 2004 (= Veröffentlichungen der Wissenschaftlichen Gesellschaft für Theologie. Bd. 25), S. 112-128

Jeremias, Jörg (1983): Der Prophet Hosea. Göttingen: Vandenhoeck & Ruprecht 1983 (= Das Alte Testament Deutsch. Bd. 24/1)

Jeremias, Jörg (1995): Der Prophet Amos. Göttingen: Vandenhoeck & Ruprecht 1995 (= Das Alte Testament Deutsch. Bd. 24/2)

Jeremias, Jörg (2007): Die Propheten Joel, Obadja, Jona, Micha. Göttingen: Vandenhoeck & Ruprecht 2007 (= Das Alte Testament Deutsch. Bd. 24/3)

Joussen, Jacob (2022): Kirchliches Arbeitsrecht. In: Ökumenisches Kompendium Caritas und Diakonie. Hrsg.: A. Lob-Hüdepohl, Andreas; G.K. Schäfer. Göttingen: Vandenhoeck & Ruprecht 2022, S. 444-454

Jung, Martin H. (2002): Der Protestantismus in Deutschland von 1870 bis 1945. Leipzig: Evangelische Verlagsanstalt 2010 (= Kirchengeschichte in Einzeldarstellungen. Bd. III/5)

Just, Wolf-Dieter (2017): Die Europäische Union – eine Wertegemeinschaft? Asylpolitik zwischen Anspruch und Wirklichkeit. In: Geflüchtete in Deutschland. Ansichten – Allianzen – Anstöße. Hrsg.: G.K. Schäfer u.a. Göttingen: Vandenhoeck & Ruprecht 2017, S. 93-113

Käsemann, Ernst (1972): Paulinische Perspektiven. 2., durchgesehene Aufl. (1. Aufl. 1969) Tübingen: Mohr Siebeck 1972

Käsemann, Ernst (1974): An die Römer. 3., überarbeitete Aufl. (1. Aufl. 1973) Tübingen: Mohr Siebeck 1974 (= Handbuch zum Neuen Testament Bd. 8a)

Kaiser, Jochen-Christoph (2008): Evangelische Kirche und sozialer Staat. Diakonie im 19. und 20. Jahrhundert. Hrsg. V. Herrmann. Stuttgart: Kohlhammer 2008

Karle, Isolde (2004): Exklusionsprobleme der modernen Gesellschaft als Herausforderung für die Diakonie. In: Theologie und Diakonie. Hrsg.: M. Schibilsky; R. Zitt. Gütersloh: Gütersloher Verlagshaus 2004 (= Veröffentlichungen der Wissenschaftlichen Gesellschaft für Theologie. Bd. 25). S. 187-198

Karle, Isolde (2010): Kirche im Reformstress. Gütersloh: Gütersloher Verlagshaus 2010

Karle, Isolde (2020): Praktische Theologie. Leipzig: Evangelische Verlagsanstalt 2021 (= Lehrwerk Evangelische Theologie Bd. 7)

Kern, Bruno (2013): Theologie der Befreiung. Tübingen / Basel: A. Francke 2013

Kessler, Rainer (2006): Sozialgeschichte des alten Israel. Eine Einführung. Darmstadt: Wissenschaftliche Buchgesellschaft 2006

Kessler, Rainer (2011): „Es sollte überhaupt kein Armer unter euch sein" (Dtn 15, 4). Alttestamentliche Grundlagen zum Umgang mit Armut und Armen. In: Kirchen aktiv gegen Armut und Ausgrenzung. Theologische Grundlagen und praktische Ansätze für Diakonie und Gemeinde. Hrsg.: J. Eurich u.a. Stuttgart: W. Kohlhammer 2011, S. 19-35

Kiepe-Fahrenholz, Stephan (2017): Raus aus dem Krisenmodus – kommunale Herausforderungen. In: Geflüchtete in Deutschland. Ansichten – Allianzen – Anstöße. Hrsg.: G.K. Schäfer u.a. Göttingen: Vandenhoeck & Ruprecht 2017, S. 129-139

Kiepe-Fahrenholz, Stephan (2018): Armut in Duisburg – Grenzerfahrungen und Tabubrüche. In: „Arme habt ihr immer bei euch". Armut und soziale Ausgrenzung wahrnehmen, reduzieren, überwinden. Hrsg.: G.K. Schäfer u.a. Göttingen: Vandenhoeck & Ruprecht 2018, S. 252-264

Klimke, Daniela (2011): Lexikalisches Stichwort „Identitätspolitik". In: Lexikon zur Soziologie. Hrsg.: W. Fuchs-Heinritz u.a. 5. Aufl. Wiesbaden: Springer VS 2011

Knauf, Ernst Axel (2016): Richter. Zürich: TVZ 2016 (= Zürcher Bibelkommentare. AT Bd. 7)

Köhlmoos, Melanie (2010): Ruth. Göttingen: Vandenhoeck & Ruprecht 2010 (= Das Alte Testament Deutsch Bd. 9/3)

Köhlmoos, Melanie (2017): Exegese und Hermeneutik des Alten Testaments. In: Gottes Wort und Menschenrede. Hrsg.: Religionspädagogisches Institut Loccum der Lutherischen Landeskirche Hannovers 2017 (= Loccumer Pelikan 2/2017), S. 61-64

Körtner, Ulrich H. J. (2017): Lesen und Verstehen. Aktuelle Entwicklungen in der Bibelhermeneutik. In: Gottes Wort und Menschenrede. Hrsg.: Religionspädagogisches Institut Loccum der Lutherischen Landeskirche Hannovers 2017 (= Loccumer Pelikan 2/2017), S. 69-74

Konradt, Matthias (2015): Das Evangelium nach Matthäus. Göttingen: Vandenhoeck & Ruprecht 2015 (= Das Neue Testament Deutsch Bd. 1)

Konradt, Matthias (2022): Ethik im Neuen Testament. Göttingen: Vandenhoeck & Ruprecht 2012 (= Grundrisse zum Neuen Testament Bd. 4)

Kratz, Reinhard G. (2000): Die Komposition der erzählenden Bücher des Alten Testaments. Grundwissen der Bibelkritik. Göttingen: Vandenhoeck & Ruprecht 2000

Krause, Joachim J. (2020): Die Bedingungen des Bundes. Studien zur konditionalen Struktur alttestamentlicher Bundeskonzeptionen. Tübingen: Mohr Siebeck 2020 (= Forschungen zum Alten Testament Bd. 140)

Krause, Rüdiger (2019): Arbeitsrechtliche Konsequenzen der neueren Entscheidungen von EuGH und BAG zum kirchlichen Arbeitsrecht. In: Evangelische Identität und Pluralität. Perspektiven für die Gestaltung von Kirche und Diakonie in einer pluraler werdenden Welt. Hrsg.: Diakonie Deutschland. Diakonisches Werk für Diakonie und Entwicklung e.V. 2019, S. 28-37

Krolzik, Udo (2017): Theologie und Führung in diakonischen Unternehmen – Diakonische Führungskräfte vor der Gretchenfrage: Wie hältst du es mit der christlichen Prägung? In: Diakonische Unternehmen multirational führen. Grundlagen – Kontroversen – Potentiale. Hrsg.: B. Hofmann; M. Büscher. Baden-Baden: Nomos 2017 (= Diakoniewissenschaft/Diakoniemanagement Bd. 10). S. 99-114

Kronauer, Martin (2002): Exklusion. Die Gefährdung des Sozialen im hoch entwickelten Kapitalismus. Frankfurt am Main / New York: Campus 2002

Landstorfer, Johannes; Schöttler, Roland (2022): Digitale Transformation in Diakonie und Caritas. In: Ökumenisches Kompendium Caritas und Diakonie. Hrsg.: A. Lob-Hüdepohl, Andreas; G.K. Schäfer. Göttingen: Vandenhoeck & Ruprecht 2022, S. 364-372

Lessenich, Stephan (2013): Die Neuerfindung des Sozialen. Der Sozialstaat im flexiblen Kapitalismus. 3. Aufl. (1. Aufl. 2008) Bielefeld: transcript-Verlag 2013

Lessenich, Stephan / Nullmeier, Frank (Hrsg.) (2006): Deutschland – eine gespaltete Gesellschaft. Frankfurt am Main / New York: Campus 2006

Llanos, Mariana; Nolte, Detlef; Oettler, Anika (2008): Demokratien auf schwachem sozialen Fundament. Hrsg.: Bundeszentale für politische Bildung (WWW-Datei. Stand: 14.11.2008). Internet: https://www.bpb.de/izpb/8133/demokratien-auf-schwachem-sozialen-fundament?p=all (Zugriff: 23.01.2022, 13:20 Uhr MEZ)

Lob-Hüdepohl, Andreas; Schäfer, Gerhard K. (Hrsg.) (2022): Ökumenisches Kompendium Caritas und Diakonie. Göttingen: Vandenhoeck & Ruprecht 2022

Lobo, Sascha (2020): Digitalisierungsdrama in Deutschland. Hauptsache, es funktioniert für mich. In: SPIEGEL Online (WWW-Datei. Stand: 09.09.2020). Internet: https://www.spiegel.de/netzwelt/netzpolitik/digitalisierungsdrama-in-deutschland-hauptsache-es-funktioniert-fuer-mich-kolumne-a-679a1db0-d295-46ab-ad7f-fd7191d4efa9 (Zugriff: 07.10.2021, 10:50 Uhr MESZ)

Lobo, Sascha (2021): Die deutsche Rentokratie, jetzt auch mit Corona-Topping. In: SPIEGEL Online (WWW-Datei. Stand: 05.05.2021). Internet: https://www.spiegel.de/netzwelt/netzpolitik/pandemie-politik-die-deutsche-rentokratie-jetzt-auch-mit-corona-topping-a-26c94fe3-0ae8-4d70-984d-458c6bd99b8b (Zugriff: 08.10.2021, 10:10 Uhr MESZ)

Lohse, Eduard (1996): Paulus. Eine Biographie. München: C.H. Beck 1996

Luhmann, Niklas (1973): Formen des Helfens im Wandel gesellschaftlicher Bedingungen. Wiederabdruck in: N. Luhmann: Soziologische Aufklärung 2. Aufsätze zur Theorie der Gesellschaft. 5. Aufl. Wiesbaden: Springer VS 2005, S. 167-186

Luhmann, Niklas (1977): Funktion der Religion. Frankfurt am Main: Suhrkamp 1977

Luhmann, Niklas (1987): Soziale Systeme. Grundriss einer allgemeinen Theorie. Frankfurt am Main: Suhrkamp 1987

Luhmann, Niklas (1998): Die Gesellschaft der Gesellschaft. 2 Bände. Frankfurt am Main: Suhrkamp 1998

Luhmann, Niklas (2000): Die Religion der Gesellschaft. Hrsg.: A. Kieserling. Frankfurt am Main: Suhrkamp 2000

Maschmeier, Jens Christian (2010): Rechtfertigung bei Paulus. Eine Kritik alter und neuer Paulusperspektiven. Stuttgart: W. Kohlhammer 2010 (= Beiträge zur Wissenschaft vom Alten und Neuen Testament Bd. 189)

Mau, Rudolf (2005): Der Protestantismus im Osten Deutschlands (1945-1990). Leipzig: Evangelische Verlagsanstalt 2005 (= Kirchengeschichte in Einzeldarstellungen. Bd. IV/3)

Merchel, Joachim (2008): Trägerstrukturen in der sozialen Arbeit. Eine Einführung. 2. Aufl. (1. Aufl. 2003) Weinheim: Beltz Juventa 2008

Merkel, Angela (2009): Regierungserklärung. In: Bulletin der Bundesregierung Nr. 112-1 (Text-Datei. Stand 10.11.2009). Internet: https://www.bundesregierung.de/resource/blob/975954/771168/7eb6ec69ad906e167776d71fb900bc97/112-1-bk-data.pdf?download=1 (Zugriff: 19.05.2021, 14:35 Uhr MESZ)

Merkel, Angela (2018): Regierungserklärung. In: Bulletin der Bundesregierung Nr. 32-2 (Text-Datei. Stand 21.03.2018). Internet: https://www.bundesregierung.de/resource/blob/975954/859002/54d50d7487e43920973a3709d4748e93/32-2-bkin-regerkl-data.pdf?download=1 (Zugriff: 19.05.2021, 15:00 Uhr MESZ)

Metzger, Bruce M. (2012): Der Kanon des Neuen Testaments. Entstehung, Entwicklung, Bedeutung (englisches Original: The Canon of the New Testament: Its Origin, Development and Significance. Oxford: Oxford Press 1987). 2.Aufl. (1. Aufl. 1993) Darmstadt: Wissenschaftliche Buchgesellschaft 2012

Mogge-Grotjahn, Hildegard (2018): Ist Armut weiblich? In: „Arme habt ihr immer bei euch". Armut und soziale Ausgrenzung wahrnehmen, reduzieren, überwinden. Hrsg.: G.K. Schäfer u.a. Göttingen: Vandenhoeck & Ruprecht 2018, S. 114-126

Mogge-Grotjahn, Hildegard (2022): Gesellschaftliche Teilhabe. Grundlagen professioneller Haltung und Handlung. Stuttgart: W. Kohlhammer 2022

Molthagen, Dietmar (Hrsg.) (2017): Miteinander in Vielfalt. Leitbild und Agenda für die Einwanderungsgesellschaft. Ergebnisse einer Expert_innenkommission der Friedrich-Ebert-Stiftung. Berlin: Friedrich-Ebert-Stiftung 2017

Moltmann, Jürgen (1977): Diakonie im Horizont des Reiches Gottes. Wiederabdruck in: Studienbuch Diakonik. Bd. 1: Biblische, historische und theologische Zugänge zur Diakonie. Hrsg.: V. Herrmann; M. Horstmann. Neukirchen-Vluyn: Neukirchener Verlagsgesellschaft 2008, S. 323-340

Moos, Thorsten (Hrsg.) (2018): Diakonische Kultur. Begriff, Forschungsperspektiven, Praxis. Stuttgart: W. Kohlhammer 2018 (= Diakonie. Bildung – Gestaltung – Organisation. Bd. 16)

Moos, Thorsten (2019): Identität und Pluralität – Konsequenzen für das Selbstverständnis und die Organisationsform der Diakonie. In: Evangelische Identität und Pluralität. Perspektiven für die Gestaltung von Kirche und Diakonie in einer pluraler werdenden Welt. Hrsg.: Diakonie Deutschland. Diakonisches Werk für Diakonie und Entwicklung e.V. 2019, S. 10-17

Moser, Sonja (2010): Beteiligt sein. Partizipation aus der Sicht von Jugendlichen. Wiesbaden: Springer VS 2010

Müller, Annette (2022): Christliche Soziale Arbeit mit Geflüchteten. In: Ökumenisches Kompendium Caritas und Diakonie. Hrsg.: A. Lob-Hüdepohl, Andreas; G.K. Schäfer. Göttingen: Vandenhoeck & Ruprecht 2022, S. 553-565

Müller, Henrik (2021): Wie viele Schulden können wir uns eigentlich leisten? In: SPIEGEL Online (WWW-Datei. Stand: 31.10.2021). Internet: https://www.spiegel.de/wirtschaft/soziales/marode-staatsfinanzen-wie-viele-schulden-koennen-wir-uns-eigentlich-leisten-kolumne-a-db23d5ef-b022-4008-b119-7b9496ab5afb (Zugriff: 03.11.2021, 17:00 Uhr MEZ)

Müller, Klaus (1999/1): Diakonie im Dialog mit dem Judentum. Eine Studie zu den Grundlagen sozialer Verantwortung im jüdisch-christlichen Gespräch. Heidelberg: Universitätsverlag Winter 1999 (= Veröffentlichungen des Diakoniewissenschaftlichen Instituts an der Universität Heidelberg Bd. 11)

Müller, Klaus (1999/2): Diakonie als gemeinsame Dimension von Judentum und Christentum – Biblische und rabbinische Sozialtraditionen. In: Einführung in die Theologie der Diakonie. Heidelberger Ringvorlesung. Hrsg.: A. Götzelmann unter Mitarbeit von T. Raack. Heidelberg: Diakoniewissenschaftliches Institut der Ruprecht-Karls-Universität Heidelberg 1999 (= DWI-Info Sonderausgabe), S. 11-33

Müller-Doohm, Stefan (2014): Jürgen Habermas. Eine Biographie. Berlin: Suhrkamp 2014 (Lizenzausgabe für die Wissenschaftliche Buchgesellschaft Darmstadt)

Müller-Jentsch, Walther (2014): Lexikalisches Stichwort „Theorie des kommunikativen Handelns". In: Wörterbuch der Soziologie. Hrsg.: G. Endruweit; G. Trommsdorff; N. Burzan. 3., völlig überarbeitete Aufl. Konstanz / München: UVK/Lucius 2014

Neuhäuser, Christian (2013): Amartya Sen zur Einführung. Hamburg: Junius-Verlag 2013

Oelkers, Nina; Otto, Hans-Uwe; Ziegler, Holger (2010): Handlungsbefähigung und Wohlergehen – Der Capabilities-Ansatz als alternatives Fundament der Bildungs- und Wohlfahrtsforschung. In: Capabilities – Handlungsbefähigung und Verwirklichungschancen in der Erziehungswissenschaft. Hrsg.: H.U. Otto; H. Ziegler. 2. Aufl. (1. Aufl. 2008) Wiesbaden: Springer VS 2010, S. 85-89

Oelschlägel, Dieter (2007): Zum politischen Selbstverständnis von Gemeinwesenarbeit. In: Nachbarschaften und Stadtteile im Umbruch. Kreative Antworten der Gemeinwesenarbeit auf aktuelle Herausforderungen Hrsg.: S. Gillich (Erstfassung in: Soziale Arbeit in der Krise. Perspektiven fortschrittlicher Sozialarbeit. Hrsg.: K. Störch. Hamburg 2005, S. 251-277). Gelnhausen: TRIGA 2007, S. 30-39

Oeming, Manfred (1998): Biblische Hermeneutik. Eine Einführung. Darmstadt: Wissenschaftliche Buchgesellschaft 1998

Oswald, Wolfgang; Tilly, Michael (2016): Geschichte Israels. Von den Anfängen bis zum 3. Jahrhundert n.Chr. Darmstadt: Wissenschaftliche Buchgesellschaft 2016

Osten-Sacken, Peter von der (2019): Der Brief an die Gemeinden in Galatien. Stuttgart: W. Kohlhammer 2019 (= Theologischer Kommentar zum Neue Testament Bd. 9)

Otto, Eckart (2012): Deuteronomium 1-11. Zweiter Teilband: 4,44 - 11,32. Herders Theologischer Kommentar zum Alten Testament. Freiburg im Breisgau: Herder 2012

Philippi, Paul (1981): Lexikalisches Stichwort „Diakonie I. Geschichte der Diakonie". In: Theologische Realenzyklopädie. Bd. 8. Hrsg.: G. Krause; G. Müller. Berlin / New York: de Gruyter 1981

Pickel, Gert (2017): Niklas Luhmann und die Funktion der Religion in der modernen Gesellschaft (WWW-Datei. Stand: 2017). Internet: https://www.researchgate.net/publication/318015588_Niklas_Luhmann_und_die_Funktion_der_Religion_in_der_modernen_Gesellschaft (Zugriff: 15.07.2021, 18:15 Uhr MESZ) (= Staat und Religion. Zentrale Positionen zu einer Schlüsselfrage des politischen Denkens. Hrsg.: O. Hidalgo; C. Polke. Wiesbaden: Springer VS 2017, S. 383-396)

Pollack, Detlef (2001): Probleme der funktionalen Religionstheorie Niklas Luhmanns. Soziale Systeme, Stuttgart: Lucius & Lucius. 7. Jahrgang, Heft 1 (2001), S. 5-22

Pohlmann, Karl-Friedrich (1996): Das Buch des Propheten Hesekiel (Ezechiel) Kapitel 1-19. Göttingen: Vandenhoeck & Ruprecht 1996 (= Das Alte Testament Deutsch Bd. 22/1)

Pohlmann, Karl-Friedrich (2001): Das Buch des Propheten Hesekiel (Ezechiel) Kapitel 20-48. Göttingen: Vandenhoeck & Ruprecht 2001 (= Das Alte Testament Deutsch Bd. 22/2)

Pries, Ludger (2017): Flüchtlinge und das Recht auf ankommen – für alle. In: Geflüchtete in Deutschland. Ansichten – Allianzen – Anstöße. Hrsg.: G.K. Schäfer u.a. Göttingen: Vandenhoeck & Ruprecht 2017, S. 78-92

Rannenberg, Jens (2017): Diakonie als Gemeinde – eine Provokation? In: Diakonische Unternehmen multirational führen. Grundlagen – Kontroversen – Potentiale. Hrsg.: B. Hofmann; M. Büscher. Baden-Baden: Nomos 2017 (= Diakoniewissenschaft/Diakoniemanagement Bd. 10), S. 193-211

Reitz-Dinse, Annegret (1998): Theologie in der Diakonie. Exemplarische Kontroversen zum Selbstverständnis der Diakonie in den Jahren 1957-1975. Neukirchen-Vluyn: Neukirchener Verlagsanstalt 1998

Remmers, Hartmut (2022): Pflege und Pflegebedürftigkeit. In: Ökumenisches Kompendium Caritas und Diakonie. Hrsg.: A. Lob-Hüdepohl, Andreas; G.K. Schäfer. Göttingen: Vandenhoeck & Ruprecht 2022, S. 601-615

Rich, Arthur (1984): Wirtschaftsethik Bd. 1. Grundlagen in theologischer Perspektive. Gütersloh: Gütersloher Verlagshaus 1984

Rich, Arthur (1990): Wirtschaftsethik Bd. 2. Marktwirtschaft, Planwirtschaft, Weltwirtschaft aus sozialethischer Sicht. Gütersloh: Gütersloher Verlagshaus 1990

Römer, Thomas (2018): Die Erfindung Gottes. Eine Reise zu den Quellen des Monotheismus. Darmstadt: Wissenschaftliche Buchgesellschaft 2018

Roloff, Jürgen (1981): Die Apostelgeschichte. Göttingen: Vandenhoeck & Ruprecht 1981 (= Das Neue Testament Deutsch Bd. 5)

Rüegg-Sturm, Johannes (2003): Das neue St. Gallener Management-Modell. Grundkategorien einer integrierten Management-Lehre. Der HSG-Ansatz. 2. durchgesehene Aufl. Bern: Haupt 2003

Rüegg-Sturm, Johannes; Grand, Simon (2015): Das St. Gallener Management-Modell. 2., vollständig überarbeitete und grundlegend weiterentwickelte Auflage. Bern: Haupt 2015

Rüegg-Sturm, Johannes; Grand, Simon (2017): Das St. Gallener Management-Modell. Wissenschaftliche Grundlagen und Praxisbeispiele. 3., überarbeitete und weiterentwickelte Auflage. Bern: Haupt 2017

Rüegg-Sturm, Johannes; Grand, Simon (2020): Das St. Gallener Management-Modell. Management in einer komplexen Welt. 2., überarbeitete Auflage. Bern: Haupt 2020

Rüegger, Heinz; Sigrist, Christoph (2011): Diakonie – eine Einführung. Zur theologischen Begründung helfenden Handelns. Zürich: TVZ 2011

Rüterswörden, Udo (2006): Das Buch Deuteronomium. Stuttgart: Verlag Katholisches Bibelwerk 2006 (= Neuer Stuttgarter Kommentar Altes Testament. Bd. 4)

Sandel, Michael J. (2020): Vom Ende des Gemeinwohls. Wie die Leistungsgesellschaft unsere Demokratien zerreißt (englisches Original: The Tyranny of Merit: What's Become of the Common Good? New York: Farrar, Straus and Giroux 2020). Frankfurt am Main: S. Fischer 2020

Sanders, Ed Parish (1977/1985): Paulus und das palästinische Judentum: Ein Vergleich zweier Religionsstrukturen (englisches Original: Paul and Palestinian Judaism. A Comparison of Patterns of Religion. London: SCM Press 1977). Göttingen: Vandenhoeck & Ruprecht 1985 (= Studien zur Umwelt des Neuen Testaments Bd. 17)

Sanders, Ed Parish (1985): Jesus and Judaism. London: SCM Press 1985

Sanders, Ed Parish (1995): The Historical Figure of Jesus. London: Penguin Group 1995

Sawatzki, Dirk (2022): Jeschua Bar Josef. Gedanken über die Anfänge des historischen Jesus auf Basis literarischer und archäologischer Quellen. Darmstadt: Wissenschaftliche Buchgesellschaft (wbg Academic) 2022

Schäfer, Gerhard K.; Strohm, Theodor (Hrsg.) (1994): Diakonie – biblische Grundlagen und Orientierungen. Ein Arbeitsbuch zur theologischen Verständigung über den diakonischen Auftrag. 2. Aufl. Heidelberg: Heidelberger Verlagsanstalt 1994 (= Veröffentlichungen des Diakoniewissenschaftlichen Instituts an der Universität Heidelberg Bd. 2)

Schildmann, Johannes (2017): Kreiskirchliche Diakonie zwischen verfasster Kirche und diakonischer Unternehmung. In: Diakonische Unternehmen multirational führen. Grundlagen – Kontroversen – Potentiale. Hrsg.: B. Hofmann; M. Büscher. Baden-Baden: Nomos 2017 (= Diakoniewissenschaft/Diakoniemanagement Bd. 10). S. 213-238

Schmid, Josef (2020): Freie Wohlfahrtspflege. In: social.net. Das Netz für Sozialwirtschaft (WWW-Datei. Stand 14.02.2020). Internet: https://www.social-net.de/lexikon/Freie-Wohlfahrtspflege#toc_2 (Zugriff: 22.01.2022, 14:45 Uhr MEZ)

Schmid, Konrad (2008): Literaturgeschichte des Alten Testaments. Eine Einführung. Darmstadt: Wissenschaftliche Buchgesellschaft 2008

Schmid, Konrad (2011): Jesaja, Band I: Jes 1-23. Zürich: TVZ 2011 (= Zürcher Bibelkommentare. AT Bd.19/1)

Schmidt, Werner H. (2008): Das Buch Jeremia. Kapitel 1-20. Göttingen: Vandenhoeck & Ruprecht 2008 (= Das Alte Testament Deutsch. Bd. 20)

Schmidt, Werner H. (2013): Das Buch Jeremia. Kapitel 21-52. Göttingen: Vandenhoeck & Ruprecht 2013 (= Das Alte Testament Deutsch. Bd. 21)

Schneider, Klaus (2018): Vorteil der Gemeinnützigkeit. In: DATEV magazin. Portal für Steuerberater, Wirtschaftsprüfer, Rechtsanwälte. (Text-Datei. Stand 20.09.2018). Internet: https://www.datev-magazin.de/praxis/steuerberatung/vorteil-der-gemeinnuetzigkeit-1644 (Zugriff: 28.06.2022, 10:55 Uhr MESZ)

Schneider, Ulrich; Schröder, Wiebke; Stilling, Gwendolyn (2022): Zwischen Pandemie und Inflation. Paritätischer Armutsbericht 2022. Hrsg.: Der Paritätische Gesamtverband. Berlin 2022 (Download. Stand Juni 2022) Internet: https://www.der-paritaetische.de/fileadmin/user_upload/Schwerpunkte/Armutsbericht/doc/broschuere_armutsbericht-2022_web.pdf (Zugriff: 1.07.2022, 19:05 Uhr MESZ)

Schnelle, Udo (2011): Einleitung in das Neue Testament. 7. Aufl. (1. Aufl. 1994) Göttingen: Vandenhoeck & Ruprecht 2011

Scholtissek, Klaus; Niebuhr, Karl-Wilhelm (Hrsg.) (2021): Diakonie biblisch. Neutestamentliche Perspektiven. Göttingen: Vandenhoeck & Ruprecht 2021 (= Biblisch-theologische Studien Bd. 188)

Schoors, Antoon (1998): Die Königreiche Israel und Juda im 8. und 7. Jahrhundert v. Chr. Stuttgart: W. Kohlhammer 1998 (= Biblische Enzyklopädie Bd. 5)

Schottroff, Luise (2010): Die Gleichnisse Jesu. 3. Aufl. (1. Aufl. 2005) Gütersloh: Gütersloher Verlagshaus 2010

Schottroff, Luise (2013): Der erste Brief an die Gemeinde in Korinth. Stuttgart: W. Kohlhammer 2013 (= Theologischer Kommentar zum Neue Testament Bd. 7)

Schottroff, Luise; Stegemann, Wolfgang (1978): Jesus von Nazareth – Hoffnung der Armen. Stuttgart: W. Kohlhammer 1978

Schröder, Gerhard (2003): Regierungserklärung. In: Deutscher Bundestag. 15. Wahlperiode. 32. Sitzung. (Text-Datei. Stand 14.03.2003). Internet: https://dip21.bundestag.de/dip21/btp/15/15032.pdf (Zugriff: 19.05.2021, 14:15 Uhr MESZ)

Schröer, Henning (1986): Lexikalisches Stichwort „Hermeneutik IV. Praktisch-theologisch". In: Theologische Realenzyklopädie. Bd. 15. Hrsg.: G. Müller. Berlin / New York: de Gruyter 1986

Schüle, Andreas (2006): Kanonisierung als Systembildung. Überlegungen zum Zusammenhang von Tora, Propheten und Weisheit aus systemtheoretischer Perspektive. In: Luhmann und die Theologie. Hrsg.: G. Thomas; A. Schüle. Darmstadt: Wissenschaftliche Buchgesellschaft 2006, S. 211-228

Schüle, Andreas (2009): Die Urgeschichte (Gen 1-11). Zürich: TVZ 2009 (= Zürcher Bibelkommentare. AT Bd. 1.1)

Schweitzer, Albert (1906/1984): Geschichte der Leben-Jesu-Forschung. 9. Aufl. = Nachdruck der 7. Aufl. 1966 (1. Aufl. 1906). Tübingen: Mohr Siebeck 1984

Schweitzer, Albert (1930): Die Mystik des Apostels Paulus. Tübingen: Mohr Siebeck 1930

Seeliger, Martin; Sevignani, Sebastian (Hrsg.) (2021): Ein neuer Strukturwandel der Öffentlichkeit? Baden-Baden: Nomos 2021 (= Leviathan. Berliner Zeitschrift für Sozialwissenschaft. Sonderband 37)

Sen, Amartya (1999/2000): Ökonomie für den Menschen. Wege zu Gerechtigkeit und Solidarität in der Marktwirtschaft (englisches Original: Development as Freedom. New York: Oxford University Press 1999). München: Hanser 2000 (Neuausgabe 2020)

Sen, Amartya (2009/2010): Die Idee der Gerechtigkeit (englisches Original: The Idea of Justice. Cambridge/Massachusetts und London: Harvard University Press 2009). München: C.H. Beck 2010

Senghaas, Dieter (Hrsg.) (1981): Peripherer Kapitalismus. 3. Aufl. (1. Aufl. 1974) Frankfurt am Main: Suhrkamp 1981

Söding, Thomas (2011): „dass wir der Armen gedächten" (Gal 2, 10). Der Sozialdienst der Kirche nach dem Neuen Testament. In: Kirchen aktiv gegen Armut und Ausgrenzung. Theologische Grundlagen und praktische Ansätze für Diakonie und Gemeinde. Hrsg.: J. Eurich u.a. Stuttgart: W. Kohlhammer 2011, S. 36-57

Söding, Thomas (2015): Nächstenliebe. Gottes Gebot als Verheißung und Anspruch. Freiburg im Breisgau: Herder 2015

Starnitzke, Dierk (1996): Diakonie als soziales System. Eine theologische Grundlegung diakonischer Praxis in Auseinandersetzung mit Niklas Luhmann. Stuttgart / Berlin / Köln: W. Kohlhammer 1996

Starnitzke, Dierk (2006): Die binäre Kodierung der christlichen Religion aus theologisch-exegetischer Sicht. In: Luhmann und die Theologie. Hrsg.: G. Thomas; A. Schüle. Darmstadt: Wissenschaftliche Buchgesellschaft 2006, S. 173-188

Starnitzke, Dierk (2011): Diakonie in biblischer Orientierung. Biblische Grundlagen – ethische Konkretionen – diakonisches Leitungshandeln. Stuttgart: W. Kohlhammer 2011

Staubach, Rainer (2018): Armutszuwanderung aus Südosteuropa – zwischen Gleichgültigkeit und Ablehnung. In: „Arme habt ihr immer bei euch". Armut und soziale Ausgrenzung wahr-nehmen, reduzieren, überwinden. Hrsg.: G.K. Schäfer u.a. Göttingen: Vandenhoeck & Ruprecht 2018, S. 281-297

Steck, Odil Hannes (1991): Der Abschluss der Prophetie im Alten Testament. Ein Versuch zur Frage der Vorgeschichte des Kanons. Neukirchen-Vluyn: Neukirchener Verlagsgesellschaft 1991 (= Biblisch-Theologische Studien Bd. 17)

Steck, Wolfgang (2011): Praktische Theologie Bd. II. Stuttgart: W. Kohlhammer 2011 (= Theologische Wissenschaft Bd. 15.2)

Stegemann, Ekkehard W.; Stegemann, Wolfgang (1995): Urchristliche Sozialgeschichte. Die Anfänge im Judentum und die Christusgemeinden in der mediterranen Welt. Stuttgart: W. Kohlhammer 1995

Stegemann, Wolfgang (2010): Jesus und seine Zeit. Stuttgart: W. Kohlhammer 2010 (= Biblische Enzyklopädie Bd. 10)

Stock, Christof u.a. (2020): Soziale Arbeit und Recht. Lehrbuch. 2., aktualisierte und erweiterte Aufl. (1. Aufl. 2016). Baden-Baden: Nomos 2020

Stuhlmacher, Peter (1979): Vom Verstehen des Neuen Testaments. Eine Hermeneutik. Göttingen: Vandenhoeck & Ruprecht 1979 (= Grundrisse zum Neuen Testament Bd. 6)

Theißen, Gerd (1994): Die Bibel diakonisch lesen: Die Legitimitätskrise des Helfens und der barmherzige Samariter. In: Diakonie – biblische Grundlagen und Orientierungen. Ein Arbeitsbuch zur theologischen Verständigung über den diakonischen Auftrag. Hrsg.: G.K. Schäfer; T. Strohm. 2. Aufl. Heidelberg: Heidelberger Verlagsanstalt 1994 (= Veröffentlichungen des Diakoniewissenschaftlichen Instituts an der Universität Heidelberg Bd. 2)

Theißen, Gerd (2004): Die Jesusbewegung. Sozialgeschichte einer Revolution der Werte. Gütersloh: Gütersloher Verlagshaus 2004

Theißen, Gerd; Gemünden, Petra von (2016): Der Römerbrief. Rechenschaft eines Reformators. Göttingen: Vandenhoeck & Ruprecht 2016

Theißen, Gerd; Merz, Annette (1996): Der historische Jesus. Ein Lehrbuch. Göttingen: Vandenhoeck & Ruprecht 1996

Thomas, Günter (2020): Im Weltabenteuer Gottes leben. Impulse zur Verantwortung für die Kirche. Leipzig: Evangelische Verlagsanstalt 2020

Turre, Reinhard (1991): Diakonik. Grundlegung und Gestaltung der Diakonie. Neukirchen-Vluyn: Neukirchener Verlagsgesellschaft 1991

Ullrich, Carsten G. (2005): Soziologie des Wohlfahrtsstaates. Eine Einführung. Frankfurt am Main / New York: Campus-Verlag 2005

Unruh, Peter (2019): Im Spannungsfeld von Antidiskriminierung und kirchlicher Selbstbestimmung – Zur Einordnung und Kommentierung der neuen religionsrechtlichen Tendenzen des EuGH. In: Evangelische Identität und Pluralität. Perspektiven für die Gestaltung von Kirche und Diakonie in einer pluraler werdenden Welt. Hrsg.: Diakonie Deutschland. Diakonisches Werk für Diakonie und Entwicklung e.V. 2019, S. 18-27

Vogel, Claudia; Motel-Klingebiel, Andreas (Hrsg.) (2013): Altern im sozialen Wandel: Die Rückkehr der Altersarmut? Wiesbaden: Springer VS 2013

Walther, Kerstin (2018): Krankheit ist niemals fair, doch Gesundheit ist ungerecht verteilt. In: „Arme habt ihr immer bei euch". Armut und soziale Ausgrenzung wahrnehmen, reduzieren, überwinden. Hrsg.: G.K. Schäfer u.a. Göttingen: Vandenhoeck & Ruprecht 2018, S. 150-162

Weber, Enzo (2019): Wieso Hartz ein Segen war – und jetzt die Zukunft gefährdet. Interview von Florian Diekmann, In: SPIEGEL Online (WWW-Datei. Stand: 09.12.2019). Internet: https://www.spiegel.de/wirtschaft/soziales/hartz-reformen-erst-segen-heute-fluch-oekonom-enzo-weber-im-interview-a-1300144.html (Zugriff: 06.10.2021, 14:00 Uhr MESZ)

Weidemann, Hans-Ulrich (2020): „Meine Ekklesia" (Mt 16,18) – was ist das? Überlegungen zur jüdischen Verortung der sogenannten matthäischen Gemeinde. In: Religion zwischen Mystik und Politik. „Ich lege mein Gesetz in sie hinein und schreibe es auf ihr Herz" (Jer 31,33). Ökumenische Beiträge aus dem Theologischen Studienjahr Jerusalem. Hrsg.: U. Winkler. Münster: Aschendorff 2020 (= Jerusalemer Theologisches Forum Br. 35)

Wengst, Klaus (2004): Das Johannesevangelium. 1. Teilband: Kapitel 1-10. 2., durchgesehene und ergänzte Aufl. (1. Aufl. 2000) Stuttgart: W. Kohlhammer 2004 (= Theologischer Kommentar zum Neuen Testament Bd. 4.1)

Wengst, Klaus (2007): Das Johannesevangelium. 2. Teilband: Kapitel 11-21. 2., durchgesehene und ergänzte Aufl. (1. Aufl. 2001) Stuttgart: W. Kohlhammer 2007 (= Theologischer Kommentar zum Neuen Testament Bd. 4.2)

Wengst, Klaus (2013): Historisch wenig ergiebig und theologisch sinnlos. Fünf Anmerkungen zur historischen Jesusforschung. Evangelische Aspekte, 23. Jg., Heft 4 (WWW-Datei, Stand: November 2013). Internet: https://www.evangelische-aspekte.de/historische-jesusforschung/ (Zugriff: 15.09.2021. 12:05 Uhr MESZ)

Wick, Peter; Cramer, Malte (Hrsg.) (2019): Allein die Schrift? Neue Perspektiven auf eine Hermeneutik für Kirche und Gesellschaft. Stuttgart: W. Kohlhammer 2019

Willi-Plein, Ina (2007): Haggai, Sacharja, Maleachi. Zürich: TVZ 2007 (= Zürcher Bibelkommentare. AT Bd. 24.4)

Willi-Plein, Ina (2011): Das Buch Genesis Kapitel 12-50. Stuttgart: Verlag Katholisches Bibelwerk 2006 (= Neuer Stuttgarter Kommentar Altes Testament. Bd. 1.2)

Wischmeyer, Oda (2004): Hermeneutik des Neuen Testaments. Ein Lehrbuch. Tübingen / Basel: A. Francke 2004 (= Neutestamentliche Entwürfe zur Theologie Bd. 8)

Wischmeyer, Oda; Becker, Eve-Marie (Hrsg.) (2021): Paulus. Leben – Umwelt – Werk – Briefe. 3., aktualisierte und erweiterte Aufl. (1. Aufl. 2006). Tübingen: Narr Francke Attempto 2021

Wright, Tom (1997/2010): Worum es Paulus wirklich ging (englisches Original: What St. Paul Really Said. Oxford/Großbritannien: Lion Hudson 1997). Gießen: Brunnen 2010

Wustmans, Clemens; Schell, Maximilian (Hrsg.) (2019): Hermeneutik. Fundamentaltheologische Abwägungen – materialethische Konsequenzen. Berlin: LIT-Verlag 2019 (= Entwürfe zur christlichen Gesellschaftswissenschaft Bd. 39)

www.kirchenaustritt.de: Informationen zum Kirchenaustritt. Statistik (WWW-Datei. Stand: o.A.). Internet: https://www.kirchenaustritt.de/statistik (Zugriff: 04.05.2021. 9:45 Uhr MESZ)

www.kirchenrecht-ekd.de (1): Grundordnung der Evangelischen Kirche in Deutschland vom 13. Juli 1948 (WWW-Datei. Stand: 01.01.2020). Internet: https://www.kirchenrecht-ekd.de/document/3435#s1.100023 (Zugriff: 05.05. 2021. 9:30 Uhr MESZ)

www.kirchenrecht-ekd.de (2): Kirchengesetz über das Diakonische Werk der Evangelischen Kirche in Deutschland vom 6. November 1975 (WWW-Datei. Stand: 28.08.2012). Internet: https://www.kirchenrecht-ekir.de/document/31089 (Zugriff: 05.05.2021. 10:15 Uhr MESZ)

www.kirchenrecht-ekd.de (3): Richtlinie des Rates der Evangelischen Kirche in Deutschland nach Art. 15 Abs. 2 Grundordnung der EKD über die Zuordnung diakonischer Einrichtungen zur Kirche (Zuordnungsrichtlinie) vom 8. Dezember 2007 (WWW-Datei. Stand: 08.12.2007) Internet: https://www.kirchenrecht-ekd.de/document/4720 (Zugriff: 05.05.2021. 12:10 Uhr MESZ)

www.kirchenrecht-ekd.de (4): Satzung des Evangelischen Werkes für Diakonie und Entwicklung e.V. vom 10. Oktober 2019 (WWW-Datei. Stand: 10.10.2019). Internet: https://www.kirchenrecht-ekvw.de/document/5788 (Zugriff: 05.05. 2021, 11:00 Uhr MESZ) www.kirchenrecht-ekir.de: Kirchengesetz über kirchliche Anforderungen der beruflichen Mitarbeit in der Evangelischen Kirche im Rheinland. Mitarbeitenden-Gesetz (WWW-Datei. Stand: 30.11.2018). Internet: https://www.kirchenrecht-e-kir.de/document/2768 (Zugriff: 29.06.2022, 14:30 Uhr MESZ)

Zenger, Erich u.a. (2001): Einleitung in das Alte Testament. 4., durchgesehene und ergänzte Aufl. Stuttgart / Berlin / Köln: W. Kohlhammer 2001 (= Kohlhammer Studienbücher Theologie Bd. 1,1)

Entwürfe zur christlichen Gesellschaftswissenschaft

hrsg. von Prof. Dr. Günter Brakelmann, Prof. Dr. Traugott Jähnichen (Bochum), Prof. Dr. Karl-Wilhelm Dahm Prof. Dr. Hans-Richard Reuter (Münster) und Prof. Dr. Arnulf von Scheliha (Münster)

Andreas Pawlas
Vom Wucherzins zur ethischen Geldanlage
Wirtschaftsethische Etappen und Aufträge aus christlicher Sicht
Bd. 43, 2021, 732 S., 49,90 €, br., ISBN 978-3-643-15053-0

Dimitrij Owetschkin
Religion, Politik und solidarisches Handeln
Kirchliche Jugendarbeit und Dritte-Welt-Engagement im Spannungsfeld von Verband und Bewegung (1970 – 1990)
Bd. 42, 2020, 350 S., 49,90 €, gb., ISBN 978-3-643-14716-5

Sungsoo Kim
Menschenrechte sichern durch gerechten Frieden
Zur Grundlegung der Sozialethik bei Wolfgang Huber
Bd. 41, 2020, 198 S., 29,90 €, br., ISBN 978-3-643-14654-0

Roland Mierzwa
Gutes Arbeiten, das Zukunft hat
Eine Arbeitsethik
Bd. 40, 2020, 126 S., 24,90 €, br., ISBN 978-3-643-14553-6

Clemens Wustmans; Maximilian Schell (Hrsg.)
Hermeneutik
Fundamentaltheologische Abwägungen – materialethische Konsequenzen
Bd. 39, 2019, 208 S., 34,90 €, br., ISBN 978-3-643-14473-7

Günter Brakelmann
Kirche, Protestantismus und Soziale Frage im 19. und 20. Jahrhundert
Band 2: Beiträge zur Theologie, Anthropologie und Ethik der Arbeit – Zukunft der Arbeit – Gestaltung der „Sozialen Marktwirtschaft"
Bd. 38, 2018, 286 S., 39,90 €, gb., ISBN 978-3-643-14185-9

Günter Brakelmann
Kirche, Protestantismus und Soziale Frage im 19. und 20. Jahrhundert
Band 1: Personen und Positionen in der Geschichte des sozialen Protestantismus – Kirche und Arbeiterbewegung – Ruhrgebietsprotestantismus
Bd. 37, 2018, 412 S., 49,90 €, gb., ISBN 978-3-643-14184-2

Nina Behrendt-Raith
Diakonisches Handeln von Kirchengemeinden am Beispiel des Ruhrgebiets
Eine qualitative Studie zu Einflussfaktoren und Handlungsperspektiven der Gemeindediakonie
Bd. 36, 2018, 240 S., 29,90 €, br., ISBN 978-3-643-14055-5

Roland Pelikan; Johannes Rehm (Hrsg.)
Arbeit im Alltag 4.0. – Wie Digitalisierung ethisch zu lernen ist
Beiträge aus betrieblicher, arbeitsmarktpolitischer und theologischer Sicht
Bd. 35, 2018, 224 S., 34,90 €, br., ISBN 978-3-643-13709-8

LIT Verlag Berlin – Münster – Wien – Zürich – London
Auslieferung Deutschland / Österreich / Schweiz: siehe Impressumsseite

Klaus-Dieter Zunke
An der Seite der Soldaten
Der seelsorgerlich-missionarische Dienst evangelischer Werke, Verbände und
Freikirchen als eigenständige Soldatenseelsorge
Bd. 34, 2. Aufl. 2018, 304 S., 29,90 €, gb., ISBN 978-3-643-13632-9

Malte Dürr
„Dienstgemeinschaft sagt mir nichts"
Glaubenseinstellungen, Motivationen und Mobilisierungspotenziale diakonisch
Beschäftigter
Bd. 33, 2016, 258 S., 34,90 €, br., ISBN 978-3-643-13161-4

Young Bum Park
Leitbild Diakonische Kirche
Impulse der Ekklesiologien Jürgen Moltmanns und Alfred Jägers für die koreani-
schen Kirchen
Bd. 32, 2015, 262 S., 34,90 €, br., ISBN 978-3-643-12927-7

An Il Kang
Von der „Nachfolge" zur „Ethik" der Verantwortung
Die Bedeutung der ethischen Konzeptionen Dietrich Bonhoeffers für die Theolo-
gie und Kirche in Südkorea
Bd. 31, 2014, 304 S., 44,90 €, br., ISBN 978-3-643-12511-8

Ilse Tödt
Provokation und Sanftmut
Tagebuchbriefe aus den 1968er Studentenunruhen in Heidelberg. Mit Predigten
und einem Rückblick 1983 von Heinz Eduard Tödt und der akademischen Ge-
denkrede für H. E. Tödt von Wolfgang Huber
Bd. 29, 2013, 376 S., 39,90 €, br., ISBN 978-3-643-12166-0

Günter Brakelmann
Streit um den Frieden 1979 – 1999
Beiträge zur politischen und innerprotestantischen Diskussion im Rahmen des
überparteilichen Arbeitskreises „Sicherung des Friedens"
Bd. 28, 2013, 256 S., 34,90 €, br., ISBN 978-3-643-12078-6

Gerta Scharffenorth
Den Glauben ins Leben ziehen … – Studien zu Luthers Theologie
Mit einem Geleitwort von Wolfgang Huber
Bd. 27, 2. Aufl. 2013, 374 S., 34,90 €, br., ISBN 978-3-643-11990-2

Matthias Jung
Entgrenzung und Begrenzung von Arbeit
Bd. 26, 2012, 392 S., 39,90 €, br., ISBN 978-3-643-11853-0

Heinz Eduard Tödt
Wagnis und Fügung
Anfänge einer theologischen Biographie: Kindheit in der Republik, Jugend im
Dritten Reich. Fünf Jahre an den Fronten des Zweiten Weltkriegs. Fünf Jahre
Gefangenschaft in sowjetrussischen Lagern. Mit der Trauerpredigt von Wolfgang
Huber
Bd. 25, 2012, 424 S., 39,90 €, gb., ISBN 978-3-643-11345-0

LIT Verlag Berlin – Münster – Wien – Zürich – London
Auslieferung Deutschland / Österreich / Schweiz: siehe Impressumsseite

Ethik im theologischen Diskurs/Ethics in Theological Discourse

hrsg. von Christoph Raedel (Gießen), Hans G. Ulrich (Erlangen)
und Bernd Wannenwetsch (Oxford)

Marco Hofheinz (Hrsg..), unter Mitarbeit von Kai-Ole Eberhardt
Die Tradierung von Ethik im Gottesdienst
Symposiumsbeiträge zu Ehren von Hans G. Ulrich
Bd. 26, 2019, 320 S., 39,90 €, br., ISBN 978-3-643-14109-5

Hans Schaeffer; Gerard den Hertog; Stefan Paas (Eds.)
Mercy
Theories, Concepts, Practices (Proceedings from the International Congress TU
Apeldoorn / Kampen, NL June 2014)
vol. 25, 2018, 220 pp., 34,90 €, pb., ISBN-CH 978-3-643-90943-5

Christoph Raedel (Hrsg.)
Das Leben der Geschlechter
Zwischen Gottesgabe und menschlicher Gestaltung
Bd. 24, 2017, 238 S., 24,90 €, br., ISBN 978-3-643-13631-2

Volker Stümke
Zwischen gut und böse
Impulse lutherischer Sozialethik
Bd. 23, 2011, 392 S., 39,90 €, br., ISBN 978-3-643-11436-5

Siegfried G. Hirschmann
Das evangelische Gesetz
Ethik in der Predigt
Bd. 22, 2011, 312 S., 29,90 €, br., ISBN 978-3-643-10814-2

Harald Jung
Soziale Marktwirtschaft und weltliche Ordnung
Zur Grundlegung einer politischen Wirtschaftsethik im sozialethischen Ansatz
Luthers
Bd. 21, 2010, 336 S., 29,90 €, br., ISBN 978-3-643-10549-3

Martin Honecker
Evangelische Ethik als Ethik der Unterscheidung
Mit einer Gesamtbibliographie von Martin Honecker
Bd. 20, 2010, 352 S., 34,90 €, br., ISBN 978-3-643-10526-4

Dominik A. Becker
Sein in der Begegnung
Menschen mit (Alzheimer-)Demenz als Herausforderung theologischer Anthro-
pologie und Ethik. Überarbeitet und herausgegeben von Georg Plasger
Bd. 19, 2010, 360 S., 34,90 €, br., ISBN 978-3-643-10074-0

Bernd Wannenwetsch
**Wendepunkte in der Ethik – Zur postliberalen Herausforderung ethischer
Theologie**
Die wichtigsten Texte aus der angelsächsischen Diskussion
Bd. 1, 2021, 276 S., 39,90 €, br., ISBN 978-3-8258-5509-3

LIT Verlag Berlin – Münster – Wien – Zürich – London

Auslieferung Deutschland / Österreich / Schweiz: siehe Impressumsseite